LA CRITIQUE LITTÉRAIRE AU XXe SIÈCLE

DU MÊME AUTEUR

CHEZ POCKET

LE ROMAN AU XXe SIÈCLE

AGORA
Collection dirigée par François Laurent

JEAN-YVES TADIÉ

LA CRITIQUE LITTÉRAIRE AU XXe SIÈCLE

PIERRE BELFOND

ISBN 2-266-07415-6

SOMMAIRE

INTRODUCTION

Le phare d'Alexandrie

Au XXe siècle, pour la première fois, la critique littéraire s'est voulue l'égale des œuvres qu'elle analyse. De nombreux critiques de notre temps sont aussi d'excellents écrivains, de Charles Du Bos à Roland Barthes, de Jacques Rivière à Maurice Blanchot. Mais ce n'est pas à cause de la qualité de son style que la critique, depuis Barthes, entend être à la fois lecture et écriture : c'est parce que le statut de l'œuvre d'art a changé. Au moment où elle éclate, perd son caractère sacré, l'unité de sa signification, elle a besoin d'exégètes qui nous transmettent sens et forme : l'interprétation fait partie du texte. La pensée moderne s'est efforcée de rejeter, pour un temps, l'idée de Dieu, l'idée d'homme : il n'y a plus, pour Barthes et certains de ses amis, d'auteur, mais des textes — qui appartiennent à la critique plus qu'à l'écrivain. Cette prodigieuse évolution, qui commence à la raisonnable histoire littéraire, science historique que Gustave Lanson propose d'appliquer à la littérature, au début du XXe siècle, nous voudrions la décrire. Non pas livre à livre, dans une fastidieuse chronologie ou un palmarès inutile, mais en retenant les théories et la méthode qui ont été les plus importantes, et le restent. C'est ce qui est encore présent de ce passé critique que nous conservons, de sorte que les méthodes ainsi résumées, les ouvrages analysés puissent servir, dans le futur, à mieux lire les œuvres. Il a fallu faire un choix difficile, douloureux, subjectif — mais les sciences exactes elles-mêmes n'éliminent pas le coefficient personnel de l'observateur. Telle absence s'explique par une présence qui l'équilibre : l'échantillon suggère la totalité ; la totalité parle à travers quelques auteurs.

Mais de quelle critique s'agit-il ? Albert Thibaudet, dans sa remarquable *Physiologie de la critique* (La Nouvelle Revue Critique, 1930 ; voir aussi *Réflexions sur la critique*, Gallimard,

1939), en distinguait trois: la critique parlée, la critique professionnelle, la critique des artistes. Par la première, il entendait la conversation, les correspondances, les journaux intimes; il y joignait ainsi Montaigne, Mme de Sévigné; et il y ajoutait le journal: « Ce n'est plus dans les salons qu'on parle du livre du jour, c'est dans le journal, qui est lui-même, exactement, le livre du jour, le livre de vingt-quatre ou de douze heures. » La critique « professionnelle » était, pour lui, la critique des « professeurs », qui réussissent mal dans le journalisme, parce que celui-ci est un métier « qu'il n'est pas donné à tous les critiques de savoir pratiquer ».

La critique des artistes recouvre, finalement, toute l'histoire de la littérature. Au XXe siècle particulièrement, où l'art et le langage se prennent eux-mêmes comme objets, et vivent de leur conscience autant que de leur inconscient, il n'est peut-être pas un auteur qui n'ait, aussi, fait de la critique, de Proust à Butor, de Valéry à Bonnefoy, de Malraux à D.H. Lawrence ou Faulkner. Cependant, cette troisième critique exprime d'abord les théories propres à l'auteur, son esthétique, son art poétique, projetés ensuite sur les autres. D'autre part, l'artiste qui publie, non pas chaque semaine, mais rarement, un article critique, un essai, révèle, et c'est fort utile, un de ses pairs inconnus, ou un de ses disciples, comme Malraux l'a fait pour Faulkner et D.H. Lawrence en France. L'auteur de *La Condition humaine* le dit lui-même dans sa préface au *Sang noir* de Louis Guilloux: « Je ne crois pas à la critique des écrivains. Ils n'ont lieu de parler que de peu de livres; s'ils le font, c'est donc par amour ou par haine. Quelquefois, pour défendre leurs valeurs [...] Un critique professionnel s'engage parce qu'il parle de beaucoup d'ouvrages, et qu'il est contraint par là à une hiérarchie. » En somme, l'écrivain parle de sa famille, et comme il parlerait de lui-même: Baudelaire, Genet, Flaubert sont les frères de Sartre, non du savant qui leur consacre une thèse, ni du journaliste, un feuilleton. Enfin, la critique des artistes est une œuvre d'art, la reconstitution d'un style par un autre style, la métamorphose d'un langage en un autre langage. Alors, dans ses meilleurs moments, les écrivains nous font approcher leurs confrères de manière non plus intellectuelle mais sensible: c'est Julien Gracq dans son *André Breton*, dans *Préférences*, dans *En lisant en écrivant*; c'est Maurice Blanchot, lui aussi auteur de récits poétiques, et qui, malgré les apparences, n'est pas un critique comme les autres: il a fait jaillir de ses auteurs préférés, Kafka, Mallarmé, une lumière noire qu'il projette sur le reste de la littérature, surface polie et réfléchissante, marbre noir lui aussi, image insuffisante de la négativité pure, de la mort ressassée.

La critique, telle que Blanchot la définit en tête de *Lautréamont et Sade* (1963), a un sens kantien ; elle est « liée à la recherche de la possibilité de l'expérience littéraire, mais cette recherche n'est pas une recherche seulement théorique, elle est le sens par lequel l'expérience littéraire se constitue, et se constitue en éprouvant, en contestant, par la création, sa possibilité ». La critique appartient à l'œuvre, qu'elle prolonge : celle-ci ne coïncide pas avec elle-même, est « possible-impossible » ; il y a en elle une « affirmation déchirée », une « inquiétude infinie », un « conflit ». La critique manifeste au-dehors ce qui se passe à l'intérieur de l'œuvre, c'est-à-dire, selon Blanchot, un espace vide mais vivant. Elle constitue autour de la littérature « un vide de bonne qualité », un « espace de résonance », et permet, un instant, à la « réalité non parlante, indéfinie, de l'œuvre », de parler : « Et, ainsi du fait que modestement et obstinément elle prétend n'être rien, la voici qui se donne, ne se distinguant pas d'elle, pour la parole créatrice dont elle serait comme l'actualisation nécessaire ou, pour parler métaphoriquement, l'épiphanie. » Cette conception de la critique est liée à une théorie de la littérature comme négativité, comme impossibilité. Beaucoup plus proche de la philosophie, ou de la littérature même, que de la critique, entre Heidegger et Mallarmé, la pensée fascinante de Maurice Blanchot, « écriture du désastre », aboutit à vider la littérature, et la critique, de tout contenu. C'est pourquoi elle est à l'origine de la pensée contemporaine — bien que, curieusement, les tenants américains de la « déconstruction » se réfèrent à Derrida, non à Blanchot — dans ce qu'elle a de meilleur, et de pire : le refus des valeurs, du monde, de Dieu, du sujet[1].

Retracer l'histoire de la critique des écrivains, c'est donc écrire l'histoire de la littérature sous un angle nouveau, particulier, et ce sera un autre livre.

A l'expression de la « critique parlée », nous préférons celle de la critique des journalistes, de presse, de radio, de télévision. Ceux-ci, comme le notait déjà Thibaudet, ont le dur devoir de parler de centaines de livres, non, ou rarement, du passé, mais du présent, et dont ils savent bien qu'une grande partie est

---

1. Sur Blanchot, voir G. Poulet, *La Conscience critique*, p. 219-232, et, dans un sens différent, T. Todorov, *Critique de la critique*, p. 66-74, qui critique « l'idéologie nihiliste et relativiste » de Blanchot.

condamnée à disparaître. D'où plusieurs caractéristiques : il faut écrire vite, proposer un choix qui est un pari, aider à comprendre quelques grands traits du livre dont on parle, en renonçant, à regret peut-être, à une analyse approfondie, parfois même à une lecture totale. Il est dur de penser que tel article, telle émission préparés avec soin, objets de recherches, de démarches, de négociations disparaîtront avec les livres dont ils ont parlé — sauf lorsque le critique, ce que faisaient jadis Jaloux, Henriot, Kemp, recueille ses articles en volume : nous en avons des exemples ; ils deviennent rares : ou les éditeurs sont plus réticents, ou le public plus léger, ou le journaliste moins ambitieux. En informant, cette critique entretient la vie littéraire : il faut des centaines d'écrivains pour faire un grand artiste ; mais tous ces auteurs ne peuvent vivre que si l'on parle d'eux ; on peut se croire méconnu, non inconnu. On peut éditer de nombreux livres, mais on doit en vendre quelques-uns.

La presse littéraire — *New York Review of Books, Times Literary Supplement, Quinzaine littéraire, Magazine littéraire, Lire* — existe dans tous les grands pays, ne serait-ce que sous la forme de supplément d'un quotidien, de pages hebdomadaires : les journaux économiques et financiers eux-mêmes ont souvent une rubrique littéraire. La radio et la télévision consacrent aux livres des émissions dont l'influence, pour la seconde surtout, est parfois considérable. On ne nous a pas attendu pour décrire ce système : la *Monographie de la presse parisienne* de Balzac (« il existe dans tout critique un auteur impuissant » ; le critique universitaire, « réfugié sur les hauteurs du Quartier latin, dans les profondeurs d'une bibliothèque, ce vieillard a tant vu de choses, qu'il ne se soucie plus de regarder le temps présent » ; le « négateur », le « farceur », le « Thuriféraire », remarques ou catégories toujours valables), les *Mœurs des diurnales* de Loyson-Bridet (pseudonyme de Marcel Schwob), les *Chiens à fouetter* de François Nourissier (Julliard, 1956), les *Critiques littéraires* de Bernard Pivot (Flammarion, 1968), le *Tableau de la vie littéraire en France d'avant-guerre à nos jours* de Jacques Brenner (Luneau Ascot, 1982), *Les Intellocrates* d'Hervé Hamon et Patrick Rotman (Ramsay, 1981), *Homo Academicus* de Pierre Bourdieu (Minuit, 1984), Jean-Paul Aron (*Les Modernes*, Gallimard, 1984), Bernard Frank (*Solde*, Flammarion, 1980) et tant d'autres ont contribué à cette histoire du journalisme littéraire, dont Bertrand Poirot-Delpech a présenté les grands traits en tête de ses *Feuilletons 1972-1982* (Gallimard). Nous pensions y consacrer un chapitre : ce sera un autre livre.

Si nous réservons pour d'autres tentatives la critique des artistes et celle des moyens de communication, c'est pour nous consacrer à la critique scientifique, celle des « professeurs » selon Thibaudet. Elle n'est pas toujours aimée : les journalistes lui reprochent d'être lourde, les écrivains vivants de les embaumer ou de les négliger, les lecteurs de parler jargon. Cependant, elle assure deux fonctions irremplaçables : la première est de garder présent tout le passé de la littérature, la seconde d'en donner une description et une interprétation que la connaissance non seulement des textes de leur époque, mais aussi des sciences humaines rend plus précise, plus technique, plus scientifique. Même si le spécialiste des papillons a été attiré vers eux par le sentiment de leur beauté, la description qu'il en donne, fût-il Nabokov, n'a pas à être belle, mais exacte et complète[1]. Or, nous le disions en commençant, la critique littéraire et la théorie de la littérature ont subi au XXe siècle de considérables transformations, sous l'influence de disciplines voisines : linguistique, psychanalyse, sociologie, philosophie. Le dialogue qui fait la culture a engendré de nouvelles méthodes, qui ont mis fin à l'idée qu'il y avait une seule manière de parler des textes. Il a aussi fait apparaître les œuvres comme nouvelles, « ravalées » comme le Paris de Malraux, et permis de lire des textes oubliés : pensons au *Lautréamont* de Bachelard, à la *Littérature à l'âge baroque en France* de Jean Rousset.

L'ordre que nous avons suivi est à la fois méthodique et chronologique. Il correspond à la succession des méthodes — mais elles peuvent coexister, ou se combattre — et des écoles. Nous ne nous sommes pas limité à la France : comment négliger, en effet, les travaux des Russes, des Allemands, des Italiens, des Anglais, des Américains, au temps où les hommes, les idées, les sciences traversent toutes les frontières ? Mais, ici aussi, il a fallu choisir : le propre de l'Histoire est d'être infinie si elle veut rendre compte de tous les hommes, de toutes les œuvres. Nous avons pris un certain nombre de partis, au risque de paraître ignorant, insuffisant, brutal. La priorité a été donnée à la théo-

1. « Si je considère l'ornithologie, déclare Jünger, la science qui se consacre aux oiseaux, les anciens savants [...] se distinguaient par la plénitude de leur vision. Aujourd'hui, on vous propose à la place une quantité terrifiante de chiffres, une mise du monde en chiffres, qui tend de plus en plus à mesurer jusqu'au millimètre près. Les gens utilisent des appareils pour épier le chant des oiseaux, avec cette manie que nous avons aujourd'hui de toujours recourir à des machines pour nous venir en aide. » (Julien Hervier, *Entretiens avec Ernst Jünger*, Gallimard, 1986, p. 63.)

rie sur la critique des œuvres individuelles : parler, en effet, des spécialistes, si éminents qu'ils soient, d'un auteur, c'est écrire un manuel de bibliographie critique, alors que nous voulons proposer non des contenus ni un savoir objectif, mais des outils, des *méthodes*. De même que, pour décrire une langue, il n'y a pas besoin d'en connaître tous les mots, il nous a paru que, pour analyser une méthode, il n'était pas nécessaire d'en nommer tous les adeptes. De quelques parties, nous sommes remontés au tout : Spitzer, Auerbach, Curtius suffisent à donner quelque idée de la science de la littérature et de la philologie romane allemandes.

Nous n'avons pas non plus parlé de la critique théâtrale, qui a pris, peu à peu, son autonomie puis son indépendance par rapport à la critique littéraire, en même temps que le langage théâtral contemporain se renouvelait complètement, et que le rôle du metteur en scène s'égalait, à tort peut-être, à celui de l'auteur : les travaux de Jacques Scherer, de Pierre Larthomas, d'Anne Ubersfeld, de Bernard Dort, selon des lignes différentes, suffisent à indiquer ce que nous sacrifions. Il en sera de même de la littérature comparée, discipline qui a maintenant ses départements dans les universités, ses spécialistes, ses méthodes : les études d'influence (Dedeyan, Body), les parallèles culturels (Etiemble), les études de mythes (Trousson, Brunel), les réflexions sur la traduction (*Après Babel*, de G. Steiner). On ne peut que renvoyer à l'ouvrage de P. Brunel, Cl. Pichois et A. Rousseau : *La littérature comparée* (Armand Colin, 1983), qui constitue une excellente mise au point.

Quant à l'histoire littéraire, dont il faudrait aussi écrire l'histoire, ses principes ont été réétablis fermement au tournant du siècle par Gustave Lanson (voir A. Compagnon, *La Troisième République des lettres*, Seuil, 1983), avant la période que nous étudions. Il y a peu à changer à ses principes, sauf à l'adapter aux progrès de l'histoire elle-même : lorsque Lucien Febvre, puis Georges Duby ou E. Le Roy Ladurie succèdent à Lavisse, Langlois et Seignobos, une nouvelle Histoire appelle une nouvelle histoire littéraire. Celle-ci a ses maîtres : que l'on songe aux travaux de Jean Mesnard sur Pascal, de René Pomeau sur Voltaire, de Leigh sur Rousseau, de Raitt sur Mérimée et Villiers de l'Isle-Adam (associé à P.-G. Castex), de l'école balzacienne réunie autour de P.-G. Castex (M. Ambrière-Fargeaud, A. Michel, P. Citron, etc), de M.-Cl. Bancquart sur Anatole France... La théorie, la poétique se nourrissent aussi de l'histoire littéraire[1],

1. Qui s'exprime encore dans des revues : La *Revue d'histoire littéraire de la France, French Studies*.

faute de quoi elles construisent sans fondations, elles parlent sans écouter, elles enseignent sans savoir.

L'accent mis sur les méthodes empêche aussi d'entendre des hommes qui nous ont été chers, laissés à leurs impressions, à la finesse de leurs analyses psychologiques, à leur activité de découvreurs, Albert Thibaudet, Jacques Rivière, Charles Du Bos : nous verrons cependant leur influence sur la critique de la conscience et l'École de Genève. Nous connaissons aussi l'apport des philosophes — depuis Platon et Aristote — à la connaissance de la littérature : les essais de Deleuze sur Proust ou Kafka, de Sartre, de Michel Serres, de Croce, de Heidegger, par exemple, seront réservés à un ouvrage sur la philosophie de la littérature.

De cette confrontation des méthodes, de ce dialogue entre les écoles, devrait naître l'idée qu'il n'y a pas une seule manière de décrire forme et signification d'un genre ou d'une œuvre littéraire, mais que, suivant la nature des difficultés rencontrées, Bachelard ou Freud, Spitzer ou Starobinski, Riffaterre ou Genette seront plus efficaces. Une idée, mais aussi un plaisir : la critique est un genre littéraire ; on la lit peu ; mais qui lit de la poésie ? Aimer la littérature, c'est aussi apprécier la joie de la découverte, de la « vérité enfin découverte et éclaircie », de cette part inconnue, parfois maudite, que seule révèle la critique. C'est une littérature au second degré, dont notre époque a vu l'expansion infinie (il y a eu, dit-on, en France, en 1985, davantage de reçus au doctorat qu'à l'agrégation), comme à Alexandrie au temps des Ptolémées et des Romains. Les Alexandrins déjà ont entassé les catalogues, les inventaires, la littérature sur la littérature, ont cultivé le goût de l'érudition et vécu dans le passé. Aristarque classait les écrivains, et établissait une édition d'Homère, en signalant les passages qu'il jugeait interpolés. A la fin d'un millénaire, à notre tour, nous multiplions les musées, les bibliothèques, les descriptions et les inventaires, les genres mineurs. La critique est cette lumière qui éclaire les œuvres du passé, mais ne les a pas créées, qui les domine, mais ne suscite pas leurs égales : c'est le phare d'Alexandrie.

faute de quoi elles construisent sans fondations, elles parlent sans écouter, elles enseignent sans savoir.

L'accent mis sur les méthodes empêche aussi d'entendre des hommes qui nous ont été chers laissés à leurs impressions, à la finesse de leurs analyses psychologiques, à leur activité de découvreurs, Albert Thibaudet, Jacques Rivière, Charles Du Bos ; nous verrons cependant leur influence sur la critique de la conscience et l'École de Genève. Nous connaissons aussi l'apport des philosophes — depuis Platon et Aristote — à la connaissance de la littérature : les essais de Deleuze sur Proust ou Kafka, de Sartre, de Michel Serres, de Foucault, de Heidegger, par exemple, seront réservés à un ouvrage sur la philosophie de la littérature.

De cette confrontation des méthodes, de ce dialogue entre les écoles, devrait naître l'idée qu'il n'y a pas une seule manière de décrire forme et signification d'un genre ou d'une œuvre littéraire, mais que, suivant la nature des difficultés rencontrées, Bachelard ou Freud, Spitzer ou Starobinski, Riffaterre ou Genette seront plus efficaces. Une idée, mais aussi un plaisir : la critique est un genre littéraire ; on la lit peu ; mais qui lit de la poésie ? Aimer la littérature, c'est aussi apprécier la joie de la découverte, de la vérité enfin découverte et éclaircie, de cette part inconnue, parfois maudite, que seule révèle la critique. C'est une littérature au second degré dont notre époque a vu l'expansion infinie (il y a eu, dit-on, en France, en 1985, davantage de reçus au doctorat qu'à l'agrégation), comme à Alexandrie au temps des Ptolémées et des Romains. Les Alexandrins déjà ont entassé les catalogues, les inventaires, la littérature sur la littérature, ont cultivé le goût de l'érudition et vécu dans le passé : Aristarque classait les écrivains, et établissait une édition d'Homère en signalant les passages qu'il jugeait interpolés. À la fin d'un millénaire, à notre tour, nous multiplions les musées, les bibliothèques, les descriptions et les inventaires, les genres mineurs. La critique est cette lumière qui éclaire les œuvres du passé, mais ne les a pas créées, qui les domine mais ne suscite pas leurs égales : c'est le phare d'Alexandrie.

CHAPITRE PREMIER

LES FORMALISTES RUSSES

L'école peut-être la plus novatrice du XXe siècle est aussi celle qui a connu le plus étrange destin. Née pendant la Première Guerre mondiale, et interrompue par la dictature vers 1930, elle n'a été pleinement connue et appréciée en Europe occidentale[1] et aux États-Unis qu'à partir de deux publications fondamentales, *Russian Formalism* de Victor Erlich[2] (Mouton, 1955), et *Théorie de la littérature* (Seuil, 1965), textes des formalistes russes réunis, présentés et traduits par Tzvetan Todorov. L'œuvre de Propp et de Jakobson est, au même moment, exposée par Lévi-Strauss ; la première traduction en français des *Essais de linguistique générale* de Jakobson est de 1963, par Nicolas Ruwet. Autour de 1960, on a donc assisté à la remontée d'un continent englouti, dont l'action est d'autant plus considérable qu'elle a été plus retardée et que sa redécouverte correspondait à l'agonie de la philosophie de l'Histoire. C'est pourtant à l'origine du renouveau de la critique au XXe siècle, à sa place chronologique, que nous en situons l'étude, ou plutôt le panorama des principaux thèmes et des principales figures que des traductions, encore fragmentaires, permettent de connaître.

Au cours de l'hiver 1914-1915, selon Jakobson, des étudiants fondent le Cercle linguistique de Moscou, « appelé à promouvoir la linguistique et la poétique », d'après son programme officiel ; un premier ouvrage collectif sur la théorie du langage poétique est publié à Petrograd en 1916 ; au début de 1917 se crée la « Société d'étude du Langage poétique » (Opoïaz), qui collabore

---

1. Voir toutefois B. Tomachevski, « La nouvelle école d'histoire littéraire en Russie », *Revue d'études slaves*, 1928 ; N. Gourfinkel, « Les nouvelles méthodes d'histoire littéraire en Russie », *Le Monde slave*, février 1929 ; Troubetzkoy, *Principes de phonologie*, Payot, 1944.
2. Dont on lira aussi *Twentieth-Century Russian Literary Criticism*, Yale University Press, 1975.

avec le Cercle. A celui-ci appartiennent non seulement des critiques, mais des poètes, comme Maïakovski, Pasternak, Mandelstam. Ainsi se rejoignent les élèves de Baudouin de Courtenay, venus de Petrograd, et les Moscovites. Leur action se prolonge dans l'Institut d'État d'histoire des arts, créé par Lounatcharski (1875-1933), qui publie la revue *Poetica* (1926-1929). Le formalisme (le terme est créé, comme pour le cubisme, par ses adversaires : en 1924, *Presse et Révolution* consacre un numéro spécial au formalisme[1], et Medvedev, sans doute avec Bakhtine, *La Méthode formelle en littérature*, en 1928) — ses tenants parlaient d'analyse morphologique — se présente, dès 1915-1916, comme une réaction contre le subjectivisme et le symbolisme, qui lui-même s'était opposé à la critique réaliste et idéologique des penseurs libéraux du XIXe siècle. Les principaux membres du groupe ont été Eikhenbaum (1886-1959), Tynianov (1894-1943), Jakobson (1895-1983), Chklovski (1893-1984), Tomachevski (1890-1957). Le Cercle de Prague continuera, à partir de 1926, ce que le formalisme russe a eu de meilleur. Rappelons enfin qu'en 1932 un décret du Comité central du parti communiste d'URSS dissout tous les groupes littéraires, et que le rapport Jdanov est de 1934 : mais toute création littéraire novatrice était déjà arrêtée.

La théorie de la méthode formelle

En 1925, Eikhenbaum dresse un bilan des années 1916-1925 (« La théorie de la méthode formelle », *Théorie de la littérature*, p. 31-75). Le problème essentiel, affirme-t-il, n'est pas celui de la méthode, mais celui de « la littérature en tant qu'objet d'étude ». Une matière concrète suggère des principes théoriques ; la théorie est une « hypothèse de travail à l'aide de laquelle on indique et on comprend les faits ». La méthode formelle est une « science autonome ayant pour objet la littérature considérée comme série spécifique de faits », à partir des « qualités intrinsèques des matériaux littéraires ». Elle rompt donc avec l'esthétique, la science du Beau, la philosophie, les interprétations psychologiques et esthétiques des œuvres, au moment où la poésie futuriste rompt avec le symbolisme, et où la peinture, la musique, le ballet connaissent les mêmes méta-

---

1. Traduction française : *Le Formalisme et le futurisme russes devant le Marxisme*, L'Âge d'homme, 1975.

morphoses. Jakobson l'écrit en 1921 (*La Poésie moderne russe*, Prague) : « L'objet de la science littéraire n'est pas la littérature, mais la « littérarité », c'est-à-dire ce qui fait d'une œuvre donnée une œuvre littéraire ». Les formalistes rompent donc (quitte à retrouver le problème plus tard) avec l'Histoire, et orientent leurs études vers la linguistique, en tant qu'elle est une science touchant à la poétique, qu'elle confronte langue poétique et langue quotidienne. En poétique, Brik affirme (« Les Répétitions de sons », 1917) que les sons ne complètent pas de manière euphonique les images (qui, seules, constitueraient la poésie), mais qu'ils résultent d'une intention poétique autonome, et que leur répétition a en elle-même sa signification. Chklovski, dont les études s'orienteront vers la prose, pose dès 1914 comme « trait distinctif de la perception esthétique le principe de la sensation de la forme ». Celle-ci est une « intégrité dynamique et concrète qui a un contenu en elle-même » ; elle s'adresse à notre perception, qui doit être prolongée pour recueillir l'effet de l'art. « L'art est compris comme un moyen de détruire l'automatisme perceptif. » La première période du formalisme se caractérise donc par l'acquisition de principes, dont la distinction de deux langues, poétique et quotidienne.

Une deuxième période étudie de plus près les problèmes concrets. L'étude des sons du vers mène à une théorie générale du vers. La théorie du « précédé » conduit aux procédés de composition (Chklovski). Le « sujet » d'une œuvre n'est plus son thème central, mais un élément de son élaboration. Une forme est sentie en relation avec les autres formes ; elle est dynamique, évolutive. Il ne s'agit donc pas d'un formalisme figé dans les schémas et la classification. On distinguera entre les procédés de construction ou « sujet » (parallélismes, enchâssement de récits, énumérations, etc.) et le matériau ou « fable » (motifs, idées, personnages). Ces principes théoriques ont permis de lire et de comprendre des œuvres jusque-là méconnues : *Tristram Shandy*, de Sterne, a été senti comme une œuvre contemporaine « grâce à l'intérêt général pour la construction » (on n'y voyait jusque-là que bavardage ou sentimentalisme). L'étude de la prose sort donc, grâce à Chklovski (comme nous le reverrons), du « point mort », au moment où les recherches sur le vers progressent. Le problème du vers restait obscur, faute de théorie. Les formalistes s'efforcent de mettre en rapport les différents niveaux (rythme et syntaxe, par exemple) : *Du vers tchèque*, de Jakobson (1923), distingue entre la langue émotionnelle et la langue poétique et s'oppose à Grammont ; Tomachevski publie en 1924 *La Versification russe.* Eikhenbaum souligne à la même époque que le mot, pris dans le discours poétique, change de sens, et que la sémantique poétique viole les associations verbales habituelles.

Eikhenbaum aborde enfin le problème de l'évolution littéraire (qui sera repris par Tynianov). Jusque-là, l'histoire littéraire étudiait la biographie et la psychologie d'écrivains isolés, les plus grands, et y ajoutait de grandes étiquettes, des notions générales et incompréhensibles : réalisme, romantisme. L'évolution était conçue comme un perfectionnement continuel, « alors que la littérature en tant que telle n'existait point ». Mais lorsque les symbolistes et les critiques littéraires de la fin du XIXe siècle ont refusé cet historicisme, ils lui ont substitué des « études impressionnistes » et des « portraits ». Les formalistes ont donc opposé au premier « l'idée de l'évolution littéraire et de la littérature en soi » ; aux seconds, l'œuvre littéraire prise comme un fait historique, distinct de la libre interprétation, et des goûts divers. La succession des événements littéraires est un combat (Tynianov, *Dostoïevski et Gogol,* 1921), une dialectique de formes, qui sera coupée des autres séries culturelles. L'Histoire sera abordée parce qu'elle offre ce que l'actualité ne donne pas : « l'achèvement du matériau ». De nombreux travaux sont parus entre 1922 et 1926, qui illustrent ces théories.

Soucieux de dresser un bilan de « l'évolution de la méthode formelle », Eikhenbaum en indique les moments principaux :

— De l'opposition « initiale et sommaire » entre la poétique et la langue quotidienne, on s'est orienté vers une différenciation des fonctions de la langue quotidienne, et on s'est appliqué à délimiter la langue poétique et la langue émotionnelle. Une rhétorique apparaît comme nécessaire, à côté d'une poétique.

— De la notion de forme, on est passé à celle de procédé, puis de fonction.

— Du rythme opposé au mètre, on est parvenu au vers comme forme particulière du discours, ayant ses propres traits linguistiques.

— Parti du sujet comme construction, on conçoit le matériau comme « motivation », élément dépendant de la construction.

— L'analyse du « procédé », sur des matériaux différents, et différenciés selon ses formules, a conduit à l'évolution des formes, à la mise en question de l'histoire littéraire.

Eikhenbaum clôt son bilan en notant que la théorie formaliste est en évolution constante parce que « la théorie et l'histoire ne font qu'un ». A partir d'études de détail, dues aux divers membres du groupe, nous allons maintenant étudier ce développement. Eikhenbaum a, du reste, lui-même donné un exemple remarquable du renouvellement critique dans son analyse du *Manteau* de Gogol (*Théorie de la littérature*, p. 212-223) : *Le Manteau* n'est plus un texte réaliste, ni sentimental, ni humaniste, mais ironique et grotesque.

L'analyse de la prose *TOMACHEVSKI*

Deux auteurs ont apporté des éléments capitaux au problème de l'analyse du récit, Tomachevski et Chklovski.

Le premier, dans un texte de 1925, extrait de sa *Théorie de la littérature* (Leningrad, 1925 ; passage traduit dans *Théorie de la littérature*, Seuil, 1963, p. 263-307), traite du choix du thème, des rapports entre fable et sujet, de la motivation, du héros, de la vie des procédés, et des genres littéraires.

L'idée, le *thème* est ce qui unit les phrases particulières en une construction, dans l'œuvre entière ou dans une de ses parties. « L'œuvre littéraire est dotée d'une unité quand elle est construite à partir d'un thème unique qui se dévoile au cœur de l'œuvre. » Les deux moments importants du processus littéraire sont le choix du thème et son élaboration. Le premier dépend étroitement de « l'accueil qu'il trouve auprès du lecteur », parce que l'image du lecteur « est toujours présente à la conscience de l'écrivain, dût-elle n'être qu'abstraite » : on en donnera pour exemple l'adresse au lecteur dans l'une des dernières strophes d'*Eugène Onéguine*. C'est pourquoi « l'œuvre doit être intéressante » : certains lecteurs s'intéressent au métier, d'autres au divertissement, d'autres aux problèmes culturels d'actualité ; ainsi s'explique l'accueil réservé à Tourgueniev, dû aux problèmes sociaux plus qu'à l'art de l'écrivain, ou aux œuvres qui traitent de la Révolution (Ehrenbourg ou Maïakovski). Mais les œuvres d'actualité « ne survivent pas à cet intérêt temporaire qui les a suscitées », alors que les thèmes universels (l'amour, la mort) demeurent semblables tout au long de l'Histoire. En fait, un roman historique ou un récit utopique peuvent être actuels. A l'intérêt s'ajoute enfin « l'attention » : la sympathie ou l'antipathie de l'auteur s'incarne dans des héros positifs ou négatifs, qui orientent la sympathie, les émotions du lecteur.

Du thème, Tomachevski passe au rapport entre *fable* et *sujet*.

Le thème est constitué de « petits éléments thématiques », disposés selon deux types principaux : ou bien le principe de causalité et l'ordre chronologique, ou bien sans causalité et sans considération temporelle. La première catégorie regroupe les œuvres « à sujet » (nouvelles, romans, épopées), la seconde des œuvres sans sujet (poésie, récits de voyage). La fable exige donc un indice temporel et un indice de causalité ; « moins ce lien causal est fort, plus le lien temporel prend d'importance ». On appellera *fable* « l'ensemble des événements liés entre eux qui nous sont communiqués au cours de l'œuvre » ; elle peut être résumée suivant l'ordre chronologique et causal des événements, indépendamment de son ordre de présentation dans l'œuvre. Le *sujet* s'oppose à la fable : il suit l'ordre d'apparition des événements dans l'œuvre. On voit naître ici la distinction entre histoire et discours, fiction et narration, qui inspirera la poétique du récit tout le long du siècle.

Le *thème* est une notion sommaire qui permet l'analyse de l'œuvre. Un thème indécomposable en plus petites unités du récit s'appelle un *motif*; donc les « motifs combinés entre eux constituent le soutien thématique de l'œuvre ». La *fable* est l'ensemble des motifs « dans leur succession chronologique et de cause à effet » ; le *sujet* est l'ensemble des motifs selon leur ordre d'apparition dans l'œuvre, et donc « une construction entièrement artistique ». Les motifs *associés* ne peuvent être omis de l'exposé de la fable sans détruire son ordre temporel ou causal ; les motifs *libres* peuvent être omis de cet exposé, mais, en revanche, ils sont liés au sujet, parce qu'ils « déterminent la construction de l'œuvre », selon la tradition littéraire (introduction, ralentissement, narration enchâssée). Les rapports mutuels entre les personnages à un moment donné constituent une *situation,* que les héros veulent modifier chacun de manière différente. Les motifs qui changent la situation sont *dynamiques,* les autres *statiques.* Les motifs libres sont statiques (par exemple les descriptions). Les motifs dynamiques sont au cœur de la fable ; les statiques au cœur du sujet. On peut donc distribuer les motifs par degré d'importance. Le *développement* de la fable est le « passage d'une situation à une autre ». Le développement de l'action et de l'ensemble des motifs qui la caractérisent s'appelle une *intrigue,* dont le développement amène soit la fin du conflit, soit « la création de nouveaux conflits ». Le *nœud* est l'ensemble des motifs qui violent la situation initiale. L'intrigue se ramène aux variations qu'il introduit, ou *péripéties,* selon une règle de tension croissante.

Plusieurs étapes mènent de la fable au sujet. Ainsi, « la situation initiale exige une introduction narrative », mais « la narration ne débute pas forcément par l'*exposition* ». Le *début* de la narration ne le contient pas forcément ; le *finale* ne coïncide pas obligatoirement avec le dénouement. Ce que Tomachevski découvre ici, ce sont les deux lignes de la narration (sujet) et de l'action (fable). Il répertorie plusieurs procédés : retards, additions marginales, secrets, répétitions, inversions temporelles dans la narration. Il distingue la *Vorgeschichte* (ou rappel, dans une exposition retardée, de ce qui s'est passé auparavant) et la *Nachgeschichte* (ou récit de ce qui se passera ultérieurement). Le rôle du *Narrateur* est lié à ces procédés, qu'il soit objectif ou subjectif. Il peut être un agent de l'action, un témoin, un tiers mis au courant par d'autres ; d'où deux types principaux, le *récit objectif* et le *récit subjectif*, et des systèmes mixtes : « Parfois le fait que le héros soit le fil conducteur du récit suffit à déterminer la construction entière de l'œuvre. » Attentif au temps et au lieu de la narration, le critique opposera le « temps de la fable » au « temps de la narration » (temps nécessaire à la lecture de l'œuvre). Le premier donne la date de l'action, absolue (le 8 janvier 1918) ou relative (« deux ans plus tard »), indique les laps de temps occupés par les événements, donne l'impression de la durée.

Le système des motifs assemblés dans la narration doit offrir une « unité esthétique ». La *motivation* justifie l'introduction de chaque motif ou ensemble de motifs. Elle peut être relative à la *composition* : les motifs s'accordent avec l'action, avec les caractères ; de fausses motivations détournent l'attention, dans le roman policier ; elle peut être *réaliste* : c'est le sentiment de vraisemblance, de confiance naïve ou d'illusion réaliste (le lecteur sait le caractère inventé de l'œuvre, mais exige une certaine « correspondance avec la réalité »). L'introduction des motifs selon la tradition littéraire empêche de percevoir leur invraisemblance (le livret d'opéra ; le thème de la parenté reconnue). Même une école nouvelle conservera la motivation réaliste. Quant au fantastique, il peut être compris selon une motivation réaliste, aussi bien que selon d'autres normes. La motivation réaliste s'applique également à l'introduction de matériaux extra-littéraires (événements ou personnages historiques). En revanche, le caractère littéraire de l'œuvre est renforcé par la « dénudation du procédé » : pastiche, théâtre dans le théâtre. Un troisième type de motivation est *esthétique* : il concerne la construction du récit, le procédé de *singularisa-*

tion, notamment, permet de présenter la description comme nouvelle (Swift).

Le *Héros* « joue le rôle d'un fil conducteur » qui classe les motifs particuliers, dont il est le support. Il a des *caractéristiques* pour qu'on puisse le reconnaître : c'est « le système de motifs qui lui est indissolublement lié » ; ce peut n'être qu'un nom ; dans les constructions plus complexes, les actes du héros « découlent d'une certaine unité psychologique ». La caractérisation peut être directe, si l'auteur, le personnage lui-même ou les autres le décrivent, ou indirecte, si elle ressort des actes et de la conduite de l'individu. Son apparence peut être trompeuse ; son caractère constant, ou changeant. Il ne suffit pas de caractériser les héros, ils doivent recevoir une « teinte émotionnelle », pour susciter sympathie ou antipathie chez le lecteur. Le héros principal porte la teinte émotionnelle la plus vive, qui le fait suivre par le lecteur avec le plus d'attention. Le héros n'est pas nécessaire à la fable, mais il représente, à l'intérieur du sujet, un moyen d'enchaînement des motifs.

Après avoir fait l'inventaire des « procédés du sujet », Tomachevski s'interroge sur leur vie. Chaque époque littéraire, chaque école se caractérise par un système propre de procédés, qui représente « le style du genre ou du courant littéraire ». On distinguera les procédés canoniques (règles de la tragédie au XVIIe siècle) et les procédés libres ; les procédés perceptibles, parce que trop anciens ou trop nouveaux, et les procédés imperceptibles : les écrivains du XIXe siècle cherchent à dissimuler les procédés ; d'autres, comme Pouchkine, ou les futuristes, les soulignent. Lorsqu'un procédé devient mécanique, ou perd sa fonction, il meurt.

Le *genre littéraire* est un système de procédés, regroupés sous une *dominante*. Les genres vivent, se développent, se désagrègent. Les genres élevés sont remplacés par les genres vulgaires, ou les procédés vulgaires envahissent les genres élevés, acquérant une fonction comique. La classification des genres sera « pragmatique et utilitaire », valable pour un temps donné, historiquement. C'est alors qu'on pourra distribuer le matériel dans des cadres définis. « Les œuvres se distribuent dans de vastes classes qui, à leur tour, se différencient en types et espèces. Dans ce sens, descendant l'échelle des genres, nous arriverons des classes abstraites aux distinctions historiques concrètes (le poème de Byron, la nouvelle de Tchekhov, le roman de Balzac, l'ode spirituelle, la poésie prolétaire) et même aux œuvres particulières. »

CHKLOVSKI

Victor Chklovski, romancier *(Zoo, Voyage sentimental)*, biographe *(Tolstoï)*, critique *(La Marche du cheval)*, a, dans son recueil d'études *Sur la théorie de la prose* (Moscou, 1929 ; L'Âge d'homme, 1973), contribué, comme Tomachevski, à constituer le matériel de concepts qui permettent de décrire la prose littéraire de manière rigoureuse, c'est-à-dire d'approcher d'une science de la littérature. « Mon objet, dit-il au début de cet ouvrage, dans la théorie de la littérature est d'étudier ses lois internes [...]. C'est pourquoi tout ce livre est consacré au problème du changement des formes littéraires. » Moins théoricien cependant, et plus critique que Tomachevski, il répond aux mêmes questions de manière différente, dans des articles qui traitent soit de problèmes généraux, soit d'œuvres particulières, dans un style souvent ironique et aphoristique.

La première étude, « L'art comme procédé », s'insurge contre la thèse suivant laquelle l'art serait une pensée par images. Celles-ci sont, en effet, immuables, « de siècle en siècle, de pays en pays, de poète à poète ». L'image poétique n'est qu'un moyen, qui a une fonction analogue, mais non supérieure, à celle des autres procédés, des autres figures, au service de la langue poétique. Le travail des différentes écoles poétiques « se réduit à une accumulation et à une mise en œuvre de procédés nouveaux dans l'agencement et le traitement de la matière verbale, et en particulier beaucoup plus à un agencement qu'à une création d'images ». Pour reconnaître le caractère poétique d'une œuvre, on se réfèrera au public, parce qu'une œuvre peut être prosaïque pour son auteur, et perçue par le lecteur comme poétique, ou l'inverse : le caractère littéraire, l'appartenance à la poésie résulte de notre mode de perception. C'est pourquoi les œuvres littéraires sont celles où « l'auteur aura usé de procédés spécifiques visant à ce que ces œuvres soient avec le maximum de sûreté perçues comme littéraires ».

Comme tous les formalistes, Chklovski affirme que la langue poétique et la langue de la prose obéissent à des lois différentes. Le discours pratique résulte d'un processus d'automatisation et de rapidité (dont l'extrême est l'algèbre), parfois même d'inconscience. Il en résulte que « l'Art est le moyen de vivre la chose en train de se faire, et en art ce qui est fait n'a pas d'importance ». Il faut donc, pour retrouver ce dynamisme originel, représenter les choses de manière insolite, augmenter la difficulté de la perception littéraire ; ainsi rend-on « la sensation de la vie». Il s'agit, comme chez Tolstoï, grâce au procédé de «représentation insolite», de faire voir l'objet, au lieu de le faire reconnaître. Dans un parallélisme, on doit sentir «l'absence de coïncidence en même temps que la ressemblance»; l'objet représenté subit «une modification sémantique originale». La langue de la poésie est «volontairement difficile»: le style «grossier» de Pouchkine offrait à ceux qui attendaient une langue poétique une difficulté inattendue; le prosaïsme en poésie peut donc être perçu comme une difficulté; «langue courante et langue littéraire» peuvent «permuter». Le discours poétique est un «discours-construction». La prose, au contraire, est «le discours courant». Le rythme littéraire est un rythme de prose — rompu, parce que la rupture est l'essence de l'art.

Chklovski étudie ensuite les «rapports entre procédés d'affabulation et procédés généraux du style». Des lois spécifiques régissent l'affabulation, par exemple dans les contes. Ainsi, une forme nouvelle n'apparaît pas pour exprimer un contenu nouveau, mais pour remplacer une forme ancienne quand elle a perdu sa vertu littéraire. Si la forme se crée un contenu, on en trouvera des exemples dans les répétitions, les parallélismes, les retardements (par exemple, le «secours tardif» dans les romans d'aventures). L'événement devient forme: «On prenait pour sujet de roman un naufrage, un enlèvement par les pirates, etc., non pas parce que c'étaient là les circonstances de la vie concrète mais parce que les circonstances de la technique littéraire l'exigeaient.» Vesselovski écrivait déjà, en 1876, que les aventures sont un procédé stylistique: ainsi du fratricide au temps de Schiller, ou de l'enlèvement... Les œuvres de littérature constituent un «*réseau* de sons, de mouvements articulatoires et de pensées». La pensée n'est qu'un «donné», au même titre que «l'aspect articulatoire et sonore» d'un mot, ou bien un «corps étranger». La «fable» constitue une forme au même titre que la rime; la forme est «une loi régissant la construction de l'objet».

Poursuivant son exploration des formes, Chklovski traite ensuite de «l'architecture du récit et du roman». Il distingue la construction «en gradins», à tiroirs, marquée par les répétitions, les rimes internes, les enchaînements, et la construction «en boucle», qui donne l'impression d'un tout achevé: certaines histoires contiennent les deux formules (Tchekhov). Chez Tolstoï, le parallélisme, qui oppose des personnages entre eux, ou des groupes, relève de la construction en gradins:

« Tout est raison imposée par le métier. » La tradition est « la somme des possibilités techniques du temps ». L'une des plus anciennes est l'« emboîtage », dans les recueils de contes, dans les « débats par contes », dans la « narration pour la narration » (le *Décaméron* et sa descendance), dans les romans picaresques : le procédé peut être étudié chez Cervantès, Lesage, Fielding, Sterne. Dans certains recueils, on « enfile » des histoires autour d'un héros (Ulysse, Sinbad, Lucius dans *L'Ane d'or* d'Apulée), seul lien entre elles ; le voyage constitue ici un « prétexte favori ». Emboîtage ou enfilage évoluent, au cours de l'histoire du roman, vers une unité croissante du corps du roman. C'est ce que montre l'étude de *Don Quichotte*. Ce roman est une encyclopédie, fait de rallonges dont les proportions ont dépassé de loin les prévisions de l'auteur. Certaines incohérences, comme la sagesse du héros, succédant à sa folie, dans certains de ses discours, permettent de dégager deux conclusions : l'apparition du type de Don Quichotte n'est pas un projet primitif, mais le résultat d'une construction du roman et du mécanisme de son exécution, qui a fait naître des formes nouvelles. A la moitié du roman, Cervantès se rend compte de la dualité (sage-fou) de son héros et la fait servir à ses objectifs littéraires. Reste à résoudre le problème des « histoires adventices ». Chklovski les décrit, puis les classe, en signalant les « modes d'implantation de l'histoire », et les procédés réutilisés par Sterne et par Dickens. La nouveauté de l'architecture de *Don Quichotte*, c'est que la seconde partie du roman change de structure (comme chez Rabelais, chez Swift). Don Quichotte sait que la première partie a été écrite, ce qui souligne les conventions littéraires, les fait ressortir (ce que l'on retrouve chez Gogol, Tieck, Hoffmann, où les personnages savent qu'ils sont les héros d'une histoire en train de s'écrire). Élargissant sans cesse son analyse au roman postérieur, Chklovski montre, par exemple, comment les « anecdotes errantes », adventices, sont attribuées au héros, d'Apulée à Tolstoï ; ou comment un signe extérieur permet de disposer la matière (les trois mendiants princiers des *Mille et Une Nuits*, les six anciens souverains de *Candide*), rôle parfois dévolu à des parallèles, des remarques de l'auteur.

Chklovski est donc, avant tout, soucieux de décrire des techniques romanesques. C'est pourquoi il s'intéresse à l'un des sous-genres qui montrent le mieux sa construction : l'« histoire à mystères ». Le récit peut être « construit de telle sorte que les événements seront incompréhensibles, qu'il comportera des "mystères", qui ne seront éclaircis qu'ultérieurement». D'où une chronologie bouleversée, c'est-à-dire l'omission d'un événement et l'apparition de sa description lorsque ses conséquences se sont déjà manifestées, qui produit un effet de mystère. Chez Tolstoï, au contraire, « le bouleversement de la chronologie est présenté de telle sorte que l'accent n'est plus mis sur l'attrait du dénouement », mais sur l'analyse. L'histoire à mystères est incarnée par Conan Doyle, dont Chklovski démonte les procédés pour en souligner le retour monotone. Dans les nouvelles et les romans dont Sherlock Holmes est le héros, Watson a un double rôle : il raconte ce que fait Holmes sans connaître la pensée intime de celui-ci ; il freine l'action en proposant des demi-solutions, et joue un personnage d'« idiot perpétuel ». Parmi les procédés les plus courants, sur douze « aventures », dans trois, Holmes remarque d'abord les manches du costume. Le récit a un schéma, camouflé parce que « tout roman nous assure de sa réalité » : « Opposer son propre récit à la "littérature" est courant chez tous les écrivains. » Le récit holmesien se déroule en neuf points : 1) l'attente initiale ; 2) l'arrivée du client ; 3) les indices fournis par son récit ; 4) l'interprétation erronée de Watson ; 5) le départ pour le lieu du crime ; 6) la solution fausse du commissaire de police ; 7) un intervalle, Holmes fume ou joue du violon ; 8) dénouement imprévu, souvent une tentative de crime ; 9) analyse des faits par Holmes. Toutes les histoires sont ainsi ramenées à un schéma commun, marqué par la répétition du procédé.

Dans les « romans à mystères », Chklovski affirme que l'énigme comporte plusieurs solutions, et classe les romans suivant leur structure énigmatique. L'histoire à erreur (*Le Tour du monde en quatre-vingts jours*) ; l'histoire à parallélisme (Tolstoï) ; le roman à mystères (Ann Radcliffe) qui s'organise en mauvaise, puis en bonne réponse, et s'apparente à la figure de l'inversion. *La petite Dorrit*, de Dickens, est « construit sur plusieurs actions simultanées », le lien étant marqué par les héros, le lieu ; la fable est composée de trois éléments (amour, argent, chantage) ; l'intrigue est présentée comme une série de six mystères. Le procédé qui consiste à raconter plusieurs actions simultanées, dont l'auteur ne donne pas tout de suite le lien, complique ou prolonge la technique du mystère. Ce type de roman se perpétue grâce aux peintures de mœurs qu'on y insère, et sa technique est utilisée par le « roman social ».

Le « roman parodique » constitue une autre variante du genre romanesque. *Tristram Shandy* de Sterne, révolutionnaire à l'extrême, a « mis à nu le procédé ». Ce roman donne d'abord l'impression d'un chaos total, mais ce désordre est voulu, et « rigoureux comme un tableau de Picasso ». Chklovski montre que seule l'analyse de la technique peut livrer le sens du livre : « C'est la conscience qu'il nous fait prendre de la forme, en la détruisant, qui constitue le contenu de son roman. » Sterne montre comment le temps littéraire est pure convention par rapport au temps prosaïque ; il bouleverse ou interrompt l'action, détruit les formes courantes du roman (comme Gogol, et *Le Chat Murr* d'Hoffmann), d'où la conclusion capitale, qui contient la doctrine de Chklovski : « L'art est par nature extra-émotionnel. » « En littérature, le sang n'est pas sanglant, il rime avec "caressant", il est fait pour entrer dans une construction sonore ou pour être employé à une construction imagée. Aussi la littérature est-elle sans pitié. » La compassion est « employée à une construction », « il faut l'aborder du point de vue de la composition », comme pour « comprendre une machine ». Ce n'est pas le roman de Sterne qui intéresse Chklovski, mais la « théorie de la fable » : celle-ci comprend l'intrigue, les digressions, les thèmes ; l'intrigue se limite à la description des événements. Les formes de la littérature « s'expliquent par leur logique littéraire, non par les prétextes que leur offre la vie courante ».

Ces conclusions sont complétées par l'étude sur « la prose ornementale ». Chklovski, abordant le problème de l'Histoire littéraire, y voit un combat fait de consécrations et d'évictions : « Les divers aspects de la forme littéraire coexistent moins qu'ils ne se disputent. La décadence, l'usure d'un procédé se marque dans le développement d'un autre. » Une série d'aphorismes complète la pensée de l'auteur : ainsi les idées philosophiques d'un écrivain ne sont-elles que des « hypothèses de travail », parce que « l'écrivain est tout entier dans son métier ». L'idéologie extérieure, si elle « fait irruption dans le domaine de l'écrivain sans être soutenue par les postulats techniques de son art », ne produit pas une œuvre littéraire. En effet, la littérature n'est pas « une ombre de la réalité, mais une réalité parallèle, une chose ». On voit comment une théorie si moderne, si proche aussi de la peinture du temps, ne pouvait qu'être condamnée par les tenants du « réalisme socialiste ».

L'œuvre littéraire, et c'est l'un des grands principes de l'école formaliste, est donc « forme pure, rapport de matériaux ». Il n'y a pas de hiérarchie des œuvres, d'où « le caractère inoffensif de la littérature, son repli sur elle-même, son absence d'autoritarisme ». Revenant sur l'enchaînement des œuvres, Chklovski considère que la littérature ne se développe pas de manière linéaire : Tolstoï ne vient ni de Tourgueniev ni de Gogol, Tchekhov pas de Tolstoï. La succession se fait « d'oncle à neveu » ; plusieurs écoles coexistent à une même époque, l'une d'elles dominant les autres, qui restent obscures. « Dans ces couches ignorées se préparent des formes nouvelles qui remplaceront les anciennes au premier plan, sans les éliminer complètement. » « Chaque époque a son index, sa liste de sujets interdits parce que périmés. » Aussi bien, « le contenu (âme y comprise) d'une œuvre littéraire est égal à la somme de ses procédés stylistiques ». Il faut, certes, étudier les genres, sommes de procédés, mais les plus grandes créations de la littérature « n'entrent pas dans le cadre d'un genre défini » : *Guerre et Paix*, *Tristram Shandy* enfreignent les lois du roman. D'autre part, il y a des genres qui attendent leur théorie : l'encyclopédie, l'essai, le journalisme, qui se situent « en dehors de toute fable ». Ainsi pourrait-on commencer à caractériser le récit de voyage par le déplacement spatial du point de narration, qui est temporel dans les mémoires. Le journalisme « déromanise » la matière, il la fait bouger pour permettre au lecteur de la reconstruire, et annonce la mort de la fiction : peu d'années après, Malraux pensera que le reportage, après l'avoir inspiré, tue le roman. On verra donc en Chklovski un précurseur de l'analyse contemporaine du récit, de la « narratologie ».

TYNIANOV et l'analyse du vers

Iouri Tynianov, comme Chklovski, a écrit des romans (*Le Disgracié*, 1925 ; *La Mort de Vazir Moukhtar*, 1927 ; *Lieutenant Kijé*, 1927) ; des articles sur le cinéma (réunis en 1927), un *Pouchkine* (1935-1943, inachevé). C'est son essai, « Problème de la langue du vers » (1924 ; traduction française, *Le Vers lui-même*, coll. 10/18, UGE, 1977), qui nous retiendra, en pendant à l'analyse de la prose par Chklovski.

Le concept concret de *vers* s'oppose au concept de prose et, en particulier, il a son langage, qui lui est étroitement lié, alors que, dans les études traditionnelles, on séparait le problème de la langue et du style poétiques de celui du vers. Le vers est une « construction dans laquelle tous les éléments se trouvent en corrélation réciproque ». Aussi faut-il établir un lien « entre les éléments du style envisagés, jusqu'à présent, séparément ». Le problème fondamental est « celui des changements spécifiques de la signification et du sens des mots en fonction de la construction du vers elle-même ». L'importance donnée par Tynianov à la construction rejoint le souci du groupe : l'art aussi est vie ; il n'est pas nécessaire de lui chercher une utilité, « alors que nous n'en cherchons pas à la vie [...] Là où le quotidien entre dans la littérature, il devient lui-même littérature et doit être apprécié comme fait littéraire ».

Le principe de construction n'est pas statique : qu'il suffise de penser au dynamisme des héros de roman. Notre conscience perçoit l'espace de manière statique, au lieu, comme il faudrait, de percevoir les formes spatiales comme dynamiques. Or « l'unité de l'œuvre n'est pas un tout symétrique clos, mais une totalité dynamique en développement ». Les éléments sont reliés, et intégrés à un niveau supérieur, de manière dynamique. La répétition même est mouvement. Le dynamisme se concevra comme une déformation, la « subordination de tous les facteurs à un facteur jouant le rôle constructeur ». L'histoire littéraire elle-même, comme l'histoire des formes, redevient dynamique : « La dynamique de la forme est une rupture ininterrompue de l'automatisme, une mise en avant du facteur constructeur et de la déformation des facteurs subordonnés. »

Pour étudier le vers, Tynianov considère d'abord le rythme, puis le sens du mot. Le rythme est un système d'interaction complexe, une « lutte de facteurs », un développement polémique. On ne peut définir le vers comme pur jeu sonore ou acoustique. Une strophe, au lieu d'être marquée par la présence d'un certain nombre de sons, de syllabes, de vers, peut être constituée de points, de vers inachevés (comme chez Pouchkine), et constitue alors un « équivalent de texte » : « Le symbole joue donc un rôle dans le vers. » Le vers est « la non-réalisation de l'ébauche dynamique appliquée aux unités métriques ». D'autres phénomènes d'équivalence peuvent être observés : la rime, et la « fausse rime ». En tant que facteur rythmique, la rime a un « moment progressif » (la première) et un « moment régressif » (la seconde) ; de même, le mètre ; grâce aux équivalences, le vers libre et la prose rythmée participent au même système. Quant au *mot*, il doit être divisé en « éléments verbaux beaucoup plus fins ». Le rythme est « la dynamisation des matériaux discursifs », et il est aussi important en prose qu'en poésie : « Chaque révolution de la prose a été ressentie comme une révolution dans la composition phonique » (Flaubert, Tourgueniev). La différence entre vers et prose n'est pas dans les sons, mais dans le « rôle fonctionnel du rythme » : dans le vers, tout est construit, l'élément signifié occupe une place subordonnée et déformée ; dans la prose, le rythme est assimilé par la destination sémantique du discours, dont il souligne et renforce les unités de sens, vouées à la communication (positive ou négative). Si l'on introduit un élément prosaïque dans le système du vers, il est mis en relief et déformé ; la même transformation se produit si l'on passe du vers à la prose. Prose et vers ont deux systèmes rythmiques différents.

Qu'en est-il alors du sens des mots ? Le vers déforme-t-il le sens ? Quelle différence y a-t-il entre mots des vers et mots de la prose ? — En fait, le mot n'existe pas hors de la proposition, du « milieu linguistique », c'est un « caméléon ». Il n'y a pas de « lexique poétique » : il peut se créer en s'opposant à la tradition. Ce qui importe, c'est la série, le rythme où le mot est pris, non la fonction de communication. Tel mot est mis en relief simplement par son importance rythmique. Tynianov, dans cette conception d'une totalité antérieure et supérieure aux parties, d'une forme organisatrice, se réfère aux sémanticiens de la fin du XIXe siècle (Rosenstein, 1884), et à un philosophe comme Wundt. Le grand principe est donc que la valeur sémantique du mot dépend de sa valeur dans le vers ; les sentiments, les états d'âme n'ont pas à être invoqués ; seuls, « l'ordre et le caractère de l'activité discursive » comptent. Les lecteurs des poèmes d'avant-garde (symbolistes, futuristes), attachés à la « sémantique apparente », ont manqué l'importance des mots, dus à leurs « traits fluctuants » qui viennent du système de relation où ils sont pris, donc des mots voisins. Par rapport au lexique, le mot poétique n'a qu'un « résidu de signification ». « Du fait de l'unité et de la cohésion de la série du vers, de la dynamisation du mot dans le vers, de la successivité du discours en vers, la *structure* même du lexique des vers est radicalement différente de celle du lexique de la prose. » On parlera de « tonalité lexicale » du poème. Les lois de développement du sujet sont donc différentes en vers et en prose, à cause de la différence entre le « temps du vers » et le « temps de la prose ». En prose, la durée (conventionnelle, et non pas réelle : Gogol raconte au ralenti comment un barbier mange du pain et de l'oignon ; ce qui oppose le temps littéraire au temps réel) est « perceptible » ; dans le vers, elle ne l'est pas. Les liens poétiques sont guidés par « la dynamique générale de la structure ». Cette dernière expression montre bien comment du formalisme découlera ce qu'on a appelé le structuralisme, et le caractère novateur des théories poétiques du groupe.

TYNIANOV et l'évolution littéraire

Dans un texte de 1927 (recueilli dans *Théorie de la littérature*, 1963, p. 120-137), le problème capital de l'histoire littéraire, que l'on a vu abordé par d'autres membres du cercle, est repris et précisé. L'histoire littéraire a été longtemps dominée par une psychologie individualiste ; si on limite l'évolution à la série littéraire, on se heurte aux séries voisines (sociales, culturelles) ; enfin, on ne fait que « l'histoire des généraux ». En réalité, l'œuvre littéraire est un système, la littérature aussi. A partir de ce principe, on peut construire une science littéraire. On a analysé les différents constituants de l'œuvre (sujet, style, rythme, syntaxe, etc.), qui sont en corrélation ; la *fonction* est la possibilité d'entrer en corrélation avec les autres éléments du système, mais aussi avec des éléments semblables d'autres œuvres-systèmes, d'autres séries. On passera du lexique d'une œuvre au lexique littéraire, puis à tout le lexique. Un élément peut avoir une fonction différente suivant les œuvres (l'archaïsme, par exemple) : pour extraire un élément d'une œuvre, il faut tenir compte de la fonction constructive.

Puisque la notion d'ensemble prédomine, un fait sera littéraire ou non, suivant le système de l'époque. Un trait usé ne disparaît pas, mais cède la place principale à un autre. Le problème des genres trouve là sa solution. Le roman est un genre variable, son matériau change d'un système littéraire à l'autre : par exemple, si le Narrateur est présenté au début du récit, c'est un phénomène qui relève du genre et non du sujet ; la présence du Narrateur est une étiquette qui signale le genre « récit » dans un certain système littéraire. L'évolution de la série littéraire, bien réelle, ne se fait pas à la même vitesse que les autres séries : il faut donc se méfier d'un historicisme simpliste, sans refuser toute influence de la vie sociale sur la littérature ; celle-ci agit par le verbe, comme le montre le « salon » devenant un fait littéraire, et, inversement, Byron jouant un rôle historique et politique. Certains écrivains ont un mythe : Pouchkine, Tolstoï, Maïakovski ; mais non d'autres (Tourguéniev).

On aura compris que Tynianov écarte toute référence à la psychologie de l'auteur, et refuse d'établir une relation de causalité entre son milieu, sa vie, sa classe sociale et ses œuvres. L'histoire décrira le changement du rapport entre les termes du système. L'évolution est une substitution de systèmes, qui donne aux éléments formels une nouvelle fonction. Chaque courant littéraire « cherche pendant quelque temps des points d'appui dans les systèmes précédents ». Étudier l'histoire littéraire, c'est la considérer « comme une série, un système mis en corrélation avec d'autres séries ou systèmes et conditionné par eux. L'examen doit aller de la fonction constructive à la fonction littéraire, et de la fonction littéraire à la fonction verbale ». Comme le diront Tynianov et Jakobson, chaque système synchronique contient son passé et son avenir (archaïsmes et innovations). Si l'opposition radicale entre synchronie et diachronie a une valeur méthodologique, elle ne peut être conservée définitivement. Le système ne coïncide d'ailleurs pas avec une époque donnée, puisqu'il subit des influences antérieures ou étrangères.

Le Cercle de Prague

Si le cercle linguistique de Moscou date de mars 1915 et s'est proposé un double domaine, la linguistique et la poétique, le Cercle de Prague se fonde en octobre 1926. Il se constitue à l'initiative du professeur Vilém Mathesius (voir *Travaux du Cercle linguistique de Prague*, I, 1929), et comprend des Tchèques — Havránek, Truka, Vachek, Mukařovský [1] — et des Russes, dont Jakobson (arrivé à Prague en 1920) et Troubetzkoy. Les thèses du Cercle ont été esquissées au premier Congrès international des linguistes, à La Haye en 1928, et présentées au premier Congrès des philologues slaves en 1929. Ces thèses ont été rééditées par la revue *Change* (n° 3, 1969), et nous en présentons ce qui concerne la littérature. La thèse I, due à Jakobson et Mathesius, traite des « problèmes de méthode découlant de la conception de la langue comme système et de l'importance de ladite conception pour les langues slaves ». Il s'agit des rapports entre la méthode synchronique et la méthode diachronique, des comparaisons structurales et génétiques, du caractère fortuit ou de l'enchaînement régulier des faits d'évolution linguistique. On introduit la notion de finalité et de fonction, et,

---

1. Voir R. Wellek, « Theory and Aesthetics of the Prague School », in *Discriminations*, Yale University Press, 1970, qui insiste surtout sur Mukařovský.

contre l'école saussurienne de Genève, on refuse de « poser des barrières infranchissables entre les méthodes synchronique et diachronique ». La thèse II traite des « tâches à aborder par l'étude d'un système linguistique » ; son aspect phonique (Jakobson), le mot et le groupement de mots, les procédés syntagmatiques. La thèse III s'intitule « Problèmes des recherches sur les langues. De diverses fonctions. » Le premier point en est dû à Jakobson : « Sur les fonctions de la langue. » Il y souligne les points suivants : l'intellectualité ou l'affectivité des manifestations linguistiques ; l'opposition entre le langage intellectuel (à destination sociale) et le langage émotionnel (social ou solitaire). Dans son rôle social, le langage est en rapport avec la réalité extra-linguistique. Il a soit fonction de communication (et il est dirigé vers le signifié), soit fonction poétique (et il est dirigé vers le signe lui-même). En fonction de communication, le langage est « de situation » (des éléments extra-linguistiques le complètent : c'est le langage pratique), ou bien il vise à constituer un tout fermé (langage théorique ou de « formulation »). Tantôt une seule fonction prédomine ; tantôt les fonctions s'entrecroisent. Les modes de communication linguistique sont : oral ou écrit ; alternatif avec interruptions, ou monologué continu ; enfin gestuel ; il y a une linguistique du geste, qui varie suivant les pays. Il faut étudier, d'autre part, le rapport existant entre les sujets parlants en contact linguistique : leur cohésion sociale, professionnelle, territoriale, familiale. A l'intérieur des langues, on distinguera les relations interdialectales, les langues spéciales, celles qui s'adaptent aux réactions avec un milieu de langue étrangère, la distribution des couches linguistiques dans les villes.

La thèse III, une fois ces principes linguistiques posés, aborde la « *langue littéraire* » (Havránek). Dans la formation des langues littéraires, les conditions politiques, sociales, économiques, religieuses ne sont que des facteurs extérieurs, sans que la cause en soit un prétendu caractère « conservateur » de la langue littéraire (qui crée, au contraire, perpétuellement, son vocabulaire). « La distinction de la langue littéraire se fait grâce au rôle qu'elle joue. » Elle exprime la vie culturelle et la civilisation (fonctionnement et résultats de la pensée scientifique, philosophique et religieuse, politique et sociale, juridique et administrative). Ce rôle élargit et modifie le vocabulaire de la langue littéraire et définit plus précisément les catégories logiques. L'intellectualisation de la langue répond au besoin d'exprimer l'interdépendance et la complexité des opérations de pensée, et exerce un contrôle accru des éléments émotionnels (euphémisme, censure). La langue littéraire a donc un caractère plus réglé, plus normatif et l'on y note une « utilisation fonctionnelle plus considérable des éléments grammaticaux et lexicaux », une abondance plus grande de normes sociales. Le développement de la langue littéraire accroît ainsi le rôle et l'intention consciente (d'où les réformes, le purisme, la politique et le goût linguistique). Enfin, les traits littéraires se marquent essentiellement dans le langage continu, et surtout écrit. Le langage littéraire parlé est moins éloigné du langage populaire (dont la conversation se rapproche le plus).

Après avoir traité de la langue littéraire, la thèse III traite de la *langue poétique,* longtemps négligée. Il faut élaborer des principes de description synchronique de la langue poétique. Celle-ci prend la forme de la parole (acte créateur individuel) sur fond de tradition mêlée à la langue communicative contemporaine. Les relations entre ces systèmes sont complexes, et on doit en faire l'étude synchronique et diachronique. Une propriété du langage poétique est d'accentuer un élément de conflit et de déformation. Les différents plans (phonétiques, morphologiques) seront étudiés en relation les uns avec les autres. Si « le langage tend à mettre en relief la valeur autonome du signe », tous les plans prennent des valeurs autonomes plus ou moins considérables. Les éléments seront étudiés en liaison avec l'ensemble, parce qu'ils peuvent avoir des fonctions différentes dans des structures diverses. La thèse souligne aussi le rôle des parallélismes, et l'importance de la syntaxe, à cause de ses liaisons multiples avec les autres plans de la langue. « L'indice organisateur de la poésie est l'intention dirigée sur l'expression verbale. » Lorsque l'histoire de la littérature étudie le signifié, ou l'idéologie d'une œuvre littéraire comme entité indépendante et autonome, il rompt la hiérarchie des valeurs de la structure. Le caractère immanent de la langue poétique est souvent remplacé par « un succédané relatif à l'histoire des idées, à la sociologie, à la psychologie », hétérogène aux faits étudiés. La langue poétique doit être étudiée en elle-même.

Mukařovský n'aura donc pas de peine à montrer (1934) que le « structuralisme tchèque » a prolongé le formalisme russe. Il pose, cependant, le problème de la relation de la structure avec la société. Ce rapport est changeant, donc dialectique (cf. « Structure, mode, demande », 1936, in *Change,* n° 4, 1969, extrait de « Fonction, norme et valeur esthétiques comme faits sociaux », Prague, 1936).

ROMAN JAKOBSON

L'œuvre de Jakobson [1] offre la meilleure synthèse des travaux formalistes. L'étendue du savoir, la multiplicité des disciplines connues et pratiquées, le sens de la synthèse caractérisent ce penseur, dont la carrière errante, de Russie à Prague, de Prague en Suède, de Suède aux États-Unis, a reflété la condition d'intellectuel exilé au XXe siècle, mais aussi répandu les connaissances. Notre analyse portera sur les *Essais de linguistique générale* (éd. de Minuit, 1963) et *Questions de poétique* (Seuil, 1973, réunion de textes de 1919 à 1972) ; la majeure partie de son œuvre considérable est recueillie dans *Selected Writings* (Mouton ; sept volumes prévus), limitée à la poétique, qui s'applique directement à la critique littéraire. De 1919 à 1960, Jakobson n'a cessé de revenir sur les mêmes thèmes, pour les préciser. En 1919, lorsqu'il s'interroge, comme tous les formalistes, sur les rapports entre le langage quotidien et le langage poétique, c'est pour affirmer que « chaque mot du langage poétique est déformé par rapport au langage quotidien », et qu'il est « inattendu ». La forme poétique fait subir une violence à la langue. Mais l'on trouve aussi, dès le départ, l'affirmation qu'il faut partir de la structure phonique (de même que la linguistique structurale commence à la phonologie), qui ne se réduit ni à l'expressivité, ni à l'harmonie imitative, ni à la liaison émotionnelle entre les sons et les idées : « La phonétique poétique ne se réduit pas à la phonétique poétique à programme » (*Principes de versification*, 1923). Dès cette époque, la fonction poétique est présentée comme la mise en valeur de la forme du message, limitée cependant à la phonétique : si la poésie emploie, par exemple, des synonymes, c'est que « le nouveau mot n'apporte pas un sens nouveau », mais une structure phonique nouvelle.

C'est en 1935, dans son article sur « la prose du poète Pasternak », que Jakobson fonde la distinction entre la poésie et la prose sur l'usage pour la première de la métaphore, et pour la seconde de la métonymie. Les vers reposent sur la similarité,

1. Voir l'essai, d'orientation principalement philosophique, d'Elmar Holenstein, *Jakobson* (1974).

dans les rythmes et les images (par similitude ou contraste des signifiés). « La prose ignore un tel dessein [...]. C'est l'association par contiguïté qui donne à la prose narrative son impulsion fondamentale : le récit passe d'un objet à l'autre, par voisinage, en suivant des parcours d'ordre causal ou spatio-temporel [...]. Les associations par contiguïté ont d'autant plus d'autonomie que la prose est moins riche en substance. » La figure (métaphore ou métonymie) fait subir « un déplacement aux relations » habituelles : « Quand, dans une structure poétique donnée, la fonction métaphorique s'exerce avec une grande tension, les classifications traditionnelles sont d'autant plus profondément subverties et les objets sont attirés dans une configuration nouvelle régie par des caractères classificatoires nouvellement créés. La métonymie créatrice transforme semblablement l'ordre traditionnel des choses. L'association par contiguïté, qui devient chez Pasternak l'instrument docile de l'artiste, procède à une redistribution de l'espace et modifie la succession temporelle. »

Proche de la figure, le *parallélisme*, qui caractérise la poésie, dans ses variantes sémantiques (comparaisons, métamorphoses, métaphores), phoniques (rimes, assonances, allitérations) : « On ne perçoit la combinaison de sons d'un poème que si elle se répète. » D'où l'intérêt de Jakobson pour les recherches de Saussure sur les anagrammes (« Tout se répond d'une manière ou d'une autre dans les vers », écrit ce dernier). Les moyens du langage poétique nous font sortir de la consécutivité, de la linéarité du langage habituel. Dans « Le Corbeau » de Poe, Jakobson relève les identités et les différences phoniques et sémantiques. Les parallélismes sont également grammaticaux, lorsque l'écrivain varie sur la même structure de phrase. C'est pourquoi Jakobson cite souvent le poète Hopkins : « La structure de la poésie consiste en un parallélisme continu. » Le mot *vers* signifie retour (du latin *versus*) : « L'essence, en poésie, de la technique artistique réside en des retours réitérés. » Le parallélisme mêle invariants et variables : « Plus la distinction des premiers est rigoureuse, et plus les variations sont perceptibles et efficaces. Le parallélisme généralisé active inévitablement tous les niveaux de la langue [...]. Cet accent mis sur les structures phonologiques, grammaticales et sémantiques dans le jeu multiforme de leurs réactions ne se cantonne pas aux limites des vers parallèles, mais, à travers leur distribution, s'étend au contexte tout entier ; d'où le caractère particulièrement signifiant de la grammaire ». La similarité est déterminée par les relations qui s'expriment entre les réalités « par le biais de la syntaxe ». Dans son article sur le « parallélisme grammatical » (1966), Jakobson précise : « Au niveau *sémantique*, nous savons que les parallèles peuvent être soit métaphoriques ou métonymiques [...]. De la même façon, le niveau *syntaxique* offre deux types de couplage : ou bien le second vers offre un modèle *similaire* du précédent, ou bien les deux vers se complètent l'un l'autre en tant qu'éléments *contigus* d'une même construction grammaticale. »

C'est un article fameux de 1960 qui définit de la manière la plus rigoureuse l'application de la grammaire à l'étude de la poésie (« Poésie de la grammaire et grammaire de la poésie ») ; c'est en poésie que les concepts grammaticaux s'appliquent le mieux, parce qu'elle est « la manifestation la plus formalisée du langage ». La récurrence d'une même figure grammaticale est, avec la récurrence d'une même figure phonique, le principe constitutif de l'œuvre poétique. D'où une voie nouvelle ouverte à l'étude de la poésie : « L'interaction — à travers équivalences et divergences — des niveaux syntaxique, morphologique et lexical ; les différentes espèces, au niveau sémantique, de contiguïtés, similarités, synonymies, antonymies [...] sont autant de phénomènes qui tous requièrent une analyse systématique, indispensable pour la compréhension et l'interprétation des diverses combinaisons grammaticales en poésie. » L'étude des parallèles portera donc aussi sur le système et le lexique ; le retour d'une même structure grammaticale est un « procédé poétique efficace ». Au nombre des catégories grammaticales susceptibles d'être mises en parallèles, « on trouve en fait l'ensemble des parties du discours : nombres, genres, cas, degré de signification, temps, aspects, modes, voix, répartition des mots en abstraits et concrets, animés et inanimés, noms communs et noms propres, affirmations et négations », etc. Dans un poème sans images, c'est la « figure grammaticale » qui devient dominante. De même qu'en peinture la géométrie se superpose à la couleur, la puissance d'abstraction de la pensée humaine surimpose des figures grammaticales au mot.

C'est dans son article « Linguistique et poétique » (1960) que Jakobson a dressé le tableau le plus complet de ses recherches poétiques ; il y définit successivement la poétique, la théorie des fonctions, le parallélisme, le principe d'ambiguïté : « L'objet de la poétique, c'est, avant tout, de répondre à la question : "Qu'est-ce qui fait d'un message verbal une œuvre d'art ?" Si la linguistique est la science des structures du langage, la poétique en est une branche. Elle se distingue, par cette prétention scientifique, de la critique littéraire (mais, par ce terme, Jakobson vise la critique d'actualité) : on ne demandera pas à un savant qui étudie la littérature de « remplacer par un verdict subjectif la description des beautés intrinsèques de l'œuvre littéraire » ; cette description est distincte de la critique comme la phonétique de l'orthophonie. Les études littéraires traitent de problèmes synchroniques, c'est-à-dire de la production littéraire d'une époque donnée et de la tradition littéraire restée vivante ou ressuscitée ; et de problèmes diachroniques, mais l'étude historique peut rencontrer, outre des changements, des facteurs durables. La poétique historique, comme l'histoire du langage, « doit être conçue comme une superstructure, bâtie sur une série de descriptions synchroniques successives ».

Après avoir défini la poétique, Jakobson présente sa théorie des fonctions, qui est le résultat de quarante ans de mise au point (voir, dans *Questions de poétique*, « La nouvelle poésie russe », 1921, et « Qu'est-ce que la poésie ? », 1933-1934). On rappellera la théorie de la communication : Le *destinateur* envoie un *message* au *destinataire*. Ce message suppose un contexte (ou *référence*), un *code* commun, un *contact*, un canal physique et une connexion psychologique. « Chacun de ces six facteurs donne naissance à une fonction linguistique différente, mais un message met en jeu plusieurs fonctions, et ce qui varie, c'est leur hiérarchie. On distinguera donc :

— la fonction référentielle (ou dénotative, ou cognitive) ;

— la fonction « expressive ou émotive », centrée sur le destinateur, qui vise à exprimer « directement l'attitude du sujet à l'égard de ce dont il parle », une « émotion, vraie ou feinte ». Dans la langue, la couche émotive pure est constituée par les interjections. Il y a une information émotive (ironie, colère) qui s'ajoute au référent. Jakobson cite l'exemple de Stanislavski faisant dire « ce soir » de cinquante manières différentes ;

— la fonction « conative » est orientée vers le destinataire. Son expression la plus pure est le vocatif ou l'impératif ;

— la fonction « phatique » interrompt ou maintient la communication (« Allô ! », « Eh bien ! ») ; c'est la première que les enfants acquièrent ;

— la fonction « métalinguistique » : alors que le langage-objet parle des objets, le métalangage parle du langage, même dans la langue courante (par exemple une explication grammaticale) ;

— la fonction « poétique » vise le message en tant que tel,

pour son propre compte, soit le côté palpable des signes, séparés des objets qu'ils désignent. On ne peut réduire la sphère de la fonction poétique à la poésie, ni la poésie à la fonction poétique. La fonction poétique domine, dans l'art du langage, sans éliminer les autres fonctions. Dans les autres activités verbales, elle a un rôle subsidiaire. D'autre part, l'analyse linguistique de la poésie ne peut se limiter à la fonction poétique. Les divers genres poétiques impliquent les autres fonctions : la poésie épique, ou de la troisième personne, suppose la fonction référentielle ; la poésie lyrique, ou de la première personne, la fonction émotive ; la deuxième personne, la fonction conative.

« Selon quel critère linguistique reconnaît-on empiriquement la fonction poétique ? Quel est l'élément dont la présence est indispensable dans toute œuvre poétique ? » Il faut, pour répondre à ces questions, faire un détour et considérer qu'il y a deux modes fondamentaux d'arrangement dans le comportement verbal : la *sélection* (qui correspond à l'axe paradigmatique) et la combinaison (axe syntagmatique). « La sélection est produite sur la base de l'équivalence, de la similarité et de la dissimilarité, de la synonymie et de l'antonymie, tandis que la combinaison, la construction de la séquence, repose sur la contiguïté. *La fonction poétique projette le principe d'équivalence de l'axe de la sélection sur l'axe de la combinaison.* L'équivalence est promue au rang de procédé constitutif de la séquence. » En poésie, chaque syllabe est en rapport d'équivalence avec toutes les autres : l'accent tonique avec l'accent tonique, la longue avec la longue, la brève avec la brève ; « les syllabes sont converties en unités de mesure. » Aussi les séquences deviennent-elles, en poésie, commensurables, selon un rapport soit d'isochronie, soit de gradation : « C'est la symétrie des trois verbes dissyllabiques avec consonne initiale et voyelle finale identiques qui donne sa splendeur au laconique message de victoire de César : "Veni, vidi, vici." » De plus, « la mesure des séquences est un procédé qui, en dehors de la fonction poétique, ne trouve pas d'application dans le langage ». Le temps de la chaîne parlée y produit une expérience analogue à celle du temps musical. Jakobson cite ici Gerald Manley Hopkins : le vers est un « discours répétant totalement ou partiellement la même figure phonique ».

La poétique est donc « cette partie de la linguistique qui traite de la fonction poétique dans ses relations avec les autres fonctions du langage ». La rime n'est qu'un cas particulier du problème fondamental de la poésie, le *parallélisme,* qui comprend, on l'a vu, comparaison, métaphore, parabole, et l'antithèse, le contraste, etc., où il est « cherché dans la dissemblance ». En poésie, « toute séquence d'unités sémantiques tend à construire une équation ». Tout élément de la séquence est une comparaison.

Un autre aspect du message poétique, que Jakobson emprunte à Empson (auteur de *Seven Types of Ambiguity*), est l'ambiguïté. Non seulement le message, mais encore le destinateur et le destinataire (par exemple le *tu* de la poésie lyrique, ou même le *je*) deviennent ambigus. La référence à la réalité n'est pas détruite, mais dédoublée : « Cela était et n'était pas », disent les contes majorquins. C'est pourquoi le message poétique peut être indéfiniment répété, dure, ne s'annule pas lorsqu'il est transmis. En prose, ou « composition non versifiée », « les parallélismes sont moins strictement marqués, moins strictement réguliers, et il n'y a pas de figure phonique dominante : aussi la prose présente à la poétique des problèmes plus compliqués, comme c'est toujours le cas en linguistique pour les phénomènes de transition ». En prose littéraire, « la transition se situe entre le langage strictement poétique et le langage strictement référentiel », la prose réaliste étant liée à la métonymie. Rappelant que des ressources poétiques se dissimulent dans la structure morphologique et syntaxique du langage, dans la « poésie de la grammaire », Jakobson affirme en conclusion : « La poésie ne consiste pas à ajouter au discours des ornements rhétoriques : elle implique une réévaluation totale du discours et de ses composantes [...]. En poésie, tout élément linguistique se trouve converti en figure de langage poétique. » Un spécialiste de la littérature ne peut donc ignorer la linguistique, ni un linguiste la poésie.

Il resterait à montrer comment Jakobson a appliqué sa théorie au commentaire de poèmes (*Questions de poétique* contient notamment son commentaire des *Chats* de Baudelaire, rédigé avec Claude Lévi-Strauss, et qui, en 1962, a fait sensation). L'explication de *Spleen IV*, de Baudelaire, présente les dichotomies symétriques, en comparant les strophes paires et impaires, centrales et périphériques, antérieures et postérieures, intérieures et extérieures, initiale et finale ; puis la bipartition syntaxique du poème : les trois premiers quatrains sont composés de propositions subordonnées, les deux derniers de propositions indépendantes ou principales. A propos d'un poème de Dante, Jakobson considère le code architectural du sonnet, en comparant chaque strophe avec les trois autres, puis la structure globale des rimes, des éléments grammaticaux et du niveau sémantique ; la conclusion porte sur le rôle de la grammaire et de la géométrie en poésie et en peinture. Pour étudier « Si nostre vie » de Du Bellay, le mouvement sera différent, mais portera surtout sur la grammaire : sources, sujet, strophes, significations grammaticales, phrases et propositions, verbes, pronoms et adjectifs pronominaux, substantifs, adjectifs, genres grammaticaux, vers, rimes, texture phonique, vue d'ensemble (dans laquelle Jakobson s'oppose à Spitzer). L'analyse structurale d'un sonnet de Shakespeare « révèle une unité incontestable, irrécusable de son cadre thématique et compositionnel ». La description formaliste de la littérature atteint ici sa perfection ; c'est elle qui influencera à son tour les formalistes et les poéticiens français à partir des années soixante.

puis la structure rigide des rimes, des éléments grammaticaux et du niveau sémantique; la conclusion porte sur le rôle de la grammaire et de la géométrie en poésie et en peinture. Pour étudier « Si nostre vie » de Du Bellay, le mouvement sera différent, mais portera surtout sur la grammaire : figures, strophes, significations grammaticales, parties et propositions, verbes, pronoms et adjectifs pronominaux, substantifs, adjectifs, genres grammaticaux, vers, rimes, texture phonique, vue d'ensemble (dans laquelle Jakobson s'oppose à Spitzer). L'analyse structurale d'un sonnet de Shakespeare montre « une unité incontestable, inséparable de son cadre thématique et compositionnel ». La description formaliste de la littérature atteint ici sa perfection; c'est elle qui influencera surtout les formalistes et les poéticiens français à partir des années soixante.

CHAPITRE II

LA CRITIQUE ALLEMANDE :

La philologie romane

La critique allemande, à partir de 1915, à l'intérieur de l'université même, puis en émigration sous le nazisme, a produit des ouvrages capitaux, qui, par leur méthode et leur esprit de synthèse, héritiers d'une longue tradition, ont renouvelé le panorama des études littéraires : les noms de Gundolf, Curtius, Auerbach, Spitzer se présentent à l'esprit pour illustrer cette école.

GUNDOLF (1881-1931)

Frédéric Gundolf (1881-1931), professeur à l'université de Heidelberg, ami de Curtius, est l'un des grands critiques littéraires de ce siècle, et a exercé une influence certaine, non seulement sur ses compatriotes, mais aussi sur Marcel Raymond (qui en témoigne dans *Le Sel et la Cendre*) et Georges Poulet. Auteur d'ouvrages fondamentaux sur Shakespeare *(Shakespeare et l'esprit allemand)* et sur *Goethe* (le seul traduit en français ; par Jean Chuzeville, Grasset, 1932). Ce qui intéresse Gundolf, c'est l'unité du créateur à travers son œuvre, « unité spirituelle et corporelle, qui se manifeste à la fois comme mouvement et comme forme ». L'étude de la biographie est insuffisante, puisque « l'artiste n'existe qu'autant qu'il s'exprime en une œuvre d'art ». Avant Malraux, Gundolf affirme que l'artiste vit dans une sphère complètement différente du non-artiste ; ce dernier s'imagine, par exemple, que Shakespeare imite la réalité ; or « l'art n'est pas plus l'imitation de la vie que l'intuition de la vie ; l'art est une forme primaire de la vie, qui n'emprunte par conséquent ses lois ni à la religion, ni à la morale, ni à la science ou à l'État, autres formes de vie primaires ou secondaires ». Comprendre Goethe, c'est l'avoir « revécu comme un tout, avant d'oser cataloguer ses productions » ; ce n'est pas prendre ses œuvres comme des confessions ; ce mot ne peut désigner que l'acte par lequel l'artiste accouche de son œuvre, non des contenus. Le critique, ou « historien de la culture », a pour matériel la pensée, le créateur, la vie à travers la langue. L'historien de la littérature « a pour tâche d'interpréter verbalement comme idée ce que Goethe présente verbalement comme image ». D'où une nécessaire modestie : « La plus petite image d'un vrai poète ne laisse pas d'être infiniment plus précieuse que le plus savant traité qu'elle nous inspire. » La méthode ne sera jamais sa propre fin, et les « grands poètes ne sont pas des cobayes » : à l'origine de la vocation critique, il doit y avoir « un événement », une « nécessité intime ».

Le problème que pose l'étude d'une œuvre comme totalité, c'est qu'elle a en apparence un développement, une histoire, une multiplicité. Quel sort faire, par exemple, à la correspondance ? aux entretiens de l'artiste ? « Les expressions involontaires nous révèlent ses rapports passifs, celles qui sont voulues, ses rapports actifs. » Les lettres montrent l'homme « que l'on voit », non « celui qui voit ». Mais l'œuvre, qui est du temps, comment se déploie-t-elle dans l'espace, comme « figure » ? On résoudra la contradiction en se représentant l'évolution, non comme une ligne, mais comme « les rayonnements sphériques partant d'un centre ». « Relativement au temps, la fonction de créer des figures est dans la poussée, dans le rayonnement, dans la transformation ; relativement à l'espace, elle est dans la sphéricité. » On peut aussi dire que les œuvres sont « les cernes de l'arbre », zones annuelles de l'évolution.

Abordant la notion de genre, Gundolf oppose l'écrivain antique, qui porte le genre à sa perfection, à l'artiste moderne, qui le « fait éclater ». Et, dans l'œuvre, le lyrique, le symbolique et l'allégorique, trois manières de « façonner la matière ». Dans le lyrisme, l'existence et l'expérience du poète constituent sa matière : la notion d'expérience est fondamentale, puisque c'est « l'expérience du printemps » qui est la matière de l'artiste, non le printemps lui-même. Le symbolisme consiste à s'approprier la matière étrangère, à l'organiser, à la transformer : « Symbole ou image est toute forme qui incorpore un contenu déterminé, l'exprime, le représente. » Deux types d'artistes : celui qui attire le monde à lui (Dante), celui qui, expressif, se répand dans le monde (Shakespeare). Le premier « sent son moi comme centre et symbole du monde », le second fait du monde son symbole, après y avoir dépensé son moi. Le premier « souffre de l'imperfection du monde, lequel ne répond pas... à la loi naturelle de son être intime ». Le second « souffre du trop-plein de son moi et s'est libéré en lui donnant de l'espace ». Quant à « l'allégorisme », il recolle les morceaux disjoints du monde ; les œuvres allégoriques sont celles où « l'expérience de culture l'emporte » ; l'expérience originale, l'émotion du poète y sont étouffées, et n'apparaissent qu'en pensées et formules. Chez Goethe, par exemple, on peut trouver tour à tour les trois états. Il s'agit donc d'une critique héritière à la fois du romantisme et de la philosophie allemands, mais dont la vigueur, la charge théorique, le goût des concepts, des oppositions, des définitions, restent un exemple, entre Dilthey et Adorno, entre Curtius et Auerbach : on renverra, par exemple, à son analyse de l'humour et de la satire (*Goethe*, Grasset, t. I, p. 222-239), ou du drame, du récit et de la lettre (*Ibid.*, p. 259-269). La grande leçon reste celle de l'unité d'une expérience et d'une vision, que l'on ne découvre pas « dans les prétendus sujets ou problèmes, mais dans le *style*, dans la manière de voir et de dire, dans le choix et la touche ». Cette unité n'est pas statique, mais dynamique ; le monde de Goethe au-dedans est composé de forces, au-dehors d'apparences, témoignage d'un conflit fondamental « entre le moment et l'éternité, le Moi et le Tout, l'être et le devenir », conflit inhérent à la nature de Goethe et à son expérience culturelle : « Quelle que fût la diversité de ses matériaux et de ses formes, Goethe ne créa jamais que d'après le même contenu, c'est-à-dire d'après le rapport de son Soi momentané au Tout qui se meut, et [...] nous pouvons être sûrs de n'avoir pas encore pénétré telle de ses œuvres tant que nous n'y rencontrons pas ce conflit fondamental. Ce qu'il traite, ce sont des solutions diverses du même conflit, du même problème de l'existence, non des sujets différents ». On recherchera donc un conflit fondateur, un principe unique au travail dans l'œuvre, et dont on étudiera les manifestations littéraires chaque fois différentes. La puissance de cette critique, qui unit au goût des concepts et des catégories l'étendue de l'information, c'est, face à la musique de chambre française, celle de l'orchestre wagnérien ou mahlérien.

ERNST-ROBERT CURTIUS (1886-1956)

Curtius a consacré une grande partie de son œuvre à la France, le reste à l'Europe. Sa bibliographie (E.J. Richards, *Modernism, Medievalism and Humanism. A Research Bibliography on the Reception of the Works of E.R. Curtius,* Max Niemeyer Verlag, Tübingen, 1983) comporte trois cent vingt-sept numéros : dix-huit ouvrages, six traductions (dont trois de Gide), deux cent quatre-vingts articles et comptes rendus, six volumes de correspondance. Parmi ses principaux ouvrages, *Ferdinand Brunetière* (Strasbourg, 1914), *Maurice Barrès et le nationalisme français, Balzac* (1923 ; traduit en 1932), *L'Esprit français dans l'Europe nouvelle* (Stuttgart, 1925), dont l'essai sur Proust (traduit en 1928) constitue le premier chapitre, *J. Joyce und sein Ulysses* (Zurich, 1929), *Essai sur la France* (1930 ; traduit en 1932), *La Littérature européenne et le Moyen Âge latin* (Berne, 1948 ; traduit à Paris, 1956), *Essais critiques sur la littérature européenne* (Berne, 1950, 1955 ; traduction française incomplète, Paris, Grasset, 1954). On notera plusieurs articles en français : « L'influence littéraire de la France à l'étranger » (*Nouvelles littéraires,* 3 janvier 1925), « Valery Larbaud » (*La Revue nouvelle,* 15 mai 1925), « Charles Du Bos » (*La Revue nouvelle,* 15 juillet 1926), « Louis Aragon » (*La Revue nouvelle,* 15 janvier 1926), « Civilisation et Germanisme » (*Revue de Genève,* avril 1927), « Sur Marcel Proust » (*Cahiers du Sud,* mars 1928), « Abandon de la culture » (*N.R.F.,* décembre 1931), « L'Esthétique de Nietzsche » (janvier 1931), « Goethe ou le classique allemand » (*N.R.F.,* mars 1932), « L'Humanisme comme initiative » (*Revue de Paris,* novembre 1932), « Amitié de Gide » (« Hommage à Gide », *N.R.F.,* 1951). On voit, par l'étendue des sujets traités, que rien n'échappait à cet esprit encyclopédique, dont l'œuvre, souvent mal accueillie dans son propre pays, s'est développée sur un horizon historique de plus en plus orageux ; Curtius, ami de la France et antinazi, n'a pas publié de volume entre 1933 et 1945 ; il n'a pas cessé d'opposer à l'idéologie nazie la littérature française moderne, le contexte européen de la culture allemande, puis le Moyen Âge latin. Lorsqu'il prit sa retraite, contrairement à l'usage, aucun recueil de mélanges ne lui fut offert par son Université.

La correspondance de Curtius avec Gide, Du Bos et Larbaud (Francfort, Klostermann, 1980) est un document rare sur la vie d'un grand savant (comme la correspondance entre Marcel Raymond et Georges Poulet), et permet de préciser sa pensée.

En 1921, il écrit à Gide qu'il tient à « garder le rôle [...] d'intermédiaire intellectuel entre nos deux pays. Rôle qui n'est pas facile — ni matériellement (à cause de l'ignorance forcée où me réduit l'impossibilité de me procurer tous les livres et revues dont j'aurais besoin), — ni moralement (à cause des attaques des extrémistes de droite et de gauche, et cela des deux pays) ». Il ne peut « s'enfermer dans les bornes d'une seule nationalité [...]. La plupart des hommes ne se sentent à l'aise que dans des entraves — qu'ils se forgent eux-mêmes au besoin, et qu'ils voudraïent imposer aux autres. Combien plus beau un vol libre, illimité ». Mobile dans l'espace, il l'est aussi dans le temps : ses premiers livres sur la France, destinés à un public allemand, devaient d'abord renseigner, en rapports « fidèles, complets, précis », écrit-il à Du Bos (1923). *Balzac*, pour qui il a éprouvé une passion qui l'a « complètement absorbé », une sorte de « recherche de l'absolu », se présente sous « un jour complet et en partie neuf ». Il conçoit alors une « haute critique », qui n'étudie pas en spécialiste ni en universitaire, mais en « esprit universellement éclairé et attentif, mêlé à la vie contemporaine des lettres françaises » ; c'est que, pour « le critique esthéticien, il n'y a pas de passé », et c'est par là qu'il se différencie de l'historien pur (1925). Curtius se sent donc mal à l'aise dans les institutions : venu faire une conférence à la Sorbonne en 1930, il y rencontre quelques amis : « Sans eux, l'atmosphère de la Sorbonne m'aurait décidément déprimé. Peut-être toutes les institutions sont-elles impures au regard de l'esprit, et la vie spirituelle ne saurait jamais s'épanouir librement dans des cadres sociaux, empreints sans exception de la misère de l'humaine condition ». D'où une vie difficile : « J'ai très peu d'ambition [...]. J'aime le silence et la vie cachée. Si mes travaux valent quelque chose, ils le vaudront encore dans vingt ans. Mon seul désir est de réaliser lentement et par étapes successives l'œuvre que je me suis proposée. Je ne compte pas par années mais par dizaines d'années » (1924). Il est en proie à la neurasthénie, « maladie professionnelle des écrivains », et en souffre depuis trente ans (1948). Quant à sa méthode, elle écarte d'abord « la psychologie des chercheurs pédants et pénibles, préoccupés d'inventaires des rencontres et lavant du linge sale. Je fais allusion à quelques fouilleurs d'alcôves qui sur des témoignages dépourvus de toute valeur ont échafaudé le roman d'une Frédérique enceinte par les œuvres de Goethe. Tout cela est du fatras fangeux ». Au contraire, « rien de plus salutaire pour l'hygiène de l'esprit que d'aborder un champ en jachère et de découvrir des motifs neufs pour admirer une œuvre consacrée — et délaissée » (à propos du *Roland furieux*). Restituer l'unité d'une œuvre, ou d'une période, ou d'une littérature, sera le rêve de Curtius, « en vivant, en pensant, en aimant ; c'est en effet un besoin de l'âme, obscur et puissant, mystérieux et profond ; c'est une direction qui exalte, tout en les dépassant, nos activités terrestres ; c'est une voie dans laquelle je me suis engagé » (1930). S'il tient Joyce « pour le fait littéraire le plus important du XXe siècle » (1930), à partir de 1935 il travaille sur Dante et sur le Moyen Age : « Je n'éprouve plus le besoin de suivre l'actualité littéraire. Plus on avance en âge, plus on se détache du présent, fût-il existentiel ou autre chose. Je fais exception pour Eliot. Mais je l'avais suivi depuis vingt ans » (1947). Soucieux de son art, il songe à la fin de sa vie à une « anthologie de la critique » de l'Antiquité à nos jours : il ne mènera pas cette entreprise à bien, mais, de ce grand projet, il reste les citations de ses livres.

C'est par les *Essais sur la littérature européenne* (traduction française par Henri Jourdan, 1954) que nous aborderons l'œuvre de Curtius, pour y découvrir le premier de ses trois grands hommes, Virgile (dont il avait dit qu'il fallait le « retirer aux professeurs »), et un concept capital pour Curtius, celui de la longue durée : « Il faut, pour l'estimer à sa juste valeur, abandonner toutes les échelles coutumières des modernes et s'appliquer à compter en longs espaces de temps » ; on ne comprendra pas non plus Virgile si l'on reste « attaché à la doctrine esthétique périmée de l'originalité du génie ».

Dans son essai sur « Goethe critique » (1949), Curtius définit sa conception de la critique. La grandeur de la critique allemande, quand elle a existé (1750-1830), a été de « comprendre et de faire apparaître tout l'ensemble de la tradition européenne ». Si la philosophie est « pensée de la pensée », pour Schlegel la critique est « intelligence de l'intelligence ». Curtius affirme que la critique est « la *littérature de la littérature* », « la critique est la forme de littérature dont l'objet est la littérature elle-même », mais c'est aussi « la forme sous laquelle elle affecte le plus petit nombre », les *happy few* (1929).

Dans la pratique, « reconstruire un monde spirituel à partir d'un langage » (p. 62), comme le propose Curtius pour Goethe, pouvait être un programme (1949). Ainsi, revenant en 1950 sur son *Balzac* de 1923, le critique rappelle que, parti d'une indignation contre l'injustice dont Balzac était victime (lorsqu'on le considérait comme un génie robuste, mais vulgaire, sans finesse psychologique ni style), pénétré de la « grandeur incomparable de Balzac », l'œuvre de celui-ci « était un univers dont il fallait étudier la structure ». Le secret était dans « une expérience visionnaire qui remontait aux années d'enfance de Balzac » (p. 84). Curtius a l'idée de partir des romans philosophiques (*Louis Lambert* et *La Peau de chagrin*), et de la « Théorie de la Volonté », non écrite pour les personnages, pour comprendre « Balzac tout entier ». « Son œuvre révélait maintenant à mes yeux une surprenante unité. » Structure, unité, secret, voilà les trois mots clés de la critique selon Curtius.

Il a formulé sa conception de l'histoire littéraire dans un texte de 1950 sur Balzac (*Essais sur la littérature européenne*, p. 92). Les manuels découpent la littérature en courants (romantisme, puis réalisme, puis naturalisme, puis symbolisme) ; ce schéma conventionnel est grotesque, « mais il s'explique par l'habitude que nous avons de découper la littérature universelle selon les langues, les peuples, les siècles, et de la diviser en petits fragments. *On perd, dès lors, toute vue d'ensemble.* L'idée de reproduire la réalité journalière n'est pas une conquête de l'art du XIXe siècle. On la trouve dans la poésie hellénistique, dans le roman latin de l'époque impériale, dans les sagas islandaises du XIIe siècle, mais aussi chez Chaucer, chez Rabelais, chez Cervantès, chez Fielding. Le réalisme dans les arts plastiques commence avec les peintures rupestres de l'âge de pierre. Il existe des tendances réalistes à toutes les époques, dans toutes les contrées. Il existe des douzaines, sinon des centaines de réalismes, de nature différente, de sentiment différent, de technique différente. La science des littératures — et aussi l'histoire de l'art — apprendront peu à peu à les distinguer ». Ces distinctions, Curtius les esquisse ensuite, en recherchant le motif de chacun de ces réalismes (p. 93).

L'idée de totalité (qu'il trouvait chez Balzac, d'où son grand livre de 1923) est donc à la base de la pensée de Curtius (« dans Balzac, tout se tient », p. 97). Ses auteurs de prédilection expriment la totalité du monde : Virgile, Dante, Goethe et, au XXe siècle, Proust, Joyce, Eliot, Claudel. C'est poser le problème de « la hiérarchie et de ses variations ». Balzac n'a cessé de grandir de 1920 à 1950, grâce, sans doute, à Proust : « L'arrivée d'un nouvel artiste de génie éclaire l'art, même l'art du passé, d'une lumière nouvelle », un phénomène que la critique néglige d'habitude. Retrouvant chez Emerson le mouvement balzacien de totalité, Curtius reconstitue une « parenté spirituelle », une relation entre écrivains ayant la même vue du monde (ici celle de

« l'unité universelle ») : « Emerson, comme Nicolas de Cues, comme Leibniz et Hegel, comme Balzac et Goethe, comptait parmi les représentants de cette conception du monde que Goethe nommait « totalisme » et « harmonisme » (« Emerson », 1924, in *Essais*...). Il faut donc connaître plusieurs littératures, plusieurs cultures, tel Ortega y Gasset, dont, dans les *Essais*, il a fait le portrait.

L'artiste est celui qui « crée la vie par des formes ; et ainsi il se trouve déjà uni aux forces fondamentales de la vie, et par conséquent à une puissance bien plus réelle et plus durable que les marchés et les machines », écrit Curtius en 1929 à propos d'Hofmannsthal, dont il montre qu'il dépasse l'esthétisme en rejoignant la totalité du monde, et dont « la littérature représente la vie nationale » (« la littérature, espace spirituel de la nation »), c'est-à-dire non seulement l'empire austro-hongrois, mais le monde latin. Hofmannsthal est exemplaire, parce qu'il a « accumulé dans son trésor royal les biens les plus précieux des langages et de l'âme des pays latins ». Si ce propos garde aujourd'hui toute sa valeur, on sent combien, pour Curtius, adversaire du totalitarisme, ce recours au monde latin est un antidote aux poisons du pangermanisme : l'universalisme s'oppose au nationalisme conquérant. Seuls les écrivains qui expriment l'universalité méritent l'étude, ceux qui, comme disait Leibniz, « ne méprisent presque rien ». Ce n'est pas faire l'apologie de la critique d'idées, mais des formes : « Le travail de l'idée n'a jamais de terme, mais l'œuvre poétique est une forme achevée. Le poète dit l'indicible dans le langage des symboles. Nous recevons de ses mains un monde à la structure ordonnée, débarrassé de tout l'enchevêtrement des concepts philosophiques » ; nous aimons, comme Hofmannsthal le disait, « les idées en tant que formes. La forme élimine le problème, elle trouve la réponse à ce qui n'a pas de réponse ».

Le genre du drame y trouve sa justification, de Goethe à Hofmannsthal et à Claudel, parce qu'il est une forme poétique qui « représente l'existence humaine dans ses relations avec l'ensemble du monde », en unissant la poésie et le théâtre. Hofmannsthal, traducteur de Calderón, donne à Curtius l'occasion de relier Vienne à l'Espagne, et de montrer comment, pour celle-ci, « le monde est conçu comme un théâtre sur lequel les puissances divines mènent les destins » : c'est le monde de Calderon, que rejoint l'immense culture de Curtius ; elle a pour frontières celles de la romanité. Capable de grandes fresques, Curtius ne dédaigne pas les courtes monographies sur des individus, analysant leurs thèmes et leurs techniques, « seul procédé adéquat pour l'interprétation d'un écrivain » (Proust, Joyce, Barrès, Hesse); chez ce dernier, il étudie comment « l'ambiguïté du jugement se reflète dans la mollesse du style ». C'est ainsi qu'est démontée la poésie d'Eliot, « alexandrin » et érudit : « Sa poésie est nourrie de la substance de la basse latinité, des Italiens du *Trecento,* des Élizabéthains, des Français décadents » ; c'est une « technique de mosaïque ». Mais, derrière la technique, se trouve une expérience personnelle, nourrie par l'érudition mythologique. C'est tout le problème de la pensée en poésie : les critiques qui exposent les idées du poète volatilisent la substance poétique ; la nature des pensées est « indifférente, comme est indifférent le paysage qui a inspiré le poète », et, loin de songer à les traduire, il faut en accepter l'obscurité, regarder une image, ressentir une émotion, c'est assez (chez Eliot, on peut encore percevoir les phénomènes d'intertextualité). De l'image de « la maison délabrée », qui revient dans plusieurs poèmes d'Eliot, Curtius arrive à la « dignité métaphysique » : il y retrouve en effet la définition de la décadence, « attitude de celui qui est fasciné dans la vie par tous les symptômes de déclin », qui dépasse l'individu, puisqu'elle est une « souffrance morale des temps modernes, imposée par l'instant historique ». Comme pour les formalistes russes, un thème idéologique ne constitue que « la charpente d'une suite d'images et des états d'âme qui nous donnent du plaisir ». Comme pour Tynianov, « la réalité et le temps deviennent relatifs dans la vision poétique [...]. Dire que tous les temps sont simultanés, c'est priver le temps de sa réalité *(Les Quatre Quatuors, Ulysse).* Curtius analyse les *Quatre Quatuors* en suivant leur structure thématique ; ces motifs spirituels, religieux, philosophiques renvoient à une spiritualité individuelle. Du point de vue artistique, cette œuvre est un aboutissement, comme les derniers poèmes de Mallarmé, ou *Finnegans Wake* ; « pourquoi l'art moderne produit-il de telles œuvres ? » Malheureusement Eliot se refermera sur un néoclassicisme tout britannique ; il entendra le reproche de Curtius en 1949 : « Le devoir de la critique est de sauvegarder le patrimoine de la tradition européenne. »

« Embrasser d'un seul regard », cette phrase qui revient plusieurs fois sous la plume de Curtius résume son ambition. Il l'a appliquée à Proust, à qui il consacre un essai en 1925 : à partir de traits singuliers, il reconstitue la « vie spirituelle » de l'écrivain et affirme que Proust ne sépare pas le monde en physique et en psychique, mais unit les deux par son style : « L'art de

Proust veut représenter l'intégralité de notre expérience, la totalité du réel. » Cette même totalité se retrouve dans le beau *Balzac* de 1923 : « Sa vision saisit la totalité des êtres et des choses et cherche à les embrasser dans une unité globale. » Rompant avec la dichotomie, si souvent pratiquée à l'époque, entre l'homme et l'œuvre, cet essai étudie les grands thèmes de *La Comédie humaine :* secret, magie, énergie, passion, amour, puissance, connaissance, société, politique, religion, romantisme, œuvre, personnalité, influence. C'est de l'interprétation philosophique que Balzac a donnée de son œuvre que part le critique, parce qu'il considère que l'œuvre n'est que l'application de cette pensée : « L'art n'est donc pas autre chose, comme toute forme de synthèse créatrice, qu'une vision du monde habitée par une forme. »

Cette conception de la critique appelait le chef-d'œuvre de Curtius, *La Littérature européenne et le Moyen Age latin* (1948 ; 2e éd., 1954 ; traduction française, 1956), résultat de vingt ans de travail solitaire et, du fait de la dictature nazie et de la guerre, sans grandes ressources bibliographiques. Plus de trente articles, publiés de 1932 à 1952, préparaient ce livre. Nous n'entreprendrons pas de résumer ce monument, mais de souligner la méthode de son auteur. Elle commence par constituer son objet : « La littérature européenne doit être considérée comme un tout. » Ce n'est pas l'histoire littéraire qui peut l'explorer, parce qu'elle n'est qu'un « catalogue de faits », et qu'elle reste à la surface. Pour analyser l'objet, pénétrer sous la surface, révéler la « structure » de la matière, il faut comparer les diverses littératures en « usant des méthodes historique et philologique ». Mais cette « science de la littérature européenne » n'existe pas dans l'Université, elle reste à créer. Il faut ici indiquer ce que Curtius entend par « histoire » : non pas celle des manuels, qui morcèle l'Europe dans l'espace et le temps. Si l'on considère que l'Europe et sa littérature sont issues de deux civilisations, Antiquité méditerranéenne et Occident moderne, on doit admettre que jusqu'au Moyen Age cette littérature est rédigée en latin : sur les vingt-six siècles de littérature européenne, d'Homère à Goethe, on n'en connaît, en général, que six ou sept, et l'on en néglige au moins dix, ceux du Moyen Age latin. Or la littérature du passé a une « présence intemporelle » qui lui permet d'interférer avec celle du présent : « *Les Mille et Une Nuits* et Calderón avec Hofmannsthal, l'*Odyssée* avec Joyce, Eschyle, Pétrone, Dante, Tristan Corbière, la mystique espagnole avec T.S. Eliot. » De même pour les formes littéraires (genres, mètres, strophes, formules consacrées, thèmes narratifs, procédés de langage) ou pour les personnages : « La dernière œuvre de Gide, la plus parfaite, est un Thésée. »

Cette littérature européenne telle que Curtius l'a définie fait l'objet d'un traitement synchronique : puisque le monde antique est étroitement imbriqué dans le monde moderne, il n'y a pas lieu de les séparer, il y a entre eux, par-delà une profonde cassure, une continuité : « Il est nécessaire pour notre enquête de pouvoir nous déplacer librement dans le temps et l'espace. » Le « Moyen Age latin » ne se réduit pas à « la survivance de la langue et de la littérature latines », c'est la contribution de Rome à la civilisation médiévale. La technique employée pour étudier cette contribution unit le macroscope et le microscope : « Une technique microscopique appliquée à la philologie nous a permis de découvrir dans des textes d'origine différente des éléments de structure identique, que nous avons considérés comme des constantes de la littérature européenne. Elles indiquent qu'il existe une théorie et une pratique générales de l'expression littéraire » (p. 278). L'immense érudition de l'auteur n'est à aucun moment exposée sous une forme événementielle ou chronologique : la « subtance historique » est vue sous une série d'aspects différents, « de la rhétorique à la topique, de la topique générale à la topique de l'éloge, etc. ». Des structures aux faits, non l'inverse. C'est pourquoi Curtius peut passer du Moyen Age à Wagner, ou de l'épopée macaronique du XVIe siècle au *Finnegans Wake* de Joyce : « Il faut sans cesse infuser à cette poésie une vie nouvelle, il faut la couler dans un nouveau moule pour qu'elle puisse agir sur l'homme moderne » (p. 294). Le thème des Muses le mène jusqu'à Fielding et à Blake : par-delà le Moyen Age, on atteint les temps modernes, par « un chemin en lacet ». Et si Curtius termine son étude par un admirable chapitre consacré à Dante, c'est que celui-ci résume tout le Moyen Age latin, et toute l'Antiquité ; mais aussi qu'il se projette sur l'avenir. Le critique se fait alors écrivain : « Une personnalité unique et solitaire s'oppose à tout un millénaire et transforme son histoire. » Et la leçon qu'il en tire est que le découpage, à courte vue, en périodes historiques « sera depuis longtemps oublié que Dante continuera d'être admiré ».

L'épilogue du livre revient sur la méthode. « Observer », d'abord, c'est-à-dire « lire énormément », pour trouver les « faits significatifs », c'est-à-dire les phénomènes récurrents (p. 472), les *topoï*, par exemple (le « vieillard et le jeune homme », le « lieu agréable », le « livre »). « Quand on a isolé un phénomène littéraire et qu'on lui a donné un nom, c'est déjà un résultat acquis. A cet endroit-là, on a pénétré la structure concrète de la matière littéraire, on a fait une analyse, on peut établir un système de points, qu'on reliera par des lignes — et cela nous donne des figures. Si l'on considère maintenant ces figures et qu'on les relie les unes aux autres, on obtient alors un tout homogène » (p. 471). Comment déterminer les faits significatifs ? A cette question, Curtius refuse de répondre ; il faut les « deviner » avec une « faculté de l'âme » : « si elle existe virtuellement, elle peut devenir réelle ; on peut l'éveiller, l'exercer, la diriger. Mais on ne peut ni l'enseigner, ni la transmettre ». Cependant, il reconnaît que, dans son étude, l'élément formel est passé au premier plan, à cause de la force de la rhétorique (Genette et Charles s'en souviendront). En un temps où prédominait l'histoire des idées, il revient au « système des formes », qui « peut amener à des vues profondes sur l'histoire des idées ; ainsi de l'étude du mot « classique », de la métaphore du « théâtre du monde », du « livre » : « Les formes littéraires sont des moules qui permettent aux idées de se manifester et de devenir saisissables. Dante se sert de croix et de cercles lumineux pour classer les bienheureux. » Elles constituent un réseau, un *pattern* (et ici Curtius cite Hopkins, comme le fera parallèlement Jakobson) (p. 483). Étude historique, *La Littérature européenne...* est en même temps une méditation sur l'histoire, et un manifeste littéraire, culturel et politique. Il recueille l'héritage de la philologie classique, des romanistes allemands, et prépare, par ses études synchroniques, les recherches contemporaines. Mais personne n'a égalé ce mélange d'érudition sans limites, d'esprit de simplification et de synthèse rigoureux, et d'une passion qui devient à son tour littérature. Certes, Curtius est passé des modernes au Moyen Age : non pour fuir, mais pour enrichir notre modernité, pour lui notifier, notaire génial, son héritage, celui de Virgile, Dante et Goethe.

AUERBACH (1892-1957)

Erich Auerbach est considéré par certains comme le plus grand critique allemand du XXe siècle. Professeur à l'université de Marbourg (1929-1935), révoqué par le régime nazi, il doit quitter l'Allemagne en 1936, et devient professeur de langues romanes à l'université d'Istanboul. Aux États-Unis à partir de 1947, il enseigne à l'université de Pennsylvanie, puis à l'université de Yale. Ses principaux ouvrages sont *Introduction aux études de philologie romane* (Istanboul, 1944 ; Francfort, 1949) ; *Mimésis* (1946) ; *Scenes from the Drama of European Literature* (New York, 1959) ; *Literatursprache und Publikum in der lateinischen Spätantike und im Mittelalter* (Berne, 1958, trad. américaine, New York, 1965 : *Literary Language and its Public in Late Latin Antiquity and the Middle Ages); Studi su Dante* (Milan, 1963). On y ajoutera de nombreux articles, qui vont du Moyen Age au XXe siècle, dont plusieurs sur la littérature française, et une traduction de *La Scienza nuova* de Vico[1] : c'est le propre de la critique littéraire, comme de toute science, de s'exprimer par articles, qui garantissent rapidité, souplesse, et permettent de souligner une découverte de détail, ou susceptible d'être approfondie par la suite.

L'*Introduction aux études de philologie romane* a été, certes, conçue comme un manuel, et constitue un chef-d'œuvre du genre. Divisée en quatre parties, elle traite d'abord des différentes formes de la philologie, puis des origines des langues romanes, de la « Doctrine générale des époques littéraires » (jusqu'à Gide et Proust), et offre un Guide bibliographique. Les langues recensées sont : le français, le provençal, l'italien, l'espagnol, le portugais, le catalan, le roumain, le sarde, le rhétoroman. La première partie, qui traite de l'édition critique des textes, de la linguistique, des recherches littéraires et de l'explication de textes, apporte d'importantes précisions sur ce qu'il faut entendre par « philologie romane » : c'est l'étude linguistique et littéraire des textes européens, rédigés dans une langue d'origine latine. On voit se dessiner ici la même ambition que chez Curtius : par-delà les frontières, définir un nouvel objet d'étude, la littérature européenne ; cette extension du corpus est, en elle-même, un pari méthodologique. Auerbach trouve encore, à propos de l'explication de textes, l'occasion de préciser sa méthode. L'explication de textes, contrairement à ce que l'on dit parfois, remonte à l'Antiquité, fut pratiquée au Moyen Age et pendant la Renaissance. A l'époque contemporaine, elle est devenue « un instrument de recherches et de découvertes nouvelles », sous l'influence de l'esthétique (B. Croce), de la phénoménologie, de l'histoire de l'art (Wölfflin). Les observations faites à partir d'un texte doivent être confrontées aux ana-

1. L'œuvre d'Auerbach étant mal connue en France, on consultera la bibliographie (dix pages) qui fait suite à *Literary Language and its Public...*, Bollingen Series, Pantheon Books, New York, 1965.

lyses d'autres textes. C'est la démarche que Auerbach a pratiquée dans *Mimésis.*

Mimésis, essai sur la représentation de la réalité dans la littérature occidentale (1946 ; traduction française, 1968) est le chef-d'œuvre de son auteur. Rédigé sans bibliothèque, en exil, il embrasse plusieurs millénaires, de la Bible et Homère à Virginia Woolf. L'importance du problème posé (en est-il de plus important ?), la rigueur des questions, l'originalité et la vie de la méthode, l'intérêt constant de ce qu'on est tenté d'appeler un récit marquent cette épopée critique. Et pourtant, il faut attendre les dernières pages (p. 543 et suivantes) pour que l'auteur (comme Curtius dans *La Littérature européenne...*) précise sa méthode ; elle s'était prouvée en marchant. Il ne s'agissait pas d'écrire une histoire du réalisme européen, la matière en eût été trop vaste, les limites d'époques, l'appartenance ou non des écrivains à ces époques, la définition des concepts auraient été matière à discussions interminables. La documentation aurait été (comme dans trop d'ouvrages d'histoire littéraire — et d'histoire) de seconde main, serait venue de lectures, « moyen peu recommandable d'acquérir et d'exploiter des connaissances » ; à quoi aurait servi la reproduction de faits, de renseignements déjà connus, qui se trouvent dans les ouvrages de référence ? En revanche, la méthode d'Auerbach a un point de départ subjectif : il s'est laissé guider « par un petit nombre de thèmes qui se sont présentés peu à peu à son esprit », qu'il a confrontés avec une série de textes familiers : « Je suis persuadé que, si je les ai bien vus, ces thèmes fondamentaux de l'histoire du réalisme littéraire se retrouveront nécessairement dans n'importe quel texte réaliste. » Le critique signale ici qu'il se trouve en rapport profond avec la littérature de son temps (Joyce, Woolf, Proust) qui « préfère tirer parti de la représentation de quelques événements ordinaires, survenus dans un petit nombre d'heures ou de jours, plutôt que de montrer dans sa totalité et dans l'ordre chronologique une succession continue d'événements extérieurs » ; c'est que l'écrivain contemporain renonce à représenter la vie dans son ensemble, « mais ce qui arrive à un petit nombre de personnes dans le cours de quelques minutes, de quelques heures, ou même de quelques jours, il peut espérer le relater, avec quelque chance d'être à peu près complet » (p. 544). La méthode consiste donc d'abord à isoler et à reproduire quelques textes assez courts (deux ou trois pages) de chaque époque, afin de leur confronter les idées du critique, ses hypothèses de travail, « de sorte que le lecteur sent de quoi il s'agit avant d'être mis en présence d'aucune théorie » (p. 552). Dans le texte, l'interprète est libre de choisir, mais ne peut en dire ce qui ne s'y trouve pas. Les textes, à force d'être fréquentés, font naître l'interprétation, d'autant que la plupart de ceux-ci ont été choisis au hasard.

Au départ, il y a des idées directrices. Pour *Mimésis*, un objet central : « l'interprétation du réel à travers la représentation (ou « imitation ») littéraire » ; et trois idées fondamentales, étroitement liées entre elles. La première, le point de départ de l'œuvre, est la théorie antique des niveaux stylistiques de la représentation littéraire (reprise par les néoclassicismes) : remontant l'histoire littéraire à partir du XIXe siècle français, Auerbach note que ce dernier se libère complètement de cette théorie. Cette révolution n'avait pas été la première du genre. La deuxième idée de base est alors que, durant le Moyen Age et la Renaissance, il a existé un réalisme sérieux, c'est-à-dire que la théorie des niveaux stylistiques n'y avait pas de validité universelle. La théorie classique grecque avait été violée plus tôt encore, par l'histoire du Christ, « avec son mélange radical de réalité quotidienne et de tragique sublime ». La troisième idée consiste à caractériser l'ancienne conception chrétienne par une théorie de la « figure » : un événement terrestre renvoie au plan divin.

Restait à ordonner le développement. Chacun des chapitres, placé dans un ordre chronologique à sauts, à trous, traite d'une époque, courte (un demi-siècle) ou longue. Certaines époques ne sont pas abordées (l'Antiquité, le Haut Moyen Age). Les lacunes, les faiblesses de la documentation, pense Auerbach, entraîneront des erreurs de détail, mais n'affecteront pas le « cœur même du raisonnement ». Il y a donc une structure d'ensemble antérieure aux vingt parties du texte, et il est possible de la retrouver à partir de chacun de ces vingt morceaux. On rappellera que la théorie antique des niveaux stylistiques veut que la peinture du quotidien soit incompatible avec le sublime. Le style élevé, « sublime », est distinct du style « bas » ; la tragédie se rattache au premier, la comédie au second (le titre de Dante est expliqué par lui-même : un début douloureux suivi d'une fin heureuse, un style « *humile* », c'est-à-dire quotidien et populaire) ; il faut y ajouter un style « intermédiaire » (illustré par Boccace, l'abbé Prévost, Voltaire, par exemple).

L'histoire de la littérature européenne n'est donc que celle d'une métamorphose : celle des niveaux stylistiques. Notre propos n'est pas de raconter le contenu des ouvrages critiques (pas plus qu'une histoire du roman ne doit résumer des romans, une histoire du cinéma, des films) ; ce qu'il faut saisir, c'est la démarche d'Auerbach, à partir de quelques exemples. Dès le premier chapitre, « La cicatrice d'Ulysse », il oppose deux styles, l'homérique, et celui de l'Ancien Testament, non seulement par souci d'historien désireux de suivre la chronologie, mais parce que ces deux styles ont constitué notre représentation de la réalité : « L'un décrit les événements en les extériorisant », « l'autre met en valeur certains éléments pour en laisser d'autres dans l'ombre ; c'est un style abrupt, qui suggère l'inexprimé, l'arrière-plan, [...] qui appelle l'interprétation, qui prétend exprimer l'histoire universelle. » La transformation du style homérique est saisie, au chapitre suivant, chez Pétrone et Tacite, opposés à saint Marc, dont le récit de la Passion du Christ ignore la règle de la séparation des styles. C'est alors la grande découverte d'Auerbach : la règle stylistique de l'Antiquité (celle par laquelle la représentation de la réalité ne peut relever que de la comédie) est « incompatible avec la représentation des forces historiques, dès que celle-ci s'efforce de rendre les choses concrètement ». Chez Pétrone, la vulgarité du langage est destinée à être goûtée, non par la foule, mais par une élite ; chez saint Marc, par chaque homme. De plus, les représentations réalistes gréco-romaines ignorent « l'antagonisme entre l'apparence sensible et la signification qui caractérise la vision de la réalité propre au christianisme primitif, et même au christianisme en général ».

C'est à propos de textes du Moyen Age qu'Auerbach est amené à préciser sa théorie de la figure (p. 84). L'interprétation figurative « établit une relation entre deux événements ou deux personnes dans laquelle l'un des deux termes ne représente pas seulement lui-même mais aussi l'autre », tandis que le second terme reprend le premier pour l'accomplir. La ligne horizontale de l'histoire se dissout sous le regard de Dieu, dans quelque chose d'éternel. Cette conception de l'histoire s'est opposée à l'esprit de l'Antiquité classique : d'où conflits et compromis entre « une représentation qui relie soigneusement les éléments de l'histoire, qui respecte la succession temporelle et causale, qui s'en tient au plan terrestre, et d'autre part une présentation abrupte et discontinue, constamment à la recherche d'une interprétation supraterrestre ». De chapitre en chapitre, les différents moments de la conscience littéraire occidentale sont ainsi décrits ; on serait tenté de parler de dialectique de la conscience, si le mot ne suggérait un système fermé, alors qu'Auerbach est, au contraire, très soucieux de la particularité des textes, de leur langue, de leur style : le monde chrétien du XIIe siècle confond le style élevé et le style bas, mais cette thèse est appuyée par l'emploi du mot *humilitas* par saint Bernard. La langue que Rabelais s'est forgée a pour fonction de rendre sensible « la joie de découvrir, joie attentive à tous les possibles, prête à s'aventurer dans tous les domaines du réel et du surréel », celle même de la Renaissance. Chaque page est ainsi replacée à un moment du développement historique, et y trouve un sens supplémentaire. Mais non une hiérarchie : au contraire, le critique marque avec soin ce qui a disparu : « Jamais plus on n'a tenté... », dit-il plusieurs fois, comme pour mieux préserver des formes littéraires que l'on serait tenté de congédier.

A mesure que ce récit progresse, Auerbach est plus soucieux de montrer le rôle de l'évolution sociale : il le fait surtout à partir du XVIIIe siècle, au moment où les hommes prennent mieux conscience de l'Histoire, des forces historiques au travail. C'est l'occasion d'une page capitale (p. 439), qui montre qu'il n'y a pas d'histoire de la littérature sans philosophie de l'Histoire. Auerbach y retrace les étapes successives de notre prise de conscience de l'Histoire : les époques et les sociétés ne doivent pas être jugées selon un modèle idéal, mais suivant leurs propres normes, non seulement matérielles mais intellectuelles et historiques ; chaque époque présente une unité ; la signification des événements ne se déduit pas de connaissances abstraites et générales, mais de documents, provenant notamment des domaines artistiques, économiques, de la vie quotidienne et populaire, de la « civilisation matérielle et intellectuelle ». Lorsqu'on a compris tout cela, « le présent se révélera comme un fragment d'histoire dont la profondeur quotidienne et toute la structure interne requerront notre intérêt aussi bien sous le rapport de leur genèse que des tendances de leur développement ». C'est cette philosophie de l'Histoire, développée au XIXe siècle en Allemagne, qui permet à l'éminent médiéviste qu'est Auerbach de saisir aussi la réalité du XXe siècle, dans le dernier chapitre de *Mimésis*, « Le bas couleur de bruyère », qui part du chapitre V de *To the Light House* de V. Woolf : le subjectivisme pluripersonnel (plusieurs perspectives sur une réalité en dissolution), l'expression du courant de conscience, l'asservissement des événements extérieurs aux intérieurs qu'ils servent à interpréter, la souplesse temporelle (« les représentations de la conscience ne sont pas liées au temps présent de l'événement extérieur qui les fait naître ») — ce qui conduit à « l'omnitemporalité symbolique » du Narrateur d'*A la Recherche du temps perdu* et à Joyce : « Au temps de la Première Guerre mondiale et dans les années suivantes, dans une Europe regorgeant d'idéologies contradictoires, incertaine d'elle-même et grosse de désastres, quelques écrivains qui se distinguent par leur instinct et leur intuition découvrent un procédé qui dissout le réel dans un jeu multiple et multivalent de reflets de conscience. Il n'est pas difficile de comprendre qu'un tel procédé ait vu le jour précisément à cette époque. » Dans ce procédé, Auerbach ne voit pas seulement « un miroir du déclin du monde », mais la manifestation des « choses élémentaires que nos vies ont en commun ». L'approfondissement de « l'instant quelconque », dernier avatar du réalisme, souligne la solidarité humaine.

Le dernier ouvrage publié par Auerbach de son vivant, et malheureusement non traduit en français, *Le Langage littéraire et son public dans l'Antiquité latine tardive et au Moyen Age* (1958), revient, dans sa préface, sur les questions de méthode. Il y donne un historique précieux de la philologie romane en Allemagne. Inaugurée par Uhland et Diez, née de l'historicisme qui remonte à Herder, aux frères Schlegel, à Jacob Grimm, elle est pratiquée par des esprits véritablement européens : Vossler, Curtius, Spitzer. Au moment où la civilisation européenne approche de son terme, il faut en donner un tableau « lucide et cohérent » ; c'est le propos d'Auerbach, dans sa discipline, « l'expression littéraire », définition qu'il donne de la philologie. Sa méthode consiste à choisir, à traiter et à mettre en relation des problèmes limités, accessibles, qui serviront de clé à la structure d'ensemble, qui reçoit une « unité dialectique ». Cette conception de la critique littéraire s'appuie sur la philosophie de l'Histoire, non de Marx, ni de Hegel, mais de Vico. Parmi les principaux concepts qu'Auerbach en retient figure l'idée que chacun des aspects culturels d'une nation ne peut, à une époque donnée, être saisi qu'en relation avec tous les autres, et fournit une clé pour les comprendre. D'autre part, pour Vico, la « nature des choses » signifie seulement qu'elles sont nées à une certaine époque, et l'Histoire est soumise à des lois : ce qui constitue une « révolution copernicienne » pour les sciences humaines, celle que l'époque romantique a répandue. Et ainsi, ce qui est humain, ou poétique, dans l'œuvre ne peut être appréhendé qu'à travers des incarnations historiques ; il n'y a aucun moyen d'en exprimer l'essence absolue. Nous devons apprendre ce qu'une œuvre signifie pour son époque, pour les autres époques, et finalement pour nous : c'est la base même de la réflexion critique sur l'origine et la valeur d'une œuvre. Cependant, l'extension du savoir depuis l'époque de Vico rend impossible de dominer tous les domaines de la connaissance ; à quoi s'ajoute la multiplication des méthodes. La synthèse, l'idée de totalité doit rester une visée ; on n'en peut approcher de manière systématique — et la spécialisation absolue est une erreur. Il faut donc découvrir des champs particulièrement fertiles, des problèmes clés (le mot « clé » est souvent utilisé par Auerbach) qui découvrent « des paysages historiques complets » : l'auteur montre, à titre d'exemple, comment l'expression classique française, « la cour et la ville », lui a permis de comprendre la nature du public littéraire du XVIIe siècle. Il lui est arrivé de partir de mots, de phrases pour viser à une synthèse historique. La seule condition est que le point de départ (qui peut être un événement, un point de grammaire, ou de rhétorique, ou de style) soit strictement applicable au matériel historique étudié : on écartera les concepts vagues de « baroque », de « romantisme », de « destin », de « mythe », de « temps ». Ils pourront apparaître en cours d'étude, mais sont trop flous pour fournir un point de départ. L'idéal reste celui de *Mimésis* : partir d'un passage, comme les philologues spécialistes du style. Ici, Auerbach souligne ce qui l'éloigne de quelqu'un dont il a pourtant subi l'influence, Léo Spitzer. Ce dernier, nous le verrons, veut comprendre l'individuel, Auerbach le général : il est avant tout historien, et veut peindre un processus, un « drame », celui de la destinée humaine, dont le lieu, le sujet, est l'Europe. Cette méthode est-elle scientifique ? Cela a peu d'importance, répond l'auteur : ce qui compte, c'est son expérience scientifique personnelle, et la seule approbation qui importe est celle de ceux qui la partageront.

Léo Spitzer (1887-1960)[1] est le troisième grand romaniste allemand de ce siècle. Professeur à Bonn, Marbourg, Cologne, il dut quitter l'Allemagne en 1933 pour Istanboul, puis pour Baltimore (1936) où il termina sa carrière.

L'étendue de ses vues et de ses travaux dépasse les frontières d'une seule discipline : il s'adonne tour à tour à la linguistique (sémantique, stylistique), à la critique littéraire, à l'histoire de la civilisation, en français, anglais, espagnol, italien et en allemand. D'autre part, bien que la pratique dépasse ou modifie souvent sa théorie, il a publié des articles théoriques importants. Comme chez Curtius et Auerbach, on ne sait s'il faut admirer davantage chez lui l'ampleur du champ de connaissances ou l'inventivité de la méthode.

Dans l'introduction du recueil *Linguistics and Literary History* (Princeton University Press, 1948 ; traduit par Michel Foucault en tête des *Études de style*), Spitzer a lui-même raconté son itinéraire scientifique : « Parti du dédale de la linguistique, j'ai fait mon chemin jusqu'au jardin enchanté de l'histoire littéraire », au cours d'une vie vouée à « rapprocher ces deux disciplines ». L'expérience détermine la méthode. Né à Vienne, où il a toujours « respiré une atmosphère française », Spitzer suit les cours de linguistique française de Meyer-Lübke[2], grand philologue au sens classique du mot, c'est-à-dire historien, et positiviste : « Beaucoup de faits, au total, beaucoup de rigueur dans la manière de les établir ; mais pour les idées générales qui soustendaient ces faits, tout restait dans le vague [...]. Nous voyions un perpétuel changement à l'œuvre dans le langage — mais pourquoi ? » On voit ici naître une vocation : par réaction contre la doctrine triomphante. Cette grammaire historique du français « n'était pas le langage des Français, mais un agglomérat

1. Sur Léo Spitzer, voir René Wellek, *Discriminations*, New Haven, Yale University Press, 1970, p. 187-224, étude et bibliographie choisie ; complète, elle atteindrait, selon Wellek, huit cents numéros (33 volumes, y compris les traductions ; 88 articles non recueillis dans les premiers). En français, un recueil d'articles est paru sous le titre *Etudes de style*, Gallimard, 1970, avec une préface de Jean Starobinski. On y ajoutera « Racine et Goethe » (*Revue d'histoire de la philosophie*, I, 1933), « Une habitude de style — le rappel — chez Céline » (*Le Français moderne*, 3, 1935, « Stylistique et critique littéraire » (*Critique*, 98, 1955).

2. W. Meyer-Lübke (1861-1936), auteur d'une *Grammaire des langues romanes* (1890-1902) et d'un *Dictionnaire étymologique des langues romanes* (3e éd., 1935). Spitzer lui a consacré un article dans *Le Français moderne* (VI, 213).

d'évolutions sans lien, isolées, accidentelles, privées de signification ». Spitzer suit, d'autre part, les cours d'histoire littéraire de Becker (et semble y revivre l'expérience de Péguy écoutant le cours de Lanson sur Corneille) ; il s'agit d'établir des dates, des données historiques, de retrouver des éléments autobiographiques et des sources écrites : « Les œuvres existantes devraient permettre de se hisser jusqu'à d'autres phénomènes, contemporains ou antérieurs, mais qui leur étaient en fait hétérogènes. C'eût été indiscret, semblait-il, de se demander ce qui en faisait des œuvres d'art. » Le positivisme n'accorde tant d'importance aux événements extérieurs que « pour éluder plus complètement la vraie question » : en Allemagne comme en France (et jusqu'à une date récente), il règne une « méticulosité sans signification ». De cette éducation, il restera à Spitzer l'habitude de traiter des faits, « des faits brutaux », mais il lui faudra redécouvrir, sous des couches de poussière, la philologie romane telle qu'elle avait été créée par les romantiques (Friedrich Diez, *Grammaire des langues romanes*, 1836).

Spitzer présente ensuite les différents domaines de sa recherche selon un ordre ascendant : l'établissement d'une étymologie, qui introduit une signification où il n'y en avait pas, produit le même *déclic* intérieur, la compréhension d'une phrase ou d'un poème. Il y a, d'abord, une création linguistique, significative et consciente : faire l'histoire d'un mot, c'est « établir le diagnostic culturel et psychologique d'un peuple au travail ». On pourra, de même, rencontrer l'esprit d'une nation dans sa littérature ; mieux vaut cependant commencer par la reconnaissance d'un « style individuel » : une définition de linguiste devrait remplacer les remarques impressionnistes des critiques littéraires ; c'est la stylistique, en effet, qui « fait le pont entre la linguistique et l'histoire littéraire ». A titre d'exemple, et comme point de départ, Spitzer choisit l'innovation linguistique chez un écrivain contemporain : ayant pris l'habitude de souligner les expressions qui dévient de l'usage général, il cherche un dénominateur commun à tous ces écarts, l'équivalent intellectuel de la racine pour l'étymologie, l'*éthymon*. Etudiant les relations causales chez Charles-Louis Philippe, Spitzer en voit l'origine dans la « motivation pseudo-objective » : le monde fonctionne mal, sous une apparence de rigueur et de logique, et Philippe contemple ce monde avec chagrin. Le critique est passé du fait de style à l'auteur individuel, et de l'individu à l'esprit d'une époque ; il a pratiqué un « mouvement de va-et-vient », fondement des sciences humaines : une fois l'hypothèse dégagée, on la confronte à « ce que d'autres sources nous apprennent sur l'inspiration de l'auteur ». Ces innovations linguistiques se retrouvent à toute époque (Dante, Quevedo, Rabelais [1]), parce que « la vigueur dans la pensée ou la sensibilité s'accompagne toujours d'innovations dans le langage ». Si l'on explique les néologismes de Rabelais, il ne faut pas les traiter, comme les positivistes (Abel Lefranc), un par un, ni perdre de vue le « phénomène d'ensemble » : « Toute l'attitude de Rabelais à l'égard du langage repose peut-être sur la vision d'une fécondité imaginaire dont le principe est inépuisable. Il crée des familles de mots, susceptibles de représenter des êtres fantastiques et horribles qui copulent et engendrent devant nous [...]. Du bien connu surgit la forme de l'inconnu. » Ce qui souligne la fausseté de toute analyse de Rabelais en fonction du réalisme (Lanson). Ce que l'analyse du langage a montré, « l'analyse littéraire pourrait le confirmer » ; que l'on s'attaque au langage, aux « idées », au récit, à la composition, « le sang de la création poétique est partout le même », le fil rouge dont parle Goethe se retrouve à tous les niveaux, parce qu'on retrouve la structure d'ensemble, le « modèle idéologique » ; ainsi aurait-on pu aborder Rabelais par la « composition lâche » : un point de vue particulier permet de retrouver l'unité de l'ensemble, le « centre vital interne de l'œuvre d'art ».

Spitzer expose sa conception du cercle épistémologique : « Observer d'abord les détails à la superficie visible de chaque œuvre en particulier (et les « idées » exprimées par l'écrivain ne sont que l'un des traits superficiels de l'œuvre) ; puis grouper ces détails et chercher à les intégrer au principe créateur qui a dû être présent dans l'esprit de l'artiste ; et finalement revenir à tous les autres domaines d'observation pour voir si la « forme interne » rend bien compte de la totalité ». Ce cercle est l'opération fondamentale des sciences humaines (et non des « disciplines humanistes », comme traduit curieusement Foucault) depuis Schleiermacher (1829) et les savants romantiques : on ne peut comprendre le détail que par anticipation, puis compréhension de la totalité. En linguistique comme en critique littéraire, c'est la même démarche.

Le système de Rabelais reconstitué, ou de tout autre écrivain, il faut le replacer dans le « cadre général de l'histoire des idées » : ainsi, la « croyance à l'autonomie du mot » renvoie au

1. Le premier ouvrage de Spitzer (thèse écrite en 1910) traite des formations verbales comiques chez Rabelais.

mouvement humaniste, à l'importance qu'il attache à la parole des anciens et de la Bible. Les descendants de Rabelais, après l'interruption du classicisme, se trouvent au XIXe siècle (Balzac, les lettres de Flaubert, Gautier, Hugo dans *William Shakespeare*) et au XXe siècle (Céline). Chaque auteur constitue un « système solaire » clos sur lui-même, mais « traversé par différentes lignes relevant de l'histoire des idées » et qui définissent le climat sous lequel naît l'œuvre littéraire. L'étude des détails, d'où part la philologie, qui procède par induction, ne s'arrête donc pas à elle-même : « Le philologue ira à la poursuite du microscopique parce qu'il y voit le microcosmique. » Ce qu'analyse le critique n'est pas un objet mort, mais « l'esprit humain » : « L'humaniste croit l'esprit humain doté du pouvoir d'analyser l'esprit humain », instrument et objet de l'étude. Spitzer, comme Curtius et Auerbach, se veut donc humaniste, par-delà le positivisme et l'impressionnisme, qu'il renvoie dos à dos.

Cependant, au moment où Spitzer finit d'exposer sa méthode, il reconnaît l'impossibilité d'en proposer un mode d'emploi applicable à tout coup et pas à pas : « C'est que le premier pas, dont tous les autres dépendraient, ne peut pas être prévu ; il doit toujours avoir déjà été fait. C'est la conscience qu'on vient d'être frappé par un détail et que ce détail entretient un rapport fondamental avec l'œuvre ; c'est-à-dire qu'on a fait une « observation » qui est le point de départ d'une théorie ; ou qu'on a été amené à poser une question, qui demande une réponse. » On ne saurait, en revanche, appliquer de l'extérieur des catégories toutes faites. Or cette observation initiale résulte « du talent, de l'expérience et de la foi », de lectures répétées : « Et soudain un mot, un vers surgissent, et nous saisissons que désormais il y a une relation entre le poème et nous » ; c'est ce que Spitzer appelle le « déclic », et qui l'a fait taxer d'impressionnisme. A tort sans doute, pour deux raisons : on doit faire la part du sujet dans l'interprétation scientifique ; c'est l'œuvre étudiée qui fait preuve, et l'on n'en peut dire n'importe quoi. Il n'y a donc pas une technique, mais plusieurs : « Les noms propres qui ont servi de point de départ » pour étudier Cervantès ne joueront aucun rôle dans l'analyse de Diderot. Le procédé significatif qui ouvre le chemin de la totalité peut être à chaque fois différent. Le critique est alors renvoyé à lui-même, à son sens de la synthèse, qu'il aura cultivé de manière non seulement intellectuelle, mais morale : « Il devra avoir purifié son esprit de toutes les choses sans conséquence qui peuvent le distraire, de toutes les obsessions du détail quotidien ; il devra le garder libre pour l'appréhension synthétique des totalités de la vie, pour la saisie du symbolisme dans la nature, l'art et le langage. » Il s'agit donc d'un recueillement quasi religieux, qui devrait régner, conclut avec humour Spitzer, non seulement dans les salles de cours, mais même dans la salle à manger des étudiants.

Il reste que cette théorie ne s'exprime pleinement, au cours de huit cents articles (Spitzer n'a guère écrit qu'un livre, sa thèse, tous les autres sont des recueils de textes), que dans la pratique, et c'est elle que l'on doit apprécier à partir de quelques exemples, en rappelant que l'on ne rendra de toute façon pas compte de l'immense culture polyglotte de l'auteur, ni des disciplines qu'il a pratiquées et qui ne relèvent pas directement de la critique littéraire. Il s'agira toujours d'explications de texte, qui dépassent la seule stylistique, pour traiter aussi bien de la composition de l'œuvre que de la vision du monde, celle de l'écrivain, et parfois de son temps ; la théorie du cercle épistémologique, de la racine psychologique, et du déclic, peut même être considérée comme dépassée : ces principes élémentaires ne commandent pas toute la critique littéraire de Spitzer, qui possédait intuition et raisonnement, érudition et sensibilité, et qui était à la fois humaniste et structuraliste. Cette critique s'appuie sur une esthétique : l'œuvre d'art forme un tout, où forme et contenu ne font qu'un, un tout séparé de la vie (un cheval littéraire n'est pas un cheval réel ; l'argent dans la littérature n'est pas l'argent dans la vie) et qui, justement à cause de cette séparation, peut agir sur l'existence. C'est pourquoi Spitzer écarte l'interprétation biographique, qui n'est pas de l'ordre de l'œuvre, l'analyse des idées, qui la dissout, la critique de sources, qui rend incapable de tout jugement esthétique (ainsi s'oppose-t-il à Lefranc et à Saulnier à propos de Rabelais) et défait le travail de l'artiste. La plus grande leçon de l'humble pratique de la philologie est dans la fidélité au texte seul, au texte individuel.

Suivant les auteurs et les textes, le point de départ du critique est différent. C'est ainsi que, pour Proust [1], Spitzer part à la fois des analyses de Curtius (il aime en effet à situer ses théories par rapport à d'autres, pour les approuver ou, le plus souvent, les combattre) et du rythme de la phrase dans *Du Côté de chez Swann*. Celui-ci est « directement lié à la façon dont Proust

1. *Études de style*, Gallimard, 1970.

regarde le monde » : les phrases complexes reflètent un univers complexe, et la vue de l'auteur est « une activité de la raison ordonnante ». La période proustienne est la transposition linguistique de l'événement psychologique. Les différents types de phrase (« à explosion, à superposition, en arc ») font apparaître la fin de la phrase « comme une délivrance ». Le rythme ternaire, par tirades (les trois adjectifs), « par son organisation symétrique autour d'un élément central, a quelque chose de définitif ». Mais l'esprit de Proust est déchiré entre deux tendances, à la division et à l'unification, à la quête et à la certitude, au tourment et au détachement, « dans ces phrases où l'ordre intellectuel n'empêche pas la lutte pathétique ». Le langage des personnages, replongé dans la « spontanéité de la parole », est une « manifestation biologique de la personnalité » (par l'articulation, la mélodie, les citations, le nom propre, « signe linguistique du souvenir »). Plus généralement, les mots proustiens sont « spiritualisés » (« faire catleya » ; noms de villes ou de personnes ; mots mythisés : le Bois, la Lumière, la Présence, le Temps) ; les préfixes eux-mêmes (in—, re—) ont leur valeur spirituelle. De même, Spitzer recherche le Narrateur dans la grammaire (pronoms, parenthèses-commentaires, usage du « comme si », des verbes d'apparence, de l'ironie) et le découvre « retiré de la surface du récit dans une inaccessible couche profonde ». L'étude des pronoms montre que le *Moi* se résorbe parfois dans le *Nous* et le *On*, qui n'est pas le dernier mot de l'œuvre, mais le signe de la tension permanente entre la subjectivité et l'objectivité. Ainsi, dans cette étude admirable, qui donne un contenu concret aux intuitions de Curtius, trouve-t-on, avec cinquante ans d'avance, tous les thèmes de la critique proustienne actuelle.

Dans un article de 1959, « L'étymologie d'un cri de Paris »[1], sur le cri d'une marchande de quatre-saisons, qui, dans *La Prisonnière*, vend ses artichauts en usant « pour sa litanie de la division grégorienne », Spitzer se sert de l'étymologie pour montrer que ce cri remonte à la poésie du XIIe siècle, et que le chant profane de cette époque est débiteur du grégorien, qu'il a une syntaxe « demi-liturgique : « Proust, l'artiste qui inséra un conflit "social", naissant à l'intérieur d'un couple amoureux moderne, dans le cadre de la symphonie séculaire des cris de Paris, a bien senti le *basso ostinato* de la vieille église duquel le

1. *Études de style*, Gallimard, 1970. Article de 1959.

croyant est poursuivi jusque dans ses occupations journalières, et il a fait, rien qu'en passant et à un degré plus haut qu'il ne s'en doutait lui-même, œuvre d'historien de la civilisation. »

La chute de la Maison Usher[1], d'Edgar Poe, suggère à Spitzer un départ encore différent ; non plus la syntaxe, ni l'étymologie, mais la technique du récit. Contre les critiques qui affirment que cette nouvelle est une banale histoire d'épouvante, l'analyse recentre les personnages du frère et de la sœur, enchaînés par l'inceste et ensevelis ensemble : lui symbolise la mort dans la vie, elle la vie dans la mort. Roderick est dévoré par la peur (mot que Poe écrit en majuscules), et sa maladie mentale abolit la différence entre l'humain, le végétal, le minéral. Ce qui domine alors, c'est « l'atmosphère », au sens du XVIIe siècle : l'air exhalé par une planète. Ce qui intéresse Poe, souligne Spitzer à partir d'une analyse des mots du texte, c'est, comme toute la génération d'écrivains née avec le XIXe siècle (Balzac), l'interaction du milieu et des personnages ; replacé sur cet horizon, le conte est l'expression poétique de théories sociologiques et déterministes, qui appartiennent à l'époque. L'environnement décrit par Poe ne l'est pas de manière réaliste, mais « atmosphérique », abstraite (comme le tableau peint par le personnage principal), déduite du concept de peur maladive et folle. C'est à partir du souci de peindre la peur et la folie que Poe retrouve la peinture de l'environnement : il faut faire de cet écrivain une lecture non seulement émotionnelle, mais intellectuelle. Spitzer termine son étude par un rapprochement avec Balzac et Kafka : l'environnement est décrit par Balzac avec un réalisme empirique, par Kafka avec un « réalisme déductif » (ou du « comme si » : l'histoire semble contenir des détails réels ; son caractère fantastique n'apparaît qu'ensuite, et son symbolisme), par Poe avec un « irréalisme déductif » (pas de détails précis, mais juste ce qui renvoie à l'atmosphère). A partir des mots du texte, et dans l'ordre où se déroule le récit, Spitzer a donc successivement montré la fonction des trois personnages (le frère, la sœur, le narrateur), porté un diagnostic sur la maladie du héros, et il est remonté à la source de la nouvelle : l'influence de l'atmosphère sur les personnages. Elargissant alors sa réflexion, il l'étend à une génération littéraire (celle de 1830-1840), puis à une famille d'esprits (Poe — Kafka).

Si le principe de l'explication de texte domine la démarche de

---

1. *Essays on English and American Literature*, Princeton University Press, 1962. Article de 1952.

Spitzer, il lui arrive de l'étendre à des volumes complets : c'est le cas de l'article auquel il travaillait au moment de sa mort, à Forte dei Marmi, en 1960 : « Quelques aspects de la technique des romans de Michel Butor[1] ». Ce romancier a, dans ses romans mêmes, une conception de la réalité, d'où dérive sa conception du roman, et, par conséquent, « certains traits de sa technique » : « La démonstration du système (telle conception engendre telle technique) sera le but principal de mon interprétation. » On voit comment Spitzer a inversé sa démarche habituelle : au lieu de passer du détail à la totalité, il redescend de celle-ci à celui-là ; cependant, cette conception d'ensemble, il ne peut la connaître que par les phénomènes : c'est toujours le cercle épistémologique ; la déduction résulte ici d'une induction. C'est encore un livre de Marivaux, *La Vie de Marianne*, que Spitzer choisit pour s'opposer à Georges Poulet[2], parce qu'un roman représente une unité, conformément à la « méthode immanentiste », celle qui « respecte l'intégrité et l'unité des œuvres particulières », qui ne les « détruit » pas par des réflexions sur l'œuvre entière. Ce que Spitzer oppose à Poulet, c'est que *La Vie de Marianne*, ouvrage particulier, contredit la théorie d'ensemble du critique belge : à l'intérieur du roman, il choisit un détail sémantique, la fréquence surprenante des termes « cœur » et « âme » employés dans le sens de « courage, bravoure, valeur » : *La Vie de Marianne* est bien « le premier roman français qui montre l'héroïsme séculier de la femme fière et vertueuse » ; non pas un roman de formation, mais d'explication, celui où s'explicite la valeur, la vertu : Marivaux croit au talent inné qui « triomphe des vicissitudes de la vie ». A Poulet, qui voyait l'existence marivaudienne sous le signe de l'instantané, Spitzer oppose le roman de la « ligne », et finalement lui reproche (p. 392) d'appliquer la philosophie à la littérature ; il lui réplique qu'il faut d'abord établir « le sens intime de l'œuvre A, puis de l'œuvre B, puis de C, etc. », avant d'aborder une vue synthétique. Les catégories philosophiques générales (« temps, espace, personne, nombre »), rappelle-t-il au cœur d'une époque qu'elles dominent encore, risquent de « violenter le sens » des œuvres. Mieux vaut le « caméléonisme » du philologue que le « systématisme » du philosophe.

C'est pourquoi Spitzer analyse les poèmes, textes courts par essence, avec tant d'aisance : les fables de La Fontaine comme

1. *Études de style*, Gallimard, p. 482-531.
2. *Études de style*, p. 367-396 (1959).

les poèmes anglais du XVIIe et du XIXe siècle. Il peut même ne pas analyser tout un poème, mais un détail (l'art de la transition chez La Fontaine), parce que ce point lui semble avoir été négligé : « Ce qui importe à mes yeux, c'est de préparer pour la recherche *un nouveau matériel d'observation.* » Etudiant les soixante vers de la mort d'Isolde dans l'opéra de Wagner[1], il souligne les parallélismes de mots, de sonorités (que l'on rencontre déjà dans le duo d'amour de l'acte II) pour y reconnaître l'équivalence entre l'amour et la mort : la forme poétique de Wagner est telle que l'on y retrouve l'absence de forme de sa philosophie. On ne reproduit guère d'aussi brillants commentaires : ils restent cependant des modèles pour qui veut, lecteur ou professeur, faire comprendre d'abord une page, puis un livre, une œuvre, une époque.

FRIEDRICH

Hugo Friedrich, auteur d'un *Montaigne* qui fait autorité (traduction française, Gallimard, 1968), a publié en 1956 sa *Structure de la poésie moderne* (Denoël-Gonthier, 1976). C'est encore un grand ensemble homogène qu'il y étudie, né en France à partir de 1850. « Ce sont les œuvres de Rimbaud et de Mallarmé qui éclairent les lois stylistiques des œuvres poétiques modernes. » Non pas une histoire de la poésie : « Le concept même de structure rend superflue l'exhaustivité de l'enquête sur les matériaux historiques, surtout si ces éléments ne nous proposent que des variations à l'intérieur d'une structure fondamentale », ni des catégories périmées, comme « le lyrisme personnel » ou « la poésie politique » : si les formes poétiques ont une valeur, « elles ne la doivent pas à une foi ou à une idéologie ». Ecartant les héritiers du passé, quoiqu'il ne soit pas lui-même un « tenant de l'avant-garde », Friedrich veut « discerner les symptômes de la modernité », ce que « les sciences de la littérature » n'ont pas assez fait. Le poème est une « structure qui se suffit à elle-même, multiple dans le rayonnement de ses significations, composée d'un réseau de tensions et de forces absolues qui exercent une action indirecte sur les couches de l'être qui n'ont pas encore accès au monde rationnel ». Ainsi comprend-on le mot de T.S. Eliot : « La poésie peut être transmise avant d'être

1. *Essays on English and American Literature*, p. 171-179.

comprise. » Friedrich relèvera donc les *tensions* (fascinantes et déconcertantes) qui caractérisent la poésie moderne : des aspects d'origine archaïque, mystiques ou occultes s'opposent à une intellectualité extrême; la simplicité de l'expression à la complexité du contenu ; ou l'achèvement linguistique au caractère débridé du contenu ; ou la violence du mouvement à la futilité du thème. L'acte de poésie « transforme » la vision du monde et la langue. La poésie moderne rejette la « demeure de l'âme » que constituait la poésie lyrique. Elle se détourne du vécu, du moi. Le poète ne participe plus à la poésie qu'« en tant qu'opérateur travaillant sur la langue ».

Un troisième aspect est *l'agression*. Les thèmes se heurtent, au lieu de s'ordonner, une « écriture tourmentée » oppose le signifiant et le signifié, ce qui entraîne un choc entre le lecteur et le poème. De grandes modifications apparaissent à la fin du XIXe siècle : acceptions lexicales inhabituelles, syntaxe désarticulée, comparaisons unissant l'inconciliable. Ce que le poème dit réside dans ce conflit. D'où le refus des normes, et le renoncement à la compréhension : le lecteur, renvoyé d'interprétation en interprétation, « poursuit jusqu'à l'infini l'acte créateur » dans les champs de l'Ouvert. Il faut donc inventer des catégories nouvelles pour décrire cette poésie :

— la poésie classique était jugée suivant les qualités du contenu : le poète anoblissait l'émotion, tendait à l'universel ;

— la poésie moderne s'attache aux aspects formels plus qu'aux contenus : le dépaysement, l'incohérence, le fragmentaire en découlent ;

— la modernité adopte la laideur (la ville depuis Baudelaire), l'absurde, le plaisir de déplaire ;

— tout commence donc par un « processus de destruction » ;

— la poésie moderne s'éloigne de plus en plus de la vie naturelle.

Ces tendances négatives définies, deux directions s'offrent à cette poésie : une poésie a-logique et de forme libre, ou une poésie de l'intellect et de forme très rigoureuse. Dans les deux cas, l'art veut être autonome par rapport au monde. C'est pourquoi le « sujet » devient secondaire ; la distance entre signifiant et signifié est beaucoup plus grande que par le passé, et l'on recherche une « langue nouvelle », donc la surprise et l'agression : le « déploiement de la protestation » (Breton), le « luxe de l'inhabituel » (Saint-John Perse). La mort du « sujet » se marque dans les variations sur un seul sujet (Valéry, Queneau).

Le langage nouveau s'éloigne de l'ordonnance de la période,

juxtapose des phrases sans lien entre elles, supprime la ponctuation, bouleverse les règles logiques. Comme Jakobson, Friedrich souligne l'ambiguïté de la poésie ; sa contraction intègre le silence à la parole. La tradition éclate, la symbolique n'est plus générale, mais personnelle. D'où l'impression d'isolement, d'angoisse, l'obscurité, la poésie en fragments, la désintégration de l'espace et du temps. Si la métamorphose triomphe, ce n'est pas pour ramener l'inconnu au connu, mais pour rechercher le heurt, la dissonance : « La différence entre la langue métaphorique et la langue non métaphorique semble désormais s'évanouir. »

Ce que Friedrich comme les grands maîtres de la philologie romane que nous avons étudiés ont en commun, c'est, parallèlement aux formalistes russes qu'ils ne connaissent pas, ou peu, la rupture avec l'histoire positiviste, le sens de la totalité, de la structure : Curtius traite mille ans de littérature latine, ou l'œuvre de Balzac, comme un ensemble ; Auerbach réalise dans *Mimésis* une histoire structurale, parce qu'il compare des systèmes, époque par époque ; Spitzer retrouve le tout par induction. La grande différence avec les Russes réside sans doute dans la discipline d'origine : la linguistique chez ceux-ci, une linguistique post-saussurienne, synchronique, la philologie et l'histoire chez ceux-là. Quelques œuvres à valeur symbolique (Gogol, Pouchkine) chez les uns, des millénaires de littérature occidentale chez les autres. Un lien direct avec l'avant-garde littéraire et artistique russe d'un côté, un isolement (aggravé par les persécutions nazies) de l'autre, entraîné par la maladie de l'Allemagne : Curtius, Spitzer, Auerbach s'intéressent à leurs contemporains — à l'étranger.

CHAPITRE III

LA CRITIQUE DE LA CONSCIENCE

Les deux écoles que nous avons d'abord étudiées, soucieuses des formes ou des grands ensembles, s'éloignaient du sujet créateur de l'œuvre. Or un autre groupe, qu'on a fini par appeler « École de Genève », se caractérise d'abord par un retour à la conscience de l'auteur. Tous ses membres n'étaient pas suisses ; certains n'ont pas enseigné à Genève, mais, unis par une vive amitié, et, par-delà les divergences concrètes, les œuvres différentes, par une même conception de la littérature et de la manière d'en parler, ils forment bien un cercle : Marcel Raymond, Albert Béguin, Georges Poulet, Jean Rousset, Jean Starobinski. Ce sont eux qui, alors que ni les formalistes russes ni les philologues allemands n'étaient répandus en France (puisque la plupart des traductions s'en font vers 1970), ont permis aux jeunes gens qui y abordaient l'Université vers 1955 d'échapper au positivisme, à l'historicisme encore régnants, notamment à Paris. Il serait injuste que la mode de la linguistique et de la sémiotique fasse oublier ce que ces méthodes gardent de vivant, les valeurs qu'elles portent, et leurs qualités littéraires. Nul plus beau livre, à la fois panorama et manifeste, que, sur ce courant, *La Conscience critique,* de Georges Poulet (Corti, 1971 ; l'éditeur José Corti à qui nous rendons hommage à cette occasion, a publié la plupart de ces auteurs).

Le premier grand nom, le fondateur involontaire de cette école, a été Marcel Raymond (1897-1984). On trouvera une bibliographie de son œuvre à la fin du volume *Albert Béguin et Marcel Raymond, Colloque de Cartigny* (Corti, 1979, textes réunis et présentés par P. Grotzer) : treize essais de critique littéraire, vingt et une éditions et anthologies, quinze préfaces, une traduction (de Wölfflin), cent quatre-vingt-huit articles et comptes rendus, vingt-quatre textes poétiques et intimes. Une œuvre considérable, dont l'admirable récit autobiographique (les autobiographies de critiques littéraires sont très rares :

Jean Pommier, Roland Barthes), *Le Sel et la Cendre* (L'aire, Rencontre, 1970; Corti, 1976), permet de suivre le cheminement. Tout commence par deux thèses de doctorat d'État: *L'influence de Ronsard sur la poésie française (1550-1585)* et *Bibliographie critique de Ronsard en France (1550-1585)*, en 1927. Marcel Raymond a indiqué lui-même les souffrances que lui avait causées ce sacrifice à l'érudition pure: « La Sorbonne m'avait déçu. Plus précisément, l'enseignement de la littérature française. On m'apportait des faits, gibier de la nouvelle Sorbonne, ou bien des phrases, souvenir de l'ancienne, ou encore des analyses de textes ne touchant pas à l'essentiel. » L'histoire, la science de la littérature doivent, après ces « préparations souvent interminables », être dépassées, et ne sont pas un « véritable instrument de culture ». Ce dépassement sera rendu possible, à la fois par l'influence de Rivière, de Valéry, des surréalistes et par la rencontre de la pensée allemande: en Allemagne, la « nouvelle critique » était à l'Université (Vossler, Curtius, Gundolf); là-bas, les frontières entre les littératures, et entre les littératures et les arts, étaient abolies. Plus que par l'analyse des formes et des styles, Raymond est attiré par l'« histoire de l'esprit » (*Geistesgeschichte*): au cœur de ses œuvres, on rencontrera désormais l'inquiétude métaphysique. De retour à Bâle, il prépare son grand livre, *De Baudelaire au Surréalisme* (Corréa, 1933; Corti, 1940): « La grande affaire avait été d'inventer une démarche qui fût à l'opposé du didactisme, de ne rien accorder à la biographie, de réduire au minimum la part de l'histoire. » Reste à dégager « le caractère de chaque poète, de chaque poème », en trouvant un style, non un pastiche; c'est aussi une expérience de la lecture et de la poésie. Partant d'une explication de textes, comme Spitzer, d'échantillons, on établit une relation de la partie au tout, du tout à la partie, pénétrant « à l'intérieur d'un organisme verbal structuré ». Mais en fait il s'agit moins de définir une méthode que son objet: « Le style de ce livre aurait dû dépendre d'une certaine idée de la poésie », celle qui est exposée dans le dernier chapitre, « Le Mythe moderne de la Poésie ». Comme ce mythe est explosif, le livre de Raymond a, au moment où il paraît, quelque chose de politique: il est lié à « une conscience malheureuse de l'oppression et aussi du mensonge de notre civilisation », au conflit entre le monde moderne et « ceux qui refusent ce monde ». Soucieux de définir la fonction de la poésie, Raymond expose la conception, la doctrine, la philosophie poétique de chaque artiste; ainsi de Baudelaire, de Verlaine, de Rimbaud, dans l'introduction: ce qui unit certains poètes, c'est que, par eux, l'homme a demandé à la poésie « une solution au problème de la destinée ». Une doctrine, des thèmes, non encore un langage ; à propos des symbolistes, Raymond se heurte à Valéry : si des syllabes émeuvent, c'est « grâce à un accord infiniment subtil avec le sens du mot qu'elles composent, par la vertu des souvenirs confus que ce mot réveille plus encore que par le chemin propre des sonorités ». On comprend que, chez les surréalistes, dont les théories ont été aussi importantes que les poèmes, le critique se trouve à l'aise : jamais en France une école de poésie n'avait « confondu de la sorte, et très consciemment, le problème de la poésie avec le problème crucial de l'être ». Il faut dire cependant que Marcel Raymond, parlant des poètes qui lui étaient exactement contemporains, n'en méconnaît aucun, de Jouve à Supervielle, de Fargue à Saint-John Perse. Cet exposé de doctrines mène naturellement à une conclusion ; dont le titre est un programme, une méthode : « Le mythe moderne de la poésie. » Deux catégories de poètes : les artistes, rattachés à la tradition, à la forme, et les contempteurs de l'art, qui recherchent « les données immédiates de l'esprit », « l'essence », et risquent de se perdre dans « l'illimité ». La poésie moderne doit être tenue pour un « mythe plutôt que pour une réalité historique », elle est un signe des temps, l'acte du veilleur. *De Baudelaire au Surréalisme* met donc en place les doctrines et les thèmes de quatre-vingts ans de poésie française ; il n'y a rien à y changer, mais ce n'est pas une histoire des langages et des formes. L'avenir montrera que Raymond ne les méprisait pas ; il allait au plus pressé, qui était d'ordre philosophique. De Dilthey vient l'idée que la poésie est une « expérience vitale », et la « phénoménologie de l'imagination poétique » : une psychologie de l'artiste. Chez Gundolf (*Shakespeare et l'esprit allemand*), qui montre comment le théâtre shakespearien a fécondé des siècles de littérature allemande, Marcel Raymond a retrouvé le vitalisme bergsonien et « le sens des symboles incarnés », l'espoir aussi, proche de Michelet, de « s'identifier à la conscience des morts ». On voit que ce qui fait la force de l'école de Genève, c'est de se trouver au carrefour de la pensée allemande et de la française.

Dès l'avant-propos, *De Baudelaire au Surréalisme* trouvait son origine en Rousseau. Ce sera désormais l'une des lignes de recherche de Raymond, jusqu'à la direction (avec Bernard Gagnebin) de l'édition des *Œuvres complètes* dans la Bibliothèque de la Pléiade (1959-1969, quatre volumes), précédée de grandes introductions (aux *Confessions,* aux *Rêveries,* aux œuvres littéraires, aux écrits sur l'éducation) et suivie de notes et commentaires abondants ; jusqu'au *Jean-Jacques Rousseau. La quête de soi et la rêverie* (Corti, 1962), qui regroupe diverses études publiées à partir de 1942. C'est qu'en Rousseau Raymond trouve un frère : « Entre le sujet traité et l'analyste, on ne se serait pas trompé en décelant une sorte d'harmonie préétablie. » Certains critiques finissent par ressembler aux auteurs qu'ils ont étudiés ; d'autres ont choisi leur sujet d'étude en fonction d'une ressemblance initiale. Cependant, Raymond ne s'abandonne pas à la fusion dans l'indicible : « Je me suis appliqué à lire les textes au plus près, multipliant les citations, jaugeant le lexique de l'écrivain, pour atteindre, par le moyen de cette *Sachlichkeit*, à une sorte d'évidence. » On a pu lui reprocher de faire de la « critique psychologique » : « Mais mon projet était différent ; c'est une façon d'être au monde, de s'y sentir à l'aise ou opprimé, menacé, que je m'efforçai de décrire. » En fait, c'est une critique d'identification ; les mots de l'écrivain permettent au critique de reconstituer son expérience centrale et ses développements : la rêverie contemplative, la poésie de la prose deviennent celles de Raymond lui-même ; comme habité par son maître, il voit le monde par ses yeux ; on comprend que cet exercice spirituel ne permette d'écrire des livres que sur peu d'auteurs (des articles ne demandent pas une telle descente dans l'âme d'autrui) : Rousseau (1962), Senancour (1965), Fénelon (1967), Jacques Rivière (1972), tous écrivains de la même lignée, pratiquant le même quiétisme littéraire, et dont le style souple, enveloppant, musical, révèle un esprit malléable et prêt à l'effusion, à la fusion. La démarche est dialectique : le critique se nie lui-même, pour accueillir un autre, et du même coup il retrouve expérience, connaissance, vision du monde — et l'écriture. Le *Rousseau* de Raymond, c'est le monde vu par Rousseau, et l'écrivain condensé, ramené à ses lignes essentielles. La postérité de Rousseau a le même désir que lui : « D'une part, celui de dénuder la nature humaine jusqu'à la douleur, comme pour lui arracher un secret ; d'autre part, celui de découvrir dans la vie, et d'abord dans l'enfance, des lieux qui semblent garder un reflet du paradis perdu. Encore faudrait-il [...] rappeler que l'autobiographie de Rousseau a contribué au premier chef à transformer le concept même de littérature, centré désormais, non plus sur l'œuvre, être ou objet existant pour soi, mais sur l'auteur, et moins sur l'auteur que sur l'homme avec son drame personnel et sa figure irremplaçable » (Introduction aux « Écrits autobiographiques », Pléiade, p. XV). En somme, le déplacement que Rousseau a fait subir au concept de littérature permet au critique de le choisir et de le suivre. Mais ces quelques lignes, admirables, contiennent aussi la foi en un au-delà du texte, un « secret », un « reflet du paradis perdu », qui ne s'atteignent que dans la « douleur » et le « drame personnel » — la foi en un au-delà. Même avant sa maladie, sa conversion, son deuil, la critique de Raymond a toujours été à la recherche de ce secret, de ce paradis perdu : mais une critique qui ne porterait pas la double trace de cette quête serait froide, plate, vide, morte (d'où l'ennui, et bientôt l'oubli, d'innombrables livres, instruments de travail momentanés, ou dépositaires de la mode, qui s'en retire comme le bernard-l'hermite de sa coquille).

L'édition critique, activité sans laquelle il n'y a pas de critique complet, montre comment Raymond utilise le texte ; on voit, dans son introduction aux *Rêveries* (Pléiade), comment, sous la fluidité du commentaire, se retrouvent tous les instruments de la philologie romane. Tout commence par la biographie et le portrait de Jean-Jacques vu par ses contemporains, par la promenade dans sa vie ; puis c'est la sémantique, et l'histoire du mot-titre, depuis Mlle de Scudéry, depuis même un texte de 1300 où il signifie « vagabonder ». Les différentes catégories de rêveries chez Rousseau mènent au processus d'écriture : la rêverie est une forme littéraire, qui renvoie à Montaigne et à Plutarque. Vient alors le problème des dates, de la chronologie et de la structure : l'enquête ne voit de fil conducteur qu'entre les quatre premières rêveries, et entre la sixième et la septième. Alors seulement commence l'interprétation véritable : les grands thèmes du texte, autour de la lumière (la nature) et l'ombre (l'homme), sont le bonheur, le moi, le temps ; la Ve promenade permet à Raymond de montrer quel souci il peut accorder au style, aux formes, lorsqu'il le veut : les rythmes, le vocabulaire, le rôle des négations définissent la félicité. L'analyse se termine sur une question : quelle est la véritable interprétation de la mystique de Rousseau ? C'est ici que le critique rend à la poésie le dernier mot : « Un acte religieux s'accomplit ici, hors du cadre de toutes les religions. Mais c'est aussi la poésie que Rousseau a rencontrée dans son vagabondage, la poésie qui rend les questions vaines ou plus exactement répond, par sa beauté ambiguë, à toutes celles qu'on serait tenté d'imaginer. » Si le secret de l'auteur étudié, un élément transcendant au texte, reste visé à travers un réseau de thèmes, ou d'idées, on ne saurait donc présenter Marcel Raymond comme indifférent aux formes littéraires et artistiques.

Il devait en effet aux esthéticiens et historiens de l'art allemand d'avoir conforté un autre aspect de sa pensée et de sa méthode (qui culmine dans sa traduction des *Principes fondamentaux de l'histoire de l'art*, de Wölfflin, 1952 ; choix aussi significatif que la traduction de Vico par Auerbach), lié à la découverte de l'art baroque. Par réaction contre « l'historiographie et l'université françaises », qui avaient réduit Ronsard et rejeté « d'Aubigné et François de Sales, Théophile de Viau et Mlle de Scudéry », ignoré les spirituels, émasculé Corneille ; elles avaient mesuré avec la règle et le compas des œuvres comme celles de Poussin et de Racine. A partir de 1936, Raymond applique (en les adaptant) les catégories de Wölfflin, et d'abord celle du baroque, aux écrivains qu'il redécouvre (comme il le note, ce qui est admis aujourd'hui ne l'était pas alors). Les plus importants de ces travaux seront recueillis dans *Baroque et Renaissance poétique* (Corti, 1955). L'ouvrage s'ouvre sur un « préalable à l'examen du baroque littéraire français ». Au-delà de la succession chronologique des œuvres, il y a un « ordre esthétique des valeurs » ; entre elles, des rapports temporels, mais aussi des rapports intemporels. L'histoire de l'art italien avait permis de dégager la succession du baroque au classicisme ; en France, les baroques ne sont pas les descendants des classiques : ils succèdent aux gothiques sous la Renaissance ; l'âge baroque français va du milieu du XVIe siècle au milieu du XVIIe. Les mêmes forces sont à l'œuvre dans les arts de la littérature. L'historien envisage les formes comme expression, l'esthéticien, comme création ; les deux attitudes sont complémentaires. L'époque troublée a pu favoriser certains thèmes, la mort surtout ; mais l'œuvre baroque ne peut être définie par son sujet, ses thèmes et ses symboles : « En dernière analyse, c'est la *forme* qui fait le style ; elle seule donne à l'œuvre une existence esthétique. » Réexaminant les catégories de Wölfflin, Raymond indique celles qui lui paraissent, « après transposition », utilisables pour l'étude de la littérature. Le style linéaire, la forme fermée opposée à la forme ouverte, l'unité multiple confrontée à l'unité globale peuvent être ainsi transférés. Au-delà, deux modes de vision s'opposent : le classique voit les objets distinctement, selon un mode intellectuel ; le non-classique n'est pas certain de leur identité, en a une vue « indifférenciée », « globale ». Il faut y ajouter la catégorie du « mouvement » : les « troubles de l'âme » engendrent les accidents et les ruptures du discours. L'écrivain baroque est animé par une « énergie intense » qui s'exprime dans le *crescendo*, le *rinforzando*, le *diminuendo*. Raymond esquisse alors (p. 44-47) une stylistique du baroque littéraire, et répond aux objections (« ces images sont de tous les temps », etc.) : ce qui fait preuve, c'est le dialogue du style et des contenus ; mais certains artistes ne sont pas à la hauteur de leurs thèmes. Les conteurs baroques aboutissent à deux sortes d'états extrêmes : puissance, démesure, rupture ; fuite, métamorphose, qui s'alimentent « aux sentiments contrastés de la vie et de la mort, du paraître et de l'être ». La première série prospère en climat tragique, la seconde est le vrai baroque (Montaigne, et le XVIIe siècle). Ces catégories sont porteuses d'idées ; une fois assimilées celles-ci, on peut se dispenser de celles-là, telle est la conclusion baroque de cette étude, qui prolonge la thèse de Jean Rousset. Ce livre complète heureusement l'œuvre de Raymond : rien ne lui a échappé, ni les thèmes, ni les formes ; plus tenté par le commentaire psychologique à certaines époques (et selon les auteurs), ou par le commentaire littéraire, ou philosophique (il a donné un *Valéry* « existentialiste »), à l'aise du XVIe au XXe siècle, européen par la culture et la méthode (mais ne traitant que des sujets français), il n'a trouvé de limites que dans la profondeur de ses interprétations. Emporté au-delà de la surface constituée par le langage des écrivains étudiés, son style élégant, mélodieux et pur, musical, leur a pourtant redonné un corps.

ALBERT BÉGUIN (1901-1957)

Les débuts d'Albert Béguin ressemblent à ceux de son ami Marcel Raymond. Un grand livre explore une zone peu connue de l'histoire de la poésie, de la pensée, de la littérature : *L'Ame romantique et le rêve* (d'abord thèse sous le titre *Le Rêve chez les romantiques allemands et dans la poésie française moderne*), publié en 1937 (édition revue, Corti, 1939). Ce n'est certes pas Béguin qui a redécouvert en France, au XXe siècle, les romantiques allemands ; des professeurs (Andler, Minder), des écrivains (Giraudoux, Breton), des critiques (Jaloux, Du Bos) l'avaient devancé ; mais aucun n'en avait donné une synthèse, ni déplacé l'interprétation du romantisme français : pour tous les lecteurs de Béguin, Nerval a compté davantage que Lamartine et Musset, et Hugo s'est réduit à ses vers visionnaires. Son œuvre ne se limite cependant pas à sa thèse de doctorat : des traductions de Jean-Paul, Hoffmann, Tieck, Arnim, Goethe l'avaient précédée ou complétée. Des essais sur Péguy (1942 et 1955), Balzac, Nerval (1945), Bloy (1955), Ramuz (1950), Pascal (1952), Bernanos (1954), et un ensemble de plus de mille trois cents articles donnent une idée de l'activité d'un homme qui fut, en outre, professeur à l'université de Bâle (1937-1946), journaliste et directeur, après la mort de Mounier, de la revue *Esprit* (1950-1957). A ce dernier titre, les articles de Béguin relèvent, pour une part, de l'activité scientifique (les meilleurs ont été publiés, après sa mort, dans *Poésie de la présence, Création et Destinée, La Réalité du rêve,* aux éditions du Seuil et à la Baconnière)[1] ; pour l'autre, de la critique d'actualité et du journalisme, plus engagée (à la suite de ses maîtres Péguy et Bernanos).

Les problèmes et les auteurs dont Béguin a traité jalonnent les étapes d'un itinéraire : une évasion hors du monde (ses traductions ; son premier livre), un retour au monde ; la quête de l'absolu, qui marque son œuvre, celle de Raymond, et les poètes dont ils parlent, se distingue de la carrière des autres savants de l'école de Genève, parce que Béguin est le seul qui ait quitté l'Université pour l'engagement quotidien du combat, littéraire certes, mais aussi politique. Le passage des romantiques allemands à Péguy et Bernanos en est, dans les sujets traités, la marque. Chez Béguin, la critique est littérature plus encore que science, en ce que les univers décrits, les visions épousées, les consciences visitées répondent aux interrogations de l'essayiste. L'introduction de *L'Ame romantique* le montre, qui commence comme un texte d'André Breton, par l'abondance des questions et la qualité du style : une littérature, plus que toute autre, a exploré le monde du rêve, et c'est pour retrouver « notre » expérience, celle des poètes et de Béguin, que ce dernier se met à son étude ; l'expérience des « poètes que nous adoptons » s'assimile « à notre essence personnelle » pour « l'aider dans sa confrontation avec l'angoisse profonde ». Dès le départ, l'histoire littéraire et même l'objectivité, loi des « sciences descriptives », sont congédiées. L'honnêteté de l'information est la « simple condition préalable » d'une

1. Sur Albert Béguin, on consultera principalement les travaux de Pierre Grotzer : *Les Écrits d'Albert Béguin* (Baconnière, 1967 et 1973) ; *Existence et destinée d'Albert Béguin* (Baconnière) ; *Albert Béguin ou la passion des autres* (Seuil et Baconnière, 1977).

« recherche où l'on aime à sentir la présence d'une interrogation personnelle et inéluctable ». Sur ce principe de philosophie de l'art, Béguin ne variera pas : l'œuvre « intéresse » la « partie la plus secrète de nous-même ». Confrontant la poésie française et la poésie allemande, *L'Ame romantique* n'est donc pas un ouvrage de littérature comparée, qui aurait traité de la « transmission des idées et des thèmes » : une aventure spirituelle commune aux deux pays, une fraternité naturelle, une connaissance suggèrent des traits communs ; la bibliographie allemande avait déçu Béguin : « La synthèse souveraine, qui définirait sans réserves l'esprit romantique », se dérobait à toutes les tentatives. C'est pourtant ce qu'il propose, à sa manière. Les romantiques imposent des méthodes d'enquête : il faut parler d'eux comme ils ont parlé du monde. Les « motifs » de leur œuvre, ils les ont choisis en fonction d'une « émotion personnelle », puis replacés dans un ensemble à la fois un et ouvert (donc ni complètement architectural, ni « exclusivement discursif »), dont la construction est musicale, « unité faite d'échos, de rappels, d'entrecroisements de thèmes ». Cette « unité ouverte » (comme il est dit avant Eco) vise à « suggérer l'inachèvement inhérent à tout acte de connaissance humaine, la possibilité d'un surplus, d'un progrès ». Ainsi Béguin a-t-il choisi, et assemblé ses auteurs en un ensemble continu et ouvert ; une grande structure assemble les structures de détail que constitue le monde de chaque écrivain, son œuvre et son destin : « Ainsi se compose, de tant de visages différents les uns des autres, le visage unique d'une époque qui fut l'une des plus ambitieuses, l'une des plus hardies à affronter le mystère, qu'ait connues l'humanité. » Chaque écrivain vit un « drame unique », mais appartient à une « famille spirituelle ». Si l'on a insisté (Starobinski) sur la conception du rêve et de l'inconscient dans *L'Ame romantique*, il faut également être sensible à la manière novatrice dont le livre a été construit. Il s'agit d'un ensemble synchronique (de 1750 à 1820 pour l'Allemagne, de Senancour à Proust pour la France, mais sans considération déterministe d'enchaînement chronologique), qui traite des penseurs comme des écrivains des deux pays, et qui s'ordonne en une trilogie : au centre, le livre IV, « Le ciel romantique », présente les portraits des grands romantiques allemands (Hoelderlin, Jean-Paul, Novalis, Tieck, Arnim, Brentano, Hoffmann, Eichendorff, Kleist, Heine) ; les trois premiers livres (« première partie : Le rêve et la nature ») établissent les grands traits de l'idéologie romantique ; ainsi, dans le livre III, « L'exploration de la nuit », voit-on la « métaphysique du rêve » (Troxler), la « symbolique du rêve » (Schubert), le « mythe de l'inconscient » (Carus). Le livre V est consacré à la France (Senancour, Nodier, Guérin, Proust, Nerval, Hugo, Baudelaire, Mallarmé et Rimbaud, Symbolisme et poésie d'après-guerre). La conclusion, « L'âme et le rêve », revient sur le rêve, qui n'est pas la poésie, mais l'une de ses sources : la traversée du rêve ramène à l'existence. Chacun de ces livres a été encadré par une méditation personnelle, et comme autobiographique, un engagement de l'auteur aux côtés des écrivains qu'il étudie, et qui dépasse l'impressionnisme : « J'évoque des visages familiers, ceux qui, depuis des années, m'accompagnent et qui ont pris pour moi tant de précise réalité, à mesure que je m'efforçais de percer, à l'aide des œuvres et des aveux laissés, le mystère de ces vies. » La critique littéraire se dépasse dans l'expérience partagée avec les écrivains, que le livre reproduit, dont il condense et mime les effets, et avec les lecteurs, qu'il touche par son style.

Dans toute œuvre d'art, Béguin recherche donc un « témoignage sur le destin des hommes » ; cela ne veut pas dire qu'il approuve la critique biographique, à la manière d'Henri Guillemin : ce qui distingue l'écrivain de « ses semblables, ce ne sont ni ses amours, ni ses péchés, ni ses échecs ou ses réussites, mais bien le pouvoir qu'il a eu d'en tirer des vérités d'une portée universelle » (1943). C'est la tradition historique et positiviste qui estime que « la vie est *plus réelle* que la pensée et la poésie ». La naissance d'une œuvre exige le « don de soi », la « suppression de l'accidentel », et, positivement, une découverte qui relève du « plan supérieur de la poésie ». L'érudition, dont Béguin est fort capable, comme le montrent ses éditions de Péguy et de Bernanos (*Monsieur Ouine*), rencontre ici aussi ses limites : commentant et louant, en 1948, les travaux de Lafuma sur Pascal, Béguin s'oppose à lui à propos du *Mystère de Jésus*, que Lafuma considère comme extérieur à l'*Apologie* : « Un autre éditeur, pourvu qu'il avoue la liberté prise, serait en droit de préférer ici la suggestion de la cohérence spirituelle aux impératifs de la paléographie. » Il y a une limite à la science, parce que « les exigences d'objectivité, de mensuration chiffrée, d'analyse systématique » qu'elle comporte « sont particulièrement étrangères à la démarche naturelle des arts, et surtout des arts du langage » (*Sur Goldmann* ; 1956). Ainsi, prendre les œuvres pour des documents d'époque, c'est « les dénaturer » ; pour des « symptômes psychologiques », de même : si l'artiste, malade, a construit une œuvre, ce fait même « contredit déjà les diagnostics habituels, et garantit [...] une santé dont les psychologues ne sont pas juges ». De même encore, écrit Béguin, dans la « Note sur la critique littéraire » de 1955 (*Création et Destinée*, p. 179-183), établir un lien entre l'œuvre et sa portée sociale et politique, c'est la subordonner à une « loi qui la nie ou la dégrade » ; au contraire, l'effort politique bénéficiera d'une « création entièrement indépendante ». Venant d'un homme engagé, autant et plus que Sartre, cette parole a son prix : « La littérature ne devient sociale que par son action imprévisible, explosive, indépendante de toute intention étrangère. » Enfin, la traduction de l'œuvre en doctrine, en « message », en « pensée » la dépouille de ses formes. Ce que salue Béguin, dans les débuts de la « nouvelle critique », chez Bachelard, Barthes (*Michelet*), Poulet, Richard, c'est un « même postulat » : « C'est l'œuvre qui est le donné, la réalité par elle-même valable, et qu'il s'agit de comprendre en tant que telle, non pas en tant que symptôme d'autre chose de plus important à saisir. Le choix et l'ordre des mots, le mouvement de la phrase, le jeu réciproque des épisodes ou des images, ce qu'ils ont à dire ensemble et que ne dirait aucune autre combinaison imaginable : tel est l'objet proposé à l'intelligence. » Béguin ne prévoyait cependant pas que cette critique aboutirait à la négation de l'auteur en tant que sujet ; pour lui, en effet, « il n'est rien qui appartienne autant à la solitude d'un être unique que la parole du poète, cette parole qui pourtant est aussi, et totalement, quête d'une communion, appel à autrui ».

Albert Béguin ne se perd donc nullement dans la conscience des autres, dans les délices de l'intersubjectivité. Chez Pascal, chez Bernanos, il s'est toujours montré soucieux d'analyser le style et la composition. S'il a évolué, c'est vers toujours plus de technique : « Commenter de la poésie, c'est définir les moyens verbaux, le langage d'une poésie. [...] Commenter un roman, ce doit être aussi regarder comment ce roman est fait, comment du sentiment intérieur on est passé à l'existence de personnages et de scènes, à la création proprement dite, attirer constamment l'attention sur les formes esthétiques » (1948). Leçon ancienne, apprise chez Du Bos, qui, utilisant sans cesse le mot « texte » (redevenu à la mode dans les années 1970), n'y sépare pas l'expérience spirituelle de l'apparence concrète (« Charles Du Bos et les textes », 1941 ; *Création et Destinée*, p. 217-221). Béguin connaît le fonctionnement de la critique contemporaine : « A mesure qu'elle s'éloigne de son ancienne prétention au classement de valeur et de ses attributions impératives, elle ressemble davantage à une enquête sur l'essence de la littérature et de la critique elle-même », note-t-il en 1945 (à propos de *Qu'est-ce que la littérature ?* de Du Bos). Sur Bachelard, Béguin note qu'un catalogue de métaphores et d'images favorites d'un poète, de mots de prédilection, est « plus révélateur que d'ambitieuses dissertations ». En revanche, Béguin marque beaucoup plus de méfiance que son ami Marcel Raymond à l'égard des catégories littéraires, des styles, des zones géographiques : « La fixation de la vie de l'esprit en catégories stables n'est guère profitable à l'intelligence de cette vie. » Les noms ne sont que des « hypothèses de travail », « éclairants pour un temps limité, et jusqu'à l'instant où leur abstraction commence à faire écran devant l'infinie diversité des œuvres concrètes » : l'usage du concept de baroque n'a pas d'intérêt autre que de nous faire lire des poètes peu connus. Jean Rousset, dans *La Littérature à l'âge baroque en France,* n'échappe à ces critiques que parce qu'il se maintient « sur le plan proprement poétique des images », et non parmi les catégories intellectuelles : on retrouve l'« enthousiasme » et la « délectation ». A ces conditions, le baroque nous livre la vérité de la poésie : le poète est pris entre la forme achevée artificiellement, et la forme brisée, « au profit d'une plus stricte ressemblance avec la réalité "ouverte" de la vie extérieure et intérieure ».

Ces considérations fondent les analyses de style qui truffent les monographies consacrées par Béguin à Péguy, Pascal et Bernanos ; on n'y a pas, même dans les colloques les plus enthousiastes, comme celui de Cartigny, prêté assez attention. Dès l'ouverture de *Pascal par lui-même* (Seuil, 1952), « Un génie juvénile », le critique relie le rythme de la réflexion pascalienne, antinomies et dépassement, à « un style d'écriture soudain, juvénile, tout en ruptures« ; la vigueur elliptique de la forme, l'agressivité, la brusquerie, le mot explosif, sans transition ni temps faibles, autant de traits de Pascal écrivain, « identique à Pascal intérieur ». L'antithèse s'explique par « les contradictions du réel » plus que par la rhétorique contemporaine ; le petit *et,* dont Béguin donne une analyse spitzérienne, est, comme la juxtaposition, la « jointure du paradoxe ». C'est encore au sujet du style que Béguin répond à Gide et Valéry : Oui, Pascal pesait ses mots, mais l'épouvante dont il imite l'accent est à l'usage d'autrui ; oui, la détresse « écrit bien », mais c'est celle que l'*Apologie* veut inspirer, non l'expression romantique de l'écrivain. En même temps, l'interprétation du détail se souvient constamment de l'ensemble : telle distinction pascalienne ne se comprend que si on la « replace dans le contexte général de l'Apologie ». Elle s'identifie avec l'auteur, puisqu'elle l'étudie dans le mouvement même de la composition, dans le déploiement du sens à travers les formes. Cette critique d'identification trouve ses limites à la fin, suivant une démarche qui remonte à *L'Ame romantique* : la conclusion indique toujours où il faut s'arrêter, où il faut au contraire aller plus loin, prolonger l'expérience : après le rêve, redescendre vers le réel ; après Pascal, retrouver le sens de la communauté sociale et de l'Histoire. Après Bernanos... Mais il n'y eut pas d'après Bernanos. On aura remarqué que Béguin, après les romantiques, et Balzac excepté, mais « Balzac visionnaire », s'est consacré à des écrivains chrétiens, témoins de son combat (qu'a incarné aussi la direction d'*Esprit*). Car le critique s'engage par les écrivains dont il choisit de parler, par lesquels il est appelé. Béguin comprend tellement Bernanos qu'aucune réserve ne les sépare plus : peu de temps avant sa mort, il peut ainsi témoigner de ce que la littérature est expérience de l'absolu, pour la dernière fois peut-être en notre temps ; commençaient alors d'apparaître des écrivains, et leurs critiques, pour qui les livres ne disaient rien d'autre qu'eux-mêmes, pour qui Dieu, et l'homme même, étaient morts. En face d'eux, Béguin dressait les romans de Bernanos, qui sont « moins le roman d'un prêtre que l'histoire d'une paroisse avec son prêtre, et cette paroisse est en quelque sorte l'image réduite, mais complète, du monde qui a été jadis chrétien » (*Bernanos par lui-même*, Seuil, 1954, p. 69). A chaque vision son langage ; Béguin, éditeur, a suivi les ratures de Bernanos (trois ou quatre lignes gardées par page, elle-même produit de plusieurs heures) : « La suscitation des mots et des images s'opère chez Bernanos comme chez les poètes, par la quête patiente d'un mouvement d'abord pressenti, peu à peu appelé des profondeurs et retenu par les mots. » Ici, le critique est devenu poète, et son œuvre est appelée à survivre aux scientistes qui l'ignorent et qu'il avait tant combattus, parce qu'en quelques mots, sous l'apparence, elle évoque l'essence.

GEORGES POULET (1902-1991)

Georges Poulet, d'origine belge, professeur à l'université d'Edimbourg, puis à Baltimore (1952, Johns Hopkins University), à Zurich (1956), enfin à Nice (1968), a publié, tardivement mais ensuite avec fréquence, des ouvrages capitaux, que l'on a longtemps situés à la source de la « nouvelle critique », c'est-à-dire dans ce renouvellement de la critique littéraire qui apparaît en France après 1956 (mais dont les origines, nous l'avons vu, sont beaucoup plus anciennes), et qui se caractérise, quelles que soient les méthodes, par la rupture avec l'histoire positiviste, la biographie, les monographies consacrées à « l'homme et l'œuvre ». Sa bibliographie[1] comprend dix-huit ouvrages, des *Études sur le temps humain* (1949) à *La Poésie éclatée* (1980), de très nombreux articles, et un roman (*La Poule aux œufs d'or,* 1927). Le tableau des auteurs traités (dû à Pierre Grotzer, infatigable spécialiste de l'École de Genève[2]), montre un intérêt aussi étendu que celui de Sainte-Beuve : XVIe siècle (deux problèmes, deux auteurs), XVIIe (huit auteurs), XVIIIe siècle (dix auteurs ou artistes, mais ni Montesquieu, ni Voltaire), XIXe (vingt-six auteurs, français ou américains), XXe siècle (vingt-cinq auteurs, français, allemands, suisses, américains, italiens, espagnols, belges ; quinze critiques, français ou suisses).

Lorsque les *Études sur le temps humain* sont apparues, les critiques (Rousseaux, Nadeau, Béguin) ont salué ce livre, le premier[3] de son auteur à Paris, comme un événement d'une totale nouveauté : les uns, plus sensibles au problème du temps en littérature, traité pour la première fois, les autres à l'analyse philosophique et existentielle. Lui-même a précisé, dans une lettre de 1955 à M. Raymond, l'origine de sa réflexion : « Avant de découvrir Dilthey et Gundolf vers 1932, et mettant à part Rivière que j'avais rencontré deux fois et qui par l'anxiété scrupuleuse de son attention avait produit sur moi un effet ineffaçable, je ne puis compter que Du Bos comme intercesseur [...]. Aussi est-ce sans presque connaître l'allemand, à force de tâtonnements et de mécompréhensions mal surmontées, que je me suis initié tant bien que mal à cette métaphysique de la poésie et poésie de la métaphysique, qui forme [...] un témoin spirituel commun. » La critique de Georges Poulet affirme nettement sa

1. Elle se trouve à la suite de Marcel Raymond-Georges Poulet, *Correspondance* (1950-1977), Corti, 1981, p. 327-345.
2. Poulet, fait docteur *honoris causa* de cette université, écrit à M. Raymond : « Il convient que je me trouve rattaché à l'université de Genève, parce qu'elle est la vôtre, et parce que grâce à vous [...] c'est en ce lieu que s'est formée une école de critique, dont, pour ainsi dire chaque jour, je me sens heureux et fier de faire partie. »
3. La thèse de Poulet, « Des relations entre les personnages dans le roman balzacien », 367 pages, 1924, est inédite (*Correspondance,* p. 153).

position dès l'avant-propos de *La Distance intérieure* (1952; tome II des *Études sur le temps humain*): « Objectivement la littérature est faite d'œuvres formelles dont les contours se découpent avec une plus ou moins grande netteté. Ce sont des poèmes, des maximes, que sais-je encore, des romans, des pièces de théâtre. Subjectivement la littérature n'a rien de formel. Elle est la réalité d'une pensée toujours particulière et postérieure à tout objet, et qui, à travers tous les objets, révèle sans cesse l'impossibilité étrange et naturelle où elle se trouve, d'avoir jamais une existence objective. » La réalité d'une pensée, c'est ce que Poulet nous présente en chaque écrivain, « cette vacance intérieure où se redispose le monde ». Critique de la conscience, mais, contrairement à Raymond (soucieux des formes et des œuvres particulières), contrairement à Béguin (ami de la présence et de l'incarnation), par-delà les livres, Poulet définit, non pas un livre unique, mais l'esprit pur qui leur a donné naissance. Les formes ne doivent pas se substituer à l'esprit, ce qui serait du fétichisme; dans l'œuvre d'art, on recherche « l'esprit créateur de son monde et principe immanent de son accomplissement. En ce cas d'ailleurs, la structure, le temps et l'espace de l'œuvre ne sont qu'une variation de l'esprit qui la contient, la précède et la dépasse ». La *Correspondance* entre Raymond et Poulet témoigne de ce débat: ce dernier voue aux « objets d'art » une véritable haine; décrire une œuvre, en détailler la technique, les recettes, lui paraît une abomination, parce qu'elle n'est pas un *objet.* Ainsi le « Balzac » de Poulet *(La Distance intérieure)* fait apparaître, par-delà les « structures » et les « schèmes », la pensée qui les engendre, cause des effets. Dans *La Comédie humaine,* tout converge vers son créateur, lui seul importe. Cette « pensée » n'est pas un « système d'idées »; « sentir, imaginer, désirer, aimer, vouloir, c'est penser. Penser est l'acte même de la vie spirituelle. Quand les formes apportent une limitation matérielle, il faut retrouver la pensée qui les anime et les dépasse. Ainsi, les œuvres de Shakespeare, si on les explore une à une, ne montrent-elles que leurs ficelles, la « vérité psychologique des personnages, l'agencement des parties et les mérites relatifs de l'iambe et du vers blanc! », mais non la « vérité shakespearienne » (*Correspondance,* p. 62-63). Le poète a donc pour mission non de « faire un poème », mais « d'*être* et de nous *faire être* ». Il ne s'agit pas de raconter son existence quotidienne, toute médiocre, mais de montrer le sommet de la vie mentale, un « univers-pensée ». Une formule pousse à l'extrême la position de Poulet: « Les formes sont faites pour être sucées. Dès qu'on en a exprimé le jus, il faut jeter l'écorce. »

Le résultat, et la méthode, c'est, pour chaque écrivain, et quelques époques (« Le dix-huitième siècle », « Le Romantisme ») de présenter un portrait, non pas humain, trop humain à la manière des « portraits littéraires » de Sainte-Beuve, mais spirituel : il y a un *cogito* de chaque auteur, une pensée qui fait preuve de son existence comme écrivain, et c'est ce point de départ qu'il faut retrouver. Chaque étude est donc la quête d'un secret, d'une origine, d'un moment premier antérieur au « moment second » de l'inspiration verbale. Si la critique de Poulet, surtout à ses débuts, a pu paraître philosophique autant que littéraire, c'est que l'inspiration ou « l'intuition originelle » des philosophes ne lui semble pas différente de celle des poètes ; à partir de ce point, l'itinéraire des uns diverge de celui des autres. En même temps, il faut bien comprendre que cette conscience initiale n'est pas la conscience universelle, impersonnelle de Valéry : « La prise de conscience est, pour moi, à l'inverse, l'acte le plus personnel qui soit, la conscience, mettons, racinienne ou hugolienne, ou claudélienne, étant un acte *sui generis* inconfondable avec tous les autres actes de conscience réalisés par d'autres êtres, mais se retrouvant toujours, de façon implicite ou explicite, dans n'importe quelle expérience de la conscience en question » (*Correspondance*, p. 199). La conscience de chacun de ses auteurs, Georges Poulet veut l'atteindre « en tant que limite de sa propre pensée » à lui, critique, ou, mieux encore, en pensant la pensée de l'autre comme sienne. La lecture est un acte de possession : « Je me suis prêté à quelqu'un d'autre, et ce quelqu'un d'autre pense, sent, souffre et agit à l'intérieur de moi » (*La Conscience critique*, p. 282).

Qu'en est-il alors de l'œuvre concrète, des livres ? C'est le sujet du débat entretenu avec Marcel Raymond dans leur belle *Correspondance*. Dans une page de *La Conscience critique* (p. 284-285), Poulet semble faire sa part à l'œuvre. Pour comprendre celle-ci, une infinité de connaissances est nécessaire, cependant différentes de la véritable « connaissance intérieure » ; le moment vient où il faut vivre du dedans « une certaine relation d'identité que j'ai avec l'œuvre ». Elle est en moi, comme un « moi-sujet, la conscience continue de ce qui est, se manifestant à l'intérieur de l'œuvre », se constituant « comme le sujet de ses objets ». Le lecteur ne disparaît certes pas, mais il partage sa conscience avec le sujet dans l'œuvre, une conscience « étonnée » de ce qui lui arrive, et qui est proprement la conscience critique. Il y a donc plusieurs niveaux d'identification, que Poulet désigne par l'exemple d'un critique. L'identification « à peine ébauchée », c'est Jacques Rivière (Marcel Raymond, auteur d'un livre sur Rivière, lui a reproché ce jugement sévère). Puis, l'identification objective, sensorielle, mais non intellectuelle ni intentionnelle, de Jean-Pierre Richard. A l'autre extrême, « dans l'abolition de tout objet », la coïncidence avec une « conscience détachée de tout objet », supra-critique, fonctionnant dans le vide : Maurice Blanchot, apôtre de « l'intellectualisation sans union ». Ces deux formes opposées, ne peut-on les combiner ? Une lecture des corps s'unit à une lecture des âmes chez Starobinski, mais encore trop claire, trop intellectuelle. Marcel Raymond est déchiré entre la contemplation et la compréhension interne ; Rousset, son disciple, va de l'obscurité à la subjectivité, et des formes à ce qui les dépasse. Au terme de cette histoire, ou de cette « phénoménologie » de la conscience critique, Georges Poulet trace ce qui lui semble être la voie véritable : « aller du sujet au sujet à travers les objets », les trois étapes de « toute démarche herméneutique ». Dans toute œuvre littéraire, il y a aussi trois niveaux : la conscience de l'écrivain se donne des objets ; à un deuxième niveau, elle les dépasse pour « se saisir elle-même » ; enfin, il y a un point où la conscience « ne reflète plus rien, où, toujours dans l'œuvre et pourtant au-dessus de l'œuvre, elle se contente d'exister ». La critique qui suit cette ascension se haussera « jusqu'à la saisie directe d'une subjectivité sans objets ».

De cette méthode, il faut donner quelques exemples. Étudiant Laclos *(La Distance intérieure)*, Poulet se propose de « refaire pas à pas le trajet suivi par la pensée qui s'y conçoit, s'y éprouve, s'y développe et s'y achève ». Cette pensée commence par une idée, « en dehors du temps mais vis-à-vis du temps », un projet ; la volonté recrée le temps, et de cette pensée volontaire, Valmont constitue le type. Le roman est écrit comme une enquête, une expérience, pour vérifier la justesse d'un calcul. Au-dessus du temps, la conscience « s'apparaît à elle-même comme sa propre providence », et Mme de Merteuil est une « super-conscience » qui juge Valmont. Le projet du séducteur consiste à vouloir « imposer à un être une existence temporelle nouvelle », un destin dont il sera le maître. Mais tout change, lorsque dans le roman de la conquête s'introduit un autre roman, inattendu, « celui de la conquête non préméditée du séducteur par la victime ». Valmont amoureux, son projet oublié, la durée est soumise au hasard, et plus jamais Valmont ne redeviendra lui-même, son existence a échappé à la volonté, dans une durée incalculable : « L'homme qui projette de maîtriser le temps est maîtrisé par le temps. » Analyse implacable et simple d'un roman que l'on croyait polyphonique, réduit au drame de la conscience dans le temps.

Dans chacun de ses portraits, le peintre est différent. Considérons son Molière (*Études sur le temps humain*, I) ; il s'ouvre par une définition du « moment comique » : c'est « poser un objet », au lieu d'être « pur sujet », conscience d'une désunion. En un instant, le spectateur saisit le comportement de cet objet comme révélateur de son être et distinct du public. D'où le jugement, qui se réfère à l'éternel ; mais le ridicule rompt la durée et l'objet. Quant à nous, nous participons à la durée de l'ordre ; l'objet comique, à l'instant discontinu du désordre : « Le comique est donc la perception d'une brisure éphémère et locale au milieu d'un monde durable et normal. » Nous jugeons et nous sentons, dans la durée et dans l'instant comique, contre « l'objet », le personnage ridicule. Mais alors, comment faire durer l'instant comique ? Chez Molière, on trouve à la fois le monde stable et durable des coutumes, et l'univers des passions, dont la durée est précaire, spasmodique, explosive, comme la durée tragique, et en même temps répétitive : « Par la répétition le personnage se déshumanise peu à peu sous nos yeux ; il devient typique [...]. Le personnage se généralise à mesure que la pièce avance. » Ainsi n'y a-t-il pas de durée chez Molière, mais « l'exemple éternel d'une éternelle déraison » ; parallèlement, la « répétition subjective du sentiment » que provoquent en nous les démarches de la passion du personnage nous fait rire à nouveau, comme la première fois, dans la double éternité de la raison et du sentiment. Il est à noter que Poulet ne cite aucun personnage, aucune grande pièce, mais la *Lettre sur la comédie de l'Importun* et l'*Abrégé de la philosophie de Gassendi* par Bernier. Chacune de ces « études sur le temps humain » réduit ainsi une œuvre immense à des abstractions simples, à la pureté de l'esprit, condensées dans de belles formules : « L'œuvre de Mme de La Fayette n'a qu'un but : trouver les rapports de la passion et de l'existence », ou l'admirable définition d'*A la Recherche du temps perdu :* « C'est le roman d'une existence à la recherche de son essence. »

L'étude du livre que Georges Poulet a consacré à *L'Espace proustien* permettra de mieux voir se déployer sa méthode. Le Narrateur de la *Recherche* se retourne vers des lieux perdus, toujours associés à une présence humaine ; le personnage reste lié à un site primitif, mais, s'il passe d'un décor à l'autre, on ne voit pas l'entre-deux. L'espace n'est donc pas homogène. Pour surmonter cette dispersion, le héros de la *Recherche* envisage diverses solutions : le voyage ; les constants changements de perspective ; les tableaux. « Le temps proustien est du temps spatialisé, juxtaposé », qui constitue l'espace de l'œuvre d'art. Tout le roman est ainsi exploré et reconstruit ; il ne s'agit pas de savoir comment Proust peint l'espace, mais ce que l'espace représente pour lui : il n'était rien, il devient tout. A force d'éliminations impitoyables et de rapprochements indulgents, la démonstration séduit le lecteur. Mais en fait, bien souvent, le critique a fait passer un ordre logique pour une chronologie (Marcel Raymond le lui a reproché à propos d'Amiel) ; de plus, au *Temps retrouvé*, la séparation, à quoi est lié l'espace, disparaît, comme la plupart des problèmes humains, parce qu'il devient un problème littéraire. Et surtout, la dernière ambition de Proust est de montrer les héros dans le temps, plus que dans l'espace (contrairement à ce que dit Poulet) ; l'espace se change en temps : Combray, Venise ne sont plus des villes, mais des instants. Les tableaux que Georges Poulet voit juxtaposés sont encore signes du passage du temps.

On voit la beauté, mais le danger, d'une critique d'identification, moins à l'œuvre ou au sujet dans l'œuvre (comme chez Raymond) qu'à la pure conscience de l'écrivain : le détail des textes, des œuvres particulières, fait preuve ; peut-être manque-t-il parfois aux textes de Georges Poulet, sous leur charme poétique, ce va-et-vient de la surface à la racine de l'œuvre, que réclamait Spitzer. Et cependant, que de réussites, comme les deux admirables portraits que propose, de Baudelaire et de Rimbaud, *La Poésie éclatée* (1980) ! Tout à coup, c'est la voix même de Baudelaire que l'on entend par la bouche du critique : « Qui suis-je, moi, Baudelaire ? » « Qui suis-je, se demande Baudelaire. Ou plutôt : qui ne suis-je plus ? La conscience de soi est moins dans ce cas la conscience de l'être qu'on est que la conscience de l'être qu'on n'est plus et de qui l'on s'est mis à différer infiniment par l'effet de la déchéance et de la débauche. » Critique poétique, comme celle de Baudelaire lui-même, et philosophique, puisque le critique « trouve son point de départ dans le *Cogito* d'un autre », qui lui donne la ligne de son développement. L'écrivain a un ordre mental que le critique doit retrouver. Nulle monotonie, parce que « le sentiment de soi est la chose la plus individuelle du monde » : opposé à

Descartes, Rousseau pourrait dire : « Je suis parce que je pense. » Georges Poulet écrit l'histoire littéraire des *Cogito*, actes fondateurs des œuvres ; cette opération n'est possible qu'à condition de reproduire en soi l'expérience des écrivains, d'où l'étude du temps et de l'espace : « Qui suis-je ? Quand suis-je ? Où suis-je ? » C'est le dernier mot de *La Conscience critique.*

JEAN ROUSSET (né en 1910)

L'œuvre de Jean Rousset, ancien professeur à l'université de Genève, compte parmi les plus importantes de cette école, et y occupe une place à part : celle où se rencontre le goût des formes, venu de l'amour de l'art, et la conscience critique. Ses livres toujours médités et écrits, sont peu nombreux : *La Littérature à l'âge baroque en France* (1954), *Forme et Signification* (1962), *L'Intérieur et l'Extérieur* (1968), *Narcisse romancier* (1973), *Le Mythe de Don Juan* (1978), *Leurs yeux se rencontrèrent* (1981), *Le lecteur intime* (1986). Alors que ses collègues partent de leur expérience philosophique et philologique, l'originalité de Rousset est de s'appuyer sur l'histoire de l'art et l'esthétique. Spécialiste du XVIIe siècle français, il n'en est pas moins un remarquable connaisseur du baroque romain, et, après sa thèse (1954), il a étendu son domaine jusqu'au XXe siècle (Robbe-Grillet en marque le terme chronologique).

La Littérature à l'âge baroque en France a été un événement, l'un de ces livres (comme ceux de Raymond, de Béguin) qui revoient, recueillent, concentrent et dépassent des travaux antérieurs qui n'apparaissent plus alors que comme des préliminaires. D'autres avaient songé, depuis le livre d'Eugenio d'Ors (*Du Baroque,* traduction française, 1935), à emprunter à l'histoire de l'art la catégorie du baroque pour l'appliquer à la littérature (Boase, Köhler, Lebègue, Raymond, Wellek) : il manquait une synthèse. Il s'agissait de délimiter un corpus : de 1580 à 1670, de Montaigne au Bernin, dans le temps ; en France, quoique le phénomène soit européen, dans l'espace ; une définition sera empruntée à « l'architecture romaine du Bernin, de Barromini et de Pierre de Cortone », parce que « c'est d'elle seule qu'on peut attendre une définition pure et indiscutable du Baroque ; c'est elle qui est chargée de fournir les critères de l'œuvre baroque idéale ». Les principes ainsi posés, la méthode d'analyse et de démonstration est thématique, mais, nous le verrons, ces thèmes sont aussi des formes. Le développement s'organise autour de deux grands thèmes, la métamorphose, symbolisée par Circé, et l'ostentation, symbolisée par le paon. La dernière partie énumère les formes baroques, les critères du baroque littéraire, et les rapports avec des auteurs, des écoles, des périodes voisines. Chaque genre représente un thème privilégié : le ballet de cour la métamorphose, la pastorale dramatique l'inconstance et la fuite, la tragi-comédie le déguisement et le trompe-l'œil. Analysant les œuvres littéraires, Rousset marque la « consonance » entre les niveaux du texte : « entre un héros traité comme un jouet et comme un être de métamorphoses, et une composition disloquée, ouverte, organisée sur plusieurs centres ; l'action se multiplie, le temps s'étale, les lignes se rompent, les fils s'entrelacent, les acteurs se déplacent, la matière dramatique foisonne, donnant une impression de mouvement, de complication et de surcharge ». Parmi les thèmes, ceux du mouvement (l'eau), du feu et de la fuite, de la mort dominent. L'intérêt des catégories littéraires étant de redécouvrir des textes, c'est un monde inconnu que Rousset ramène à la lumière, une littérature de supplices, d'angoisses nocturnes, de paysages funèbres. C'est le mouvement, finalement mortel, qui domine la vie, dans les figures de la flamme et de la neige, du nuage et de l'arc-en-ciel ; chez Montaigne, « le peintre et le modèle sont mobiles », comme pour Le Bernin, qui, pour son buste de Louis XIV, n'a pas demandé au roi de poser, et l'a laissé bouger. Le mouvement, c'est aussi l'eau des jardins, et des textes dont le Baroque « fait une œuvre d'art ». Ces thèmes présentés, c'est au dernier tiers de sa thèse que l'auteur définit les critères de l'œuvre baroque : l'instabilité, la mobilité, la métamorphose, la domination du décor ; la méthode consiste donc à poser une équivalence entre les thèmes fondamentaux de l'architecture et de la peinture baroques et ceux d'un « ensemble d'œuvres littéraires contemporaines », puis à tenter une contre-épreuve, à partir d'une métaphore (conçue comme déguisement), d'un type de poème (mobile comme la vague et la spirale), de la structure en voie d'éclatement, et de toute une œuvre poétique, celle de Malherbe. Celle-ci, en effet, s'est construite contre le baroquisme, mais ne s'en est pas entièrement dégagée : « On est parfois baroque malgré soi. » L'œuvre de Corneille poursuit la contre-épreuve : après une période baroque, elle tente d'échapper au changement, à la métamorphose, mais c'est pour tomber dans un autre trait, l'ostentation. Celle-ci est bien, en effet, une attitude baroque, que symbolise le paon. C'est encore le cercle épistémologique : parti des arts visuels, Rousset a dégagé des principes, qu'il retrouve dans les textes. Le résultat est un nouveau XVIIe siècle français, où le classicisme n'occupe plus toute la place, soit que l'on jette un regard différent sur des œuvres connues (Corneille, Molière, Malherbe), soit que l'on redécouvre des écrivains oubliés, parce que non classiques (Jean Rousset a publié, en 1961, une anthologie de la poésie baroque française). La méthode a donc une valeur heuristique ; la littérature contre laquelle s'est défini le classicisme ressurgit, résumée dans son architecture : « Au lieu de se présenter comme l'unité mouvante d'un ensemble multiforme, l'œuvre classique réalise son unité en immobilisant toutes ses parties en fonction d'un centre fixe ».

Revenant, quinze ans plus tard, dans *L'Intérieur et l'Extérieur* (« essais sur la poésie et sur le théâtre au XVIIe siècle »), sur son premier livre, Jean Rousset précise sa démarche. Malgré le « danger des équivalences trompeuses », « les œuvres littéraires avaient besoin d'éclairages inédits, elles appelaient de nouveaux modes d'approche ; et le XVIIe siècle, plus qu'un autre, exigeait un profond remaniement ». C'est, en effet, l'un des buts de l'histoire littéraire : remanier, mettre à jour la vision du passé. La méthode, nous la connaissons : c'est le détour par les formes visuelles, lui-même fondé sur « la communauté de tous les créateurs à une même époque », « quel que fût leur langage ». Il s'agit d'une véritable « histoire de l'imagination à laquelle concourraient tous les artistes d'une époque, de la pierre à la scène et de la palette au verbe ». Cette histoire, par le détour de l'Italie, retrouve le vœu européen de la philologie romane, et aussi les préoccupations du XXe siècle : « Comment s'abstraire complètement de son objet sans annuler cet objet et perdre tout rapport avec lui ? » A l'aventure initiale, au regard neuf, succède l'exploration scientifique : « On peut désormais travailler sur le XVIIe siècle sans plus se soucier du baroque, à condition d'en avoir assimilé toutes les données. » On a critiqué l'usage des catégories littéraires ; celles-ci permettent de commencer la recherche, « nouvelle vision », « nouveau regard », hypothèse de travail, « outil pour questionner la réalité ».

Historien de l'imagination, Jean Rousset ne traite-t-il que des thèmes et des contenus ? *Forme et Signification* (1962) montre le contraire, en proposant une « lecture des formes ». Résumant et renouvelant l'apport des formalistes russes, de la critique anglo-saxonne, de Flaubert, Mallarmé, Proust, Valéry, d'historiens de l'art comme Focillon et Wölfflin, Rousset donne ce but à la critique : « Saisir des significations à travers des formes, dégager des ordonnances et des présentations révélatrices, déceler dans les textures littéraires ces nœuds, ces figures, ces reliefs inédits qui signalent l'opération simultanée d'une expérience vécue et d'une mise en œuvre. » Si l'écrivain « écrit pour se dire », ce n'est que par « le moyen d'une composition » ; l'expérience « se développe par les formes » ; elles développent leur signification. Non pas, comme le croyaient certains classiques, par l'explicitation d'une idée préconçue, l'imitation d'un modèle intérieur, mais à travers les hasards de la création : « De l'essai consacré dans cet ouvrage à *Madame Bovary*, il ressort que ce qui n'était pas prévu dans les plans initiaux, c'est justement ce qu'il y a de plus flaubertien dans le roman. » L'œuvre d'art est « l'épanouissement simultané d'une structure et d'une pensée ». Cette définition entraîne les devoirs du critique : il faut lire « le songe à travers la forme », dans l'œuvre seule ; l'histoire littéraire est un « prolégomène », un « garde-fou », un moyen au service de la critique ; elle est une science auxiliaire. Mais la forme n'est pas facile à saisir, parce qu'elle ne se réduit pas à la technique, à la composition, à « l'équilibre des parties » ; c'est une « ligne de forces, une figure obsédante, une trame de présences ou d'échos, un réseau de convergences ». La critique est donc une aventure : « L'instrument critique ne doit pas préexister à l'analyse. » Comme chez Spitzer, le lecteur sera sensible au « signal stylistique », au « fait de structurer imprévu et révélateur » ; mais il n'oubliera pas que « l'œuvre est une totalité » et que la lecture doit être « globale ». Rousset, membre de l'école de Genève, conçoit la lecture comme « mimétique », point d'autre jugement que le choix de l'œuvre à étudier dans les gestes de l'artiste au travail : « Ce lecteur complet que j'imagine, tout en antennes et en regards, lira donc l'œuvre en tout sens, adoptera des perspectives variables mais toujours liées entre elles, discernera des parcours formels et spirituels, des tracés privilégiés, des trames de motifs ou de thèmes qu'il suivra dans leurs reprises et leurs métamorphoses, explorant les surfaces et creusant les dessous jusqu'à ce que lui apparaissent le centre ou les centres de convergence, le foyer d'où rayonnent toutes les structures et toutes les significations, ce que Claudel nomme le patron dynamique ». Ainsi, dans *Madame Bovary*, Rousset étudie le motif des fenêtres et des vues plongeantes, « thème de la rêverie flaubertienne », « schème morphologique », « moyen d'articulation » ; chez Claudel, « l'écran séparateur » ; chez Proust, l'organisation et le relais des personnages, ou les livres-modèles, livres de chevet du Narrateur et emblèmes de l'œuvre. C'est la structure de l'œuvre « qui en révèle la signification ». *A la Recherche du temps perdu* a une forme circulaire, par laquelle son début et sa fin se recouvrent exactement. « Combray » est « construit sur deux plans successifs » : les réveils nocturnes, qui restituent le drame du coucher ; la madeleine, tout le reste de Combray. Dans *Le Temps retrouvé*, en chiasme, la découverte de l'intemporel (pavés inégaux) et celle du passage du temps (le bal masqué) se superposent aux deux sections de l'ouverture. Cette structure dégage « la dialectique du temps et de l'intemporel qui est celle de l'œuvre tout entière », en même temps qu'elle montre comment le héros, devenu narrateur, peut écrire le début de l'œuvre en refermant la boucle. L'entre-deux est étudié par Rousset d'un triple point de vue : Swann et Charlus, les livres de chevet des personnages, l'amour. Swann (comme l'avait déjà montré Claude-Edmonde Magny dans son *Histoire du roman français depuis 1918*), père spirituel et frère aîné du héros principal, incarne sa tentation permanente : la stérilité. Il est bientôt relayé dans ce rôle par Charlus, amant malheureux et artiste manqué, qui exprime lui aussi la question fondamentale : « Peut-on sortir du plan de l'existence pour accéder à celui de la création ? » Cette analyse, nouvelle en son temps, en a inspiré bien d'autres.

Le concept de forme, ou de structure, peut s'étendre à l'étude des scènes de roman, comme dans *Leurs yeux se rencontrèrent. La scène de première vue dans le roman* (1981). Cet ouvrage est consacré à une scène clé, qui se trouve dans tous les romans. La scène de première rencontre est une forme fixe, liée à une situation fondamentale (d'ailleurs extra-littéraire). Elle déclenche un mouvement, une série de conséquences proches et lointaines, qui est la suite inéluctable de cet instant premier. Le code en est continu, résiste aux coupures historiques et culturelles, et le corpus presque infini. A partir de traits constants, Rousset a construit un modèle. Il isole trois concepts : l'effet, l'échange, le franchissement ; puis, par rapport à cette norme, les écarts. L'analyse des scènes vérifie la présence permanente de certaines caractéristiques : description du lieu, soudaineté, échange de regards, reconnaissance (platonicienne). On peut en déduire trois types de scènes, selon un jeu de combinaisons à trois termes : apparition, disparition de l'héroïne (ou du héros), quête ; apparition, conjonction, quête (recherche commune, menée par les deux héros réunis) ; combinaison des deux précédents : apparition-conjonction, quête commune, disparition *(Héloïse)*. La place de cette scène varie, sa répétition également. Il faut aussi opérer un partage logique entre la mise en place et la mise en scène. La mise en place comprend les indicateurs de temps et de lieu, le portrait, le nom. La mise en scène organise les éléments dynamiques, qui relèvent des trois catégories, suivant que leur activité est interne, externe ou les deux, produisant l'effet (soudaineté, par exemple), l'échange, le franchissement (qu'on aurait pu appeler transgression). Ce schéma peut paraître sec ; lorsqu'il est nourri par l'interrogation des textes de soixante auteurs (de l'Antiquité à Proust), grecs, allemands, anglais, italiens, français et suisses (naturellement), il produit de multiples découvertes, au cours d'une délicieuse promenade anthologique. On ne pourra plus, désormais, expliquer une scène de rencontre sans ce livre, qui inaugure une discipline nouvelle : la scénologie ? Il faut simplement prendre garde de ne pas confondre la littérature et la vie : davantage de caractéristiques techniques (longueur des scènes, étude des emplacements) auraient distingué ce livre d'un charmant « art d'aimer ».

De la scène, Rousset peut passer au mythe, à condition d'en isoler les éléments distinctifs, ou invariants, dont le groupement forme un « scénario permanent ». *Le Mythe de Don Juan* se compose ainsi du Mort, du groupe féminin, du héros, « dispositif triangulaire minimal ». La méthode structurale dégage de la pluralité des versions et des hasards historiques une ordonnance logique. La « microanalyse » de scènes ou de fragments renvoie à la totalité du système. Ce n'est pas méconnaître l'histoire, puisque l'exploration à travers le temps fait « vivre et respirer le système préalablement reconnu et défini dans sa fixité ». Au système du mythe succède un voyage à travers ses métamorphoses dans les genres les plus divers (théâtre, opéra, romans, nouvelles, poèmes, essais, et finalement critiques).

Les formes littéraires sont innombrables ; l'une d'elles domine, c'est la première personne, à laquelle Jean Rousset a consacré *Narcisse romancier*, « typologie du récit à la première personne » ; le statut du narrateur, le régime temporel, les perspectives narratives organisent ces romans. Chez ce critique, qui est, dans l'École de Genève, le plus proche du formalisme, c'est le retour à la conscience, à l'identification à la conscience de l'écrivain, que Georges Poulet (*La Conscience critique*, p. 158-164) a souligné : « Seul Jean Rousset peut-être réussit-il à se maintenir dans un lieu de conciliation et d'échange, où apparaît clairement l'interdépendance du moi et de l'œuvre. »

JEAN STAROBINSKI

Si Jean Rousset apparaît parfois plus proche des formes et de l'histoire de l'art, Jean Starobinski retourne délibérément à la conscience, et à d'autres disciplines scientifiques : la médecine de l'âme (qu'on l'appelle psychiatrie ou psychanalyse) — fût-ce pour étudier des peintres (il a, du reste, publié une *Histoire de la médecine*) ; mais aussi la linguistique : préfacier des *Études de style* de Spitzer, il a édité les anagrammes de Ferdinand de Saussure (*Les Mots sous les Mots*, Gallimard, 1971). Son siècle de référence — qui n'en a pas ? — est, sans doute, le XVIIIe siècle : *Montesquieu par lui-même* (Seuil, 1953), *Jean-Jacques Rousseau : La Transparence et l'Obstacle* (Plon, 1957 ; Gallimard, 1971) ; *L'Œil vivant* (Gallimard, 1961) contient une étude sur Rousseau, mais aborde le XVIIe siècle (Corneille, Racine) et le XIXe (Stendhal). Trois ouvrages encore, sur le XVIIIe siècle, mêlent les beaux-arts et la littérature : *L'Invention de la liberté* (Skira, 1964), *1789 Les Emblèmes de la raison* (1973), *Trois Fureurs* (1974). *Le Portrait de l'artiste en saltimbanque* (Skira, 1970) complète la réflexion sur la peinture, et *Montaigne en mouvement* (Gallimard, 1982) le champ de l'histoire littéraire. Cet élève de Marcel Raymond est donc, avec Jean Rousset, le membre de l'École de Genève le plus ouvert aux sciences humaines.

Il définit sa conception de la critique dès l'introduction de *L'Œil vivant*, « Le voile de Poppée ». On y découvre l'origine du goût de Starobinski, à la fois pour la peinture et pour la littérature : le regard. Ce livre propose, en effet, une poétique du regard et sa théorie. « Il s'agit, pour la vue, de conduire l'esprit au-delà du royaume de la vue : dans celui du *sens*. » Le regard critique transforme, redonne vie : un monde imaginaire s'éveille grâce à lui, qui demande « le contact et la coïncidence ». Mais le critique doit aussi garder ses distances, « conserver *droit de regard* », et atteindre une « signification latente » par-delà « le sens manifeste ». Quelle signification ? Starobinski pense tantôt aux « évidences du premier regard, aux formes et aux rythmes », aux mots, tantôt, de manière plus floue, à « la vie plus vaste » ou à « la mort transfigurée dont le texte est l'annonciateur ». Le regard critique est pris entre deux extrêmes : ou bien il se perd dans la « conscience fabuleuse que l'œuvre lui fait entrevoir », parce qu'il participe totalement à « l'expérience sensible et intellectuelle qui se déploie à travers l'œuvre » ; mais alors, un mimétisme complet détruit le discours critique. Ou bien, pour parler de l'œuvre, il faut s'en écarter, prendre une « perspective panoramique » sur les alentours auxquels l'œuvre est liée (ce que fera l'auteur dans *L'Invention de la liberté*). Ces environs sont les mobiles inconscients, les relations « d'une destinée et d'une œuvre à leur milieu historique et social ». Mais si, sous ce regard *surplombant*, l'œuvre se définit par ce qui l'entoure, il est impossible de faire l'inventaire de la totalité de ces relations, sous peine de voir l'œuvre s'évanouir. La critique complète conciliera les deux, celle qui vise « à la totalité », celle qui vise à « l'intimité », dans un va-et-vient. Il est significatif qu'au terme de ce texte, alors qu'on parle si souvent de la voix du livre et de l'écrivain, Starobinski substitue à cette image celle de l'échange de regards : « Il n'est pas facile de garder les yeux ouverts pour accueillir le regard qui nous cherche. » *L'Œil vivant* étudie donc le thème du regard chez plusieurs écrivains ; mais, dès son *Montesquieu*, le critique avait souligné, dans *L'Esprit des lois*, la « vision surplombante, qui est en même temps la vision du lien des choses entre elles ». Ainsi, « le désordre de *L'Esprit des lois* — qui a fait le désespoir de tant de commentateurs — est l'expression de ce regard vertical qui, du haut de ses principes, voit d'emblée toutes les conséquences dans une simultanéité massive ». La vue conditionne la connaissance et le bonheur ; la cécité qui frappe Montesquieu exalte la vision des idées et ne l'empêche pas de dicter son livre. L'étude se termine sur le même thème : les hommes « peuvent comprendre, s'ils savent regarder ». Ils peuvent, contre les « craintes nocturnes », « prendre le parti du grand jour ». Starobinski ne voit que lumière chez Montesquieu, serviteur des lumières.

La même image se retrouve dans *1789*. Cette année est lue comme un texte, avec son style : « Il devient légitime, il devient même indispensable de confronter le style de l'événement révolutionnaire et celui des œuvres d'art apparues à la même époque [...]. Si vive est la lumière déployée par la Révolution qu'il n'est point de phénomène contemporain qu'elle n'illumine. » Le regard panoramique du critique rencontre la lumière de l'événement, qui baigne toutes les œuvres, et, dans les ouvrages que Starobinski consacre au XVIIIe siècle dans son ensemble, n'en isole particulièrement aucune. Ce sont, tantôt, « les derniers feux de Venise » : avec Guardi meurt le rococo, dans des toiles où « la lumière règne seule », pendant que Gian Domenico Tiepolo peint la mort de Pulcinella ; tantôt, « Mozart nocturne » : nocturne qui termine *Les Noces de Figaro*, épisodes nocturnes de *Don Giovanni* jusqu'à son dénouement, défaite de la Reine de la Nuit dans *La Flûte enchantée* ; dans ce dernier opéra, « le héros purifié reçoit pour épouse un être qui réunit l'héritage de l'univers diurne et de la frénésie nocturne, car Pamina est la fille d'un magicien bienfaisant et de la Reine ténébreuse ». C'est pourquoi succède « le mythe solaire de la révolution », dont Starobinski lit la trace chez les poètes du temps, Alfieri, Klopstock, Blake ; ce mythe est « la lecture imaginaire d'un moment historique » et un « acte créateur, qui contribue à modifier le cours des événements ». L'obsession de la transparence et de la lumière, qui avait déjà permis à Starobinski de comprendre Rousseau mieux que personne (Marcel Raymond excepté), lui fait voir la Révolution sous un jour nouveau, où l'art se réconcilie avec l'ombre : chez Goethe, l'homme « possède ses ténèbres intérieures, tandis que son œil porte une lumière apparentée à celle du soleil » ; et quand l'artiste regarde la nature, s'il est artiste, il crée une seconde nature « où s'éternise enfin l'équilibre partout ailleurs condamné à la fugacité » ; Blake « hanté par le jaillissement de la lumière se rend *obscur* ». Goya est de même fasciné par la lumière et l'ombre.

Dans *L'Invention de la liberté*, Starobinski construit tout le système thématique du XVIIIe siècle, en mêlant l'histoire culturelle, les arts, la littérature : « l'espace humain du XVIIIe siècle », « philosophie et mythologie du plaisir », « l'inquiétude et la fête », « l'imitation de la nature », « nostalgies et utopies ». On ne sera pas surpris que le livre s'achève sur « le plaisir de voir » : « Tel était le siècle, épris de *lumières*, de netteté, de clarté, d'une raison dont les opérations paraissent étroitement apparentées à celles du regard. Or la vue est le plus expansif de tous nos sens : elle nous transporte au loin, dans un mouvement de conquête. Et c'est le succès même de la raison qui fait que bientôt l'univers sensible ne lui suffit plus. » Cette conclusion laisse prévoir un temps où l'apparence ne suffira plus. De même, l'historien de la culture ne peut se satisfaire de son regard encyclopédique ; il sait que, s'il embrasse toutes les œuvres et tous les arts d'un seul regard (comme avait dit Curtius), dans la belle lumière qui appartient à la fois au spectacle et au spectateur, quelque chose lui échappe : le fondement de l'être, l'originalité de la conscience individuelle, la nuit intérieure.

C'est pourquoi une partie de l'œuvre de Starobinski se rapproche de la psychanalyse. L'érudition immense, qui se vaporise dans ses ouvrages panoramiques, se concentre dans ses monographies et ses articles consacrés à un seul auteur. La préface à *Hamlet et Œdipe* de Jones (Gallimard, 1967 ; reprise dans *La Relation critique*) constitue un portrait de Freud au moment de découvrir le complexe d'Œdipe. Ce n'est pas parce qu'il traite ce thème bien connu que la préface nous intéresse, mais parce qu'elle montre, outre une adhésion totale, mais peut-être momentanée, à la théorie freudienne, comment Freud utilise la littérature, et, en tout cas, Sophocle et Shakespeare, et comment il l'utilise pendant la crise la plus grave qu'il ait traversée. Si nous ôtons un instant au grand Viennois l'auréole qui lui est attachée, ce sera pour constater que Starobinski en parle comme il ferait d'un écrivain aux prises avec ses thèmes et ses matériaux. Freud, citant Hamlet aussitôt après Œdipe, se trouve au « confluent de l'autoanalyse, de la mémoire culturelle et de l'expérience clinique » (n'est-ce pas ici la voix de Starobinski lui-même ?) ; lorsqu'une note de 1900 à la *Traumdeutung* reprend le parallèle, le critique y lit ce que Freud « nous dit à mots couverts » ; si Shakespeare a composé *Hamlet* après la mort de son père, Freud a découvert la théorie œdipienne dans les mêmes circonstances : « La *Traumdeutung*, sur le plan du savoir, veut être l'équivalent de ce que fut *Hamlet* dans le développement de l'œuvre théâtrale de Shakespeare [...]. Freud est un Shakespeare qui s'est analysé. » Cependant, Œdipe est l'origine de toute interprétation. Il n'y a rien derrière lui, parce qu'il est « la profondeur même ». En revanche, nous nous demandons sans cesse ce qu'il y a « derrière Hamlet ». C'est ici l'occasion d'une brillante étude thématique : la pièce de Shakespeare, écrite au moment où « se défait l'image traditionnelle du cosmos », montre les apparences mensongères, et l'éloignement du sujet individuel ; le théâtre dans le théâtre, le thème du miroir, le discours fragmenté, tout cela fait d'Hamlet (comme de Don Quichotte) un « vide fascinant ». Reprenant alors les raisons qu'avait Freud de rapprocher Shakespeare de Sophocle, Starobinski affirme que la tragédie d'Œdipe « a la plénitude du symbole », quand celle d'Hamlet au contraire ne nous livre qu'une partie du « sens global ». Or Freud propose de tout rendre au sens : l'intérêt universel porté à Hamlet se justifie par la présence, avec une force inhabituelle, d'Œdipe en Hamlet. De « ce n'est pas tout », en « enseignement supplémentaire », et par l'usage, inhabituel dans sa prose élégante, de la numérotation, le critique approche, avec la patience et les détours de l'analyste, de la conclusion. Œdipe est la norme, Hamlet, le « prototype de *l'anomalie* qui consiste à ne pas sortir victorieux de la phase œdipienne ». Ainsi « voit-on plus clair » ; les deux héros sont « les images médiatrices entre le passé de Freud et le présent de Freud », et Starobinski dévoile la pensée de Freud : Hamlet souhaitait tuer son père, ne l'a pas fait, mais ne peut non plus tuer le meurtrier réel, parce qu'il se reconnaît en lui. Le portrait de l'artiste en psychanalyste est terminé.

Cette adhésion à Freud semble plus nuancée (comme l'a remarqué Marcel Raymond dans une lettre à Georges Poulet, « les thèses de Freud se voient très nettement relativisées, l'*Œdipe* contesté ») dans *Trois Fureurs* (1974), consacré à Sophocle, à l'Évangile, à Füssli. Les motivations, qui apparaissent dans le déroulement d'une psychanalyse, supposent un dialogue « entre vifs » : « Quand le narrateur est maître de la conclusion, tout se passe comme s'il tuait son personnage. » La psychanalyse traite les héros de la tragédie comme des êtres réels, qui ont « affaire à leur inconscient », alors qu'ils sont en lutte avec les dieux : on a substitué le pathologique au tragique, le conflit familial à la lutte avec l'Olympe (ces critiques ont leur source dans *Mythe et Tragédie en Grèce ancienne,* de J.-P. Vernant et P. Vidal-Naquet, Maspero, 1972). Ayant congédié la procédure analytique classique, Starobinski reconstitue le caractère d'Ajax, mais en délestant la tragédie de ce « surcroît de psychologie » que les interprétations modernes y projettent. D'autres forces agissent : le nom, les armes, Athéna, tout se compose selon un parcours en trois stations, « la colère, le carnage, la connaissance retrouvée ». Ce qui est l'occasion de redéfinir des concepts littéraires : « Le héros tragique, dès son apparition sur la scène, est le commentateur tardif de sa destinée révolue. Il ajoute à son trajet mythique, qu'il est près d'achever, une conscience que le mythe ne comporte pas [...]. La tragédie, à partir de la substance plane du mythe, invente une poésie de la rétrospection et de la décision, qui marque en même temps l'avènement d'une intériorité souffrante. » Cette étude, comme celle de Marc (V, 1-20) qui suit, montre donc le double souci d'explorer ce qui est du domaine psychanalytique : la folie, la possession, et d'échapper à un modèle préétabli, pour retrouver l'analyse du récit, et la conscience — c'est-à-dire la philosophie — de la littérature, qui interprète pour accéder au sens.

Ce sont des problèmes voisins que Starobinski traite dans sa préface aux *Cliniciens ès lettres,* thèse de médecine de Victor

Segalen (réédition Fata Morgana, 1980). Lorsque la science concentre le savoir médical, que peut nous dire la littérature ? Segalen, écrivain-médecin[1] lui aussi, « sent qu'il a tort de se rendre tributaire des œuvres littéraires », parce que sa thèse n'est qu'une œuvre de critique « indirecte », qui porte sur des textes ; c'est pourquoi il rejoint en Asie, en Océanie la vérité des hommes. Comme chez Sophocle, ou Marc, ou Füssli, chez Segalen il faut saisir un *sens :* « Segalen poète, dans *Les Immémoriaux*, fait parler à la première personne ce dont parle, à la troisième personne, sans lui donner la parole, le discours de la science médicale : le corps d'une culture condamnée. » Le sacré s'est retiré de cette culture, la poésie en est « le seul substitut successoral ». Il n'y a, pour le critique, rien d'autre à faire que de suivre la remontée vers le sens, le voyage initiatique de l'écrivain. Démarche longue et coûteuse : ce n'est qu'en 1982 que paraît *Montaigne en mouvement*, refonte totale de trente ans de travaux. Il s'agit bien ici de retracer un « mouvement », de « discerner les étapes successives d'une pensée », mais non « de recommencer ce que d'autres ont fait » : exposer les idées de Montaigne sur le mouvement, ni de décrire globalement sa vie, sa pensée et son style (comme Friedrich ou Sayce). C'est le pendant, vingt-cinq ans après, du *Rousseau* : comme dans ce premier livre, on suivra « un parcours » [...] à partir d'un acte initial qui est à la fois de pensée et d'existence » ; cet acte initial, qui sert de postulat et de point de départ au critique, est « la contestation du maléfice de l'apparence ». Cependant, le critique est de son siècle : « Mouvement de la lecture interrogative, où le critique entreprend d'éclairer sa propre situation en interprétant, dans son éloignement et sa particularité, un discours du passé vivant. » Mettre en évidence « un itinéraire » chez divers écrivains, au-delà de l'apparence, il n'est pas d'autre tâche pour l'auteur de *Montaigne en mouvement ;* c'est que le livre, « saisi en son mouvement indéfiniment répété et varié », nous invite à penser à « notre présence au monde ». La critique de la conscience, au courant de toutes les méthodes mais tributaire d'aucune, de tous les langages mais formant son style propre, a trouvé sa mission : suivre « l'itinéraire du sens », c'est donner d'un même mouvement un sens à la littérature, au monde et à nous-même.

1. Cf. « La Maladie comme infortune de l'imagination » (*La Relation critique*, p. 214-237).

Segalen (traduction Fata Morgana, 1980). Lorsque la science concentre le savoir médical, que peut nous dire la littérature ? Segalen, écrivain-médecin[1] lui aussi, « sent qu'il a tort de se rendre tributaire des œuvres littéraires », parce que sa thèse n'est qu'une œuvre de critique « indirecte », qui porte sur des textes ; c'est pourquoi il repart en Asie, en Océanie la vérité des hommes. Comme chez Supervielle ou Michaux, ou Proust, chez Segalen il faut saisir un sens — Segalen pose, dans *Les Immémoriaux*, fait parler à la première personne ce dont parle à la troisième personne, sans lui donner la parole, le discours de la science médicale : le corps d'une culture condamnée. Ce sacré s'est retiré de cette culture, la poésie en est « le seul substitut successionnal ». Il n'y a, pour le critique, rien d'autre à faire que de suivre la remontée vers le sens, le voyage initiatique de l'écrivain. Démarche longue et coûteuse : ce n'est qu'en 1982 que paraît *Montaigne en mouvement*, relecture totale de trente ans de travaux. Il s'agit bien ici de retracer un « mouvement », de « dessiner les étapes successives d'une pensée », mais non « de recommencer ce que d'autres ont fait » : exposer les idées de Montaigne sur le mouvement, ni de décrire globalement sa vie, sa pensée et son style (comme Friedrich ou Sayce). C'est le pendant, vingt-cinq ans après, du *Rousseau* : comme dans ce premier livre, on suivra « un parcours [...] à partir d'un acte initial qui est à la fois de pensée et d'existence » ; cet acte initial, qui sert de postulat et de point de départ au critique, est « la contestation du maléfice de l'apparence ». Cependant, le critique est de son siècle : « Mouvement de la lecture interprétative où le critique entreprend d'éclairer sa propre situation en interprétant, dans son éloignement et sa particularité, un discours du passé vivant. » Mettre en évidence « un itinéraire » chez divers écrivains, au-delà de l'apparence, il n'est pas d'autre tâche pour l'auteur de *Montaigne en mouvement* ; c'est que le livre, « saisi en son mouvement indéfiniment répété et varié », nous invite à penser à « notre présence au monde ». La critique de la conscience, au courant de toutes les méthodes mais tributaire d'aucune, de tous les langages mais formant son style propre, a trouvé sa mission : suivre « l'itinéraire du sens », c'est donner d'un même mouvement un sens à la littérature, au monde et à nous-même.

1. Cf. « La Maladie comme infortune de l'imagination » (*La Relation critique*, p. 14-23).

CHAPITRE IV

LA CRITIQUE DE L'IMAGINAIRE

GASTON BACHELARD

La critique de la conscience insiste sur le sujet qui écrit. La révolution qu'a opérée Gaston Bachelard (1884-1962) a introduit, comme principal sujet d'étude, l'imagination de la matière. En neuf ouvrages, *La Psychanalyse du feu* (1938), *Lautréamont* (1939), *L'Eau et les Rêves* (1943), *L'Air et les Songes* (1943), *La Terre et les Rêveries du repos, La Terre et les Rêveries de la volonté* (1948), *La Poétique de l'espace* (1957), *La Poétique de la rêverie* (1960), *La Flamme d'une chandelle* (1961), Gaston Bachelard a renouvelé la critique française (ses livres n'ont pas eu le même succès en pays anglo-saxons[1]) et bouleversé ses méthodes. Jusqu'aux années 1970, qui marquent le triomphe de la linguistique, les méthodes venues de Bachelard inspirent, à peu près seules, ce qu'on appelle alors la «*nouvelle critique*». Lui-même, d'abord épistémologue et philosophe des sciences, venu d'ailleurs tard au commentaire de la poésie, était fort peu soucieux de fonder une école: grand professeur et grand écrivain, c'était pourtant un rêveur solitaire.

Il n'a pas eu une, mais plusieurs méthodes (voir Michel Mansuy, *Gaston Bachelard et les éléments,* 1967, et Vincent Therrien, *La Révolution de G. Bachelard en critique littéraire,* 1970), édifiées et corrigées dans cette solitude: il est donc nécessaire, en suivant les principes du philosophe et leur application, de ne pas les déformer ou les mélanger. Une autre difficulté provient de l'emploi de termes usuels, «psychanalyse», «phénoménologie», «poétique», dans un sens nouveau. Tout commence, en

1. Son nom ne figure pas dans les *Théories de la littérature* de Wellek et Warren, Eagleton, Kibédi Varga, ni dans l'*Anatomie de la critique* de Frye. Cf. R. Wellek, *Discriminations,* p. 354: «The fanciful pseudo-science of Gaston Bachelard» (1970).

1938, avec *La Psychanalyse du feu* (le feu étant le sujet du premier et du dernier livre de l'auteur), élément qui échappe à la science, mais non à la rêverie ; ce livre marque donc bien le passage de la connaissance scientifique à la connaissance poétique : « Il s'agit en effet de trouver l'action de valeurs inconscientes à la base même de la connaissance empirique et scientifique. » Le sens du mot « inconscient » doit être précisé : il s'agit d'une « couche psychique moins profonde, plus intellectualisée » (donc le préconscient) ; de même, les rêves sont remplacés par la rêverie, « extrêmement différente du rêve par cela même qu'elle est toujours plus ou moins centrée sur un objet ». Certes, la rêverie détermine des « complexes », parce qu'une œuvre poétique en reçoit « son unité ». Mais ces complexes portent des noms nouveaux (de Prométhée, d'Empédocle, de Novalis, de Hoffmann), qui sont plus proches de Jung (que Bachelard se propose cependant de « compléter ») que de Freud : la sexualité y joue un rôle limité. La première méthode est une « psychanalyse de la connaissance objective », des tendances psychologiques excitées par les images primitives. A mesure que le livre progresse, il passe de l'une aux autres, et emprunte ses exemples moins aux ouvrages scientifiques et plus aux textes littéraires : « L'alcool de Hoffmann, c'est l'alcool qui flambe ; il est marqué du signe tout qualitatif, tout masculin du feu. L'alcool de Poe, c'est l'alcool qui submerge et qui donne l'oubli et la mort ; il est marqué du signe tout quantitatif, tout féminin de l'eau. » Bachelard découvre alors que l'esprit poétique « obéit tout entier à la séduction d'une image préférée » (p. 182). Il n'abandonne pas l'esprit scientifique : « Conteurs, médecins, physiciens, romanciers, tous rêveurs, partent des mêmes images et vont aux mêmes pensées », mais c'est pour prendre ses distances avec la « psychanalyse classique » : le matériel de Bachelard n'est pas « névrosé », le refoulement est pour lui une activité non seulement « normale », mais encore « joyeuse ». La psychanalyse de la connaissance objective permet de reconnaître l'erreur dans l'allégresse : « Alors prend naissance la pure jouissance du spirituel. » C'est ici que l'on arrive à « la connaissance objective du subjectif », et à la découverte de la « sublimation dialectique », qui naît du « refoulement systématique ». Ainsi, ce premier livre « prépare des instruments pour une critique littéraire objective », et d'abord des « métaphores », qui constituent un système, « une syntaxe » : chaque poète offre une synthèse d'images, que nous pouvons découvrir « après coup ». Tracer un « diagramme », retrouver une « logique », mais non la platitude d'un dessin, parce qu'il y a une dialectique de la rêverie, à l'endroit où « l'impulsion originelle se divise » : « Alors l'être aimant peut être pur et ardent, unique et universel, dramatique et fidèle, instantané et permanent. » C'est le « psychisme créateur ».

L'année suivante, c'est à Lautréamont, redécouvert par les surréalistes, que Bachelard consacre un essai, faisant sa véritable entrée dans la critique littéraire. L'ouverture marque son double but : déterminer « la foudroyante vigueur de la liaison temporelle » et dégager le « complexe de la vie animale », l'« énergie d'agression » : *Les Chants de Maldoror* sont agression pure. Le livre se veut une « psychanalyse de la vie ». La méthode consiste à rassembler les signes de l'agression : les animaux, les métamorphoses dynamiques (qui s'opposent à celles, catatoniques, de Kafka) ; en deçà, la volonté de puissance de Lautréamont, et Bachelard propose d'explorer des « complexes culturels » (« au-dessus de la couche primitive explorée par la psychanalyse freudienne »), par exemple la vie scolaire de Ducasse, qui se polarise « contre l'enfant et contre Dieu ». Abordant le problème de la biographie, Bachelard rejette l'accusation de folie, pour « rendre hommage à la sûreté verbale de l'œuvre, à la cohérence sonore » et souligner la libération qui s'est accomplie par l'écriture : « Dès qu'un esprit peut varier son verbe, il en est maître [...]. Lautréamont a dominé ses fantasmes. » L'œuvre de Lautréamont est étrange, non sa vie : les problèmes psychologiques doivent être posés à travers l'œuvre, négatif de la vie, rupture avec elle. La méthode de Bachelard consiste donc à trouver la force psychique dans le langage. Le mot est centré sur « l'instant agressif », « la phrase doit devenir un schème de mobiles coléreux », le verbe est au présent, au lieu de s'imprégner de l'histoire de la langue et de redire, « comme Leconte de Lisle, un écho souvent impuissant, toujours invraisemblable des voix héroïques du passé ». Le langage de l'œuvre a révélé le « complexe de Lautréamont ». Ce dernier, qui a libéré la poésie de la description, nous rend à la liberté. En reliant des thèmes, des symboles, des mots clés, Bachelard lit *Maldoror* comme un poème de l'agression ; ce sens, il ne s'en contente pas, parce que, pour lui, toute lecture doit changer le lecteur : il faut dépasser Lautréamont, transformer sa « force d'expansion » en une « *poésie du projet* qui *ouvre* vraiment l'imagination ».

A l'imagination de la matière, Bachelard a consacré encore quatre ouvrages, retrouvant les quatre éléments que la pensée antique plaçait « à la base de toutes choses », comme s'il y avait dans le passé un inconscient de l'histoire. Les deux volumes les plus accomplis de la série traitent de la terre, et c'est là que la démarche se lit le mieux. D'abord, une lecture verticale : « Nous ne sommes qu'un lecteur, qu'un liseur. Et nous passons des heures, des jours à lire d'une lente lecture des livres *ligne par ligne*, en résistant de notre mieux à l'entraînement des histoires (c'est-à-dire à la partie clairement consciente des livres) pour être bien sûr de séjourner dans les images nouvelles, dans les images qui renouvellent les archétypes inconscients. » Une image littéraire renouvelle l'image fondamentale, varie sur le thème donné par l'archétype ; mais ce contact, que le critique établit, détecte impitoyablement les clichés, les fausses images, les fausses valeurs : « La poésie stéréotypée de la charrue masque tant de valeurs qu'une psychanalyse serait nécessaire pour débarrasser la littérature de ses faux laboureurs. » D'autre part, il faut bien comprendre que l'image, pour Bachelard, n'est ni une figure de rhétorique, ni un détail du texte, elle est « un thème de totalité. Elle appelle à la convergence les impressions les plus diverses, les impressions qui viennent de plusieurs sens ». Elle n'est pas non plus la combinaison de « fragments du réel perçu, de souvenirs du réel vécu », comme dans une culture et une critique réalistes : l'artiste bachelardien n'est pas l'homme qui a bien observé, mais celui qui a bien rêvé. L'image est la trace, dans le texte, de la fonction de l'irréel ; elle précède la perception, puisqu'elle est une « sublimation d'un archétype », non une « reproduction de la réalité ». Au moment où Bachelard écrit *La Terre et les Rêveries de la volonté*, il se rapproche de Jung, mais son propos est différent : nombreux sont les auteurs (Petitjean, Caillois, Roupnel, Desoille) que le philosophe a ainsi détournés, déplacés, rendus méconnaissables, et d'autant plus qu'il les citait honnêtement, naïvement, pour les faire servir à un nouveau devoir.

Une autre erreur à ne pas commettre serait de croire Bachelard obsédé de contenus et indifférent au langage : comme le *Lautréamont* le montrait déjà (à partir de l'analyse de quatre cents vocables d'animaux), l'image littéraire « dit ce qui ne sera jamais imaginé deux fois », elle crée un langage, dans un mouvement dynamique qui exprime l'énergie psychique. L'époque impose cette recherche sur l'image, et s'il faut l'étudier dans la littérature — car les éléments bachelardiens ne sont pas dans la vie, mais dans les livres —, c'est qu'elle remonte à l'origine du langage et de l'imagination, tout en traduisant « l'espace affectif concentré à l'intérieur des choses ». Matière dure, matière molle, matière forgée sont aussi contenus d'images; mais aussi bien des mouvements: le thème de la chute, ou de la lutte contre la pesanteur, et des tensions dialectiques: sous une surface tranquille, une matière agitée. Passant aux images de refuge (la maison, le ventre, la grotte), Bachelard ne se contente pas du « retour à la mère »; il inverse la démarche, parce qu'au lieu de remonter vers les sources profondes du psychisme, ou l'inconscient, il préfère montrer son « développement dans des images multiples ».

Soulignons donc la différence avec la psychanalyse; un symbole psychanalytique est un « concept sexuel »: « L'image est autre chose. L'image a une fonction plus active. Elle a sans doute un *sens* dans la vie inconsciente, elle désigne sans doute des instincts profonds. Mais, en plus, elle vit d'un besoin positif d'imaginer. Elle peut servir dialectiquement à cacher et à montrer. Mais il faut montrer beaucoup pour cacher peu et c'est du côté de cette montre prodigieuse que nous avons à étudier l'imagination. » Ici, nous rencontrons le lecteur, sur qui le texte agit. « Dans le moment même où la liberté d'expression défoule dans l'auteur des forces complexuelles, elle tend à fixer chez le lecteur des images inertes fixées dans les mots. » Par elles, l'auteur se projette, et le lecteur avec lui, dans les choses. Mais l'inconscient, l'enfance de l'écrivain[1], la crise œdipienne n'intéressent plus Bachelard, beaucoup plus proche de Malraux que de Freud, ou même de Jung.

Lorsque, neuf ans plus tard, apparut *La Poétique de l'espace*, on a pu considérer que Bachelard proposait une deuxième méthode: la psychanalyse des éléments est remplacée par une phénoménologie des images. Mais la rupture est moins grande qu'il n'y paraît; outre que *La Poétique de la rêverie* (1960) se termine sur une reprise de *La Terre et les Rêveries de la volonté*, il ne s'agit peut-être que de mettre le droit en rapport avec les faits, les principes avec la pratique. Par « phénoménologie de l'imagination », Bachelard entend « une étude du phénomène de l'image poétique quand l'image émerge dans la conscience comme un produit direct du cœur, de l'âme, de l'être et l'homme saisi dans son actualité ». L'image n'a pas de passé, mais un avenir. Donc pas de rapport causal avec « un archétype dormant au fond de l'inconscient », pas d'explication de « la

1. *La Poétique de la rêverie*, p. 14: « Nous croyons quant à nous [...] que l'enfance anonyme révèle plus de choses sur l'âme humaine que l'enfance singulière, prise dans le contexte d'une histoire familiale. »

fleur par l'engrais ». Reprenant le concept de sublimation, qu'il manie depuis *La Psychanalyse du feu*, le critique y voit la preuve que la poésie « surplombe la psychologie de l'âme terrestrement malheureuse ». La phénoménologie ne décrit pas de manière empirique les phénomènes poétiques, ce qui supposerait un lecteur passif : elle vit « l'intentionnalité poétique ». Cet avenir de l'intention se lit dans le « retentissement », qui constitue la principale différence avec les ouvrages sur l'imagination matérielle. L'action d'une image sur « d'autres âmes » ne peut s'expliquer par une description objective : « Seule, la phénoménologie — c'est-à-dire la considération du *départ de l'image* dans une conscience individuelle — peut nous aider à restituer la subjectivité des images et à mesurer l'ampleur, la force, le sens de la transsubjectivité de l'image. » L'image unit une « subjectivité pure mais éphémère » et une réalité parfois incomplètement constituée, de sorte qu'elle est avant la pensée, « origine de langage ».

La phénoménologie bachelardienne n'analyse donc plus un objet, mais un retentissement, non pas une répétition, mais un phénomène unique, que rien ne prépare. Elle laisse cependant de côté la « *composition* du poème comme groupement des images multiples », pour ne pas nuire, par un programme trop vaste, à la pureté de l'observation élémentaire. A cette condition, le lecteur approche de la joie d'écrire, comme s'il était « le fantôme de l'écrivain » et de sa liberté. On n'a donc pas à justifier d'abord l'image par l'ensemble du poème (ou de l'œuvre), ni par la réalité sensible, mais à rester dans un « espace de langage » formé, délimité par l'image, ou la phrase ou le vers qui la contient. Quant à l'association des images, c'est une « tâche subalterne ». La critique bachelardienne définit donc la plus petite unité de poésie (de littérature, puisque les textes de prose ne sont pas exclus) comme seul objet de son étude — celui même que les surréalistes mettaient au premier plan : le « stupéfiant image », comme disait Breton. Cette unité est saisie dans son surgissement, dans le rapport unique qu'elle entretient avec le sujet qui la crée : elle est « une origine absolue », à laquelle le critique doit s'associer, en écrivant la rêverie de l'artiste. Ainsi Bachelard commente-t-il Verlaine (« Le ciel est par-dessus le toit ») : « En prison ! qui n'est pas en prison aux heures de mélancolie ? Dans ma chambre parisienne, loin de mon pays natal, je mène la rêverie verlainienne. Un ciel d'autrefois s'étend sur la ville de pierre. Et dans ma mémoire chantent les stances musicales que Reynaldo Hahn a écrites sur les poèmes de Verlaine. Toute une épaisseur d'émotions, de rêveries, de souvenirs croît pour moi au-dessus de ce poème. Au-dessus — non pas au-dessous, non pas dans une vie que je n'ai pas vécue — non pas dans la vie mal vécue du malheureux poète. En lui-même, pour lui-même, l'œuvre n'a-t-elle pas dominé la vie, l'œuvre n'est-elle pas un pardon pour celui qui a mal vécu ? » La critique bachelardienne reconstitue donc, à partir d'une image, la découverte d'un monde, celui où l'âme de l'artiste voudrait vivre.

JEAN-PIERRE RICHARD

On penserait que seul le talent d'écrivain de Bachelard donne vie à sa méthode, qui, chez d'autres, ne serait que paraphrase ou variations, s'il n'avait eu tant de disciples brillants. Au premier rang[1], Jean-Pierre Richard (né en 1922), qui se rattache également, dans son premier livre, *Littérature et Sensation* (1954), à la critique de la conscience (comme le souligne Georges Poulet dans sa préface). « C'est dans les choses, parmi les hommes, au cœur de la sensation, du désir ou de la rencontre, que se vérifient les quelques thèmes essentiels qui orchestrent aussi la vie la plus secrète, la méditation du temps et de la mort. » Chaque analyse de détail renvoie à l'ensemble de la description, la multiplicité des sensations à une structure unique, la conscience de l'écrivain. Celle-ci n'est pourtant pas un donné préalable, mais se construit en « changeant la vie », en découvrant « un monde où nous soyons vraiment au monde ». On aperçoit un Stendhal divisé entre la connaissance et la tendresse, un Flaubert envahi par la matière mais créateur de la forme, Fromentin vaincu par le paysage, et « deux écrivains épidermiques : Edmond et Jules de Goncourt ». Richard découvrait soudain, pour les lecteurs de 1954, des thèmes et des sujets dont la critique officielle ne s'occupait pas, que l'Université négligeait. La mangeaille flaubertienne, la passion de tout engloutir, jamais rassasiée, à laquelle succède la nausée, puis la « communion dans l'informe » ; ou bien le vertige de métamorphose, de *La Tentation de saint Antoine* à *Bouvard et Pécuchet* : « Le héros flaubertien vieillit dans la discontinuité désordonnée de ses métamorphoses » ; ou bien la relation entre la peinture

1. Pour voir le lien entre Richard et Bachelard, lire par exemple, de ce dernier, *La Terre et les Rêveries du repos*, « L'imagination de la qualité », p. 79.

impressionniste, qui dissocie la sensation globale « en une multitude de petites sensations pures et contrastées », et les paysages flaubertiens, « où l'œil court de reflet en reflet », bigarrés. Si l'existence est dispersion, l'écriture « concentre sur un seul point et en un seul moment toute la solidité lentement accumulée et largement éparpillée dans la totalité de l'espace et du temps ». Le travail stylistique de Flaubert opère une « solidification progressive », « la forme se coule sur la continuité de l'informe ». Par le style, on transforme la sensation matérielle, mais l'étude de la sensation est nécessaire, parce qu'elle est la matière de l'œuvre, d'une œuvre ressaisie dans sa totalité : pas plus que Bachelard (ou que Poulet), Richard ne distingue entre les livres d'un même écrivain ; tout se passe comme si Stendhal, ou Flaubert, était l'auteur d'un livre unique, qu'il s'agit de réorganiser en brisant sa surface rationnelle. Le critique retrouve, ou reconstruit, la structure d'une sensibilité, d'une manière d'être au monde, et « sous l'incohérence apparente » une « harmonie profonde ». Richard a certainement été influencé, dans ce « retour au concret », par la philosophie de Gabriel Marcel, de Jean Wahl, de Merleau-Ponty. Chez ce dernier, il reconnaît un « *cogito pré-réflexif* qui ouvre la voie à toute une psychanalyse de la sensation et de la relation » (« Quelques aspects nouveaux de la critique littéraire en France », *Le Français dans le monde*, mars 1963). Mais, alors que Bachelard (Lautréamont excepté) confond tous les écrivains en un discours unique, Richard respecte les individus, l'unité d'une existence ; il n'en suit pas l'ordre chronologique, mais en reconstruit la dialectique : ni l'ordre apparent de la vie, ni celui de l'œuvre ne sont « l'ordre vrai » ; le « progrès interne » d'une existence est de nature logique, s'expose en système.

Poésie et Profondeur (1955) retourne de même au « moment premier de la création littéraire : moment où l'œuvre naît du silence qui la précède et qui la porte [...], où l'écrivain s'aperçoit, se touche et se construit lui-même au contact physique de sa création ; moment enfin où le monde prend un sens par l'acte qui le décrit... » La littérature est le lieu où se traduit « l'effort de la conscience pour appréhender l'être », une relation avec le monde que Richard, par tempérament personnel, conçoit comme « heureuse ». Après les romanciers, les poètes : Nerval, Baudelaire, Rimbaud, Verlaine ; la tentative est plus périlleuse, car il est plus grave de briser l'unité d'un poème que celle d'un roman. Chez eux, Richard veut saisir leur projet central au niveau de la « sensation pure », prolongée et intériorisée par la rêverie, et signale sa dette à Bachelard. Leur œuvre a une « cohérence interne », que la lecture doit saisir : « Nerval rêve par exemple à l'être comme à un feu perdu, enseveli : aussi recherche-t-il à la fois le spectacle des soleils levants et celui des briques roses qui luisent au soleil couchant, le contact de la chevelure enflammée des jeunes femmes ou la fauve tiédeur de leur chair *bïonda e grassotta.* » Plusieurs perspectives sont possibles ; ce livre choisit celle de la *profondeur* comme « expérience de l'abîme ». On connaît la vocation baudelairienne (déjà explorée par Benjamin Fondane) du gouffre ; Rimbaud nie la profondeur par « l'explosion, l'envol, le jet, la métamorphose, la révolte », pour édifier un monde sans « en-dessous ». A Verlaine, la profondeur n'indique que le vide, « pure indétermination ». Le critique n'est cependant pas indifférent au langage ; il consacre à celui de Baudelaire de belles pages (*Poésie et Profondeur*, p. 159-162) : « Et cette vie, comment croire qu'elle ne fut pas sauvée alors qu'il lui fut accordé de si parfaitement aboutir à quelques phrases ? » Le langage immobile de Nerval, le verbe impersonnel et le *cela* verlainiens (Verlaine « sent sur le mode de l'anonyme », «à demi aliéné » entre le personnel et l'impersonnel), le mariage du « jaillissement » et de la « forme » chez Rimbaud montrent que la sensation ne s'exprime que par les mots — même si l'on peut trouver que cette méthode les réduit à la portion congrue.

En 1961, Jean-Pierre Richard publie sa thèse sur *L'Univers imaginaire de Mallarmé*, en même temps que des fragments inédits du poète sur la mort de son fils (*Pour un tombeau d'Anatole*). C'est l'occasion de préciser, dans l'introduction, la méthode, entièrement fondée sur la notion de *thème* ; selon une définition inspirée de Mallarmé (*Œuvres complètes*, Bibliothèque de la Pléiade, p. 962), un thème est « un principe concret d'organisation, un schème ou un objet fixe, autour duquel aurait tendance à se constituer et à se déployer un monde ». Le repérage s'effectue « d'après le critère de récurrence », la répétition signalant l'obsession. Mais la quantité ne suffit pas : un thème peut être exprimé par des mots différents, le sens des mots varie suivant leur emploi. « En thématique [...] les significations n'existent que de manière globale et multivalente, en constellations » ; même un relevé complet des thèmes ne suffirait pas, parce qu'il ne rendrait pas compte de l'organisation du système, ni du *retentissement* du sens. Comme chez Bachelard, la connaissance des moments forts d'un texte est fondée sur le retentissement, c'est-à-dire sur l'observateur — dont les sciences, même exactes, reconnaissent maintenant la place. Un autre critère à retenir est la place du thème à l'intersection de plusieurs niveaux d'expérience : la « nudité » chez Mallarmé renvoie à l'érotisme, mais aussi à la « rêverie esthétique et métaphysique », et à la pensée. Le thème permet donc de parcourir les différents niveaux de l'expérience (par exemple, le « jaillissement »), en quelque sorte verticalement. Enfin, le thème se combine avec d'autres dans des ensembles, constituant alors un équilibre, par couples antithétiques (« le clos et l'ouvert, le net et le fuyant »), systèmes multiples.

Le thème peut être également saisi comme *symbole* : le « blanc » mallarméen renvoie à la virginité, à l'obstacle, à la frigidité, ou bien à la liberté. On peut passer d'un symbole à l'autre, par contagion : « De l'azur à la vitre, au papier blanc, au glacis, au pic neigeux, au cygne, à l'aile, au plafond. » La figure du « pli » est à la fois « sexe, feuillage, miroir, livre, tombeau », assemblés en un rêve « d'intimité ». Certes, ces thèmes, ces mythes, ces symboles existent en dehors, avant l'artiste : mais Richard veut savoir, non comment Mallarmé a « reçu ses images », mais comment il les a *reprises* à son compte. L'originalité d'une expérience ne tient pas à celle de ses éléments, mais à son « organisation », ou, comme disait Mallarmé, à son « ordonnance logique » (*Œuvres complètes*, p. 902). Mais cette organisation selon Richard (sinon selon Mallarmé) n'a rien à voir avec la structure de l'œuvre qu'étudient les formalistes ; au contraire, elle la détruit. La « forme isolée » (sonnet, quatrain, poème en prose, etc.) sè trouve « noyée dans une sorte de continuité signifiante qui est l'Œuvre », mais cette généralisation permet « de comprendre et de justifier la forme qu'elle paraissait abolir » et en retrouve la nécessité profonde, ou comment l'expérience sensible justifie la forme. Le style est l'organisation inconsciente de l'expérience, rêvée puis réalisée. La démarche critique de Jean-Pierre Richard prétend donner aux formes un fondement, une « dignité nouvelle » en les reliant à un « projet humain ». Quant à la chronologie, à l'ordre d'apparition et de disparition des thèmes, la méthode de Richard y est peu sensible, et donne la priorité aux « permanences », comme toute la critique contemporaine, quitte à invoquer une coïncidence miraculeuse entre synchronie et diachronie, lorsque « la suite externe de l'œuvre respecte [...] le progrès intime de son sens ». Il s'agit de suivre un déploiement, le progrès d'une conscience. Mais comment s'assurer de ne pas se tromper, sinon en considérant que « la cohérence interne » de l'analyse est « le seul critère valable de l'objectivité », et qu'elle « ne recouvrira jamais la totalité de l'objet littéraire à explorer » ? La critique aujourd'hui ne peut être « que partielle, hypothétique et provisoire », ce qui reflète l'état « éclaté de notre littérature et de notre société ». On voit que Richard a prévu, dans le manifeste très complet que constitue l'introduction à son *Mallarmé*, les reproches que certains lui adresseront. Il nous semble, cependant, que la « cohérence interne » de l'œuvre critique ne fait pas preuve d'autre chose que de sa propre qualité intellectuelle et littéraire ; la véritable preuve réside dans la confrontation avec l'œuvre analysée — et les autres critiques. A cette confrontation, le *Mallarmé* de Richard, dynamique, euphorique, lumineux, résiste victorieusement dans sa nouveauté : la blancheur débouche sur l'extase en feu, la nuit et la mort sont dépassées vers le jour. Si l'œuvre paraît obscure, c'est que nous ne savons pas y lire la lumière de la conscience : ou bien nous acceptons le parcours qui nous est proposé avec une grande maîtrise de style, ou bien nous l'inversons.

Dans ses *Onze études sur la poésie moderne* (1964), Richard s'attaque au même domaine que Friedrich, mais procède par monographies : Reverdy, Saint-John Perse, Char, Eluard, Schéhadé, Ponge, Guillevic, Bonnefoy, Du Bouchet, Jaccottet, Dupin. L'unité se trouve dans la méthode : « Tous ces poètes ont été saisis au niveau d'un contact originel avec les choses. » Chacun a son univers imaginaire, fait de sensations et de rêveries. La poésie moderne a cependant comme trait commun qu'elle cherche à « créer le sens » en traversant le « non-sens » ; retrouvant une expression de Béguin, Richard y lit « une problématique rêvée de la présence » dans certaines figures. En même temps, dans cette poésie, l'expression est en conflit avec le contenu thématique. Pourtant, une fois encore, le critique choisit la cohérence des thèmes (quitte à les appeler « formes thématiques ») plutôt que la discontinuité du langage, sous un prétexte un peu léger (« c'est que nous manquent encore les instruments — et d'abord une phonétique de la suggestion, une stylistique structurale — qui nous permettraient d'en parler sérieusement »). Chez Bonnefoy, Richard étudie par exemple les « figures de l'anticoncept » : pierre, vent, agonie, sang, forêt, herbe, insecte, marais ; « les archétypes de la renaissance » : ménade, phénix, salamandre ; les figures du resserrement : torche, froid, épée dans la pierre ; puis le surgissement, la réanimation, l'embrasement ; enfin le rythme du temps, « cycle parfait et indéfiniment recommencé ».

On voit donc se dégager un « paysage » de chaque écrivain. C'est le titre que reprend l'un des meilleurs livres de Richard, *Paysage de Chateaubriand,* qui est le « système des thèmes symboliques d'une vie » (p. 175). Tour à tour « la Mort et ses figures », le Sauvage et le Sacré, la provocation, l'effusion, « la réverbération », « les volumes du temps », « l'Histoire déchirée » sont les grands thèmes que relève le critique (qui, d'ailleurs, marque bien ses distances avec la critique scientifique et universitaire en ne donnant pas de bibliographie, quitte à citer Mme Durry, Moreau, Mourot, Vial, Guillemin dans le corps du texte). Il semble cependant plus sensible à la nécessité d'analyser le langage, dans deux chapitres, « rhétorique et existence » (où il étudie les jeux du temps et du lieu : même temps, plusieurs lieux ; même lieu, plusieurs temps, etc.), et « la vie et l'écriture ». Richard voit chez Chateaubriand une écriture en expansion, mais vers l'évanescence, et la mort (on pourrait lui objecter que peu d'auteurs ont ressuscité autant de spectacles, et d'hommes). A Chateaubriand succèdent *Études sur le romantisme* (1971) et *Proust et le monde sensible*[1] (1974). Dans ce dernier livre, on croit trouver une ouverture à d'autres méthodes : c'est ainsi que la psychanalyse, que Mauron avait reproché à Richard de ne pas utiliser, ou la rhétorique, sont prises en compte avec plus d'insistance. Cette tendance se confirme dans les *Microlectures* (1979) : c'est qu'entre-temps l'horizon critique s'est profondément modifié. La critique de l'imaginaire a régné sans conteste de 1960 à 1970. Mais à la fin des années soixante, la vague de la linguistique emporte tout, et le signifiant compte plus que le signifié ; la première critique richardienne risque de ne plus apparaître que comme une analyse subjective de contenus. Ainsi les *Microlectures* (comme le volume qui suivra) nous rappellent-elles l'effort de Stravinski pour écrire de la musique sérielle : entre la fidélité à une méthode que la mode considère injustement comme dépassée, et la mise au jour, mais parfois au prix de l'originalité, de la voix personnelle, ce choix, imposé à beaucoup d'artistes, de savants, de critiques, est cruel.

Les *Microlectures* étudient de petites unités : un motif (l'étoile d'Apollinaire), une scène, un morceau choisi (Hugo, Claudel, Gracq), un mot, un acte (« prendre le métro » chez Céline), un titre (*Anabase,* de Saint-John Perse, joint à l'étude de ce pseudonyme). C'est toujours un regard sur un paysage, mais rétréci

1. Que nous avons étudié dans notre *Proust* (Belfond, 1983).

et approfondi maintenant, parce qu'il est reconnu comme fantasme, « produit d'un certain désir inconscient » ; sous la sensation, Richard découvre la pulsion ; sous Merleau-Ponty, Freud (ou des freudiens : Leclaire, Laplanche, M'Uzan, Rosolato, Ali, et d'autres, cités en masse, p. 8) ; sous l'âme, le corps ; et sous tout le reste, le fantôme de Barthes.

GILBERT DURAND (né en 1921)

Comme Jean-Pierre Richard, Gilbert Durand est d'abord disciple de Gaston Bachelard[1], dans ses deux premiers livres, *Les Structures anthropologiques de l'imaginaire* (1960) et *Le Décor mythique de* La Chartreuse de Parme (1961). Peu à peu, cependant, il quitte le domaine de l'imagination matérielle pour édifier une critique des mythes, une *mythocritique*, dont témoigne son recueil d'essais de 1979, *Figures mythiques et visages de l'œuvre, de la mythocritique à la mythanalyse.*

Le premier de ces ouvrages, *Les Structures anthropologiques de l'imaginaire*, constitue le fondement philosophique du système ; l'imagination donne sa valeur à l'action : on vit et l'on donne sa vie, « non pour les certitudes objectives, non pour des choses, des demeures et des richesses, mais pour des opinions, pour ce lien imaginaire et secret qui lie et relie le monde et les choses au cœur de la conscience ; non seulement on vit et l'on meurt pour des idées, mais la mort des hommes est absoute par des images ». C'est pourquoi Durand dresse, à titre d'hypothèse, un « lexique opératoire des structures », un répertoire des « grandes constellations imaginaires », qui doit s'appliquer à toutes les sciences humaines, et pas seulement à celle de la littérature. Ne choisissant ni le parti des motivations objectives, comme Bachelard psychanalyste de la matière, ni les pulsions subjectives, comme les freudiens, Durand s'intéresse à « l'incessant va-et-vient » entre les deux moteurs de l'imaginaire. Pour mener son étude, il relève non des images isolées, mais leur organisation en constellations : « Les schèmes ascensionnels s'accompagnent toujours de symboles lumineux, de symboles tels que l'auréole ou l'œil. » L'ordre de l'exposition n'est, bien entendu, pas celui dans lequel apparaissent les images, qui peuvent être simultanées. On opposera le régime nocturne au

1. « Mon Maître Bachelard », *Le Décor mythique*, p. 5.

régime diurne, et on y retrouvera trois gestes, trois dominantes: le premier, « la dominante posturale », « exige les matières lumineuses, visuelles et les techniques de séparation, de purification dont les armes, les flèches, les glaives sont les fréquents symboles ». Le second geste, « lié à la descente digestive, appelle les matières de la profondeur ». Le troisième geste, rythmique, correspond à la sexualité, aux saisons, aux astres, aux cycles. Ces gestes, par l'intermédiaire de schèmes, canevas de l'imagination, déterminent des « archétypes », au sens de Jung (« image originelle existant dans l'inconscient »[1]), qui se monnaient en symboles variables, fragiles, volatiles. Le mythe, lui, est un récit qui assemble de manière dynamique les symboles, les archétypes, les schèmes. L'organisation du mythe « correspond souvent à la constellation d'images ».

Plutôt que d'entrer dans le détail de ce dictionnaire dynamique des symboles, qui concerne avant tout l'anthropologie, nous suivrons l'application que Durand lui-même en a faite à la littérature, d'abord dans *Le Décor mythique de* La Chartreuse de Parme. Entre la tentation du formalisme et la réduction à la situation historique ou psychanalytique, la critique s'arrête aux archétypes. L'Histoire, en effet, remonte à l'infini : Beyle s'inspire de l'Arioste et du Tasse, qui eux-mêmes... « L'histoire s'arrête au mythe, comme le mythe suscite et renvoie à l'histoire. » La critique, ou plutôt, selon Durand, l'esthétique qui étudie les formes par lesquelles une œuvre agit sur les sensibilités : la critique se situe avant la naissance de l'œuvre, l'esthétique après elle ; l'une s'attache au « comment », l'autre au « pourquoi » du plaisir ou de l'émotion, au « fond » par lequel « l'œuvre littéraire trouve une résonance dans la conscience ». Durand distingue donc entre moyens d'expression et « fond sémantique », lequel est ce qui peut être traduit (Lévi-Strauss affirme, de même, que le mythe est le « mode du discours où la formule *traduttore, traditore* tend pratiquement à zéro »). Le postulat est que, l'œuvre littéraire agissant par son sens du côté des structures de la compréhension, c'est-à-dire des archétypes et des symboles, « tout récit littéraire, de par son fond sémantique, va pouvoir esthétiquement être aligné sur le récit mythique et sur les méthodes qui permettent de dégager les structures essentielles des mythes ». Ici s'introduit la notion de *décor*: la magie descriptive touche en nous l'imagination, parce que le décor est

1. C.G. Jung, *L'Homme à la découverte de son âme*, Payot, Paris, 1963.

d'une « subjectivité universalisable », et qu'il fait appel aux grands archétypes ; on parlera donc de décor mythique. Par-delà un roman, *La Chartreuse de Parme*, « l'esthétique a pour mission d'élucider et de classer les structures littéraires de l'âme romanesque de l'espèce humaine tout entière, afin de retrouver par-delà les concepts et les mots, les universels ressorts du bonheur artistique ».

Le romanesque repose sur deux « régimes » de l'imagination opposés : l'épique, qui renvoie aux « archétypes et aux symboles du régime diurne », et le mystique qui repose « sur les symboles de l'intimité, sur les archétypes du repos ». Le moment romanesque se situe entre ces deux mouvements : il convertit, en effet, « la prouesse épique des valeurs mondaines et sociales » à « l'intériorité de l'amour et aux valeurs secrètes et intimistes que recèle la poésie ». Le romanesque est un « passage », un « équilibre », une « somme » entre l'épopée et la poésie. La substance du romanesque doit être recherchée dans les symboles et les mythes, dont Durand esquisse le système en prenant *La Chartreuse* pour exemple. L'exaltation du héros, qui fait l'objet de la première partie (diurne), obéit à trois procédés qui accentuent son destin : l'origine prodigieuse et le problème du père, la fatalité (prophéties de l'abbé Blanès), le redoublement du héros (mentor ou compagnon, « adjuvant, confident, complément »). Celui-ci se soumet à « l'affrontement héroïque », à l'épreuve du combat contre le « Dragon mythique ».

Le héros affronte trois types d'adversaires. D'abord, l'opposant « thériomorphe », le cerbère gardien du seuil, qui renvoie aux mythes de Thésée et du Minotaure, de Persée et du dragon, d'Orphée et de Cerbère, d'Œdipe et du Sphinx, des travaux d'Hercule. Dans *Le Rouge et le Noir* et *La Chartreuse*, cette tonalité agressive est donnée par « le père et les amis paternels » : « Tous les traits de cette noirceur démoniaque collectionnés par la haine de l'enfant vont servir de répertoire au portrait classique de l'Adversaire. » Julien Sorel est un héros solaire « qui affronte les ténèbres grimaçantes et thériomorphes du monde rapetissé et mesquin de la Restauration » ; Fabrice del Dongo rencontre la noirceur de son père et de son frère aîné, prototypes de tous les traîtres (le geôlier Barbone, le fiscal Rassi, la marquise Raversi). Dans ce contexte, la bataille de Waterloo est « une *initiation* au courage » : le rite d'initiation appartient à l'itinéraire du héros mythique.

Le deuxième type d'adversaire est « l'or funeste », la richesse tentatrice. Le héros est démuni, comme Julien Sorel. L'or, au contraire, dans la mythologie romaine ou germanique (*L'Or du Rhin*), joue un rôle fatal ; dans la mythologie grecque, la Toison d'or pousse Médée à tuer son père, la pomme d'or entraîne la guerre de Troie ; c'est le thème de Cendrillon dans les contes, de la « cadette infortunée ». Le héros stendhalien affronte, lui aussi, la puissance de l'or. Julien Sorel n'éprouve que de la haine pour la haute société où il est admis (« Un grand cœur et une petite fortune », titre du chapitre X), et c'est lorsqu'il se voit soupçonné « d'avidité » par Mme de Rênal qu'il commet son « crime ». Dans *La Chartreuse*, la pauvreté de Clélie et de Fabrice s'oppose à la cour « où tout s'achète », et même à la Sanseverina, dont la fortune est tantôt immense, tantôt réduite à néant : « C'est que dans la légende et le mythe, les périls de l'or accompagnent toujours les dangers de la féminité fatale. »

Le troisième adversaire est, en effet, Circé, la femme fatale. Le danger féminin, note Durand, s'incarne de deux manières dans les récits mythiques : chez la femme séductrice, Dalila, Calypso, ou chez la femme agressive : Penthésilée, l'Amazone, deux types dans lesquels la psychanalyse lit la même présence de la mère. On y ajoutera les mauvaises fées et les sorcières des légendes, pour conclure que « sirène, magicienne et virile amazone, la femme fatale est la fauteuse du déluge et de la mort, de la folie du héros, de sa dévirilisation ». On opposera alors « l'impuissance à aimer » de nombreux héros masculins de Stendhal à « la virilité amazonienne des nombreux personnages féminins » : Armance, Vanina Vanini, Mathilde, Lamiel. La femme aimée est « redoutée comme appel médusant du gouffre ».

Si l'exaltation du héros par la dimension mythique constitue le régime épique de l'imagination, le régime « mystique », conquête du « lyrisme intérieur », est marqué par la conversion du héros et par les mystères de l'amour. Le héros se convertit de l'épique au lyrique, du diurne au nocturne : c'est le moment romanesque, à l'époque de Stendhal justement, où émerge « la constellation des grands symboles et des archétypes du régime nocturne de l'imaginaire » ; alors, l'intimité l'emporte sur l'exploit. La femme est réhabilitée, l'intérieur redécouvert ; l'intimité est revalorisée ainsi que le secret de l'amour. Les deux mythes qui éclairent la conversion du héros sont celui d'Eurydice et celui de Jonas.

Le mythe des deux femmes éclaire le roman stendhalien. Si Pénélope s'oppose à Calypso ou à Circé, Marie à Eve, Mathilde l'amazone fait face à la douce Mme de Rênal, et Clélia à la Sanseverina. D'autre part, la revalorisation de la prison, où Fabrice trouve le bonheur, qui correspond aux jardins d'Armide chez Le Tasse, incarne le mythe de Jonas ; libéré, le héros se consacre aux « mystères de l'amour », sous le signe d'Isis et de Psyché. Le complexe d'Isis, c'est le secret de la nature ; le complexe de Psyché, le secret de l'amour. Le paysage est, chez Stendhal, nocturne et lacustre ; ce décor intime est le lieu de la pudeur et du secret, donc de la maîtresse d'Eros. On voit comment l'usage des mythes permet à Gilbert Durand de lire le roman de Stendhal : deux volets en deux parties, un itinéraire, une conversion.

Cette méthode est enrichie et prolongée dans *Figures mythiques et Visages de l'œuvre*, qui réaffirme la continuité entre « les scenarii significatifs des antiques mythologies et l'agencement moderne des récits culturels : littérature, beaux-arts, idéologies et histoires ». Les hommes répètent « les décors et les situations dramatiques des grands mythes ». Le mythe a valeur heuristique et méthodologique ; réhabilité par les psychanalystes et les anthropologues dans le courant de ce siècle, c'est un « discours ultime », un « récit fondateur ». La « mythocritique » selon Durand est l'analyse du texte mythique, ou plutôt du récit sous le récit, « inhérent à la signification de tout récit ». Le lecteur a un univers mythique, l'œuvre aussi. La méthode consistera en trois étapes : un « relevé des thèmes » mythiques, des situations qui combinent les personnages et les décors, enfin la confrontation des leçons du mythe avec tels autres mythes « d'une époque ou d'un espace culturel bien déterminé ». La structure est réconciliée avec l'Histoire, puisque l'architecture mythique de l'œuvre est confrontée non seulement avec sa propre diachronie (« le fil du récit »), mais avec l'univers imaginaire du lecteur. Le mythe, en effet, s'use ou se transforme, soit par « évaporation » de son esprit, soit par « usure de la lettre » au profit d'intentions cachées. La mythocritique étudie ces transformations sous l'effet d'un « trait de caractère personnel de l'auteur » et de la situation historico-culturelle. Durand appelle alors « mythanalyse » l'étude d'un « moment culturel » et d'un « ensemble social donné », et non plus d'un individu. La mythanalyse recherche le sens psychologique et sociologique des mythes (Vernant et Detienne ont, de même, analysé le contenu socio-historique des mythes), élargissant alors la critique littéraire. On citera cet exemple à propos de l'usage des mythes égyptiens : « Du Moyen Age à la Renaissance, puis au XVIIIe siècle, ce sont les mythèmes d'Isis la Grande Mère, la Nature, le refuge de Joseph, etc., qui sont privilégiés. A la Renaissance et au XVIIe siècle [...], c'est l'épopée d'Osiris/Sérapis qui est magnifiée, alors que le XVIIIe siècle finissant et surtout les XIXe et XXe siècles feront porter l'accent — le chef-d'œuvre de Mozart en témoigne — sur les épreuves de l'initiation, de la mort et de la seconde naissance. » (Un mythème est « la plus petite unité de discours mythiquement significative ».)

Le XXe siècle est ainsi placé par Gilbert Durand sous le signe du « retour d'Hermès ». Il analyse l'œuvre de Hesse, de Gide, de Proust et de Meyrinck, après celle de Baudelaire. Ce dernier, en rupture avec son siècle, se compare à un « parfait chimiste », à un « alchimiste » et ressuscite le mythe d'Hermès. Alors que la courbe des romantiques est ascension, décrit « une remontée à partir d'une chute », autour du mythe de Prométhée, précurseur du Christ, Baudelaire décrit l'enfermement, le gouffre, la mort : c'est la fin de Prométhée, mais aussi, dans la quête de la beauté à travers l'angoisse et la laideur, la conciliation des contraires, donc Hermès le magicien. Hesse et Gide ne rencontrent qu'un « pluralisme du vide », « danse incohérente de Dionysos », « inconsistance de Protée » : ce discours du néant est l'échec de la magie. En revanche, l'œuvre de Proust, rattachée au régime nocturne de l'imaginaire, retrouve le « symbolisme hermétique et le mythe d'Hermès » ; dans ce mythe, en effet, on trouve trois éléments, ou mythèmes : « la puissance de l'infime », la médiation, le « psychagogue », qui mène les âmes d'un monde à l'autre ; *A la Recherche du temps perdu* est une initiation. C'est ainsi, que, pour Gilbert Durand, l'« examen mythocritique des œuvres » nous renseigne sur « l'âme individuelle ou collective ». Les catégories, ou paradigmes, fournis par les héros et les dieux, permettent de lire le texte particulier.

Le Cosmos et l'imagination

Nous empruntons ce titre au grand livre d'Hélène Tuzet (Corti, 1965). Comme Durand, celle-ci est disciple de Gaston Bachelard, comme lui, elle explore la psychologie de l'imagination. Mais, au lieu de partir des quatre éléments de la philosophie présocratique, ou des archétypes jungiens, son propos, plus large, est d'étudier la relation entre l'évolution de la vision scientifique du Monde et l'imagination des poètes : « En présence des découvertes modernes les poètes réagissaient de façon beaucoup moins neuve qu'on ne pouvait le croire ; les diverses façons d'imaginer, de sentir le monde se ramenaient à quelques vues archaïques, probablement aussi vieilles que l'humanité. Les mythes antiques reparaissaient sous un vêtement neuf. Des familles spirituelles se dessinaient, toujours les mêmes; des types d'imagination, favorisés ou brimés par telle vue du monde, cherchaient le milieu qui leur convenait pour s'épanouir; des attirances secrètes entraient en jeu. En somme la fantaisie poétique, loin de se mettre au service de la science, *prenait appui sur la science pour rebondir dans son propre sens.* » Quelles sont les tendances qui poussent à choisir « une vue globale du monde ? » Chaque tempérament réagit affectivement à certaines notions abstraites : « On peut être sensible au pathos de l'Unité, ou à celui de la Diversité infinie ; au pathos de l'Immuable, ou à celui du Changement. » Le choix d'une vision de l'Univers peut être dicté par la sensibilité, ou même par l'inconscient. Hélène Tuzet se rapproche alors de Jung et de Bachelard : mais elle dépasse l'imagination des quatre éléments pour traiter du Cosmos et de sa vision collective ; de « véritables maladies de l'imagination », à certaines époques, entraînent l'individu parce qu'il y a un « fonds commun » d'où jaillissent les mythes, et une parenté entre l'Homme et l'Univers.

Ce qui fait l'originalité de ce livre, c'est qu'il propose à la fois des archétypes, et l'histoire de la vision de l'univers. Cette histoire, qui passe par Copernic, Giordano Bruno, Kepler, le père Kircher, Descartes, Newton, s'inspire des travaux de Koyré (*La Gravitation universelle de Kepler à Newton,* 1951 ; *From the closed World to the infinite Universe,* 1957), de M.H. Nicholson (*Science and Imagination,* 1956), et de Koestler (*Les Somnambules,* 1959). L'histoire de l'imagination s'appuie donc sur l'histoire des sciences (et surtout de l'astronomie) d'un côté, elle se prolonge, de l'autre, dans l'histoire de la littérature. Ainsi distinguera-t-on « deux grandes familles d'esprit », les « Parménidiens », qui s'opposent au changement, à la durée, et recherchent la perfection de l'Etre immobile, de la sphère, et les « fils d'Héraclite », qui, au contraire, se plaisent dans la diversité, la durée, le devenir : « Chacune de ces tendances crée sa philosophie, choisit ou infléchit sa science, et, bien entendu, sa cosmologie. » Les Parménidiens choisissent « l'univers sphérique hérité de Platon, d'Aristote, de Ptolémée », que l'on retrouve au Moyen Age, et qui satisfait la soif de sécurité, mais aussi « le besoin d'ordre et d'harmonie ». L'astrologie même comble le désir de « rapport intime avec les cieux ».

L'histoire des conceptions de l'univers passe du cosmos de

Copernic, édifice classique et « *fini* », à l'éclatement de la Sphère et au triomphe de l'Infini. Cependant, les écrivains et les penseurs peuvent se rattacher à une conception ancienne ou dépassée : Schelling développe une théorie des planètes qui prolonge Kepler ; Newton satisfait à la fois les classiques et les romantiques ; il offre aux premiers, grâce à la Gravitation, un retour aux théories antiques du mouvement et leur affirme que cette « harmonie du monde » a un « ordonnateur » ; il offre aux romantiques le « sens des possibilités infinies de l'Homme : les poètes du XVIIIe siècle l'appellent le « Grand Colomb des cieux », « l'homme divin ». D'autres ne cesseront de vouloir reconstruire un monde sphérique, et de l'éternel retour : c'est l'*Eureka* d'Edgar Poe (pour l'interpréter, la psychanalyse — Marie Bonaparte — ne suffit donc pas). Hélène Tuzet les oppose aux « mondes en fuite » des romantiques allemands, qui se rattacheront au *Kosmos* d'Alexander von Humboldt (1845), préservation d'un univers déchiré, où errent des nébuleuses. Ces thèmes se retrouvent chez Lamartine (« Soleils, mondes errants qui voguez avec nous »), chez Hugo ou Nerval. A la fin du siècle, on soulignera le succès des ouvrages de Camille Flammarion, leur influence sur l'imagination populaire et sur les poètes du cosmos. Son univers en dérive est comparé à un « être vivant », et suppose une philosophie ésotérique ; l'Energie primordiale absorbe la matière et Dieu, et, dans la Fin du Monde, « le monde visible n'est que le voile d'un monde invisible », cependant que les âmes se réincarnent d'un monde à l'autre et progressent dans « l'Univers psychique invisible ».

A la fin du XIXe siècle, on a renoncé à l'Harmonie du Monde : Leconte de Lisle, Laforgue, Bourges en témoignent, et, au XXe siècle, le Docteur Faustus de Thomas Mann. Ce personnage croit en un univers en expansion absurde ; son œuvre musicale, « Les Merveilles du Tout », évoque la « monstruosité céleste ». En revanche, membre d'une autre famille, Claudel réaffirme la place de l'homme dans l'univers, et dans une création finie, parfaite, œuvre divine : la terre est de nouveau au centre du monde, comme si la science moderne n'avait pas eu lieu. L'étude des rapports avec l'espace cosmique, « l'éther », donnera lieu à des remarques analogues : de Platon à Supervielle, il y a une continuité, ce rayon qui va des yeux aux étoiles. Dans cet espace, les écrivains mettront la terre comme une île, ou le Paradis ; ou bien ils n'y verront plus, vers 1850, que le Vide et les ténèbres, ceux que Supervielle, dans *Gravitations* (1925), cherchera à apprivoiser ; ou encore, le « voyage cosmique » permettra de parcourir le vide: c'est un genre littéraire qui a ses règles très anciennes, des Grecs à Dante, déjà. L'infini a ses « pionniers », puis ses « conquérants ». Ce voyage est tantôt rassurant, tantôt périlleux: le chef-d'œuvre en a été écrit par Jean-Paul.

Le troisième grand thème qu'offre à l'imagination littéraire la pensée scientifique est celui de la « vie cosmique ». Les astres sont des êtres vivants pour la pensée grecque. Les deux familles d'esprit qui se heurtaient « à propos de la structure du monde » s'opposent aussi à propos de la vie cosmique. Sous la Renaissance, les mythes vitalistes reparaissent: « L'Univers est conçu comme un organisme unique; le dualisme du ciel et de la terre, l'individualisation des astres » sont les trois degrés de ces conceptions. Le Microcosme de l'homme participe au Macrocosme de l'Univers. Cependant, l'on entre dans le monde du changement, grâce au télescope[1] de Galilée, qui révèle un ciel soumis à la corruption, des étoiles nouvelles. L'esprit humain perd son abri des « cieux solides ». On ne résumera pas une analyse qui passe par la découverte de l'attraction universelle, et son traitement par les poètes (Musset, Hugo); par l'expansion du vitalisme au siècle des Lumières, pour arriver au mythe du feu et aux autres symboles de la vie cosmique: l'arbre (Hugo, Leconte de Lisle), l'hydre (Hugo, Bourges, Kipling, Lawrence). Le duel entre la lumière et les ténèbres, la pénombre, sont des thèmes qui se fondent dans les figures de la Mère nocturne, de Hylé, « plasma où baigne l'embryon, mer de lait », la Mer, la Nuit. La science découvre la nébuleuse, lactée ou obscure, et les poètes l'utilisent. Tout finit à la mort des mondes, aux mythes de la fin du monde, dans un incendie destructeur (Schwob, Wells). Si Flammarion prédit la résurrection des astres, c'est que le feu est renaissance, comme le phénix (Poincaré, Moreux reprennent cette idée). Mais il y a une résurrection définitive du Cosmos dans le royaume de la lumière (Dante, Klopstock, Jean-Paul, Nerval, Hugo — et Teilhard de Chardin); quant à sa disparition sous un choc atomique, l'ouvrage d'Hélène Tuzet n'aborde le problème qu'en quelques lignes. Il reste que cette recherche est fondamentale pour tous ceux qui s'intéresseraient à l'anthropologie comme un tout, à l'imagination à l'œuvre dans les sciences comme dans les arts, à l'interaction entre ces divers domaines. L'horizon scientifique des grands

1. Sur les rapports entre l'optique et la littérature, on lira le beau livre de Max Milner, *La Fantasmagorie* (PUF, 1982), qui montre comment les « dispositifs optiques » orientent le texte fantastique, « machine à faire voir ».

écrivains est lié à l'histoire du cosmos dans la pensée humaine : les archétypes, de Platon au XXe siècle, sont ainsi soumis au temps, l'histoire et la structure réconciliées dans la vision de l'univers.

NORTHROP FRYE

Jusqu'à présent, nous avons examiné la critique de l'imaginaire chez Gaston Bachelard et ses disciples. Dans un autre monde, et sans le citer, ni peut-être le connaître, Northrop Frye, professeur canadien (à l'Université de Toronto), publie en 1947 son *Anatomy of Criticism* (traduction française en 1969 : *Anatomie de la critique*). Cet ouvrage considérable consacre sa deuxième partie à une « théorie des symboles », et sa troisième partie à la « critique des archétypes » et à la « théorie des mythes ». C'est dire que nous retrouvons l'anthropologie de l'imaginaire.

L'étude des archétypes commence par les mythes, « modèles thématiques ou purement littéraires, indifférents aux règles de la vraisemblance ». Le mythe est « une imitation des actes que conçoit le désir » : tels les amours et les combats des dieux. Il contient « les principes structurels de la littérature », mais se situe à l'opposé du naturalisme. Le romanesque pratique le « déphasage » par rapport au mythe : si le mythe nous présente un « dieu-soleil », le romanesque exhibe un personnage « associé au soleil ». Enfin, le courant réaliste est le plus éloigné du mythe — sauf ironie. A l'intérieur du monde mythique pur, Frye distingue le démoniaque, qui renvoie à l'enfer, et l'apocalyptique, qui désigne le ciel. L'imagerie apocalyptique présente la cité, le jardin, la bergerie ; le Christ est Dieu (monde divin), homme (la cité), agneau (monde animal : la bergerie), arbre de vie (le jardin). A la lumière de la Bible, Frye poursuit l'étude des images : la colombe, la rose, l'eau, le feu, par exemple. L'imagerie démoniaque, elle, se rattache à « l'enfer existentiel ». Elle personnifie la « puissance de la nature », lorsque le ciel est devenu inaccessible ; on la retrouve dans « la personnalité, la sexualité et la société ». Le monde comporte tyran et victime ; le règne végétal y est sinistre, désert, forêt dangereuse, gouffres, labyrinthes.

On peut encore distinguer entre le « désirable » et « l'indésirable », « l'infiniment désirable », c'est Dieu. La tragédie grecque nous pousse à accepter la juste colère des dieux. D'autre part,

Frye montre que, le récit progressant, nous passons d'une « structure à une autre », selon un « mouvement cyclique » : la mort et la renaissance des dieux, les rythmes de l'année, la veille et le rêve, la vie et la mort des humains, le cycle des saisons (parfois personnifié par des dieux, Adonis ou Proserpine), âge d'or ou ruine future de la civilisation, symbolisme de l'eau, de la pluie à la mer. Comme le fera Hélène Tuzet, Frye rencontre ici la cosmologie (Dante, Milton). A partir de la conception du monde de ces deux écrivains, il dégage les « deux mouvements principaux du récit : un mouvement cyclique dans l'ordre de la nature, et un mouvement dialectique partant de cet ordre en direction du monde supérieur de l'Apocalypse ».

L'*Anatomie de la critique* multiplie les catégories. Distinguant les « modes dans l'œuvre d'imagination », il rappelle que dans le premier mode, le mythe, le héros est de nature divine, puis viennent les héros de récits légendaires, dans le « mode de la mimésis supérieure » ; les héros qui sont des chefs, dans la tragédie ou l'épopée ; les héros qui sont analogues à nous, dans le mode « mimétique inférieur » ; les héros qui nous paraissent inférieurs, dans la satire ou l'ironie. La littérature européenne a évolué de la première de ces catégories à la dernière. D'autres analyses de Frye relèvent de la théorie du récit. Seule nous retient ici sa théorie de l'archétype, « agent symbolique de la communication » : « Une image symbolique comme celle de la mer ou de la lande, dépasse les limites de l'œuvre de Conrad ou de Thomas Hardy [...] et, par son archétype symbolique, se rattache à l'ensemble de la littérature. » Moby Dick rejoint les dragons. Le poète puise sa force dans le « trésor » des grandes œuvres ; c'est la critique qui précise les rapports d'un texte « avec tout le reste de la littérature ». L'œuvre d'art est un « mythe qui unit le rituel au rêve ».

La critique de l'imaginaire non freudienne — comme la critique de la conscience, également non freudienne — suit donc deux voies : celle de l'imagination matérielle, qui se dépose en images ; et la mythocritique, qui se rapproche des archétypes jungiens et de la mythologie grecque, romaine, indienne, ou, pourquoi pas ? universelle. La lignée de Bachelard a produit de nombreux ouvrages sur l'imagination des éléments (l'eau, ou le verre, chez Proust, par Ushiba ou Mendelssohn), ou sur des thèmes plus restreints (*La Prison romantique*, par Brombert, 1975 ; *Piranèse et les Romantiques français*, par Luzius Keller ; les *Études sur l'imagination de la vie*, de Michel Mansuy). L'autre tendance a été illustrée par Pierre Albouy (*La Création mythologique chez Victor Hugo, Mythographies*) dont les *Mythes et Mythologies dans la littérature française* (1969) fournissent un historique et une bibliographie très riches. Un exemple remarquable de cette méthode a été fourni en 1982 par Marie Miguet (*La Mythologie de Marcel Proust*). Enfin, il faut mentionner l'activité des comparatistes (Trousson, Brunel), plus proches parfois des thèmes que des archétypes, mais qui, lorsqu'ils traitent d'Electre ou de la métamorphose, rejoignent le monde sans limites de l'imaginaire. Ainsi se boucle le cercle, depuis le chef-d'œuvre de Mario Praz, *La Carne, la morte e il diavolo nella litteratura romantica* (1930 ; 1950 : traduction française, Denoël, *La Chair, la Mort et le Diable*) où le grand savant italien étudiait « La Beauté de la Méduse », « Les Métamorphoses de Satan », « L'Ombre du Divin Marquis », « La Belle Dame sans merci », « Byzance », « Le Vice anglais » : études thématiques nourries de connaissances historiques empruntées à des écrivains négligés. Les thèmes y sont des obsessions, et définissent l'imagination d'une école, d'une époque, d'un siècle.

CHAPITRE V

LA CRITIQUE PSYCHANALYTIQUE

L'analyse de l'imaginaire, si elle ne veut pas errer dans le vide, rencontre la psychanalyse. Bachelard emploie le mot, mais pour le détourner de son sens, et ne se rallie aucunement aux fondateurs de cette discipline. Jean-Pierre Richard, après avoir refusé de passer des sensations à autre chose que la conscience, utilise, dans son *Proust et le monde sensible* et ses *Microlectures,* des concepts psychanalytiques, mais subordonnés, et sans les intégrer à un système. Enfin, la mythocritique puise dans un patrimoine collectif, et parfois intemporel, non dans l'histoire de l'inconscient individuel. Nous ne prétendons pas refaire, après d'autres, l'histoire de la psychanalyse appliquée à la littérature (Anne Clancier, *Psychanalyse et Critique littéraire,* Privat, 1973 ; Max Milner, *Freud et l'interprétation de la littérature,* Sedes, 1980 ; Jean Bellemin-Noël, *Psychanalyse et Littérature,* PUF, 1978), mais montrer quels moyens une critique littéraire qui se réclame de la psychanalyse utilise pour étudier les œuvres.

FREUD (1858-1939)

Si l'on évoque ici, en premier lieu, le nom du fondateur de la psychanalyse, c'est pour montrer comment son analyse d'œuvres littéraires relève de la critique. Les textes sont pour lui des exemples, des occasions d'appliquer une science à des objets qui lui semblaient extérieurs ; pour nous, inversant la méthode, nous appliquerons, en quelque sorte, la littérature au discours freudien sur le roman, le conte, la poésie. Dans *Ma vie et la Psychanalyse,* Freud identifie l'œuvre avec les rêves ordinaires, et la considère comme la satisfaction imaginaire de désirs inconscients, qui éveillent et satisfont chez les autres hommes les mêmes aspirations ; une prime de séduction réside dans le plaisir attaché à la perception de la beauté de la forme.

Cependant, l'étude des textes littéraires apporte des éléments plus précis, plus complexes et plus subtils, dans *Délire et Rêves dans la « Gradiva » de Jensen* (1907 ; traduction française, 1949), et les *Essais de psychanalyse appliquée* (1906-1923 ; traduction française, 1933). *Le Mot d'esprit dans ses rapports avec l'inconscient* (1905 ; traduction française, 1930), s'il apporte à la théorie du comique, ne s'applique guère à des textes littéraires, et il en est des mots d'esprit qu'il contient comme de ceux que rapporte Kant dans la *Critique du jugement*: ils ne font plus rire. Le premier travail de Freud, face à *Gradiva* de Jensen, est d'isoler un type de textes, le récit de rêve, le rêve « attribué par les romanciers à leurs personnages imaginaires », et de le soumettre à examen : les romanciers et les poètes « connaissent, entre ciel et terre, bien des choses que notre sagesse scolaire ne saurait encore rêver ». Deux voies s'ouvrent : ou bien un cas particulier, « les rêves imaginés par un romancier dans une de ses œuvres » (d'où l'application, par d'autres, à Nerval, à Proust, à Breton), ou bien « comparer tous les exemples » trouvés dans les œuvres de tous les écrivains. Freud, on le sait, choisit ici la première voie. Il commence par résumer le roman, non sans se permettre, au passage, quelques commentaires psychologiques (les souvenirs refoulés) : on ne peut, en effet, comprendre le détail que par l'ensemble, et la représentation de la vie psychique par le romancier n'appelle plus que « la terminologie technique de notre science ». Ensuite, Freud, à travers les fantasmes et les délires du héros, retrouve sa « motivation érotique inconsciente », et, retraçant les rêves du héros, les replace dans l'ensemble du récit, et s'appuie sur sa *Science des rêves.* Vient alors l'interprétation : sous le contenu manifeste, on trouve la « pensée latente du rêve », qui n'est pas « une seule idée », mais un « tissu d'idée ». L'important est de joindre la « compréhension des principaux traits » du rêve à « son intégration à la trame du récit ». Bien des critiques oublieront ce second principe. Pour interpréter un rêve, il faut donc « l'intégrer aux destinées psychiques du héros », en relevant, au fil du récit, « le plus de détails possible sur la vie extérieure et intérieure du rêveur ». Lorsque ces détails manquent, il sera vain de prétendre interpréter le rêve. Chaque partie du contenu du rêve, chaque unité onirique dérive, en effet, d'« impressions, de souvenirs et d'associations libres du rêveur ». Le rêve interprété, éventuellement même superposé à des rêves antérieurs, on a démêlé une *ambiguïté* entre le délire et la vérité. Le romancier et l'analyste ont aussi bien compris l'un que l'autre l'inconscient, déclare Freud : il a suffi que l'artiste « concentre son attention sur l'inconscient de son âme à lui, prête l'oreille à toutes ses virtualités et leur accorde l'expression artistique, au lieu de les refouler par la critique consciente. Il apprend par le dedans de lui-même ce que nous apprenons par les autres ». Expliquer un rêve, c'est donc y retrouver les lois de l'inconscient, que l'écrivain a incorporées grâce à « la tolérance de son intelligence ». Cinq ans plus tard, Freud précise que la psychanalyse cherche à « connaître avec quel fond d'impressions et de souvenirs personnels l'auteur a construit son œuvre » : c'est dire que, du texte, on passe à la biographie, du personnage à l'écrivain.

Gradiva replace le récit de rêve dans la structure du livre. Certains articles recueillis dans les *Essais de psychanalyse appliquée* conduisent à se demander si la critique psychanalytique peut rendre compte d'autres aspects de l'œuvre. « La création littéraire et le rêve éveillé » (1908) pose la question de l'origine des thèmes, et de l'émotion qu'ils provoquent en nous. Le monde poétique, affirme Freud, est irréel, le résultat d'un jeu. La « technique artistique » provoque du plaisir avec des objets qui n'en causeraient pas s'ils étaient réels, et « bien des émotions, en elles-mêmes pénibles, peuvent devenir une source de jouissance pour l'auditeur ou le spectateur ». On quitte ici le récit de rêve à l'intérieur de l'œuvre, pour élargir la théorie à l'ensemble des fantasmes : il suffit de rappeler qu'ils ont une histoire, parce que « le désir sait exploiter une occasion offerte par le présent afin d'esquisser une image de l'avenir sur le modèle du passé ». Le rêve éveillé, porteur de fantasmes, se retrouve dans la création romanesque : le héros invulnérable, les amours qu'il suscite, les auxiliaires qu'il rencontre, les ennemis qu'il affronte sont les « éléments nécessaires du rêve diurne ». Les œuvres qui s'écartent le plus de ce modèle, on les y rattachera pourtant « par une série de transitions continues ». Freud procède alors à une analyse technique du roman psychologique, dont la caractéristique tient à la scission du moi de l'auteur en « moi partiels » ; les héros divers personnifient les différents courants de la vie psychique du romancier, et si, dans d'autres romans, le héros n'est qu'un témoin il en est de même dans certains rêves.

Freud propose alors, une fois admise l'assimilation de la création littéraire au rêve éveillé, de revenir aux relations entre la vie et l'œuvre. Cette proposition serait banale, et même décevante, si elle ne se soumettait à des hypothèses nouvelles, les trois temps du désir en rapport avec le fantasme : « Un événement intense et actuel éveille chez le créateur le souvenir d'un événement plus ancien, le plus souvent d'un événement d'enfance ; de cet événement primitif dérive le désir qui trouve à se réaliser dans l'œuvre littéraire ; on peut reconnaître dans l'œuvre elle-même aussi bien des éléments de l'impression actuelle que de l'ancien souvenir. » C'est qu'en définitive l'œuvre est un « substitut du jeu enfantin d'autrefois ». Un rêve d'enfant, mais ce peut être vrai aussi du mythe, « désir de nations entières », « rêves séculaires de la jeune humanité ». Il s'agit moins d'analyse fouillée (comme *Gradiva*) que de programme. Le dernier point de celui-ci est l'étude de l'effet produit sur les lecteurs. Les fantasmes de l'auteur, contrairement à ceux du névrosé, procurent du plaisir, surmontent la répulsion, grâce à la technique artistique. Elle emploie deux moyens : le plaisir formel (« prime de séduction », « plaisir préliminaire » qui libèrent « une jouissance supérieure émanant de couches psychiques bien plus profondes »), et les « voiles » qui cachent l'égoïsme du créateur. « Jouissant de nos fantasmes » sans scrupules, nous sommes « soulagés de certaines tensions ». Cet article propose donc une étude formelle de l'œuvre, dans les relations entre personnages, la mémoire des héros, la vie de leur désir, leur rapport au temps, le jeu du style. Mais si l'on veut s'interroger sur l'auteur, on retrouvera le réseau de ses obsessions, ses souvenirs d'enfance, et par-dessus tout, ses masques, un à un soulevés. Cependant, le plus beau de cet article est la relation qui s'établit à travers l'œuvre entre deux hommes libérés.

« Un souvenir d'enfance de Goethe » (1917) constitue un exemple, un élément de ce système, de cette chaîne. Freud isole, dans *Fiction et Vérité* de Goethe, le seul épisode de la « plus petite enfance » de l'auteur, celui où le jeune garçon, de quatre ans au maximum, s'amuse, encouragé par trois frères, des voisins, à casser de la vaisselle en terre. Avant la découverte de la psychanalyse, on aurait lu cet épisode « sans s'y arrêter ». Le critique considère donc que tout souvenir de la petite enfance est capital, et que, comme il a l'air insignifiant, un « travail d'interprétation » est nécessaire, c'est-à-dire une mise en relation avec d'autres événements importants, dont ces souvenirs ne sont que des « écrans », ou bien leur remplacement par d'autres contenus. Freud a rencontré un malade[1] qui, jaloux à la nais-

1. Puis un second, complété par les observations d'un autre médecin.

sance de son jeune frère, a commis des actes agressifs, comme de jeter de la vaisselle par la fenêtre. Or Goethe a eu un frère de trois ans plus jeune, et mort à six ans. L'enfant a donc accompli un « acte magique » ; Goethe voit son comportement expliqué par celui des patients de Freud. La mort de son petit frère libère le futur écrivain, qui avait d'abord exprimé sa colère en jetant de la vaisselle (dont le poids symbolise la mère enceinte) : « C'est alors comme si Goethe disait : "Je suis un enfant du bonheur, favorisé du destin ; le sort m'a gardé en vie bien que je fusse venu au monde tenu pour mort. Mais il a évincé mon frère, de sorte que je n'ai pas eu à partager avec lui l'amour de notre mère." » Resté « l'enfant de prédilection » de sa mère, Goethe en a gardé pour la vie un « sentiment conquérant », une « assurance du succès ». La biographie de Goethe, l'histoire de ses victoires, trouve son origine dans ce mince souvenir. La méthode a donc consisté à trouver le sens caché d'un passage énigmatique à force de futilité : la critique psychanalytique est une critique du sens.

Un autre article, « Le thème des trois coffrets » (1913), montre bien que la lecture rencontre des « problèmes » qu'il faut « résoudre » ; par rapport à l'analyse de Goethe, l'élément nouveau est la superposition ; il s'agit de deux scènes de Shakespeare, « l'une gaie, l'autre tragique ». La première est empruntée au *Marchand de Venise* : les prétendants doivent, pour épouser Portia, choisir entre trois coffrets, dont l'un contient le portrait de celle-ci. Ici, les trois coffrets, comme l'indiquent les rêves, symbolisent trois femmes. La seconde scène est empruntée au roi Lear et à ses trois filles. La mythologie fournit, par rapprochement, d'autres scènes (Pâris, Cendrillon, Psyché). Pourquoi trois femmes, et pourquoi choisir la dernière ? Le langage des rêves, comme celui des contes, nous indique que la troisième sœur, celle qui est muette, représente la mort : il s'agirait donc des Parques, déesses de la destinée. Mais dans *Le Marchand de Venise*, dans *Le Roi Lear*, c'est la plus belle ou la plus sage des filles ! C'est que, « dans la vie psychique, des mobiles amènent le remplacement d'une chose par son contraire ». La mythologie a substitué à la déesse de la Mort la déesse de l'Amour. De même, le thème du choix inverse celui de la nécessité. Le poète est retourné au « mythe primitif ». Dans une admirable conclusion, Freud explique comment Cordelia, morte dans les bras de Lear mourant, personnifie la Mort, et que, si l'on « retourne la situation », c'est la « déesse de la Mort qui emporte du terrain du combat le héros mort ». Les trois sœurs incarnent « la génératrice, la compagne et la destructrice », ou bien « les trois formes sous lesquelles se présente, au cours de la vie, l'image même de la mère : la mère elle-même, l'amante que l'homme choisit à l'image de celle-ci et, finalement, la Terre-Mère, qui le reprend à nouveau ». Ici converge la leçon des mythes, et celle de l'analyse, puisque le rapport avec la mère résulte de la rencontre des patients ; en revanche, nul effort pour psychanalyser Lear : l'unité du texte et son secret ont été réduits par des moyens externes.

Que la critique psychanalytique ait d'abord, pour Freud, la fonction d'interpréter des passages énigmatiques d'une œuvre — non tout Shakespeare, mais deux scènes superposables de son théâtre —, rien ne le montre mieux que le célèbre article, allégorie de la lecture freudienne, intitulé « L'inquiétante étrangeté » (1919). Car un texte n'appellerait pas la recherche prioritaire du sens, s'il n'éveillait en nous quelque angoisse ; or, ce type de texte (différent du fantastique) est négligé par l'esthétique : une étude lexicale, pourvue de très nombreux exemples et citations, permet de définir ce qui est « unheimlich » ; des exemples en sont recherchés dans les contes d'Hoffmann (« L'Homme au sable », longuement résumé), dans son roman *Les Elixirs du Diable*, dans le thème du « double » (déjà étudié par Otto Rank). Freud dresse alors la liste des facteurs qui « transforment ce qui n'était qu'angoissant en inquiétante étrangeté » : l'animisme, la magie, les enchantements, la toute-puissance des pensées, les relations à la mort, les répétitions involontaires et le complexe de castration. Le sentiment lui-même se produit lorsque la frontière entre imaginaire et réalité s'efface, dans la vie comme dans les textes ; mais, dans ceux-ci, l'inquiétante étrangeté est beaucoup plus riche que dans la vie réelle, parce que le « domaine de l'imagination » est dispensé de « l'épreuve de la réalité ». Quant à ce sentiment éprouvé par le lecteur, « il prend naissance dans la vie réelle lorsque des complexes infantiles *refoulés* sont ranimés par quelque impression extérieure, ou bien lorsque de primitives convictions *surmontées* semblent de nouveau être confirmées ». Dans la fiction, il est aussi inquiétant que dans la vie. Une angoisse, une page, une origine, tel est le mouvement, nourri par une immense culture, également littéraire, de la lecture freudienne.

A la suite du maître, de nombreux psychanalystes — nullement critiques littéraires — s'intéresseront à la littérature. Lacan, par exemple, a traité de Bataille, Claudel, Goethe, Hugo, Joyce, Molière, Pascal, Plaute et Molière, Shakespeare, Wede-

se sublime dans le théâtre et le lyrisme subjectif » ; l mposante active se sublime d'une part en imaginatio elle, d'autre part en inquiétude métaphysique ». La volont uissance, qui compense des « infériorités primitives » s à l'« instinct visuel, lié à la sexualité infantile et aux curi défendues », au savoir. « Puissance » et « savoir » sont le caractéristiques de l'œil, dont Baudouin retrouve la pr ce dans de nombreuses citations, marquées dans les deu par le sentiment de culpabilité, et par le châtiment (l'œil es au talion). La technique d'analyse du poème a donc consist relier entre eux les principaux motifs du poème », et à le duire, à retrouver les complexes originels sous l'objectivité nconscient du poète, dont la culpabilité ne correspond pas à e « faute réelle » : aux yeux du sur-moi, les « instincts réprimés nt coupables au même titre que le seraient les actes auxquels s auraient abouti s'ils n'étaient pas réprimés. Nous savons que e sur-moi est d'autant plus sévère que la répression est plus orte [...]. C'est ainsi que le remords est plus intense chez les nerveux à obsession scrupuleuse que chez les vrais coupables » La sublimation artistique a permis à Hugo d'échapper à la névrose obsessionnelle.

La psychanalyse de l'art se montrerait donc capable de reconstituer la « genèse d'une œuvre », non par les manuscrits (ce qui est l'objet d'une autre méthode), mais par la biographie : une impression récente fait « vibrer de nombreux éléments empruntés au passé, même lointain, à l'inconscient, même profond ». Autour de ce stimulus, lié aux complexes, se forme l'organisme de l'œuvre. L'interprétation psychanalytique doit se constituer autour de cette stimulation. L'œuvre n'est pas seulement « une expression des complexes », elle répond à une ituation présente ou récente, qu'elle « s'efforce d'assimiler », lle établit « entre elle et les complexes existants des relations armonieuses et imprévues ». L'analyse de Baudouin, qui porte, ans ce cas, sur un poème et un poète (qu'il a « psychanalys »), est particulièrement heureuse, parce qu'elle échappe, mme l'œuvre d'art elle-même, au lieu commun de la régresn.

La deuxième partie de cet important ouvrage est consacrée à « contemplation », c'est-à-dire à la réaction « subconsciente » lecteur, négligée jusqu'alors par la critique. La méthode est e de l'association d'idées, révélatrice de l'inconscient, à dition de connaître la personne qui associe, c'est-à-dire de alyser : le patient « associe sur une œuvre d'art au lieu

kind et, dans des textes majeurs, de Poe, Duras, Gide (voir la bibliographie de M. Marini, *Lacan*, Belfond, p. 275-297).

CHARLES BAUDOUIN

En français, avant 1930, on ne voit guère que l'étude de Jacques Rivière sur Proust et Freud (*Quelques progrès dans l'étude du cœur humain*) pour appliquer la psychanalyse à la critique littéraire. En 1929, toutefois, Charles Baudouin publie sa *Psychanalyse de l'art.* D'une œuvre abondante, nous retiendrons également *Le Symbole chez Verhaeren, essai de psychanalyse de l'art* (1924), *Psychanalyse de Victor Hugo* (1943) et *Le Triomphe du héros* (1952). La *Psychanalyse de l'art*[1] entend « rechercher les rapports que l'art entretient avec les complexes, soit personnels, soit primitifs, tant chez l'artiste créateur que chez le contemplateur de l'œuvre », et se divise en trois parties, la première consacrée à la création, la deuxième à la contemplation, la troisième aux fonctions de l'art. Baudouin retrouve dans les motifs du mythe les « complexes primitifs », en s'inspirant des travaux de Freud, d'Abraham, de Rank et de Jung : « La mythologie est le contenu manifeste d'un vaste rêve, dont les complexes primitifs seraient le contenu latent. » Après avoir exposé les théories de Freud, l'auteur s'attache au complexe d'Œdipe dans l'art : il le retrouve dans le motif du père-tyran (*Don Carlos* et *Guillaume Tell* de Schiller), des frères ennemis (*Britannicus*). Certes, Schiller n'avait pas de frère, mais une fixation à sa sœur : « L'amour pour la mère s'est déplacé sur la sœur, et parallèlement l'hostilité contre le père s'est déplacée, dans certaines œuvres d'imagination, sur un frère imaginaire. » Baudouin résume également l'*Hamlet et Œdipe* de Jones (dont nous avons parlé à propos de Starobinski) : ce livre a permis de compléter les interprétations des spécialistes de Shakespeare, en lisant dans sa pièce le conflit œdipien. La figure paternelle s'y décompose, comme dans de nombreux mythes, en deux (le père et le tyran) ou trois (si l'on ajoute Polonius, ce qui explique son assassinat par Hamlet). On sait enfin qu'*Hamlet* est proche de la mort de Shakespeare ; la même analyse vaut pour *Macbeth*, meurtrier de Duncan. Rejoignant également Otto Rank, Baudouin présente Don Juan (dont Leporello n'est qu'un dou-

1. Dédiée à Freud, il faut le souligner.

ble) comme dominé par le motif de la culpabilité, qui a des racines œdipiennes, confirmées par la vengeance du Commandeur. Cependant, ce qui s'exprime, « c'est moins l'Œdipe en soi que certaines situations dérivées de l'Œdipe, et très personnelles » : si on ne prend pas ce fait en considération, les explications deviennent vite monotones, et l'on aboutirait à dire que « des milliers d'œuvres expriment, au fond, la même chose (l'Œdipe) ».

Baudouin traite ensuite du narcissisme (qu'il appelle « narcisme »), qui englobe le retour au sein maternel. « Tout poète est Narcisse », disait W. Schlegel, et se complaît dans l'amour de soi. L'exemple de Tolstoï le montre : ses premiers souvenirs, où il découvre son corps et s'oppose au monde extérieur par ses cris, « résument toute une personnalité ». Le narcissisme de Tolstoï est « ambivalent », parce qu'il s'aime et se déteste tour à tour ; il hésite entre le « moi » et « l'idéal du moi ». Bien des personnages de Tolstoï ont ces traits, qu'ils tiennent de l'auteur, et qui, notamment dissocient l'amour entre la sensualité et la tendresse — qui est tendresse pour soi-même : « De là vient que les héros de Tolstoï — et ceux surtout où il s'est le plus intensément projeté — ne peuvent analyser leurs sentiments d'amour sans conclure qu'il n'y a là que duperie de soi. Que l'on songe à l'impressionnante *Sonate à Kreutzer.* » Même la croyance à la toute-puissance de la pensée, qui se marque dans l'idéologie des romans, dans « l'action causale des idées », est d'origine narcissique ; son agressivité se retourne contre le romancier, qui se torture lui-même, d'où « de tragiques crises morales et des sublimations passionnées ». L'analyse de Baudouin permet donc de comprendre la psychologie et le comportement des héros de Tolstoï, mais aussi (à la suite de Rank) les très nombreuses œuvres qui traitent du thème du *double* (Musset, Andersen, Hoffmann, Jean-Paul, Wilde, Maupassant, Poe, Dostoïevski) ; il est associé avec des motifs classiques du narcissisme, comme le miroir, ou la peur de vieillir, et le héros persécuté par son double : les écrivains qui ont choisi ce thème ont souffert dans leur vie d'hallucinations, de dédoublement de la personnalité, de névrose, parfois de démence. C'est que la « composante hostile » du narcissisme « se projette dans le double » et lui donne « ce caractère angoissant et terrible ». Comme chez Freud, la psychanalyse permet chez Baudouin et chez Rank de comprendre et de réduire certaines difficultés du *sens* des textes. Mais le narcissisme s'unit chez l'artiste à l'introversion, à d'autres « composantes passives » qui forment un « com-

plexe de retraite ». L'art peut ainsi s'apparente « graves régressions névropathiques » et aux « plus salutaires de l'humanité » : l'état esthétiqu « équilibre éminemment précieux, éminemment i

Le narcissisme se lie au goût de l'exhibition, spectaculaire » : Tolstoï encore, ou Rousseau. Le nudité — ou de la parure somptueuse — s'expli seconde traduisant le refoulement, mais aussi le d l'attention. D'où des châtiments (Œdipe, Orion, et la vision défendue : Eurydice, Psyché). Montrer e sont, par le refoulement, en relation, comme voi (Vinci analysé par Freud). Pour mieux faire com « complexe spectaculaire », Baudouin analyse « la c de Victor Hugo (*La Légende des siècles*). L'étude de particulier est fondée sur celle des symboles à travers ble des œuvres de Hugo — que l'auteur a publiées plu parce que « l'œuvre d'un artiste doit être regardée par l' comme un organisme vivant, dont chaque partie est fonc l'ensemble et n'est intelligible que par lui. Analyser à fo poème ne va pas sans analyser l'œuvre totale du poète méthode consiste à analyser des « constellations d'idées ». thème central du poème est le fratricide, il correspond à « complexe important de Hugo », en rivalité, dans les premiè années de sa vie, avec ses frères et sœurs. Cette rivalité, refo lée ensuite, a laissé « des traces inconscientes profondes ». les monstres hugoliens (Han d'Islande, Quasimodo) reflètent l'enfant difforme qu'il a craint d'être ; la jalousie à l'égar ses frères se retrouve dans de nombreux poèmes, d'où le s ment de culpabilité qui se montre dans « La Conscience » deux motifs importants, la « poursuite » et l'« œil ».

Le motif de la poursuite, « fort chargé de potentiel aff se retrouve dans de nombreux poèmes (« L'Aigle du ca « Le Petit Roi de Galice », « Le Parricide » dans *La Lége siècles*) ; il est lié au complexe, à la fois fraternel et p certes ambivalent (d'où le besoin d'antithèse), et parfo féré sur Napoléon. La « composante négative » du s sera fixée sur Napoléon III : Hugo en fuite trouve le bo répète le modèle de Chateaubriand. La fuite de Caïn e « fuite devant le père » et l'« auto-punition inconscien au symbole de l'œil, on connaît l'importance du th vision chez Hugo ; ses premiers souvenirs sont liés à l'exhibition ; ils produisent un « système d'idées ré accompagné de culpabilité et d'angoisse » : la « com

d'associer sur un rêve ». Une série d'observations, de cas mis en présence d'œuvres, mène à des « résultats » : « L'œuvre paraît construite de symboles choisis par le contemplateur lui-même ; elle exprime pour lui ses propres complexes ; ce serait à croire qu'il en est l'auteur, ou qu'il l'a rêvée. » Les lecteurs réalisent par l'œuvre leurs tendances inconscientes, projettent en elle leurs conflits et leur solution (d'où l'impression de jouissance). Le problème capital est celui de la communication entre l'auteur et le lecteur « sur le plan inconscient » : elle se produit surtout lorsque l'œuvre contient des « images typiques des complexes primitifs », donc « communs à tous » ; mais le « contemplateur » projette aussi dans l'œuvre complexes et conflits personnels, qui n'ont rien à voir avec ceux de l'artiste.

Cette étude souligne donc la parenté de l'art et du rêve : l'œuvre « fait rêver », c'est-à-dire associer des images et des idées, mais non au point de perdre leur origine de vue, elle « donne et reprend sans cesse », parce qu'elle délimite « un champ de conscience restreint » ; le lecteur est invité à un mélange de détente et d'attention, résultant de la « suggestion » (le rythme est l'un des procédés les plus évidents de cette sorte d'hypnotisme). Comme dans le rêve, les images artistiques obéissent « aux deux lois fondamentales de la *condensation* et du *déplacement*. C'est-à-dire que d'une part elles condensent en une seule vision plusieurs réalités formant complexe, et que d'autre part, dans cette synthèse, il arrive à des éléments importants de se dissimuler derrière des éléments secondaires, qui reçoivent l'accent à leur place, sous l'effet du refoulement. La psychanalyse retrouve ensuite l'idée aristotélicienne de *catharsis*, purification, sublimation ; et elle étudie chez l'homme, et dans l'œuvre, les « accumulations » et les « décharges » du potentiel affectif. A la différence du rêve, l'art projette l'imaginaire dans le réel, il se communique à autrui et « nous fait sortir de nous-même » ; moyen d'expression, il sublime, mais il communique.

Ce détour par l'esthétique fonde la critique : « L'œuvre d'art communique et enseigne un langage. » Des images ? Oui, mais celles de l'auteur et celles du lecteur ne coïncident pas, parce que la communication n'est jamais totale ; elle ne l'est pas de subconscient à subconscient, elle le redevient dans la région du « primitif, de l'inconscient collectif », qui s'exprime dans les symboles et les mythes, elle le reste dans celle, que la psychanalyse pourrait avoir tendance à négliger, du conscient. Le surréalisme a voulu se contenter du premier niveau, fournissant un

« beau matériel » dont la traduction restait à faire. Le recours au mythe n'est pas non plus un remède parfait : il faut « le revivre et le recréer » après l'avoir rencontré non dans sa culture, mais dans son inconscient, de sorte que « la sève des profondeurs donne sa vie à l'abstraction même ». Baudouin résume alors l'itinéraire de l'artiste : « Après une période où le créateur a été très loin dans l'expression fidèle de ses sentiments les plus intimes, il rencontre une résistance imprévue, aboutit à une sorte d'impasse, d'où il ne peut sortir qu'en trouvant la formule d'un art plus objectif et plus universel : cette objectivation apparaît alors comme une véritable *délivrance.* » En revanche, si Schiller a dû abandonner, durant une longue crise, la création poétique, c'est qu'il avait abordé des motifs « trop délicats et trop intimement subjectifs », alors que, plus tard, dans *Don Carlos*, il échappe à l'angoisse œdipienne en s'élevant au niveau d'une « tragédie politique d'intérêt général ».

L'œuvre est faite de symboles. Ceux-ci réunissent des éléments « primitifs, instinctifs, infantiles », puis des éléments « empruntés à la vie sentimentale personnelle », enfin des « éléments supérieurs, d'ordre éthique, social, philosophique, religieux ». « Ainsi Hugo, dans la "Conscience", déplace sur l'idée morale qui fait le thème du poème, le potentiel des divers complexes que notre analyse a démêlés dans cette œuvre. » La critique ne doit donc pas rechercher le sens d'une œuvre uniquement dans les « complexes » mais aussi dans les « dérivations » et les « sublimations ». Sinon, comme le note très justement Baudouin, « toutes les œuvres se ramènent à quelques types toujours identiques » (Œdipe, la castration, etc.). Dans le processus de création, il faut lire l'effort « pour vaincre le complexe autant et plus que pour l'exprimer », ce qui est proprement la « sublimation », c'est-à-dire que « le beau, c'est le désirable, lorsqu'il cesse d'être désiré pour être, avec quelque recul, contemplé ».

Dans *Le Triomphe du héros*, Baudouin étudie seize épopées, pour reconnaître un scénario primitif, mythe originel, « pure image, celle d'un Persée tuant le dragon pour délivrer une Andromède » ; chaque reprise de ce scénario le « sublime », sans que nous connaissions l'inconscient de l'artiste : mais on devine que les « éléments personnels » prolongent les données collectives. « Chez Milton aveugle, le « paradis perdu » lui-même ne fait qu'un avec la lumière perdue. » On voit qu'une lecture psychanalytique mesurée prépare à d'autres méthodes sans imposer d'exclusive.

CHARLES MAURON et la psychocritique

C'est aussi ce que pense Mauron, qui semble continuer l'œuvre de Baudouin (qu'il cite dans sa *Psychanalyse de Mallarmé*). Avant ce critique, il y avait eu le célèbre *Edgar Poe, étude psychanalytique*, de Marie Bonaparte (1933), et le regrettable *Echec de Baudelaire* de Laforgue (1931). L'œuvre de Charles Mauron, qui doit être remise à la place qu'elle mérite, la première, comprend trois parties. Dans une première période, des tâtonnements : outre des ouvrages d'esthétique publiés à Londres (*Beauty in Art and Literature*, 1927 ; *Aesthetics and Psychology*, 1935), de premiers travaux psychanalytiques, *Mallarmé l'Obscur* (réédité par Corti en 1968), « Nerval et la psychocritique » (Cahiers du Sud, 1949), *L'Inconscient dans l'œuvre et la vie de Racine* (1957), *Estudi Mistralen* (psychocritique de l'œuvre de F. Mistral, 1953), *Introduction à la psychanalyse de Mallarmé* (1950 ; 1963 ; texte français, 1968). Puis c'est la grande thèse, qui met au point la méthode, *Des métaphores obsédantes au mythe personnel, introduction à la psychocritique* (Baudelaire, Nerval, Mallarmé, Valéry, Corneille, Molière), 1963. Suivent les applications : *Psychocritique du genre comique* (1964), *Le Dernier Baudelaire* (1964), « Les personnages de Victor Hugo » (V. Hugo, *Œuvres*, t. II, Club français du livre, 1967), *Phèdre* (1968), *Le Théâtre de Giraudoux* (1971).

Dans son *Introduction à la psychanalyse de Mallarmé* (1re édition, 1950 ; complétée en 1968), Mauron pose comme principe l'importance d'un fait, jusqu'à lui négligé : lorsque Mallarmé a quinze ans, déjà orphelin de mère à cinq ans, il perd Maria, sa sœur de treize ans. Cet événement mène à une explication de la vie et de l'œuvre du poète : « Il faudra préciser le rôle de cet ébranlement affectif premier ; en découvrir les échos et les symboles, suivre les fils des associations d'idées, bref étudier le réseau complexe de sentiments et d'expressions dont la mort de sa sœur est, au premier abord du moins, le centre unique. » C'est alors qu'il faut se tourner « du côté de la psychanalyse » : nous avons, d'un côté, un traumatisme, de l'autre, dans les poèmes, « un réseau d'images constantes [...] qui se répètent de poème en poème » (ces images que Mauron avait déjà étudiées, d'un point de vue thématique, dans son *Mallarmé l'obscur* de 1941). Ce réseau d'associations (par exemple chevelure, flammes, soleil couchant, triomphe amoureux, mort) doit être distingué d'une « architecture constante », qui se cache sous ce « sens lisible », et qui relève de l'inconscient. On retrouve donc la distinction psychanalytique entre le « contenu manifeste » et le « contenu latent ». Ce que recherche alors Mauron, c'est une méthode d'analyse qui se situerait entre la critique de Sainte-Beuve et celle, totalement psychanalytique, de Laforgue (sur Baudelaire) et de Marie Bonaparte (sur Poe). Ici se pose le problème de l'analyse ; il y manquera les confidences qui apportent au praticien pendant plusieurs années une énorme masse de renseignements ; il y manquera aussi le transfert. Comme Freud ou Baudouin, Mauron reconnaît donc qu'il faut se contenter « d'interpréter le matériel littéraire » en utilisant son expérience médicale ou scientifique : un poème, et quelques renseignements biographiques. Enfin, le critique littéraire « ne recherche pas un diagnostic », en dépassant les symptômes comme l'analyste : en critique littéraire, seul le « symptôme » constitue l'œuvre d'art. La tâche se résume donc à constituer le réseau d'images, d'associations, les « systèmes métaphoriques », puis à découvrir, en dessous, les « complexes classiques ». Le symbole exprime à la fois « l'inconscient inférieur » et la « spiritualité supérieure ». La conclusion du livre sera que « l'obsession de la mère et de la sœur mortes ne suscite pas l'œuvre de Mallarmé, elle ne l'explique pas non plus, elle la détermine ; elle la fixe par le bas ». Si les poèmes sont tous différents, l'inconscient est monotone ; cependant, ce centre structure, fascine et n'empêche pas la libération de l'artiste (qui, asservi à son obsession, se serait suicidé). Ainsi le poème va-t-il « de l'obsession au style », tous deux immobiles, éternels, en passant par la transformation, la « durée » de ses phrases. Certes, ni l'obsession, ni le sens intelligible n'expliquent tout ; mais « que gagnons-nous à les ignorer ? » Cet essai, qui a suivi l'évolution des fantasmes mallarméens de poème en poème, sans considérer l'œuvre comme une unité temporelle (démarche reprise plus tard à propos du « dernier Baudelaire »), a exercé une influence considérable et engendré, comme l'histoire de la critique le montre souvent, des livres qui, sans lui, n'auraient pas existé (Ayda, Cellier, et même Richard, qui, s'il critique Mauron dans sa thèse, n'en reconstitue pas moins, lui aussi, des constellations d'images).

C'est dans son plus gros livre, *Des Métaphores obsédantes au mythe personnel*, que Charles Mauron fixe sa méthode avec précision : son *Mallarmé l'obscur* lui avait apporté les premières, sa *Psychanalyse de Mallarmé* le second ; restait à en proposer la synthèse. La psychocritique est indépendante de l'époque et du genre littéraire considérés ; c'est dire que son point d'application est universel. Mais, si on la replace dans la géographie de la critique, qui considère le milieu de l'écrivain et son histoire, la personnalité de celui-ci et son évolution, le langage de l'œuvre, la psychocritique se situe dans le deuxième secteur, dont elle constitue une partie, puisqu'elle vise la personnalité inconsciente de l'écrivain. D'autre part, la critique classique n'étudie pas l'inconscient, alors que la psychanalyse étudie l'inconscient pathologique ; la critique thématique (Richard, Poulet) recherche bien un moi profond, mais reste distincte de la psychanalyse, et ce « moi » est, par conséquent, mal défini. La psychocritique considère la psychanalyse comme une science indispensable à connaître et à utiliser, mais elle ne songe pas à guérir ; elle utilise la psychanalyse pour relier une science à un art. Elle recherchera donc « l'association d'idées involontaires sous les structures voulues du texte », constituant ainsi des réseaux inaperçus ; la garantie d'une « vraie science » permet d'explorer les limites de la conscience et de l'inconscient, en descendant dans celui-ci.

L'ordre de l'analyse sera le suivant : la superposition de textes mène aux réseaux d'associations, aux groupements d'images obsédantes et involontaires. A travers l'œuvre, on recherche ensuite les modifications de ces structures qui dessinent des figures ou des situations, de façon à dégager un « mythe personnel ». Ce mythe personnel renvoie à la personnalité inconsciente de l'écrivain, à une situation dramatique interne, sans cesse modifiée par des éléments externes, mais toujours reconnaissable et persistante. On recherche enfin (mais dans le *Mallarmé*, c'était l'inverse) les correspondances avec la vie de l'écrivain. La méthode propose donc une synthèse du langage conscient et du langage inconscient ; le langage combine plusieurs logiques à la fois, comme le critique, qui passe lui-même du freudisme à la littérature.

La psychocritique (le mot n'est, nous semble-t-il, utilisé que par Mauron lui-même, si la démarche a été souvent reprise) s'est heurtée à des critiques théoriques. Genette (*Figures*, 1963) lui a reproché son scientisme ; Doubrovsky (*Pourquoi la nouvelle critique ?*) de détruire l'autonomie de l'œuvre (critique que l'on peut faire à toute méthode structurale), puisque Mauron confond volontairement les diverses œuvres d'un auteur en un ouvrage unique, de détruire le genre, puisque le théâtre de Racine n'est plus du théâtre, mais le cauchemar de Racine, et enfin de ne plus concevoir l'œuvre comme un projet, tourné vers l'avenir, mais comme la reprise d'un thème unique[1].

---

1. La position de Bellemin-Noël (*Littérature et Psychanalyse*, 1978) est plus nuancée et plus favorable.

Il reste qu'une méthode ne se juge pas seulement sur ses présupposés, mais sur son application. Nous montrerons donc comment elle fonctionne à partir de trois exemples, empruntés à Hugo, Racine et Giraudoux. Dans « Les personnages de Victor Hugo » (1967), Mauron affirme qu'il y a un domaine où roman et théâtre se confondent, celui du rêve : « Le drame rêvé se distingue du drame vrai en ceci, d'abord, qu'il est égocentrique et affectivement orienté. Cette pensée nous conduit aussitôt à considérer chez Hugo le héros, puis l'Ananké. » Le héros est le personnage « en qui toutes les relations dynamiques se croisent » (dans *Le Roi s'amuse*, non pas François Ier, mais Triboulet, comme Verdi l'a bien vu). On procède à la superposition des héros (Triboulet, Quasimodo, Frollo), puis à celle des fables, qui révélera le « fantasme sous-jacent ». L'Ananké (ou Fatalité) est « la relation du héros avec une condamnation sans appel ni grâce imaginables » ; elle est perçue comme une « présence angoissante », qui renvoie à une « réalité inconsciente [...] contraignante bien que cachée, et se manifestant soit par des passions (jalousie, vengeance), soit par des projections sur autrui (personnage ou objet fatal), soit, enfin par des rêves vécus et institutionnalisés (meurtres collectifs et légaux, persécutions, talions, tortures, caves pénales, exécutions capitales) ». Lorsqu'il y a ambiguïté (providence ou fatalité, Javert dogue ou loup, justicier ou criminel), c'est que l'origine onirique s'affirme : contraste ou antithèse, « c'est le rêve qui crée les figures en s'unissant à la pensée claire ». Mauron suit alors l'élaboration du fantasme personnel à travers les premières fictions, autour de 1830, de *Lucrèce Borgia* aux *Burgraves*, dans *Les Misérables*, dans *Les Travailleurs de la mer* et *L'Homme qui rit*. On voit que la méthode est soucieuse de genèse, de chronologie, même si, par périodes, elle superpose les œuvres pour dégager une structure commune. Le héros et l'héroïne « doivent descendre ensemble vers une mort fatale ». Notre-Dame de Paris unit « deux ordres de pensées : un fantasme et des archives », et l'on passe de Notre-Dame à Paris par l'espace et par la psychologie (le religieux et le laïque) : le monument préside au désastre des héros, tous solitaires, comme si des blessures très anciennes s'étaient réveillées chez leur créateur. D'œuvre en œuvre, on constate que les personnages « s'ordonnent selon une configuration psychique résultant elle-même de conflits très anciens ». La genèse des *Misérables* s'est faite « du dedans au dehors », à partir d'un « rêve centré et orienté » : de ses tensions internes naissent les situations dramatiques ; celles-ci demandent des personnages ; les souvenirs de l'auteur, observations ou lectures, en offrent » (ici, Mauron s'appuie sur les études génétiques de Journet et Robert sur les manuscrits). Le fantasme s'orientait vers un dénouement tragique, mais un « mécanisme de défense contre l'angoisse a inversé cette fin mélancolique pour la transformer en victoire et en divinisation ». Si, dans plusieurs œuvres, le héros se retire, se sacrifie, expie, c'est pour sauver de l'Ananké un jeune couple ou des enfants ; les deux angoisses fondamentales sont la « peur de l'autre » et la « peur du Mal ». Ces résultats, obtenus à partir du texte seul, sont alors confrontés à la biographie de Hugo : celui-ci aurait pu être victime de l'absence de sa mère pendant quatorze mois, alors qu'il en avait huit ; la psychanalyse a, en effet, montré que cette absence, pendant la première année de l'enfant, pouvait causer de graves dommages : « Je tiens ces faits pour importants, écrit Mauron, ils suffisent à expliquer l'angoisse paranoïde devant une Fatalité irrémédiable. » Telle serait la « dialectique unissant vie et création, à travers le rêve », conclut Mauron après avoir retracé les grandes crises de la vie de Hugo (adolescence, mort du père, abandon d'Adèle). Autant le réseau d'obsessions incarnées dans celui des personnages est étudié avec minutie, originalité, puissance, autant cette dernière hypothèse peut être mise en doute : mais peu importe, au fond, à la connaissance de l'œuvre.

L'étude de *Phèdre* (1964-1965 ; publiée en 1968) postule que « le drame théâtral est un fantasme ; il possède un sens affectif, qui a été éprouvé par l'auteur et doit l'être par le spectateur ». La scène représente donc « un espace mental » où se joue « un drame psychique » : « Une situation dramatique représente une situation intrapsychique », et, bien entendu, autre chose ; mais ce qui intéresse Mauron, qui n'élimine cependant aucune autre forme de critique, c'est l'origine de l'œuvre à l'intérieur du moi, et du moi inconscient. Pour découvrir le mythe personnel (ou fantasme) de Racine, il faut procéder par superpositions. Dans *Bajazet, Andromaque, Britannicus,* le héros central fuit « une femme possessive, jalouse, virile » et désire la « possession d'un être faible, désarmé, une captive » : derrière ces situations, on retrouve le même fantasme : le châtiment du désir amoureux. *Mithridate* introduit un élément nouveau, « le retour du père », qui s'empare du droit de juger et de punir : le meurtre devient alors « moral », et le fantasme a une histoire. La structure de *Phèdre* reproduit les deux schémas ; l'héroïne est à la fois mal aimée et coupable, rejoignant les amants abandonnés (Hermione). « Hippolyte recherche Aricie et repousse Phèdre » : si l'on traduit, le fantasme est « celui d'un adolescent qui ne parvient pas à se dégager d'un attachement pourtant dépassé ». Enfin, le père racinien (contrairement au père cornélien) est sans amour ni pitié : instrument du châtiment, il punit la « culpabilité amoureuse » par « l'angoisse d'abandon » et la mort solitaire ; mais l'angoisse d'abandon est antérieure au sentiment de culpabilité : « En vous abandonnant [...], le père vous laisse sans défense devant la mère possessive, qui a hérité du pouvoir et qu'on voudrait bien remplacer par une femme moins angoissante », à quoi s'ajoute le « remords d'abandonner », qui « renforce l'œdipe ». Ce qui n'empêche nullement ce mythe personnel de se combiner avec la tradition littéraire et les mythes collectifs.

Un dernier exemple sera emprunté au *Théâtre de Giraudoux*. De pièce en pièce, Mauron reconstitue des structures dramatiques : par exemple des figures féminines pures, et d'autres néfastes, associées au mensonge, à l'adultère, à la prostitution ; sous l'univers harmonieux, il lit un « drame intérieur », « dénominateur commun » de tous les schémas tracés d'œuvre en œuvre. Un moi divisé, indifférent et tourné vers le réel, pathétique et fixé à la mère et à l'enfance, évolue de telle sorte que « sans relâche, une partie de la personnalité dénonce le remplacement de la tendresse maternelle par des pulsions immorales, amoureuses ou agressives dans l'autre partie de la personnalité. Ce conflit intérieur est psychique, nullement social ». La défense du « couple pur » est une lutte contre l'angoisse montante. Ici encore, Mauron aura signalé des traits littéraires, relevé des structures, construit des synthèses valables même si l'on conteste la descente dans l'inconscient, et l'idée que Giraudoux fut « inhibé » par l'agression hitlérienne, comme « sexualisée », au point que ses œuvres de l'époque furent marquées par la « fuite vers l'irréalité » comme par « la négation de l'assaillant ». La lecture de Mauron peut lui être personnelle : elle mérite attention, respect, et parfois imitation, quoique les métaphores obsédantes s'imposent avec plus d'évidence que l'hypothétique « mythe personnel ».

Psychanalyser le texte ?

Est-il possible, demande Jean Bellemin-Noël, de « lire avec l'aide de Freud un *corpus* littéraire » en mettant l'auteur de côté, en l'oubliant ? C'est là, en effet, qu'il voit l'avenir des recherches en « psychanalyse littéraire » (*Littérature et Psychanalyse*, p. 102-103), que cette nouvelle discipline s'appelle « psychanalyse textuelle » ou « textanalyse ». Si l'on ne peut psychanalyser sérieusement ni l'auteur ni ses personnages, que reste-t-il, demandait déjà Bellemin-Noël dans son article « Psychanalyser le rêve de Swann ? » (*Poétique*, n° 8, 1971, repris dans *Vers l'inconscient du texte*, PUF, 1979), sinon la « psychanalyse d'un texte » ? On supposera donc un « inconscient du texte », qui ne se confond pas avec celui de l'écrivain.

Dans *Les Contes et leurs Fantasmes* (PUF, 1983), Bellemin-Noël précise qu'il voudrait observer « comment s'agencent les représentations fantasmagoriques dans les contes et comment elles sont prises en charge par le lecteur et/ou par l'auditeur ». Dans le cas des contes, on n'est pas gêné par un auteur à mettre entre parenthèses, puisqu'ils sont anonymes. Une étude de ce genre peut s'aborder de deux manières : la première serait analogue à celles que nous venons d'étudier, et consisterait à appliquer sur le texte « la grille des concepts et des figures du freudisme. Les épisodes narratifs sont une certaine incarnation d'un schéma bien connu, le travestissement qui préside à leur invention recourt à des processus répertoriés ». C'est ce que Jones a fait pour Hamlet, ou Marcel Moré et Simone Vierne pour Jules Verne, ce que Freud, le premier, avait appliqué à la *Gradiva* de Jensen. Mais, remarque le critique, il n'y a plus rien à gagner par ce mode d'explication : le freudisme n'en a plus besoin, déjà riche en matériel ; les littéraires objecteront que l'on va découvrir les mêmes pauvres secrets, l'œdipe, le narcissisme, les perversions. On en vient donc à la deuxième méthode, à la « textanalyse », qui veut « faire apparaître un *désir inconscient* singulier dans un *texte* singulier ». La singularité de chaque lecteur s'engage dans chaque texte, et c'est elle que l'on veut rejoindre.

Ce qui rend possible ce type d'analyse, c'est que le message supposant un émetteur et un récepteur, même si l'un des deux est « absent ou anonyme », « on peut atteindre le sens d'un seul côté ». Le critique arrivera « aux effets de vérité de l'organisation inconsciente qui anime le texte, du fait même qu'il mobilise pour cela sa propre organisation inconsciente ». Le « mécanisme sur lequel tout repose est la force d'énonciation qui traverse (comme un courant électrique) l'énoncé ». Une voix, dans le texte, me dit : « Tu vois, c'est toi, ici. » Le désir des personnages est celui du lecteur. En fait, la lecture « textanalytique » combinera les deux méthodes : elle décrypte les contes selon des figures ; puis un engagement *transférentiel* reprend, de manière orientée, les interprétations de détail. Soit *La Belle au bois dormant* : le fuseau, la blessure, le sommeil, la vieille, la fée oubliée, tout peut être traduit : castration, avidité du désir paternel, pénis imaginaire de la mère, etc. Mais il reste à reprendre le conte dans une *construction*, ce que fait Bellemin cent pages plus loin. Ici, il s'oppose à la *Psychanalyse des contes de fées (The Uses of Enchantment)* de Bettelheim, dont il critique l'interprétation pédagogique : pour Bettelheim, les contes « constituent un apprentissage de l'affectivité normale » ; pour les freudiens européens, ils permettent aux enfants de « fantasmer pour le plaisir ». Ce que Bellemin-Noël lit dans le conte, c'est une princesse qui « n'est pas sortie de cet état indistinct où la psyché se construit [...]. Nous sommes exactement entre la fusion avec le corps maternel de la vie intra-utérine et l'avènement du narcissisme lié à l'expérience du miroir, avec ses couleurs coupables d'inceste ». On redécouvre alors le « plaisir d'organe » et « l'instance de l'archaïque », retrouvant en nous « une ancienne culpabilité narcissique ». En somme, le critique se veut disponible à « la *force fantasmante* » des œuvres analysées, passant du « divan » où il lit au « fauteuil » où il « reformule autrement » sa lecture : le reste du plaisir originel est dans le détail de l'analyse.

Dans le domaine de la psychanalyse limitée au texte, il faut signaler l'importance de l'œuvre de Marthe Robert. Son livre le plus achevé, le plus important (mais on connaît ses travaux sur Freud et sur Kafka) nous paraît être *Roman des origines et origines du roman* (Grasset, 1972 ; Gallimard, collection Tel, 1977). On y voit comment la psychanalyse freudienne peut rendre compte non seulement d'une seule œuvre, mais de cet immense ensemble de textes que constitue un genre littéraire, sans qu'à aucun moment l'inconscient du romancier, des romanciers, ne soit pris en compte (on verra d'ailleurs que, comme l'étude est centrée sur Defoe et Cervantès, il eût été difficile de l'explorer). Tout part d'une découverte de Freud, qu'il expose dans *Le Roman familial des névrosés* (publié en 1909, mais mentionné dès 1897) : une « forme de fiction élémentaire, consciente chez l'enfant, inconsciente chez l'adulte normal et tenace dans de nombreux cas de névrose », dont la structure contient toujours le même décor, les mêmes personnages, le même sujet, et qui est liée au « principe même de l'imagination ». Déçu par les parents qu'il a d'abord adorés, chassé du paradis, l'enfant se regarde comme « trouvé, ou adopté » : ayant perdu ses parents nobles, il se sent délaissé par ses parents « roturiers » ; l'enfant est alors « seul en face de deux couples antithétiques qu'il englobe dans une même vénération et un même ressentiment ». La découverte de la sexualité permet, dans une seconde étape, à l'enfant de ne plus fabuler que sur le père, roi et chimérique, la mère restant roturière et proche. Le premier stade est celui de « l'enfant trouvé », le second celui du « bâtard ». Ce scénario permet de définir l'ensemble des romans, parce qu'il révèle « l'origine psychique du genre », et qu'il « est le genre lui-même ». Le roman reproduit donc un fantasme déjà romancé, d'où il tire ses motifs obligatoires comme la liberté de ses variations formelles. Il veut « faire vrai », mais aussi se retirer d'un monde décevant, imiter ou feindre. Il présente deux héros : le Don Quichotte qui rêve en enfant trouvé n'a pas le même « âge psychique » que Robinson, le bâtard, qui transforme le monde ; « là est bien en effet, écrit Marthe Robert, la ligne de partage des deux grands courants que le roman peut suivre et a effectivement suivis au long de son histoire, car à strictement parler il n'y a que deux façons de faire un roman : celle du Bâtard réaliste, qui seconde le monde tout en l'attaquant de front ; et celle de l'Enfant trouvé qui, faute de connaissance et de moyens d'action, esquive le combat par la fuite ou la bouderie. »

Il s'agit, en fait, de deux « points de vue » sur l'histoire du roman, qui peuvent même alterner dans l'œuvre d'un seul auteur. Mais, « pour le principal », le romancier qui s'engage envers le monde tient du « bâtard œdipien », et celui qui crée un autre monde laisse la voix à l'enfant trouvé. Dans la première série, Marthe Robert range Balzac, Hugo, Sue, Tolstoï, Dostoïevski, Proust, Faulkner, Dickens ; dans la seconde, Cervantès, Cyrano de Bergerac, Hoffmann, Jean-Paul, Novalis, Kafka, Melville. D'un côté, le romancier « imite Dieu », de l'autre, il est « Dieu lui-même ». A partir de ce modèle freudien, Marthe Robert lit les textes, contes de fées, ouvrages romantiques allemands, *Le Château* de Kafka, « pays sans nom et paradis perdus » ; elle aborde ensuite *Robinson Crusoé* et *Don Quichotte*, cœur de l'analyse, et les « robinsonnades et donquichotteries » des imitateurs. Le roman contemporain sera « pris tout entier dans cette dialectique du « oui » au monde et du « non » à la réalité qui est pour toute œuvre marquante non seulement la source d'une foule d'idées neuves, mais comme la tension même de la création ». Donc, à aucun moment, l'analyse de Marthe Robert ne se porte vers l'inconscient de Balzac, ou de Kafka : dans le cycle balzacien, elle retrouve le « bâtard » freudien, dont elle suit la démarche dans tous les détails de *La Comédie humaine*. En revanche, à propos de Flaubert, elle revient à d'autres textes de Freud, et rencontre la trace de la « scène primitive » dans les *Mémoires d'un fou*, ce qui complète le « roman familial » : lire un texte, pour Marthe Robert, c'est dégager une typologie freudienne qui rend inutile la connaissance de la biographie.

Psychanalyser l'auteur

Et pourtant, même Marthe Robert ne résiste pas, fût-ce en notes, au désir de psychanalyser Flaubert au-delà de ses romans. On comprend d'autant mieux que certains aient conçu d'écrire de véritables biographies psychanalytiques, ou psychobiographies. Après le *Poe* de Marie Bonaparte, *La Jeunesse d'André Gide* de Jean Delay (Gallimard, 1956), *Hölderlin et la question du père* de Jean Laplanche (PUF, 1961), Dominique Fernandez, dans *L'Arbre jusqu'aux racines. Psychanalyse et Création* (Grasset, 1972), a proposé une méthode[1] et trois exemples (Michel-Ange, Mozart, Proust), qu'il a par la suite appliquée également à Eisenstein. C'est dire que tous les artistes sont justiciables de la méthode (Mauron a lui-même laissé des études sur Van Gogh), comme Freud l'avait montré à propos de Vinci, E. et R. Sterba à propos de Beethoven. Le but proposé est de « saisir les motivations inconscientes du processus créateur », de « reconnaître la solidarité profonde qui unit la vie d'un homme et sa production artistique ». Les livres sortent de « l'expérience infantile ». Le psychobiographe étudie dans l'œuvre « les répercussions du trauma infantile », mais la vie et l'œuvre proviennent d'une source inconsciente qui leur est commune. La psychobiographie est l'étude « de l'interaction entre l'homme et l'œuvre et de leur unité saisie dans ses motivations inconscientes ». On part donc de l'enfance, et non, comme Sainte-Beuve, de l'âge adulte ; et de l'œuvre, non seulement dans son contenu, manifeste ou latent, mais dans ses formes (genre littéraire, vocabulaire). Chez Pavese, on découvre ainsi, comme « principe conducteur », une « névrose d'échec et

1. Pour une critique de cette méthode, voir Bellemin-Noël, *Psychanalyse et Littérature*, p. 90-93, et A. Clancier, *op. cit.* Pour l'application à Proust, notre *Proust* (Belfond, 1983), p. 192-194. Cet ouvrage contient, p. 191-198, un bilan des études psychanalytiques appliquées à l'auteur de la *Recherche*.

d'autopunition » ; Fernandez étudie de même la genèse de l'homosexualité chez Julien Green (qui la déforme dans ses récits autobiographiques) : non plus « tel homme, telle œuvre », mais « tel enfant, telle œuvre » ; la vie et l'œuvre sont des « constructions postérieures élevées pour servir de refuges, pour détourner, pour conjurer une situation d'enfance incomplètement surmontée ». Les circonstances biographiques remplacent les associations libres de la cure analytique, et, comme Delay, Fernandez pense que l'écriture est une « sorte de cure », parce que s'opère un transfert entre le romancier et son double. Certes, certains hommes ont été étouffés par leur enfance (Poe, Pavese, Byron, Leopardi, Van Gogh) ; d'autres en ont triomphé. La psychobiographie explique mieux l'œuvre des premiers que celle des seconds ; elle peut se heurter au manque de documents ; enfin, le choix de son objet par le psychobiographe reste mystérieux ; ce sont les trois limites que reconnaît Fernandez à sa méthode, qui complète ainsi celle de Mauron. De Freud à notre époque, de l'œuvre à l'homme, du conscient à l'inconscient, du critique à l'auteur, le cercle tourne toujours.

d'autopunition ; Fernandez étudie de même le goût de l'homosexualité chez Julien Green (qui le décrit dans ses récits autobiographiques), non plus « tel homme, telle œuvre », mais « tel enfant, telle œuvre », la vie et l'œuvre sont des « constructions postérieures élevées pour servir de refuges, pour détourner, pour couvrir une situation d'enfance incomplètement surmontée ». Les circonstances biographiques remplacent les associations libres de la cure analytique, et, comme Delay, Fernandez pense que l'écriture est une espèce de cure, parce que s'opère un transfert entre le romancier et son double. Certes, certains hommes ont été vaincus par leur enfance (Poe, Pavese, Byron, Leopardi, Van Gogh), d'autres en ont triomphé. La psychobiographie explique mieux l'œuvre des premiers que celle des seconds ; elle peut se heurter au manque de documents ; enfin, le choix de son objet par le psychobiographe reste mystérieux. Ce sont les trois limites que reconnaît Fernandez à sa méthode, qui complète ainsi celle de Mauron. De Freud à notre époque, de l'œuvre à l'homme, de l'écrivain à l'inconscient, du critique à l'auteur, le cercle tourne toujours.

CHAPITRE VI

SOCIOLOGIE DE LA LITTÉRATURE

Les méthodes analysées jusqu'ici concernent la conscience individuelle, ou l'inconscient de l'écrivain. L'originalité de la sociologie de la littérature est d'établir, et de décrire, les rapports entre la société et l'œuvre littéraire. La société existe avant l'œuvre, parce que l'écrivain est conditionné par elle, la reflète, l'exprime, cherche à la transformer ; elle existe dans l'œuvre, où l'on retrouve sa trace, et sa description ; elle existe après l'œuvre, parce qu'il y a une sociologie de la lecture, du public, qui, lui aussi, fait être la littérature, des études statistiques à la théorie de la réception. Ce n'est pas le XXe siècle qui a découvert l'analyse des relations entre la société et la littérature : au XIXe siècle, des critiques, parmi lesquels Mme de Staël et Taine, des philosophes, comme Hegel et Marx, ont posé des principes dont tous les développements ultérieurs, consciemment ou inconsciemment, dépendent. Au début du XXe siècle, parallèlement aux travaux de Durkheim, Lanson s'interroge sur « L'histoire littéraire et la sociologie » (*Revue de Métaphysique et de Morale,* 1904). Bientôt, autour d'un débat que dominent les marxistes, la bibliographie est considérable, et la sociologie de la littérature se divise en plusieurs branches, telle la sociocritique, qui étudie d'abord le texte[1].

1. *Fondateurs*

GEORGES LUKACS (1885-1971)

Georges Lukacs domine toute la sociologie de la littérature

1. On trouvera une bibliographie générale dans *Le Littéraire et le Social, éléments pour une sociologie de la littérature,* sous la direction de R. Escarpit, Flammarion, 1970, à compléter par C. Duchet, *Sociocritique,* Nathan, 1979, et Pierre V. Zima, *Manuel de sociocritique,* Picard, 1985.

au XXe siècle : c'est que, pendant longtemps, la philosophie l'emporte sur l'enquête statistique ou de terrain. Sa première œuvre critique importante est *La Théorie du roman*[1], écrite en 1914-1915, publiée à Berlin en 1920, traduite en français en 1963 (chez Gonthier). Elle est antérieure à la grande période marxiste du philosophe hongrois, et plus proche de Hegel, de Dilthey et de Max Weber. Lukacs définit ainsi la mode, et la méthode, des « sciences de l'esprit » : partant de quelques traits caractéristiques d'une période, saisis de manière intuitive, on crée des concepts généraux à partir desquels « on redescend déductivement jusqu'aux phénomènes singuliers, avec la prétention d'atteindre ainsi à une grandiose vue d'ensemble ». A Hegel, Lukacs emprunte surtout « l'historicisation des catégories esthétiques ». Sur celle-ci, il fonde une dialectique des genres littéraires. Elle rejoint la société, parce que *La Théorie du roman* affirme que « la forme romanesque est le reflet d'un monde disloqué » ; ici, il se sépare de Hegel, sans doute sous l'effet de la guerre de 1914, qui lui fait découvrir le présent comme coupable, rejoignant ainsi Kierkegaard. De manière encore théorique, ce livre ne cesse de mettre en rapport l'évolution littéraire et l'évolution sociale, une structure littéraire et un moment d'une « dialectique historico-philosophique ». Une grande forme littéraire correspond à chaque étape de l'histoire sociale.

Lukacs est donc amené à esquisser un panorama des sociétés qui se sont partagé l'Histoire. La Grèce est une civilisation où les réponses ont précédé les questions, où l'âme est en harmonie avec le monde, un monde clos et parfait. Des « formes intemporelles exemplaires » « correspondent à la structuration » de ce monde : épopée, tragédie, philosophie, qui exhibent « l'homme vivant » d'Homère, le héros tragique, le sage de Platon. Ce monde clos des Grecs sera recréé par la chrétienté du Moyen Age, chez saint Thomas et chez Dante. Le roman remplace l'épopée lorsque le sens de la vie est devenu problématique ; la prose succède alors au vers épique, et le vers lui-même devient lyrique. Alors apparaît, dans un monde contingent, l'individu problématique : « Le roman est l'épopée d'un monde sans dieux ». La platitude petite-bourgeoise des personnages de Dickens vient de ce qu'ils représentent « les types idéaux d'une humanité capable de s'accommoder, sans conflit intérieur, à la

1. Il avait publié en 1911 *L'Ame et les Formes*.

société bourgeoise » du temps. Au XIXe siècle, le roman de l'intériorité marque que le héros refuse de se réaliser dans le monde, se réfugie en lui-même, et juge le combat avec l'extérieur impossible. C'est le roman de la désillusion. Ce désaccord entre le héros et le monde se manifeste de la manière la plus totale dans le temps : « La plus profonde, la plus humiliante impuissance de la subjectivité à faire ses propres preuves se manifeste moins par le vain combat mené contre des structures sociales privées d'idées et les hommes qui les représentent, que dans le fait qu'elle est sans force devant le cours inerte et continu de la durée. » Dans l'épopée, au contraire, les héros ne vieillissaient pas. Le temps se trouve lié à la forme romanesque parce que son contenu est la quête d'une introuvable essence. Sans connaître Proust, Lukacs voit dans l'action du roman « un combat contre les puissances du temps », qui culmine dans les victoires remportées sur le temps ; le chef-d'œuvre de ce type de roman est, pour lui, *L'Éducation sentimentale*: « Tout ce qui advient est dénué de sens, incohérent et pénible, mais s'irradie en même temps d'une lumière d'espoir et de souvenir. » On comprend donc que les révolutions esthétiques ont en réalité des causes historiques ; face à un monde éclaté, il n'y a plus d'œuvre close et parfaite : *La Théorie du roman* s'achève sur l'image de Dostoïevski, romancier du « monde nouveau ». Cet ouvrage, encore hégélien, a, par sa représentation des structures littéraires comme liées au développement social, par son « éthique de gauche », suivant l'expression que Lukacs emploie dans sa préface de 1962, préparé certains instruments critiques qui resserviront dans les ouvrages marxistes de l'auteur. Pour ceux qui ne le suivront pas, il reste un beau livre, intermédiaire entre l'idéalisme allemand et la critique d'Auerbach.

Les articles de 1934-1935, rassemblés en 1951, et traduits en 1967 sous le titre *Balzac et le réalisme français*, témoignent d'autant plus de l'évolution de Lukacs qu'ils traitent le même corpus que *La Théorie du roman*. Comme le dira le philosophe en 1962, à propos de ce dernier ouvrage : « L'atmosphère dans laquelle ce livre fut écrit était donc celle d'un permanent désespoir devant la situation mondiale. C'est 1917 seulement qui devait m'apporter la solution de problèmes qui m'avaient jusqu'alors paru insolubles. » Il y a entre le communisme et la pensée de Lukacs le même rapport qu'entre les auteurs qu'il étudie et la société de leur temps. La pensée critique de *Balzac et le réalisme français* puise à deux sources : l'histoire du roman au XIXe siècle, et le marxisme. Derrière l'histoire du roman, il y a le sens de l'Histoire, exprimé par la philosophie de l'Histoire. Lukacs repart de *L'Éducation sentimentale*, pour demander si « l'obscurcissement de l'horizon, auquel *L'Éducation sentimentale* donna pour la première fois une expression adéquate, est un sort définitif et fatal, ou bien un tunnel qui, malgré sa longueur, comporte une issue ? » Sa pensée s'appuie maintenant sur la « théorie marxiste de l'Histoire », « science du mouvement ascendant global de l'humanité »[1]. Cette science permet de reconnaître les grandes œuvres classiques, qui expriment « la totalité de l'homme » : elles présentent un double aspect, parce qu'elles reflètent « de grandes étapes particulières de l'évolution humaine », et qu'elles guident « dans la lutte idéologique pour atteindre la totalité de l'homme » ; c'est le rôle des Grecs, de Dante, Shakespeare, Goethe, Balzac, Tolstoï, Gorki. L'œuvre exprime un moment de la société passée, et joue un rôle dans le présent, en nous orientant vers l'avenir.

Le rôle éminent de l'œuvre réaliste, qui est en même temps classique, apparaît ici. Elle se caractérise par l'invention du *type*, en qui « convergent et se rencontrent tous les éléments déterminants, humainement et socialement essentiels, d'une période historique ». Le réalisme s'oppose au morcellement du physiologisme et du psychologisme, qui rétrécissent la littérature ; celle-ci est à la fois une expression et une prédication, parce que l'homme est un fait et une tâche à accomplir, « en rapport organique étroit avec les composantes historiques et sociales ». L'écrivain présente « à la société moderne le miroir révélateur dans lequel nous pouvons suivre aujourd'hui le chemin du Golgotha de la totalité humaine » ; son objet, l'homme, est « indissolublement lié à la vie de la société, à ses luttes, à sa politique », il en vient, il y retourne. Entre deux extrêmes, « le roman à thèse bien pensant », trop étriqué, et le roman des « délices de la vie privée », le roman réaliste définit « une troisième voie », qui convient à une époque « où la transition s'opère sous forme de crise », de la ruine à la renaissance. Le grand écrivain se caractérise par l'appétit de réalité, qui l'emporte sur ses préjugés, sur ses intentions ; Lukacs se réfère ici au texte, si souvent cité, d'Engels sur Balzac, qui, bien que légitimiste, a réussi à analyser les structures de la société de son temps. Les personnages se développent non selon la volonté de l'auteur, mais selon « la dialectique interne de leur

1. Cf. G. Lukacs, *Marx et Engels historiens de la littérature*, 1931-1935, traduction française, L'Arche, 1975.

existence sociale et psychologique ». Tout cela pose le problème de la « vision du monde » de l'écrivain : les « idées » de celui-ci en constituent le niveau superficiel ; au niveau profond se trouvent « les grands problèmes de l'époque et les souffrances du peuple », qui s'expriment à travers les personnages. Le point commun entre tous les grands réalistes — mais on comprend que pour Lukacs ce sont les seuls artistes qui comptent — est donc « l'enracinement dans les grands problèmes de leur temps et la représentation impitoyable de l'essence véritable de la réalité ». Reste à expliquer comment tous les grands écrivains ne se ressemblent pas : la réponse se contente d'évoquer, en termes vagues, « l'individualité artistique ». L'article sur *Les Paysans* de Balzac illustre ces conceptions : ce roman décrit ce que Marx, dans *Le Dix-Huit Brumaire,* a dépeint « comme l'essence de l'évolution de la parcelle après la Révolution française ». Le critique, qui connaît l'évolution économique et sociale du XIXe siècle, confronte le roman à ce savoir antérieur, et juge le texte en fonction de sa conformité à ce modèle, qu'il illustre de manière concrète. La richesse du concret, c'est la part de la littérature ; la tâche du critique est de retrouver, dans les individus et les épisodes romanesques, « les grandes forces qui régissent l'évolution sociale ». La même analyse est menée à partir d'*Illusions perdues,* ou sur « Balzac critique de Stendhal », dans deux articles de 1935 : les deux grands romanciers représentent « deux extrêmes significatifs parmi les positions possibles vis-à-vis de l'évolution de la société bourgeoise dans la période comprise entre 1789 et 1848 ».

Cependant, le grand livre de Lukacs, du point de vue littéraire, reste *Le Roman historique* (1937 ; traduction française, Payot, 1965). Dans une préface de 1960, Lukacs énonce clairement son point de vue méthodologique : « La recherche de l'action réciproque entre le développement économique et social et la conception du monde et la forme artistique qui en dérivent. » Cet ouvrage, de quatre cents pages, n'est présenté que « comme un commencement, une tentative », « une contribution préliminaire tant à l'esthétique marxiste qu'à la façon matérialiste de traiter l'histoire littéraire ». Mais, contrairement à nombre de ses épigones, Lukacs ne se borne pas à une théorie ornée de quelques exemples : son livre vaut autant par les études historiques que par les principes méthodologiques. Si « les bouleversements sociaux des temps modernes » sont la cause de l'ascension et du déclin du roman historique, si « ses divers problèmes de forme ne sont que des reflets artistiques de ces bouleversements », l'analyse des œuvres est toujours, et parfois en dépit de la théorie qui la supporte ou l'alourdit, nouvelle et féconde. Sur le roman historique, le livre fait encore autorité.

Le genre du roman historique présente l'intérêt capital d'être produit par le développement historique, tout en traitant lui-même de l'Histoire. Aussi Lukacs étudie-t-il d'abord « les conditions socio-historiques de la genèse du roman historique ». La Révolution, Napoléon ont fait découvrir le sens de l'Histoire, le sentiment national, la conscience des transformations sociales. Cet ensemble constitue « le fondement économique et idéologique pour la genèse du roman de Walter Scott ». Celui-ci figure dans ses héros les diverses forces sociales, les luttes et les antagonismes de l'époque, et personne ne l'avait fait aussi bien que lui. Ses personnages principaux sont, certes, décents, moyens, bornés, mais c'est qu'ils représentent la classe moyenne britannique. Le roman décrit le heurt des extrêmes, et, au cœur de l'intrigue, le héros aide à établir des relations humaines entre les forces sociales opposées, entre les deux camps : tel Waverley entre les Stuart et les Hanovriens, et proche de la vie quotidienne, populaire, qui continue malgré la guerre civile. Les « grands hommes », eux, sont les porte-drapeau des aspirations populaires, positives ou négatives. Certaines formes littéraires découlent de ces données : l'élément dramatique, la concentration des événements, l'importance des dialogues qui confrontent les contraires. La crise historique générale et profonde détermine donc la crise apparente entre les personnages. Ce n'est pas l'entassement de menus détails historiques, mais la profondeur avec laquelle la crise est vécue, qui constitue le roman ; il ne fait pas appel à une curiosité érudite, mais aide à revivre « une phase du développement de l'humanité ». Ainsi Tolstoï, loin de raconter la guerre en détail, choisit quelques épisodes pour signifier « tout l'état d'esprit de l'armée russe et par elle du peuple russe » ; lorsqu'il veut décrire Napoléon, il sort au contraire du roman, abandonne « les moyens d'expression de la littérature », et a recours aux moyens intellectuels de l'essai. La réalité historique doit être montrée de manière artistique. C'est dire que les héros sont individualisés, et que les grands hommes n'apparaissent que dans les instants réellement importants, comme des personnages secondaires du roman : leur image en est mieux préservée, ainsi que la fiction.

Lukacs reconnaît ensuite dans l'œuvre de Scott la présence de l'ensemble des couches populaires, de la « totalité de la vie nationale » : « Son vigoureux caractère populaire se manifeste dans le fait que le "bas" est considéré comme la base matérielle et l'explication artistique de ce qui arrive "en haut". » D'autre part, Scott est un défenseur du « progrès », parce qu'il donne « une vie poétique à des forces historiques, sociales et humaines qui, au cours d'une longue évolution, ont fait de notre vie actuelle ce qu'elle est et l'ont rendue telle que nous la vivons ». Le critique est alors conduit à décomposer l'ensemble du système social de Scott, par classes : les couches supérieures, déjà déchues, mis à part « quelques champions du progrès historique, notamment Louis XI », et des aristocrates qui sont restés en liaison avec le peuple, la bourgeoisie anglo-écossaise, les paysans « indépendants et libres ». Analysant les clans écossais, Scott a su montrer à la fois leur grandeur primitive et la nécessité de leur déclin tragique, de sorte que « ce qui chez Morgan, Marx et Engels a été élaboré et démontré avec une clarté théorique et historique, cela vit et s'anime sous une forme poétique dans les meilleurs romans historiques de Walter Scott ». Le romancier figure ce qu'Engels démontre ; il se garde cependant de moderniser ses personnages dans un décor ancien, comme Lukacs reproche aux romantiques d'avoir fait.

La méthode de Lukacs apparaît encore lorsqu'il étudie l'influence de Scott sur Manzoni, Pouchkine, Gogol. Le *Tarass Boulba* de ce dernier est d'un grand artiste, mais, lorsque Gogol invente un épisode dramatique, il « sait insérer organiquement cet épisode tragique dans l'ensemble et néanmoins faire sentir qu'il ne s'agit pas d'un cas individuel, mais du problème fondamental de la contagion d'une société primitive par une civilisation plus développée qui l'environne, d'une tragédie du déclin nécessaire de toute cette formation ». Ainsi, toute invention, toute variation est jugée en fonction de sa conformité à un modèle, à une théorie sociologique. Lorsque Lukacs trouve, à juste titre, Pouchkine supérieur à Scott, puisqu'il ne s'agit que d'art, et que leur compréhension de l'Histoire est identique, sa méthode ne lui permet pas de justifier ce jugement. D'autre part, puisque le critique traduit en concepts l'art du romancier, supprimant le concret qui fait le charme du roman, il retrouve non Scott ni Gogol, mais Marx et Engels. On ne sera pas surpris que Vigny et Hugo soient condamnés pour avoir transformé les réalités historiques en « fable moralisante », contaminés par le romantisme légitimiste et réactionnaire. Mérimée a le sens du détail historique ; son erreur est de ne pas rattacher les événements de la vie privée de ses personnages à « la vie réelle du peuple », ni au « grand événement historique qu'il est censé représenter », la Saint-Barthélemy, dans la *Chronique du règne de Charles IX.* Stendhal, bien qu'il procède à une juste critique de la société bourgeoise de son temps, n'a pas su y voir une « nécessité historique ». Seul, Balzac, dans la génération romantique française, a pu recueillir la leçon de Scott, et la dépasser : la raison en est elle-même historique, parce que Scott a vécu à une période où l'avenir de la société bourgeoise anglaise semblait assuré ; Balzac, lui, est contemporain d'un véritable bouleversement des forces sociales. L'analyse de la Révolution de 1830 permet de comprendre la fragilité de la société française, qui inspire *La Comédie humaine*, roman historique du présent : c'est une nécessité sociale qui a poussé Balzac, comme Tolstoï. Un genre est « le reflet artistique particulier de faits particuliers de la vie ».

On voit poindre ici une objection : si nous ne connaissons la réalité historique et sociale que par la peinture qu'en donne le roman, comment savoir qu'elle est vraie ? Mais si nous la connaissons par d'autres moyens que le roman, à quoi sert-il ? Ce reflet risque d'être aussi vain que celui de la lune à la surface de l'eau. En tout cas, l'écrivain ne peut connaître le passé que si « la structure sociale du présent, son niveau de développement, le caractère de ses luttes de classes, etc., favorise, gêne ou empêche une connaissance adéquate du développement passé ». Lukacs met ici en lumière l'interaction du roman social et du roman historique : le premier rend le second possible, le second transforme le premier en une « authentique histoire du présent ». Il importe moins de résumer l'ensemble de cet ouvrage considérable que de montrer comment sa méthode conduit à exposer, avec une étrange naïveté, l'asservissement de la critique littéraire au matérialisme historique : « Nous sommes encore loin de pouvoir considérer la prose capitaliste, écrit-il dans sa conclusion, comme une période de l'évolution humaine complètement passée, qui n'appartient réellement qu'au passé. Le fait qu'une tâche centrale de la politique intérieure de l'Union soviétique consiste à venir à bout des survivances du capitalisme dans l'économie et dans l'idéologie montre que même dans la réalité socialiste la prose capitaliste est encore un facteur sur lequel on doit compter, bien qu'il ait été vaincu et soit condamné à la destruction définitive. » La sociologie de la littérature, polémique et militante, est toujours tentée de dire ce qui est, certes, mais aussi ce qui aurait dû être et ce qui doit être.

De la même époque, 1932-1940, les essais recueillis dans *Problèmes du réalisme* (édition allemande, 1971 ; traduction française, L'Arche, 1975), écrits à Moscou, apportent d'importants compléments à la théorie sociologique de la littérature : « A propos de la satire », « Grandeur et décadence de l'expressionnisme », « Raconter ou décrire », « La physionomie intellectuelle dans la figuration artistique », « Écrivain et critique ». Chacune de ces questions est posée à partir d'une base socio-historique : l'état social produit la satire, qui à son tour le dénonce dans son essence, mais sous des masques. L'écrivain a une vision « correcte » des choses en fonction de sa « situation de classe concrète » et de la « justesse du contenu qui lui est à partir de là *accessible* ». Le personnage a une figure intellectuelle s'il ressent « les questions les plus abstraites de son temps comme ses propres questions personnelles », s'il est relié à l'universel : chez Balzac, c'est le héros le plus conscient qui est la figure centrale, Vautrin ou Gobseck. La représentation de l'intelligence joue un rôle déterminant dans la définition d'une catégorie chère à Lukacs, le typique. Elle se distingue du formalisme en ce qu'elle reflète, en les généralisant, « les relations conflictuelles entre les hommes », comme les effets de parallélismes ou de contrastes. Quant au triomphe de la description sur la représentation épique de forces cachées, elle caractérise le naturalisme de Zola, et la littérature soviétique de l'entre-deux-guerres ; le roman, au lieu de participer, observe, au lieu de structurer, « nivelle » : « La méthode descriptive dominante est en contradiction avec la réalité historique fondamentale de notre grande époque », note Lukacs en 1936. Enfin, la division entre « écrivain et critique » est due à l'évolution du capitalisme, qui « a réduit aussi bien les écrivains que les critiques au rang d'étroits spécialistes ; elle leur a ôté cette universalité et cette dimension concrète des intérêts humains, sociaux, politiques et artistiques qui caractérisaient la littérature de la Renaissance, la littérature des Lumières et la littérature de toutes les périodes qui ont préparé les révolutions démocratiques ».

Il est intéressant de voir, au prix d'un saut de trente ans, comment la déstalinisation a modifié la pensée de Lukacs, dans son *Soljénitsyne* (1970)[1]. La nouvelle, indique le philosophe, apparaît lorsque la littérature commence à conquérir le social,

1. Les deux études du volume datent, en fait, de 1964 et 1969.

ou au contraire lorsqu'elle a achevé cette conquête: Boccace est un précurseur du roman moderne, Maupassant adresse un adieu au monde de Balzac. La nouvelle traite non de la totalité du monde, mais d'un cas particulier. Dans « Une journée d'Ivan Denissovitch », il s'agit moins de la fin d'une période que du début d'une autre: de la fin du règne de Staline et du stalinisme moins que de la « renaissance du marxisme ». La littérature, renonçant au réalisme socialiste, change aussi de forme, parce que « tout style vraiment nouveau prend son origine dans ce fait que les écrivains sondent la vie de leur temps en quête de formes spécifiques, dynamiques et structurelles qui la caractérisent au plus haut point, et se révèlent capables [...] de découvrir une forme qui le réfléchisse et dans laquelle ses traits les plus profonds et les plus typiques trouvent une expression appropriée ». Le problème est toujours le même: comment retrouver, sous les formes poétiques, les « forces sociales concrètement agissantes »? Soljénitsyne apparaît en cela comme l'héritier de Tolstoï et de Dostoïevski, un auteur « plébéien », mais non communiste — ce que regrette Lukacs, qui, jusqu'à la fin de sa vie, sera resté fidèle, sinon à Staline, du moins à Lénine. Il faut donc, chez lui comme chez Balzac, séparer les idées superficielles de la description des structures profondes.

LUCIEN GOLDMANN (1913-1970)

Dès 1947, Goldmann formule un postulat sur lequel il ne variera pas, et qui fonde sa méthode: « Pour le matérialisme historique, l'élément essentiel dans l'étude de la création littéraire réside dans le fait que la littérature et la philosophie sont, sur des plans différents, des expressions d'une vision du monde, et que les visions du monde ne sont pas des faits individuels, mais des faits sociaux » (« Matérialisme dialectique et histoire de la littérature », recueilli dans *Recherches dialectiques*, Gallimard, 1959). Au centre de cette pensée, le concept de « vision du monde », qui est « un point de vue *cohérent* et *unitaire* sur l'ensemble de la réalité ». Ce point de vue n'est pas celui, toujours variable, de l'individu, mais le système de pensée d'un groupe d'hommes qui se trouvent dans les mêmes conditions économiques et sociales. L'écrivain exprime ce système, de manière d'autant plus significative qu'un plus grand nombre d'auteurs reflète le groupe: le Tiers État et la littérature réaliste jusqu'au XVIIe siècle, la petite noblesse et le romantisme, les milieux de robe et le jansénisme.

La première étape de la recherche consiste, avant de chercher les rapports entre l'œuvre et les classes sociales de son temps, à « la comprendre elle-même dans sa signification propre ». Goldmann est l'un des premiers à avoir affirmé, dès 1947, ce thème, si souvent repris par Barthes et la critique contemporaine, selon lequel l'auteur ne connaît pas mieux que d'autres « la signification et la valeur de ses écrits », et qu'interroger ses témoignages, ses lettres n'est pas forcément le meilleur chemin pour les comprendre : entre les intentions conscientes de l'artiste et les formes dans lesquelles il incarne sa vision du monde, il peut y avoir un décalage, souligné également par Lukacs. Une « analyse esthétique immanente » dégagera la « signification objective de l'œuvre », que le critique met, ensuite, « en relation avec les facteurs économiques, sociaux et culturels de l'époque ». Le critère fondamental reste « la valeur esthétique » ; plus celle-ci est grande, plus la méthode fonctionne, plus l'œuvre se comprend par elle-même, plus elle incarne une vision de l'univers « qui, par ailleurs, est encore en train de se constituer et s'est à peine dégagée dans la conscience du groupe social », et moins il est nécessaire d'étudier la biographie et les intentions de l'auteur : « C'est lorsque Goethe n'est plus à sa propre hauteur que le ministre de Weimar se fait sentir dans son œuvre. » La relation que le créateur entretient avec le groupe auquel il appartient ou qu'il exprime est susceptible d'être troublée, ou même interrompue ; elle ne constitue nullement un rapport de cause à effet : « C'est au moment où ils étaient en discussion avec Port-Royal que Racine et Pascal élaboraient la plus haute expression philosophie et littéraire de ce groupe et de la classe qu'il exprimait. »

La conception de l'œuvre que Goldmann a élaborée au cours de sa carrière lutte contre ce que celle de Lukacs, son maître, pouvait avoir de schématique. L'artiste « ne copie pas la réalité », mais « crée des êtres vivants », un monde ayant une certaine structure, dont la richesse et l'unité font la valeur : « C'est pourquoi il peut y avoir d'authentiques œuvres d'art, les poèmes de Rilke par exemple, qui expriment des visions du monde mystiques et réactionnaires, et c'est pourquoi les grandes œuvres d'art peuvent garder éternellement leur valeur. » L'écrivain de génie est, cependant, celui « qui n'a besoin que d'exprimer ses intuitions et ses sentiments pour dire en même temps ce qui est essentiel à son époque et aux transformations qu'elle subit » : le génie est toujours « progressiste ». Au paradis de Goldmann entrent les « réactionnaires », qui ne pénètrent pas dans celui de Lukacs ; ils n'y sont pas à la première place. On ne partira donc ni de la vie de l'auteur, ni de son œuvre seule : chacune de ces deux méthodes est incomplète, et le critique est, de toute façon, incapable d'aimer comme Goethe ou Dante, ou de penser comme eux. On en vient à l'explication sociologique, dont Goldmann reconnaît aussi, avec la même modestie que Mauron à l'égard de la psychanalyse, qu'elle « n'épuise pas l'œuvre d'art », mais « constitue un premier pas indispensable » sur la voie qui y mène.

Dans sa thèse, *Le Dieu caché* (Gallimard, 1956), comme dans les articles qui l'entourent, Goldmann met en pratique sa méthode. Des recherches considérables sur le jansénisme, Pascal et Racine y figurent, qui méritent plus de respect que n'en ont parfois témoigné des polémistes expéditifs. Certes, toujours marxiste, mais aussi influencé par *L'Épistémologie génétique* de Piaget (1953), le sociologue s'oriente non plus vers les contenus de la pensée, mais vers « la *structure schématique* d'une pensée collective » et vers l'influence qu'elle peut exercer. Il étudie des « structures paradoxales » — c'est-à-dire antithétiques — de la pensée tragique, en rapprochant les œuvres de Pascal et de Racine, en délimitant, au sein des jansénistes, « un groupe social et un courant idéologique » qui font entrevoir « les conditions sociales et intellectuelles ayant présidé à la naissance de ces œuvres », et les raisons du conflit entre un jansénisme qui refuse tout engagement politique, et le pouvoir. Le groupe social que Pascal et Racine expriment, dont ils développent la vision du monde, fût-elle implicite, se compose principalement de la bourgeoisie et de la noblesse de robe, des milieux parlementaires. On superposera donc les structures littéraires, par exemple de la tragédie (*Racine*, L'Arche), les structures de pensée ou de vision du monde, les structures non d'une classe tout entière, mais d'un groupe social.

Dix ans plus tard, dans *Pour une sociologie du roman* (Gallimard, 1964), Goldmann affirme de nouveau que « les véritables sujets de la création culturelle sont les groupes sociaux et non pas les individus isolés », tout en reconnaissant, évidemment, que « le créateur individuel fait partie du groupe ». Il note qu'il n'y a pas besoin d'être sociologue pour déclarer que le roman, chronique sociale, reflète la société de son temps ; aussi, plutôt que de poser l'identité entre la réalité sociale et le contenu de la littérature romanesque, il la voit entre la structure du milieu social et la forme romanesque. Il y a une *homologie* entre la forme littéraire du roman et la relation quotidienne des hommes avec les biens et avec les autres hommes. Ainsi, dans une « société productrice pour le marché », la valeur d'usage disparaît devant la valeur d'échange, la qualité devant la quantité. Les valeurs d'usage n'ont plus qu'une action implicite, comme celle des valeurs authentiques dans le monde romanesque, et l'histoire de la forme romanesque est homologue à celle des structures de la « réification », telle que Marx l'a analysée. Pour déterminer le passage des structures économiques aux manifestations littéraires, Goldmann prend en compte quatre facteurs :

— La naissance de la « catégorie de la médiation », forme fondamentale de pensée de la société bourgeoise : l'argent, le prestige social deviennent des valeurs absolues au lieu d'être médiatrices.

— Il subsiste des « individus problématiques », dont la pensée et le comportement restent dominés par des valeurs qualitatives : écrivains, artistes..., qui ne peuvent cependant échapper entièrement à « l'action du marché ».

— Le genre romanesque s'est développé à partir d'un « mécontentement affectif non conceptualisé », d'une « aspiration affective à des valeurs qualitatives », qui ont pris naissance dans la société.

— Dans la société libérale orientée vers le marché, subsistent des valeurs à visée universelle, liées à l'existence même de la concurrence (« liberté, égalité, fraternité »). A partir de ces valeurs, se développe le roman comme biographie individuelle, la biographie d'un individu « problématique », comme son auteur. La forme romanesque se transforme pour aboutir à « la dissolution progressive et à la disparition du personnage individuel, du héros ».

Le chapitre sur Malraux précise la méthode. On commence par déterminer les structures significatives immanentes à l'œuvre, et l'on recherchera ensuite les homologies et les relations significatives avec les structures intellectuelles, sociales, politiques et économiques de son époque. L'étude souvent citée sur « Nouveau roman et réalité » illustre les théories de Goldmann sur le caractère réifié de l'univers par les œuvres de Robbe-Grillet. Enfin, « la méthode structuraliste génétique en histoire de la littérature », qui termine le volume, réaffirme et affine les grands principes : « Le grand écrivain est précisément l'individu exceptionnel qui réussit à créer dans un certain domaine, celui de l'œuvre littéraire (ou picturale, conceptuelle, musicale, etc.), un univers imaginaire, cohérent ou presque rigoureusement cohérent, dont la structure correspond à celle vers laquelle tend l'ensemble du groupe. » L'œuvre semble d'autant meilleure que sa structure s'approche de la cohérence rigoureuse. Elle n'est pas un « reflet » de la conscience collective, mais la constitue, en permettant au groupe de prendre conscience de ce qu'il pensait ou sentait, si du moins le groupe tend vers une « vision globale de l'homme ». Il aura manqué à Goldmann le temps de développer ses enquêtes sur les œuvres, et d'affiner la description des relations entre le langage littéraire et les structures sociales dont il dérive ou qu'il exprime en les dépassant.

MIKHAÏL BAKHTINE (1895-1975)

Il serait incorrect de réduire l'œuvre considérable de Bakhtine à la sociologie de la littérature : l'essentiel de son œuvre nous paraît relever plutôt de la poétique. Cependant, on a mis l'accent sur deux aspects de son œuvre[1], qui complètent celle de Goldmann, et apparaissent dans *L'Œuvre de François Rabelais et la culture populaire au Moyen Age et à la Renaissance* (1965 ; traduction française 1970) et dans la *Poétique de Dostoïevski* (1963 ; traduction française 1970) : le recours à la culture populaire, horizon et matériau de certaines grandes œuvres, et l'incarnation de visions du monde différentes dans les différents discours qui se partagent le roman.

A l'origine de l'œuvre de Rabelais, on trouve la culture folklorique, déjà présente dans l'Antiquité, chez Pétrone ou Aristophane, et qui reparaît à la Renaissance chez Boccace : « Rabelais eut pour source immédiate et directe la culture comique populaire du Moyen Age et de la Renaissance[2] », c'est-à-dire une vision particulière du monde, différente de la vision officielle, et pourvue de ses formes propres. Étudier l'œuvre de Gogol, c'est retrouver son « lien direct avec les formes des réjouissances populaires de sa terre natale[3] ». Les récits des fêtes et des foires d'Ukraine, le « réalisme grotesque » colporté par les étudiants séminaristes et le bas-clergé rapprochent les œuvres

1. Voir, notamment, P. Zima, *Manuel de sociocritique.*
2. *Esthétique et Théorie du roman*, Gallimard, 1978, p. 366 (Moscou, 1975).
3. M. Bakhtine, *op. cit.*, p. 478 : « Rabelais et Gogol ».

de Gogol de celles de Rabelais. L'enfer joyeux des *Âmes mortes* rejoint celui du *Quart Livre*, parce qu'il s'agit d'une randonnée « carnavalesque » au pays des morts. La langue de Gogol retourne à des sources populaires anciennes et oubliées. Le carnaval de la culture populaire s'exprime alors dans ce rire « victorieux de tout », « catharsis de la trivialité ». Le problème de la culture selon Bakhtine ne se pose donc pas en termes de progrès linéaire et constant, mais de résurgence brutale ; cette culture est collective, et constitue une médiation supplémentaire, à ajouter au concept de vision du monde selon Lukacs et Goldmann, médiation capitale, parce qu'elle est un phénomène de langage, susceptible d'être étudié par la linguistique et la critique littéraire.

L'autre trait essentiel, qui, dans la critique de Bakhtine, relève de la sociologie de la littérature, tient à la structure polyphonique du roman. Ce genre littéraire mêle, en effet, des voix diverses. Analysant *Eugène Onéguine*[1], Bakhtine y distingue « différentes formes linguistiques et stylistiques » qui appartiennent à « différents systèmes de langage romanesque » : rien ne vient directement de Pouchkine. Si un roman est un « système de dialogues, comprenant la représentation des "parlers", des styles, des conceptions concrètes, inséparables du langage », s'il est toujours autocritique du langage littéraire de son temps, *Eugène Onéguine* est un vrai roman. Le roman, « mûri au sein des genres oraux familiers de la langue parlée populaire », a une longue préhistoire, où l'on peut retrouver « l'antique conflit des tribus, des populations, des cultures et des langues », le rire, et le « plurilinguisme ». On retrouve ainsi, dans le langage de la Tatiana de Pouchkine, l'association, « sous forme de dialogue intérieur, du discours rêveusement sentimental, "à la Richardson", d'une "demoiselle de Préfecture", avec le parler populaire des contes de nourrice, des récits traditionnels, des chants paysans, des prophéties naïves, etc. ». Même les passages lyriques du roman sont des « représentations romanesques de la poésie » ; « l'auteur participe à son roman (il y est omniprésent) mais presque sans langage direct propre. Le langage du roman, c'est un système de langages qui s'éclairent mutuellement en dialoguant ». Percevoir dans l'œuvre le fonds comique de l'éternelle culture populaire, et dans le roman les voix les plus diverses, ce sont deux perspectives liées entre

1. M. Bakhtine, *op. cit.*, p. 401-410.

elles, puisque pour Bakhtine le roman dérive de genres comiques comme la Satire Ménippée, et également fécondes, puisque la sociologie n'étudie pas un en dehors ou un en deçà du langage, mais les structures sociales en tant qu'elles parlent et que leur discours s'écrit.

Un exemple : MICHEL CROUZET

L'œuvre considérable de Michel Crouzet (notamment *Stendhal et le langage,* Gallimard, 1981 ; *La Poétique de Stendhal, essai sur la genèse du romantisme,* Flammarion, 1983 ; *Stendhal et l'italianité, essai de mythologie romantique,* Corti, 1982 ; *La vie de Henri Brulard ou l'enfance de la révolte,* Corti, 1982) paraît tout entière consacrée à un seul auteur, immense, il est vrai, Stendhal. Mais ce que montre bien *Nature et Société chez Stendhal* (Lille, 1985), c'est comment l'on passe d'un auteur à une société, puis à la Société. Homme romantique et moderne, Stendhal l'est, parce que révolté. L'amour de la liberté, la guerre contre la société sont restitués dans toute leur violence, mais pour montrer que, par-delà le social, il y a l'humain. Stendhal, Narcisse et disciple de Rousseau, pris dans ses antinomies, vit de conflits : le « progrès est à deux faces », l'évolution est aussi dégénérescence, la Révolte est « début et déclin ». Si « faire la société », c'est « fuir l'ordre naturel », le critique pose tout « le problème de la civilisation ». Dans quelle mesure un seul écrivain retrouve-t-il le conflit fondamental de la condition humaine, la lutte entre le moi et la société ? C'est parce que la critique de Michel Crouzet repose sans cesse cette question qu'elle est sociologique ; par la force de la pensée, non par celle des décomptes, ni d'une philosophie surgelée.

2. *Sociocritique*

La sociocritique « vise d'abord le *texte,* écrit Claude Duchet. Elle est même lecture immanente en ce sens qu'elle reprend à son compte cette notion de texte élaborée par la critique formelle et l'avalise comme objet d'étude prioritaire. Mais la finalité est différente, puisque l'intention et la stratégie de la sociocritique sont de restituer au texte des formalistes sa teneur sociale » (*Sociocritique,* Nathan, 1979, p. 3). La place que la psychocritique occupe au sein de la psychanalyse, la sociocritique la tient à l'intérieur de la sociologie de la littérature. Le texte n'est plus considéré comme un reflet, ni comme la mise en œuvre de contenus qui lui seraient antérieurs, mais comme valeur esthétique. Cependant, on y retrouve des contraintes antérieures, des « modèles socio-culturels », des exigences sociales et institutionnelles. Duchet va jusqu'à parler d'« inconscient social », forme d'imaginaire ; tout en reconnaissant que tout, dans le texte, provient « d'une certaine action de la société », soit, selon le marxisme, des « rapports sociaux de production », il affirme que rien ne peut être directement déduit de cette action. On retrouve le problème des médiations, auquel se sont heurtés Lukacs et Goldmann. La sociocritique reprend les ambitions de ce dernier, et se réclame à la fois du matérialisme et de « la recherche marxiste » ; elle présente un programme plutôt que des réalisations, autour de trois thèmes : « le sujet (qui n'est pas l'auteur), l'idéologie, les institutions ». On s'occupera à la fois des institutions dans le texte, des modèles culturels, ou même scolaires, et de la place de l'œuvre dans les institutions. « L'idéologie », que ne peut éviter la sociocritique, « est une dimension de la socialité, née de la division du travail, liée aux structures de pouvoir, elle est condition mais aussi produit de tout discours ».

Dans son *Manuel de sociocritique* (Picard, 1985), Pierre Zima donne de cette discipline une définition précise ; elle s'identifie à la « sociologie du texte », c'est-à-dire qu'au lieu de s'intéresser aux thèmes et aux idées de l'œuvre, comme d'autres branches de la sociologie de la littérature, elle « s'intéresse à la question de savoir comment des problèmes sociaux et des intérêts de groupe sont articulés sur les plans sémantique, syntaxique et narratif ». Elle ne renonce ni au commentaire critique ni au jugement de valeur. Proche de l'Ecole de Francfort (Adorno, Horkheimer, Marcuse), Zima n'en adopte cependant ni les concepts dans leur totalité, ni les limites, qui tiennent, selon lui, à un vocabulaire qui doit tout à Kant, Hegel et Marx : l'Ecole de Francfort est une école philosophique, et Adorno même n'est pas un critique littéraire, mais un philosophe qui, pendant ses récréations, parle de littérature. Ce *Manuel* est, sans doute, le premier ouvrage systématique qui tente à la fois de présenter l'histoire d'une méthode et d'offrir sa propre technique d'analyse. La première partie est, en effet, consacrée aux « méthodes et modèles », c'est-à-dire aux notions sociologiques de base : système social, institution, conscience collective, division du travail, classes, idéologie, valeur d'échange, réification et aliénation. Marx domine la sociologie de la littérature, dans la mesure surtout où elle est pratiquée par des théoriciens auxquels les œuvres littéraires servent d'exemples, et qui confondent, parfois, le programme et le patient travail d'enquête, certainement plus ingrat, mais peut-être plus utile ; celui-ci a été commencé, notamment à Bordeaux, autour de Robert Escarpit (*Le Littéraire et le Social*, 1970) ; il y a, sans doute, une opposition entre les « méthodes empiriques » et les « méthodes dialectiques » : les secondes triomphent, chez Lukacs, Goldmann, Adorno, Macherey. Zima note également une sociologie des genres : Erich Köhler rattache ainsi l'épopée médiévale aux intérêts collectifs de la noblesse[1], la tragédie classique à la cour de Louis XIV, la comédie et le roman à l'ascension de la bourgeoisie (p. 48). Jean Duvignaud est un sociologue du théâtre, pour qui le drame témoigne de la crise des valeurs d'une époque : les héros criminels de la Renaissance symbolisent la « conscience collective malade » de cette époque. *La Révolution du langage poétique* (1974) de Julia Kristeva relève partiellement de la sociocritique de la poésie, beaucoup moins représentée, mais dont Walter Benjamin avait donné un exemple éblouissant (« Sur quelques thèmes baudelairiens », 1939).

Dans la seconde partie de son *Manuel*, Zima présente sa propre « sociologie du texte », à partir d'exemple empruntés à *L'Étranger*, au *Voyeur* de Robbe-Grillet et à Marcel Proust. Il s'agit de représenter « les différents niveaux » du texte « comme des structures à la fois linguistiques et sociales », d'emprunter « certains concepts sémiotiques existants » en utilisant « leur dimension sociologique ». L'univers social est un « ensemble de langages collectifs » que les textes littéraires absorbent et transforment. Aussi Zima pose-t-il deux théorèmes — qui sont plutôt des axiomes : « Les valeurs sociales n'existent guère indépendamment du langage » et « les unités lexicales, sémantiques et syntaxiques articulent des intérêts collectifs et peuvent devenir des enjeux de luttes sociales, économiques et politiques » (p. 141). On arrivera donc à représenter des conflits sociaux au niveau linguistique, dans le vocabulaire (chrétien, marxiste, fasciste, etc.), les oppositions sémantiques, le discours, où se manifeste l'idéologie, au sens d'« intérêts sociaux particuliers », qui s'expriment naturellement, comme « allant de soi » pour le

1. E. Köhler, *L'Aventure chevaleresque. Idéal et réalité dans le roman courtois* (1956 ; traduction française, Gallimard, 1974).

sujet. Le discours idéologique ne se critique pas lui-même, et rend impossible « le dialogue théorique » et « la vérification empirique » ; il est lié au pouvoir politique, et caractérise « tous les langages autoritaires et totalitaires ». Dans le texte, on peut décrire les idéologies à l'œuvre. Il faut d'abord préciser la « situation sociolinguistique » du texte, vécue par l'auteur et son groupe social ; on retrouve ensuite les différents discours « absorbés » par l'ouvrage : *L'Homme sans qualités* de Musil contient ainsi de nombreux discours idéologiques concurrents et parodiés ; celui du narrateur est marqué par « l'ambivalence de toutes les valeurs culturelles » issues de la crise du libéralisme. D'où une écriture non traditionnelle, proche de l'essai, inachevée. Dans *L'Étranger*, l'indifférence révèle « l'inanité des discours idéologiques », dont témoigne le discours du procureur. Les mêmes positions, lorsqu'il s'agit de *A la Recherche du temps perdu*, conduisent à voir dans les langages que le roman critique un moyen de rendre compte de « la structure du texte tout entier ». La conversation, par laquelle s'exprime la « classe de loisir », rejoint le narcissisme du Narrateur. Ce qui semble échapper ici à Zima, c'est le problème que rencontre toute sociologie de la littérature : quelle différence entre la conversation « écrite » et l'orale ? Et si Proust critique la « parole mondaine », s'il rompt avec elle, que reste-t-il de la sociocritique ? D'autre part, il est abusif de réduire la *Recherche* à la critique, par l'écriture, de la parole mondaine. Le programme annoncé par le sociologue n'a pas été exécuté ; il en est des théoriciens comme des partis ; donnez-leur le pouvoir, ils n'appliqueront pas leur programme : l'opposition entre la conversation et l'écriture ne rend pas compte de la structure de la *Recherche* qui, si l'on suivait Zima, aurait pu tenir en deux cents pages. Pauvre conclusion, en effet, que de retrouver, dans le triomphe de l'art, « la société sécularisée de la bourgeoisie », et de sortir d'un texte, moins riche que l'on y était entré.

On préférera donc, en matière de sociocritique, aux théories fracassantes suivies d'exemples décevants, les monographies et études de détail, qui portent directement sur les textes. Tel *Le Discours du roman*, d'Henri Mitterand (PUF, 1980). Un inventaire méthodique des conditions historiques et de la production littéraire lui permet de définir « les conditions, les enjeux et les règles » de celle-ci : en chaque année, on pourrait lire l'entrecroisement et l'affrontement des discours, chacun se comprenant par les autres : l'analyse de tout ce qui se dit et s'écrit « dans l'arrière-texte des grands textes » (« Pour une sociocritique des totalités. L'année 1875 »). Mais les grandes œuvres, comme *L'Éducation sentimentale* ou *L'Assommoir,* bien qu'elles soient déterminées par la « substance sociale » dans laquelle elles baignent, perturbent, font dévier le discours reçu : jusqu'à Zola, le peuple en littérature relevait du mode burlesque, et les personnages populaires prenaient vite, s'ils n'étaient pas comiques, figure édifiante ; dans *L'Assommoir,* le peuple n'est ni coupable, ni sauvé. L'étude de la forme se situe donc entre celle du discours social reçu, et celle de « l'énoncé romanesque », c'est-à-dire du contenu explicite de l'œuvre. Un titre comme *Le Château de la Juive,* de Guy des Cars, renvoie à « la violation d'un interdit » : « On entend le rappel à l'ordre et l'avertissement politique : la France aux Français ! » Un personnage comme « le socialiste » est chez Flaubert un imbécile (Sénécal, dans *L'Éducation*), chez Zola un héros véritable (Lantier, dans *L'Assommoir*). Ainsi n'est-il pas interdit de retrouver dans les structures littéraires « la structure sociale qui de toute manière l'informe » — à condition de les étudier, en effet. C'est ce travail que poursuit également Pierre Barbéris, dans ses ouvrages sur *Balzac et le mal du siècle* (Gallimard, 1970), René *de Chateaubriand* (Larousse, 1973), *Aux Sources du réalisme : aristocrates et bourgeois* (UGE, 1978), et bien d'autres : « Tout un réseau d'intérêts, d'habitudes, de traditions, conséquence des rapports des classes, sous-tend le roman réaliste, qui ne les a pas forgés. La littérature, qui est la transcription et l'analyse par ses moyens propres des conflits résultant de la *nature* et du *mouvement* des choses, ne saurait être envisagée [...] sans référence au cadre socio-historique *dans* lequel et *contre* lequel elle s'est développée[1]. » Cette critique se veut « passionnée » et « politique », sans pitié, et parfois sans respect pour les méthodes qu'elle n'approuve pas : le lecteur soucieux de résultats saura, comme d'ailleurs chez Lukacs et d'autres marxistes, préférer l'analyse au pamphlet. On en dira de même des ouvrages d'un professeur anglais, Terry Eagleton, qui termine sa « théorie littéraire » (*Literary Theory,* Oxford, Blackwell, 1983) par une pétition en faveur d'une « critique politique ».

On complétera donc ces travaux par une réflexion sur le « champ littéraire » à la manière de Bourdieu : les institutions littéraires, la situation sociale de l'écrivain, ses « schèmes culturels fondamentaux », la « série des médiations en œuvre dans la

1. *Aux sources du réalisme,* p. 18.

production littéraire » sont analysés par la sociologie du champ littéraire[1].

3. *Esthétique de la réception*

La sociologie de la littérature ne s'occupe pas seulement de l'auteur et de l'œuvre, mais aussi du public. C'est la sociologie de la lecture, et l'esthétique de la réception, ou, tout au moins, cette partie de l'esthétique de la réception qui traite de l'accueil collectif d'une œuvre : les rapports de l'œuvre et du lecteur comme sujet isolé seront étudiés en même temps que la poétique, dont ils relèvent.

Sociologie de la lecture

Notre souci de présenter des livres-témoins, qui marquent une date dans l'histoire d'une méthode, et non tous les livres, nous fait partir de Q.D. Leavis, *Fiction and The Reading Public*[2] (1932, réédition Penguin Books, 1979). L'auteur caractérise elle-même sa démarche comme relevant non de la critique littéraire habituelle, mais de l'anthropologie et de l'histoire du goût. Il s'agit d'étudier plutôt que les chefs-d'œuvre ce qui fait, depuis la fin du XVIIIe siècle, le succès d'un roman, en quoi consiste l'attitude du public à l'égard de la lecture. Pourquoi le roman ? C'est que, pour la plupart, un « livre » est un « roman ». Une enquête sur le marché du livre, conduite dans la presse, les bibliothèques publiques, les librairies, chez les marchands de journaux, permet de préciser les livres demandés par la grande majorité du public (anglais, en 1930) et qui constituent la littérature populaire. Le public connaît, à cette époque, l'existence du livre par la presse ; aussi Q.D. Leavis dresse-t-elle un inventaire de la critique littéraire dans les journaux britanniques, et des critères retenus par chacun d'eux : le public s'est décidé, avant d'acheter ou d'emprunter ; les clubs du livre renforcent cette prédétermination. Des ouvrages apprennent comment écrire des histoires à succès. L'avis des romanciers, sollicité par questionnaires envoyés à soixante d'entre eux, indique le type

1. A. Viala, *Naissance de l'écrivain* (1985).
2. Non traduit en français.

de rapports qu'ils entretiennent avec le public. Cette enquête fait apparaître la distinction, qui date de la fin du XIXe siècle (pour l'Angleterre) entre les romans de qualité et les romans à succès *(best-sellers);* jusque-là, un romancier comme Dickens s'adressait à tous les publics ; cette rupture grave est un phénomène récent. Le public est divisé en couches, et la littérature « moderne » est confiée à la moins nombreuse, d'autant que la masse des lecteurs ne s'intéresse ni à la poésie, ni à la critique. Le romancier à succès, d'autre part, contrairement à Henry James, par exemple, ne peut vivre sans une relation étroite avec son public, à qui il fournit distraction, évasion, identification. Les résultats de son enquête conduisent Q.D. Leavis à interroger le passé, de manière à montrer comment le public s'est formé, puis, sous l'effet du développement économique, désintégré.

En effet, le public populaire du début du XVIIe siècle écoutait Shakespeare et n'avait pas d'autre choix ; les romans (Nashe) étaient difficiles. Puis vient la génération puritaine, dont les trois livres sont la Bible, Bunyan, Milton. Defoe s'accorde à son public bourgeois, en étant résolument antisentimental et antiromantique : Vendredi est tué en une demi-phrase, mais les valeurs de la propriété et de la morale toujours respectées. Les mémoires du XVIIIe siècle portent témoignage des lecteurs du temps, notamment ceux du libraire Lackington (écrits en 1791), et d'autres membres des classes populaires. Les romanciers du XVIIIe siècle ne laissent aux lecteurs aucune possibilité d'évasion, animés par le rationalisme, et non par le sentimentalisme ; un vocabulaire abstrait décrit les sentiments, soutenu par le « bon goût », le « bon sens » et la distance critique. Ce code disparaît au XIXe siècle : l'histoire du public littéraire est l'histoire de ses codes successifs. L'extension considérable de la lecture à la fin du XVIIIe siècle entraîne de nombreux changements, qui concernent auteurs, éditeurs, périodiques, attente des lecteurs, idéal du romancier ; les bibliothèques de prêts se répandent, et entraînent une baisse du niveau des lecteurs ; le public réclame des sensations fortes, et celui qui avait pu apprécier *Tristram Shandy* et en réclamait sans cesse de nouvelles parties disparaît. Les conventions du roman populaire apparaissent à la fin du XVIIIe siècle, au moment où les critiques cessent de rendre compte de la majorité des romans. Mais c'est la révolution industrielle qui entraîne la désintégration du public : les loisirs traditionnels de la campagne n'existent plus dans les villes. L'apparition du feuilleton change la construction, le ton du roman, insiste sur le sensationnel, entraîne la disparition de la frontière entre la littérature et la vie, de l'esprit critique. Deux niveaux de public, certes moins marqués qu'au XXe siècle, commencent de se séparer : mais Dickens s'adresse encore aux deux. L'apparition d'éditions à bon marché (Smith, 1848) accentue la coupure, et, à la fin du siècle, un romancier « sérieux », comme Conrad, ou James, a peine à vivre de sa plume, alors que George Eliot le pouvait ; l'ouverture du marché au public de masse nuit, selon Q.D. Leavis, à la lecture de qualité ; ce nouveau public demande des livres faciles, donc des romans. D'autres écrivains, suivant la leçon de Flaubert, Zola, Tourgueniev, veulent encore publier des œuvres d'art (Moore, Conrad, James), mais ont besoin d'un public d'initiés ; peu à peu, le public de masse ne pourra plus les comprendre. Une étude attentive de la presse littéraire du XIXe siècle complète le panorama, et note la même baisse de niveau, renforcée par les intérêts financiers, la publicité. La critique sévère des livres disparaît, parce qu'elle semble une déloyauté à l'égard de la masse ; l'effort qu'elle demanderait paraîtrait insultant au lecteur ordinaire (p. 158). Le système de valeurs de la critique se confond avec celui de son public. Q.D. Leavis attire même l'attention sur certaines pratiques de la presse, qui ne rend compte d'un livre que si l'éditeur lui a donné de la publicité, laquelle ne porte jamais sur les ouvrages difficiles.

La confrontation du présent et du passé mène Mrs. Leavis à étudier la signification du *best-seller,* du point de vue du public. L'évolution du roman est liée à celle des loisirs : un public accru, des éditeurs industrialisés, des écrivains prêts à étudier et à approvisionner le marché sont des conditions essentielles, mais la cause principale du changement réside dans la modification de l'environnement économique et social. Cette analyse conduit à poser la question en termes de déclin ou de progrès ; la position du critique est claire : acheter un *best-seller,* c'est nuire à la littérature, dont l'homme de la rue est coupé ; celui-ci a perdu la vieille culture populaire, et se trouve livré aux passe-temps ; son langage même s'est détérioré (comme Proust le montre en comparant la langue de Françoise et celle de sa fille). Or, seule la lecture peut modifier et corriger l'influence de l'environnement : la poésie, le théâtre, les meilleurs romans. Mais, pour revenir au *best-seller,* il se distingue d'un grand roman comme la mauvaise poésie de la bonne. Si un roman comme ceux de James ou de Virginia Woolf ne touche pas le grand public, c'est qu'il n'est plus entraîné à lire ceux-ci comme une œuvre poétique, qu'il est perverti par la passivité que ne dérange pas la mauvaise littérature. Le public de Sterne, de Milton, de Pope avait une puissance de concentration, une incapacité à s'ennuyer qui se sont perdues, en partie parce que les divertissements de la société urbaine ne le sollicitaient pas. La lecture à haute voix, en famille, en était un signe : elle a disparu. D'où la littérature de substitution, qui vise un niveau et un style moyens ; d'où la fin de la poésie, qui n'est plus lue, alors qu'au XVIIe, au XVIIIe, au XIXe siècle encore, elle était largement répandue ; on demande moins, et on donne moins : des clichés, sur lesquels se modèle la vie des lecteurs, devenue vide, rétrécie, dangereuse. C'est ce que montre Q.D. Leavis en analysant des extraits de plusieurs *best-sellers,* en fonction de l'effet produit sur le public, d'un niveau « élevé », « moyen », ou « bas ». Le principal problème est celui du langage : celui du public de masse est sans ressources artistiques, constitué de pensées et de sentiments stéréotypés, alors qu'un bon roman heurte les préjugés des lecteurs, dont il met en question les habitudes mentales. Pour lutter contre cet asservissement du public à l'industrie culturelle, Q.D. Leavis réclame, en conclusion, la multiplication d'études (comme la sienne) d'anthropologie culturelle, et lance un appel à la jeunesse et à l'enseignement, à une critique véritable et complète et à une édition, des éditeurs, désintéressés. L'enquête anthropologique mène donc à la défense d'un système de valeurs littéraires.

C'est le souci d'étudier le public littéraire qui, cinquante ans plus tard, entraîne la rédaction de *Lire la lecture,* de Jacques Leenhardt et Pierre Józsa (Le Sycomore, 1982), analyse de lectures croisées des mêmes romans, en France et en Hongrie (*Les Choses* de Perec, *Le Cimetière de rouille* de Endre Fejes). La sociologie de la lecture suppose que la lecture soit considérée comme un phénomène autonome, relevant d'une étude scientifique, et d'une description « qui mette en évidence l'aspect social du comportement des lecteurs ». Parmi ses précurseurs, on citera Douglas Waples (*Research Memorandum On Social Aspects of Reading in the Depression,* 1937) ; Waples et Berelson (*What Reading Does To People,* 1940) ; Robert Escarpit (*Sociologie de la littérature,* 1958). L'objectif de l'enquête menée par Leenhardt et Józsa est de faire apparaître « la multiplicité et la structure des interprétations données à des textes romanesques » dans les domaines social, politique, éthique, philosophique. Ces interprétations sont elles-mêmes renvoyées à des structures sociales et des « cohérences idéologiques » qui les sous-tendent. D'autre part, on s'efforcera de ne pas séparer « l'effet du contenu » de « l'effet de la forme ». Deux types de lectures se dégageront : l'une est attentive aux « héros », l'autre aux phénomènes sociaux dans le livre lu. Les auteurs avancent, en outre, le concept de « mode de lecture » : la lecture est factuelle, phénoménale, reste à la surface des événements racontés ; ou bien elle est « identifico-émotionnelle », liée au processus d'identification que même un texte moderne (1965), comme celui de Perec, n'arrive pas à éliminer ; le troisième mode de lecture est « analytico-synthétique », c'est-à-dire qu'il recherche les causes et les conséquences d'une situation. Ces trois modes peuvent s'appliquer soit aux personnages, soit à la société. Chaque roman propose, d'autre part, un système de valeurs : l'interprétation des lecteurs le reflète-t-elle, ou bien surimpose-t-elle le leur propre ? « Ce qui est communiqué change de signification au cours du processus de communication et selon les paramètres définissant l'émetteur, le récepteur et le canal ». Pour Leenhardt et Józsa, « les valeurs de l'individu dépendent d'abord de son appartenance à tel groupe social ». Enfin, trois facteurs sociaux influencent les individus : « la culture globale d'une civilisation donnée », « la culture nationale, passé national, traditions, etc. », « la conscience de groupe ou de classe sociale ». C'est, évidemment, la confrontation des publics hongrois et français qui a permis de justifier ces affirmations.

La nouveauté principale de *Lire la lecture* est moins dans ces principes que dans l'enquête que ses auteurs ont menée. Il a donc fallu confectionner un échantillon de population, comprenant des groupes socio-professionnels différents (ingénieurs, para-intellectuels, employés, techniciens, ouvriers, petits commerçants) ; deux questionnaires, l'un portant sur les habitudes de lecture, l'autre sur les livres précis ; le « codage » des énoncés ; l'élaboration statistique des données ; les corrélations entre les réponses. Les auteurs ont ensuite décrit et élaboré quatre « systèmes de lecture » qui ne se limitent pas aux aspects intellectuels, mais incluent les valeurs : « la lecture phénoménale », « les lectures évaluatives », de deux types, la « lecture synthétique ». Sans entrer dans le détail du dépouillement, on notera que la conclusion souligne la dissemblance des lectures et des structures des textes, objet de l'enquête : il faut souhaiter que de telles enquêtes se multiplient, qui montrent en quoi l'appartenance à un pays et à un groupe social influence la lecture.

Notons cependant qu'un homme aussi séduit par le

marxisme que Walter Benjamin n'en écrit pas moins: « Pour connaître une œuvre ou une forme d'art, on ne gagne rien à se retourner vers celui à qui elle s'adresse. Non seulement toute référence à un public déterminé, ou à ses représentants, est un sûr moyen de se fourvoyer, mais même la notion d'un public "idéal" ne peut que nuire à toute étude théorique sur l'art, dont les seuls présupposés devraient être l'existence et l'essence de l'homme en général » (*Œuvres choisies*, Julliard, 1959, p. 57).

Esthétique de la réception

Les travaux de l'école de Constance ont attiré l'attention sur l'esthétique de la réception. Les principales études de l'un de ses plus éminents représentants, Hans Robert Jauss, ont été recueillies sous le titre *Pour une esthétique de la réception* (1972-1975 ; traduction française Gallimard, 1978). Jauss postule que l'œuvre « englobe à la fois le *texte* comme structure donnée et sa *réception* ou perception par le lecteur ou le spectateur ». La structure de l'œuvre doit être « concrétisée » par ceux qui la « reçoivent » pour « accéder à la qualité d'œuvre ». Le sens de l'œuvre n'est pas intemporel, mais se « constitue dans l'histoire même ». Chaque fois que « les conditions historiques et sociales de la réception se modifient », le sens de l'œuvre change. On distinguera entre « l'action, l'effet » de l'œuvre et sa réception. L'effet est « déterminé par le texte » lui-même, la réception par les destinataires. Il ne faut pas concevoir l'œuvre comme immuable, au sens où l'on parle de « l'image de Rabelais dans la littérature française » : la signification se constitue comme par un dialogue, une dialectique, pour la forme comme pour le sens. Si l'œuvre dépasse sa génération, c'est que sa forme garde présente une signification qui est une réponse pour un autre temps — notre temps. Il y a donc un dialogue « entre un sujet présent et un discours passé », mais les questions et les réponses sont implicites : il ne s'agit nullement d'un catéchisme. Il ne suffit donc pas, comme le croyaient certains marxistes, d'étudier la « production » de l'œuvre d'art en rapport avec les données économiques de son temps : l'enquête sur la réception par son époque atteint seule « les véritables sujets, les vecteurs sociaux de l'évolution ». L'œuvre implique un « horizon d'attente littéraire », fonction d'elle-même, de son effet produit, et un second horizon, social, qui relève du « code esthétique » des lecteurs. Ceux-ci commencent à comprendre le texte par le premier « horizon » ; mais ils introduisent dans leur analyse, ils concrétisent en une signification actuelle un dialogue avec leur propre compréhension du monde, déterminée elle-même par la société, la classe, la biographie qui sont les leurs. Cette « fusion des horizons » peut être totale, dans la jouissance pure, l'identification immédiate, ou « prendre une forme réflexive : distance critique dans l'examen, constatation d'un dépaysement, découverte du procédé artistique, réponse à une incitation intellectuelle », et le lecteur peut même refuser d'intégrer cette expérience littéraire à la sienne propre. On voit que cette fusion peut être synchronique, contemporaine de l'œuvre ; ou diachronique, se produire à une époque ultérieure. Elle peut signifier une « transmission de la norme », une « création de la norme », une « rupture de la norme » (p. 261).

A titre d'exemple, dans ce même volume, Jauss étudie l'*Iphigénie* de Racine et celle de Goethe, et « La douceur du foyer. La poésie lyrique en 1857 comme exemple de transmission de normes sociales par la littérature ». Cette seconde enquête fournit des informations sur « la réalité quotidienne du monde bourgeois » au XIXe siècle, montrant que la poésie lyrique, et non seulement le roman, renseigne sur l'attente, l'opinion, l'idéologie des lecteurs, ici, le petit cercle familial où s'enferme le bonheur bourgeois. Dès son étude sur « L'histoire de la littérature : un défi à la théorie littéraire », Jauss avait montré que, pour fonder l'histoire de la littérature sur de nouvelles bases, il fallait considérer que « la littérature et l'art ne s'ordonnent en une histoire organisée que si la succession des œuvres n'est pas rapportée seulement au sujet producteur, mais aussi au sujet consommateur — à l'interaction de l'auteur et du public », c'est-à-dire que l'écrivain, comme l'avait vu le jeune Marx, transforme la sensibilité des lecteurs. Ceux-ci, à leur tour, contribuent à « faire l'histoire », ils ne sont pas passifs, mais actifs ; ainsi peut-on rétablir le lien, coupé par l'historicisme, entre le passé et le présent. L'accueil des premiers lecteurs suppose déjà un « jugement de valeur esthétique » : « Cette première appréhension de l'œuvre peut ensuite se développer et s'enrichir de génération en génération, et va constituer à travers l'histoire une "chaîne de réception" qui décidera de l'importance historique de l'œuvre et manifestera son rang dans la hiérarchie esthétique. » L'historien doit donc faire l'histoire des « réceptions successives », établissant ainsi une « continuité sans faille entre l'art d'autrefois et celui d'aujourd'hui, entre les valeurs consacrées par la tradition et notre expérience actuelle de la littérature » (p. 46).

Jauss propose alors sept thèses qui précisent les bases sur lesquelles l'histoire de la littérature pourrait être récrite. Au lieu de relier des « faits littéraires » de manière cohérente, l'historien s'attachera à « l'expérience que les lecteurs font d'abord des œuvres », et lui-même est pris « dans la chaîne historique des lecteurs successifs » (p. 47) ; l'œuvre littéraire a un caractère dialectique (que Péguy avait souligné dans *Clio,* lorsqu'il voyait dans la lecture l'acte commun du lisant et du lu), et les faits ne sont qu'un résidu de ce processus ; sans lecteurs pour réactualiser l'œuvre, elle perd — contrairement aux autres événements historiques — toute action, toute énergie, et finalement toute existence. La deuxième thèse précise que l'analyse littéraire doit reconstituer « l'horizon d'attente » du premier public de l'œuvre, c'est-à-dire le système de références qui « résulte de trois facteurs principaux : l'expérience préalable que le public a du genre dont elle relève, la forme et la thématique d'œuvres antérieures dont elle présuppose la connaissance, et l'opposition entre langage poétique et langage pratique, monde imaginaire et réalité quotidienne » (p. 50). Dans la troisième thèse, il est précisé qu'un écrit esthétique, entre l'horizon d'attente du public et l'expérience nouvelle d'une œuvre, mesuré par le succès, le scandale, l'échec, « peut devenir un critère de l'analyse historique » : certains livres constituent très lentement, très tardivement, leur public ; il y a une « histoire littéraire du lecteur », comme le suggérait Weinrich en 1967. En reconstituant cet horizon d'attente tel qu'il existait au moment de la première réception d'une œuvre, dit la quatrième thèse, on comprend les « questions auxquelles l'œuvre répondait », donc comment les lecteurs du temps peuvent l'avoir comprise. Selon la cinquième thèse, l'esthétique de la réception demande que chaque œuvre « soit replacée dans la série littéraire dont elle fait partie » : « l'œuvre suivante peut résoudre des problèmes laissés pendants par l'œuvre précédente », et la nouveauté permet certaines résurrections ; c'est la difficulté de la poésie contemporaine qui a permis la renaissance de la poésie baroque.

De manière synchronique, dit la sixième thèse, on peut concevoir, par la théorie de la réception, le système des œuvres simultanées ; on peut opérer des coupes dans le déroulement chronologique. La littérature a une syntaxe stable (genres, styles, figures) et une sémantique variable (thèmes, archétypes, symboles, métaphores). L'historien peut alors déterminer les temps forts de l'histoire littéraire. Reste à relier, et c'est le propos de la dernière thèse, l'histoire particulière que constitue l'histoire littéraire, à l'histoire générale : « Si l'on recherche les moments de l'histoire où des œuvres littéraires ont provoqué l'effondrement des tabous de la morale régnante ou offert au lecteur une casuistique pour la conduite de sa vie », on ouvre à l'histoire littéraire un domaine nouveau. Il ne s'agit plus de montrer comment l'Histoire se reflète dans les textes littéraires, mais de manifester la fonction de « création sociale » que la littérature a remplie.

L'esthétique de la réception paraît ainsi, à notre époque, la tentative la plus novatrice pour constituer une sociologie de la littérature non marxiste, et pour, du même coup, renouveler, ranimer, déplacer l'histoire littéraire. Retracer les lectures successives d'une œuvre par plusieurs générations critiques, ce n'est pas constituer un sottisier, mais mettre en valeur la dialectique du livre et de la lecture collective, et révéler des aspects toujours nouveaux d'un auteur, d'un mythe (Iphigénie), d'un mot (et c'est le remarquable chapitre de Jauss sur le mot « moderne »). Gustave Lanson l'avait pressenti, avec son esprit pénétrant, lorsqu'il écrivait, à la fin de sa carrière : « Ce sens permanent et commun, quand il s'agira des textes fameux que toutes les générations des critiques et des lecteurs ont maniés, pourra faire l'effet d'être un peu gros et banal : il sera pourtant bon de ne pas dédaigner d'y revenir, et d'y rattacher toutes les variations nuancées dont les diverses époques et les esprits l'ont enrichi. Il sera bon de partir de là pour aller à la recherche du sens originel, du sens de l'auteur, et puis du sens du premier public, et des sens de tous les publics, français et étrangers, que le livre a successivement rencontrés. L'histoire de chaque chef-d'œuvre contient en raccourci une histoire du goût et de la sensibilité de la nation qui l'a produit et des nations qui l'ont adopté. » (*Études françaises*, 1/1/1925, p. 42).

[illegible] pas de la dernière thèse, l'histoire [illegible] que constitue l'histoire littéraire à l'histoire générale [illegible] moments de l'histoire où des œuvres littéraires ont provoqué l'effondrement des tabous de la morale régnante ou offert au lecteur une casuistique pour la conduite de sa vie [illegible] l'histoire littéraire [illegible] nouveau. Il ne s'agit plus de [illegible] l'histoire se reflète dans les textes littéraires, mais de manifester la fonction de « création sociale » que la littérature a remplie.

L'esthétique de la réception paraît ainsi, à notre époque, la tentative la plus novatrice [illegible] de la littérature [illegible] marxiste [illegible] déplacer l'histoire littéraire. Retracer les lectures successives d'une œuvre par plusieurs générations critiques [illegible] n'est pas constituer [illegible] du livre et de la lecture [illegible] des [illegible] toujours [illegible] (et c'est le remarquable chapitre de Jauss sur la [illegible]) Gustave Lanson l'avait [illegible] avec son esprit [illegible] à la fin de sa carrière : « [illegible] quand il s'agira des textes fameux [illegible] des critiques et des lecteurs [illegible] pour faire l'effet [illegible] de ne pas [illegible] les variations [illegible] époques et les [illegible] bien de partir de là pour aller à la recherche du sens [illegible] de l'auteur et puis du sens du premier public, et des [illegible] de tous les publics français et étrangers que le livre a successivement rencontrés. L'histoire de chaque chef-d'œuvre [illegible] une histoire [illegible] de la nation qui l'a produit et des nations qui l'ont adopté » (Annales [illegible], 1925, p. [illegible]).

CHAPITRE VII

LINGUISTIQUE ET LITTÉRATURE

1. *Linguistique*

BENVENISTE

Autour de 1960, tout se passe comme si un fleuve souterrain remontait à la surface du sol, pour entraîner des méthodes plus anciennes, phénoménologie comprise, et les noyer dans son cours. La linguistique structurale, en effet, cristallise son influence autour des deux grands noms de Roman Jakobson (dont nous avons parlé dans notre premier chapitre, à sa place chronologique, plus qu'à celle de son action) et d'Émile Benveniste. Le premier est révélé en France par un article de Claude Lévi-Strauss[1], le second, qui relaie, dans ses articles de 1950, la pensée du *Cours de linguistique générale* de Ferdinand de Saussure, pour la critiquer et la dépasser, publie ses *Problèmes de linguistique générale* en 1966 (Gallimard), où l'on trouve l'essentiel de ses études[2]. Il n'est pas question de retracer l'histoire de la linguistique structurale, mais de montrer comment quelques études-phares ont exercé une influence considérable sur la critique littéraire, comment aussi elles n'ont rien perdu, à être imitées, développées ou reniées, de leur force — celle des maîtres. Cette histoire, Benveniste la résume en quelques lignes (« Structure » en linguistique, in *Problèmes*, p. 93) : « La notion de la langue comme système était depuis longtemps admise de ceux qui avaient reçu l'enseignement de Saussure, en grammaire comparée d'abord, puis en linguistique générale. Si on y ajoute ces deux autres principes, également saussuriens,

1. « La Structure et la Forme », *Cahiers de l'I.S.E.A.*, 1960. L'influence de l'anthropologie structurale renforce ce courant, que l'on désignera sommairement sous le nom de structuralisme.
2. Tout de suite salué par Barthes, « Pourquoi j'aime Benveniste », 1966, repris dans *Le Bruissement de la langue* (1984).

que la langue est forme, non substance, et que les unités de la langue ne peuvent se définir que par leurs relations, on aura indiqué les fondements de la doctrine qui allait, quelques années plus tard, mettre en évidence la *structure* des systèmes linguistiques. » Le principe essentiel est donc que « la langue constitue un système dont toutes les parties sont unies par un rapport de solidarité et de dépendance. Ce système organise des unités, qui sont les signes articulés, se différenciant et se délimitant mutuellement. La doctrine structuraliste enseigne la prédominance du système sur les éléments, vise à dégager la structure du système à travers les relations des éléments [...] et montre le caractère organique des changements auxquels la langue est soumise. » Que l'on remplace le mot « langue » par « œuvre littéraire », et l'on voit tout de suite comment pareille méthode peut, d'autant que l'œuvre est langage, s'appliquer à la littérature.

D'autres articles de Benveniste ont fondé des distinctions capitales pour les études littéraires. C'est d'abord « Les relations de temps dans le verbe français » (1959, *Problèmes*, p. 237-250). Dans cet article, l'auteur propose un reclassement raisonné des formes du langage. Notant que, pour décrire les formes verbales françaises, ni la notion de temps, ni celle d'aspect ne suffisent, il prend pour point de départ la redondance apparente que constitue, pour exprimer le passé, le coexistence de deux formes : *il fit* et *il a fait*. A partir de là, tout le système verbal du français doit être reconstruit : il y a, en effet, deux systèmes temporels, celui de l'*histoire*, et celui du *discours*.

L'histoire est le récit des événements passés, sans aucune intervention du locuteur dans le récit. Dès que les événements sont « enregistrés dans une expression temporelle historique », ils sont « caractérisés comme passés ». La règle fondamentale est que « l'intention historique constitue bien une des grandes fonctions de la langue ». L'énonciation historique se caractérise par des formes précises. La première est négative, c'est l'absence de « toute forme linguistique autobiographique » : ni *je*, ni *tu*, ni *ici*, ni *maintenant*. Le récit historique n'emploie que des « formes de 3e personne », alors que l'appareil formel du discours est au contraire marqué par l'emploi de la relation entre *je* et *tu*. La seconde forme (non dans la chronologie, mais dans l'ordre de l'exposé) est « le champ de l'expression temporelle », qui comporte trois temps : le passé simple ou défini (aoriste), l'imparfait (qui englobe la forme dite « conditionnelle », en *-rait*), le plus-que-parfait, et, plus rarement, un « temps périphrastique du futur » (le prospectif). Le point fondamental est l'exclusion du présent. A titre d'exemple, Benveniste cite deux extraits d'ouvrage historique, et un de roman, où les temps sont identiques, parce que le propos est le même ; l'auteur se fait historien, et disparaît, de sorte que « personne ne parle ici ; les événements semblent se raconter eux-mêmes ».

Le second système est celui du discours, défini comme « toute énonciation supposant un locuteur et un auditeur, et chez le premier l'intention d'influencer l'autre en quelque manière ». Ces discours peuvent être oraux, ou bien écrits, s'il s'agit d'éloquence, de lettres, de mémoires, de théâtre, d'ouvrages didactiques. Il ne s'agit donc pas de distinguer entre langue écrite et langue parlée : le discours relève des deux, non le récit, qui est toujours écrit. Le discours se distingue du récit par les temps verbaux et l'usage des pronoms. Il emploie librement toutes les formes de pronoms personnels, mais la relation je/tu est privilégiée, la 3e personne « n'a pas la même valeur que dans le récit historique », elle est une « non-personne ». De même, tous les temps verbaux sont utilisés, sauf « la forme typique de l'histoire », le passé simple ou aoriste. Le discours a, cependant, « trois temps fondamentaux », trois temps qu'on ne trouve pas dans le récit historique : le présent, le futur et le parfait. L'imparfait est commun aux deux systèmes. Ainsi, le fait que Camus ait écrit *L'Étranger*, non au passé simple, temps du récit, mais au passé composé, temps du discours, fait bénéficier son roman du second système : « C'est le temps de celui qui relate les faits en témoin, en participant ; c'est donc aussi le temps que choisira quiconque veut faire retentir jusqu'à nous l'événement rapporté et le rattacher à notre présent. »

Les formes composées sont, avec les formes simples, dans une relation qui n'est pas temporelle (présent-passé composé, imparfait-plus-que-parfait, passé simple-passé antérieur, futur-futur antérieur) : elles fournissent un « parfait », soit une notion « accomplie » et une situation « actuelle » ; et une antériorité par rapport au temps simple, donc un rapport « logique et intralinguistique », et non pas chronologique et relevant de « la réalité objective ». C'est pourquoi ces secondes formes composées ne peuvent s'employer seules.

Cette étude du système verbal se complète par celle de « la nature des pronoms » (1956, *Problèmes*, p. 251-257). De même que les temps ne sont pas sur le même plan, de même les pronoms. La notion de personne est présente dans *je/tu,* absente dans *il.* L'analyse doit partir du *je.* Alors qu'un nom se réfère à une « notion constante et objective », toujours identique, le pronom *je,* « puisqu'il n'y a pas d'objet définissable comme *je* », renvoie chaque fois à un être unique, et différent. *Je* n'est pas un objet, mais « signifie la personne qui énonce la présente instance[1] de discours contenant *je* ». Chaque *je* a sa référence propre, ce qui entraîne que *je* désigne la personne qui parle, et celle dont on parle : la personne qui parle dit quelque chose sur elle-même. Il en est de même pour *tu,* qui est l'individu à qui on parle « dans la présente instance de discours contenant l'instance linguistique *tu* ». De là se déduit que cette « référence à l'instance de discours », à l'énonciation, unit *je/tu* à une série d'indicateurs, pronoms, adverbes, locutions adverbiales (temporelles ou démonstratives, elles ne se contentent pas de « montrer », mais elles relient au sujet parlant). Ces indicateurs se rattachent à la « *présente* instance de discours » ; sinon la langue emploie d'autres termes, qui s'opposent aux premiers, et se réfèrent au réel, à l'historique : *je* s'oppose à *il, ici* à *là, maintenant* à *alors, hier* à *la veille, la semaine prochaine* à *la semaine suivante,* etc. L'essentiel est donc de comprendre que ce système d'expressions renvoie non à la réalité, mais à « l'énonciation, chaque fois unique, qui les contient ». Ce sont des signes vides par rapport au monde objectif, mais qui se remplissent dès qu'un locuteur les assume. Ils « convertissent le langage en discours », et ce processus se communique à tous les éléments susceptibles de s'y accorder formellement, dont le verbe, qui dépend toujours de l'acte du discours.

Mais il n'en est pas toujours ainsi. Benveniste définit alors ces énoncés qui échappent à la « condition de personne », renvoient « non plus à eux-mêmes, mais à une situation objective » : c'est le domaine de la « troisième personne ». Elle se définit comme « le seul mode d'énonciation possible pour les instances de discours qui ne doivent pas renvoyer à elles-mêmes », et remplace un « élément matériel de l'énoncé ». La troisième personne « se combine avec n'importe quelle référence d'objet », ne réfléchit jamais « l'instance de discours », comporte de nombreuses variantes pronominales ou démonstratives. Le discours a donc ses « indices propres », qui s'oppose à la « langue comme répertoire de signes ».

1. L'instance de discours est l'acte qui permet d'actualiser la langue.

Une étude contemporaine sur « la subjectivité dans la langue » (1958, *Problèmes*, p. 258-266) précise ces propriétés du discours. Le langage, affirme l'auteur, n'est pas un instrument, c'est-à-dire un objet fabriqué, mais « il est dans la nature de l'homme, qui ne l'a pas fabriqué ». On n'atteint jamais ce moment mythique où deux hommes auraient fabriqué le langage ; pas plus qu'un homme séparé des autres : « C'est un homme parlant que nous trouvons dans le monde, un homme parlant à un autre homme, et le langage enseigne la définition même de l'homme. » La raison fondamentale en est que c'est « dans et par le langage que l'homme se constitue comme sujet » : est *je* qui dit *je*. La subjectivité « n'est que l'émergence dans l'être d'une propriété fondamentale du langage ». Le *je* est lié au *tu*, parce que la conscience de soi ne s'éprouve que par contrastes : « C'est cette condition de dialogue qui est constitutive de la *personne*, car elle implique en réciprocité que je deviens *tu* dans l'allocution de celui qui à son tour se désigne par *je*. » Ces deux termes sont « complémentaires » et « réversibles ». Le « fondement linguistique de la subjectivité se découvre dans une « relation dialectique » qui englobe le *je* et le *tu* et les « définit par relation mutuelle », le langage dérive tout entier de la subjectivité. En effet, les pronoms personnels ne font défaut à aucune langue : « Une langue sans expression de la personne ne se conçoit pas » ; ils ne renvoient pas à un individu singulier, toujours le même, ni à un concept de *je*, mais à « l'acte de discours individuel où il est prononcé, et il en désigne le locuteur ». Au moment où il dit *je*, celui-ci « s'approprie la langue entière ». Il s'annexe donc l'expression de la temporalité. Toute langue organise la notion de temps, par référence au présent. Mais ce présent ne se réfère qu'à une « donnée linguistique : la coïncidence de l'événement décrit avec l'instance de discours qui le décrit ». Le présent est le temps « où l'on parle ». C'est pourquoi l'expression de la temporalité est aussi celle de la subjectivité : « Le langage propose en quelque sorte des formes "vides" que chaque locuteur en exercice de discours s'approprie et qu'il rapporte à sa "personne", définissant en même temps lui-même comme *je* et un partenaire comme *tu*. » La forme *il* appartient obligatoirement au « discours énoncé par *je* ». De nombreuses notions linguistiques et psychologiques, conclut Benveniste, apparaîtront différentes « si on les rétablit dans le cadre du discours, qui est la langue assumée par l'homme qui parle, et dans la condition d'*intersubjectivité*, qui seule rend possible la communication linguistique ». Il en est de même de nombreuses notions littéraires, ajouterons-nous. Dans ce domaine, Benveniste a été précédé par Proust, indiquant dans son article « A propos du style de Flaubert » (1920 ; recueilli dans *Contre Sainte-Beuve,* essais et articles, Bibliothèque de la Pléiade, 1971) que Flaubert, « par l'usage entièrement nouveau et personnel qu'il a fait du passé défini, du passé indéfini, du participe présent, de certains pronoms, et de certaines prépositions, a renouvelé presque autant notre vision des choses que Kant, avec ses catégories, les théories de la Connaissance et de la Réalité du monde extérieur ».

Les études de Benveniste transforment notre compréhension de la littérature, d'abord parce qu'elle est langage. Si elle a pour matière, pour matériau, le langage, c'est une matière déjà chargée de sens ; l'écrivain hérite le système pronominal et verbal, il ne le choisit pas, mais il en joue. Une stylistique des genres littéraires peut être déduite des pronoms personnels : le *je* de la poésie lyrique, de l'autobiographie, du journal intime, du roman personnel ; le *tu* du pamphlet, de la poésie amoureuse, de *La Modification* de Michel Butor (ressenti comme une infraction). La présence du récit « historique » à la fois et du discours caractérise le roman, le discours alterné désigne le dialogue, philosophique, politique ou de théâtre. On voit comment on peut établir une relation avec la théorie des fonctions de Jakobson : le pronom est le signal d'une fonction. Le *je* renvoie à la fonction émotive, le *tu* à la fonction conative, le *il* à la fonction référentielle. Cependant, parmi les articles de Benveniste, celui qui a eu le plus d'influence sur la critique littéraire est, sans doute, « Les relations de temps dans le verbe français », à cause de la distinction qu'il opère entre l'histoire et le discours. Celle-ci sera, en effet, constamment reprise par l'analyse du récit, quitte à en modifier les termes : fiction et narration (Ricardou), histoire et récit (Genette), récit et commentaire (Weinrich), fable et sujet (formalistes russes), etc. En tout cas, peu de livres aussi peu littéraires dans leur principe l'auront été autant dans leurs applications : Benveniste a beaucoup de disciples, beaucoup d'émules ; comme les grands maîtres, il l'emporte toujours par la clarté de son eau profonde.

WEINRICH et la théorie du temps

Harald Weinrich, dans son essai *Le Temps. Le récit et le commentaire* (1964 ; traduction française, Seuil, 1973), complète les principes posés par Benveniste, et les développe de façon à mieux faire comprendre le fonctionnement des différents genres littéraires. Refusant de se limiter à la phrase, supposée par certains (Bloomfield, Lyons) être « la plus grande unité de description grammaticale », il propose de partir des textes ; sa méthode est la « linguistique textuelle », conçue comme un développement de la linguistique structurale : « Il s'agit, entre autres, de faire éclater, en phonologie, le cadre de la syllabe, en sémantique celui du mot et surtout, en syntaxe, celui de la phrase ». Le texte est défini comme « une succession signifiante de signes linguistiques entre deux ruptures manifestes de communication » (par exemple, « les deux volets de la couverture d'un livre »).

Weinrich est amené à distinguer deux groupes de temps : le premier comprend, en français, le présent, le passé composé et le futur ; le second, le passé simple, l'imparfait, le plus-que-parfait et le conditionnel. Le premier se trouve dans le « commentaire », le second dans le récit : « Cette constatation vaut pour des textes entiers, mais aussi bien pour de simples passages, quelle que soit leur longueur. » L'analyse formelle transmet donc à l'auditeur, au lecteur, un message précis : « Ceci est un commentaire », ou « Ceci est un récit », parce que l'action des temps verbaux s'étend à tout le texte. Ce message est complété par les pronoms personnels, qui divisent le monde en trois situations de communication : celle du locuteur, ou émetteur (comme disait Jakobson), celle de l'auditeur (ou récepteur) et celle de « tout le reste », de sorte que l'on sache à tout moment de qui, ou de quoi, il est question. Aux temps du monde commenté se rattachent : « dialogue dramatique, mémorandum politique, éditorial, testament, rapport scientifique, essai philosophique, commentaire juridique » ; locuteur et auditeur sont « tendus », parce qu'il s'agit, dans tout commentaire, d'un « fragment d'action ». Les temps du monde raconté entraînent d'autres situations de locution : « Une histoire de jeunesse, un récit de chasse, un conte, une légende pieuse, une nouvelle très "écrite", un récit historique ou un roman. » Les « signaux linguistiques à valeur narrative » disent au lecteur que l'énoncé est « seulement » un récit, et « qu'il peut l'écouter avec un certain détachement ».

Cette distinction entraîne une affirmation fondamentale : ce n'est pas par la temporalité, la durée, la notion de passé qu'il faut caractériser les temps verbaux, mais par le genre de discours, ou de récit, où ils sont insérés et qu'ils signalent. En effet, sur ce point, les grammaires hésitent : le présent désigne, selon elles, le « moment actuel », ou une « habitude », ou des « faits intemporels », ou des « faits passés et à venir ». On peut en déduire que le présent caractérise en fait « une certaine attitude de locution », qui indique que « le texte est de nature commentative ». Il en est de même pour les temps verbaux du monde raconté. L'imparfait, le passé simple peuvent renvoyer à n'importe quelle position dans le temps, dans la durée : c'est ainsi que les romans d'anticipation sont écrits à l'imparfait ou au passé simple ; l'imparfait du « Il était une fois » par lequel commencent les contes de fées signifie simplement le début du « monde raconté », c'est-à-dire d'un « univers différent de celui qui nous entoure ». Si, dans *La Montagne magique*, Thomas Mann emploie l'imparfait, c'est que ce passé du roman est coupé de l'existence et de la réalité du monde, qu'il n'a accès au monde et à ses secrets que par la voie du récit. On est donc amené à distinguer, comme beaucoup d'autres critiques, entre temps raconté et temps du récit, le second étant libre à l'égard du premier, qu'il condense, suit ou dilate à son gré. Ici, tout en reconnaissant sa dette à l'égard de Benveniste, Weinrich se montre plus restrictif que lui. D'abord parce qu'un seul temps ne peut appartenir à la fois au système du commentaire et au système du récit ; ensuite parce qu'un temps ne peut pas « passer d'un groupe à l'autre » selon la personne (première ou troisième, *je* ou *il*, par exemple). Weinrich pose l'existence de deux systèmes complets et clos, sans restrictions ni exceptions. L'analyse de Benveniste est plus fine peut-être, plus nuancée ; celle de Weinrich plus globale, plus ferme, et surtout fondée sur l'étude de textes complets.

Une autre distinction est alors à introduire, entre le Temps de l'action et le Temps du texte. Le système des temps exprime le décalage ou la coïncidence entre les deux. Dans le système du commentaire comme dans celui du récit, un « point zéro » est prévu, le présent dans l'un, l'imparfait ou le passé simple dans l'autre : « Tous les autres temps [...] invitent l'auditeur à accorder quelque attention au rapport entre Temps du texte et Temps de l'action », qu'il s'agisse de « rétrospection » ou de « prospection » ; ces deux derniers termes seront réunis sous celui de « perspective de locution ». Ainsi le futur exprime-t-il la « prospection » dans le système du commentaire ; le conditionnel l'exprime dans celui du récit. Le passé composé exprime la « rétrospection » dans le commentaire, le passé simple dans le récit. Mais il ne faut pas confondre temps passé et récit : « Car je peux raconter le passé, et c'est aussi une manière de m'en libérer, de le *dépasser* à travers le langage du récit. Mais je peux aussi le commenter [...]. La langue [...] connaît deux sortes de passés : l'un qui est immédiatement mien, que je commente, comme tout ce qui vient à ma rencontre dans la situation de locution concrète où je me trouve ; l'autre que le récit, à la manière d'un filtre, sépare de moi et distancie. » Inversement, le récit ne raconte pas toujours du passé, mais, parfois, le présent, ou l'avenir. Les temps, d'autre part, ne garantissent pas la vérité : « Le monde commenté a sa vérité (les contraires en sont l'erreur et le mensonge) et le monde raconté a la sienne (le contraire en est la fiction). De même, l'un et l'autre ont leur poésie : pour le premier, c'est le lyrisme et le drame, pour le second l'épopée. »

Après l'attitude de locution (récit/commentaire) et la perspective de locution (rétrospection/degré zéro/anticipation), Weinrich introduit une troisième notion, la *mise en relief*. Ce concept signifie que les temps ont pour fonction de « donner du relief à un texte en projetant au premier plan certains contenus et en en repoussant d'autres dans l'ombre de l'arrière-plan ». Le passage d'un temps à un autre obéit en effet à des lois, et ne se fait pas au hasard. On relève que, dans un texte narratif, les passages de l'imparfait au passé simple, et du passé simple à l'imparfait s'équilibrent ; mais la différence essentielle, la règle capitale, n'est pas, comme on l'enseigne encore parfois, que l'imparfait exprime la durée et le passé simple un point dans le temps, elle est que « l'imparfait est dans le récit le *temps de l'arrière-plan*, le passé simple le *temps du premier plan* ». Que va-t-on mettre au premier plan dans un récit ? demande alors Weinrich, qui se rapproche de la littérature, dont la linguistique textuelle tire ses exemples. Le premier plan, c'est l'objet même du récit, l'essentiel d'un compte rendu, ce que désigne le titre, ou ce qui attire le public vers une histoire différente du quotidien. L'arrière-plan, inversement, « c'est ce qui à lui seul n'éveillerait pas l'intérêt, mais qui aide l'auditeur à s'orienter à travers le monde raconté et lui en rend l'écoute plus aisée ». Cette alternance n'a pas son équivalent dans le système du monde commenté (présent, futur, passé composé), qui est le plus souvent au premier plan, et précise la « situation extralinguistique ».

Dans le récit, la distribution entre premier plan et arrière-plan est une question de « genre de récit », mais aussi de « tempérament de l'auteur ». Chez Voltaire, dans *Candide* par exemple, l'imparfait est rare : « Le récit ne quitte à peu près pas le premier plan », vigoureux, rapide, fort comme une caricature. La prédominance, au contraire, de l'imparfait chez Flaubert, comme dans le roman réaliste ou naturaliste du XIXe siècle, s'explique parce que « le rapport s'inverse entre l'arrière-plan (sociologique), dont l'importance ne cesse de se développer, et le premier plan qui s'efface devant lui ». Certains textes chargés de sens ponctuel (« mourir »), ou duratif, s'emploient aussi bien à l'imparfait qu'au passé simple, pour la même raison.

Weinrich aborde ensuite le problème des transitions entre le récit et le commentaire, d'un temps du premier à un temps du second. Ces transitions, dites hétérogènes, sont plus rares que celles qui se déroulent, dans un texte, à l'intérieur d'un même système (transitions homogènes). La transition homogène garantit la cohérence, la « consistance » d'un texte ; l'hétérogène, sa richesse d'information. Si l'on examine le passage du récit au dialogue, on constate que, si le récit est écrit à la troisième personne, le dialogue fait alterner la première et la seconde, et que les temps du commentaire remplacent ceux du monde raconté (transition hétérogène), renforcés par un « verbe de communication » (« dire »). En revanche, si le discours, le dialogue, est introduit indirectement, au style indirect, on se prive des « signaux essentiels que sont le changement de personne et la transition temporelle ». On compte alors sur les verbes de communication, auxquels s'ajoutent des signaux temporels : l'absence du passé simple et du passé antérieur. Quant au « monologue intérieur », qu'on peut appeler aussi « discours vécu », ou « discours indirect libre », c'est un discours indirect qui ne dépend plus des verbes de communication (« il dit que »), et qui concerne aussi bien des paroles que des pensées. On le reconnaît en outre grâce à « l'accumulation d'éléments stylistiques destinés à évoquer le signifié « style oral ».

Le problème de la concordance des temps est lié à celui de la transition temporelle. Si la question se pose au niveau de la phrase, la linguistique textuelle la dépasse, ainsi que les polémiques auxquelles elle a donné lieu entre grammairiens. Faut-il dire : « Je savais que la terre tournait autour du soleil » ? ou « Je savais que la terre tourne autour du soleil » ? Dans le premier cas, la transition est homogène, et l'on reste dans le monde raconté ; dans le second, la transition est hétérogène, on passe du récit au commentaire. Toute l'analyse rejoint donc les trois grandes distinctions théoriques de Weinrich : l'attitude de locution, la perspective de locution, la mise en relief. Lorsqu'on passe du présent à l'imparfait, l'attitude de locution est modifiée ; du présent au passé composé, c'est la perspective de locution ; de l'imparfait au passé simple, c'est la mise en relief. Ces concepts lui permettent alors de rendre compte du conditionnel, de l'imparfait de « validité restreinte », de l'irréel, du subjonctif (dont le rôle est de « limiter la validité du discours »). On constate également que certains adverbes — mais non tous — se combinent de préférence avec le récit, ou avec le commentaire (« hier, en ce moment, demain », avec le commentaire ; « la veille, à ce moment-là, le lendemain », avec le récit) ; il en est de même pour la mise en relief (« aussitôt » va avec le passé simple ; « toujours » avec l'imparfait). Certains adverbes ou conjonctions sont employés pour signaler la transition homogène ou hétérogène (« or » signale, lié au passé simple, la transition au premier plan). Quant aux modes (infinitif, participe, subjonctif), Weinrich en récuse la théorie classique, pour y voir des formes « semi-finies » (parce qu'elles sacrifient tantôt l'attitude de locution, tantôt le relief, par exemple), qui transmettent une « information limitée ». Leur existence s'explique, parce que « le contexte n'en exige pas davantage. Les formes semi-finies ne sont pas toutes seules. Nous ne nous exprimons pas par des cascades d'infinitifs, de participes, de subjonctifs, mais le plus souvent au moyen de verbes finis. Ce sont eux qui clarifient la situation de locution en livrant une information complète. Une forme semi-finie peut alors suivre, et faire l'économie de telle ou telle indication, déjà établie avec certitude ».

On voit comment des analyses linguistiques nouvelles — et chaque époque, chaque génération a peut-être besoin de décrire à nouveau sa langue — expliquent des phénomènes qui sont aussi littéraires. On ne peut rendre compte ni de *L'Étranger* (à cause de l'usage constant du passé composé), ni de *La Modification,* ni des premières phrases de *Du Côté de chez Swann,* sans une théorie des temps, des pronoms, du discours, qui soit linguistique. Ce qui retient chez Benveniste, ou Weinrich, c'est qu'ils apportent non des manifestes de combat, ni des programmes, mais des résultats. Des polémiques auxquelles la description linguistique de textes littéraires a donné lieu, on trouvera trace dans le numéro de la revue *Langue française* qui y a été consacré (septembre 1970), ainsi que dans celui sur *La Stylistique* (septembre 1969). Les poètes, eux, ont toujours affirmé qu'il n'était pas possible de comprendre la littérature sans une théorie du langage. Au XXe siècle, c'est sans doute Paul Valéry, dans ses *Cahiers* (le CNRS en a publié une reproduction photographique complète, de 28000 pages ; on peut consulter l'anthologie de la Bibliothèque de la Pléiade, due à Judith Robinson-Valéry, qui en donne un classement thématique, et l'ouvrage de J. Schmidt-Radefeldt, *Paul Valéry linguiste dans les Cahiers*, Klincksieck, 1970), qui en a fourni l'illustration la plus complète.

PAUL VALÉRY linguiste

Dans les *Cahiers*, on lit d'abord une théorie des fonctions du langage. Celui-ci est un acte qui, avant de signifier, signale que quelqu'un parle et qui, en même temps, suppose toujours un récepteur. La communication établie, le langage est comme la monnaie : le sens d'un mot est le « cours » de ce mot et n'a de valeur que pour l'échange. Le message ordinaire est aboli lorsque son but, la compréhension, est atteint. Le message poétique, au contraire, tend à la conservation de la forme, puisque le beau vers se fait redemander une fois compris. Cette conservation est aidée par le principe d'ambiguïté : c'est parce que la parole poétique a plusieurs sens qu'elle ressemble le mieux à une chose (toute chose étant équivoque). La parole poétique « produit » plutôt qu'elle ne transmet ; un beau vers « n'est plus un signal, c'est un fait ».

Derrière cette théorie si proche de celle de Jakobson se trouve une réflexion sur le signe. Dès 1902, Valéry insiste sur son caractère arbitraire et sur sa transitivité. La compréhension étant l'annulation des signes, « le sens d'un signe n'est que le rôle qu'il joue, c'est-à-dire l'acte qu'il provoque ». Le signe a une structure ternaire (objet ; image mentale ; signe), puis quaternaire (le signe se divise alors en son et en acte qui produit ce son). Les choses, hétérogènes, sont recomposées par le langage en un système homogène ; les mots ne sont pas les choses, et l'écrivain, seul, peut mettre le lecteur dans l'état continu où les mots sont pris pour des objets. C'est ainsi que le grand miracle du langage est qu'il ne coûte pas plus d'écrire « *infini, chambre, océan* ou *cuvette* » : les seules limites viennent de la syntaxe.

Entre le signe et le sens, qui n'ont aucune ressemblance, il y a une relation réciproque supposée uniforme, qui définit le mot (d'ailleurs égal à un silence, « recharge de sensibilité ou changement de ton »). Cependant, et c'est le troisième aspect moderne de cette pensée, « le mot est un *indivisible* tant qu'il appartient au mouvement du discours » : le mot ne peut être isolé du système auquel il appartient et n'a de sens que dans le contexte. La phrase, elle, est attente et hiérarchie, parce que le sens total se décide à la fin : « S'il est deviné à mi-chemin, la phrase est manquée » ; les mots sont donc des souvenirs, les propositions des réponses à l'attente, la phrase est acte, c'est-à-dire présent. Cette suite additive d'éléments, qui va du plus général au plus particulier, est un système de signes dans lesquels les significations se modifient et se saturent réciproquement.

La poésie, elle, dépasse l'arbitraire du signe pour atteindre un équilibre entre le son et le sens, qui empêche le signe d'être épuisé par un sens quelconque : son corps verbal doit être à la fois solide et ambigu, de sorte que l'intonation même ait un sens, et le sens des mots un son. Il y a d'autre part entre les signes littéraires des relations autres que sémantiques (symétries, contrastes, similitudes sensibles, effets harmoniques, mètres). Le poème est donc une machine qui agit par le langage et modifie le lecteur en profitant des caractères sensoriels et sémantiques des mots : la phrase littéraire ne signifie pas, mais tend à signifier, toujours replongée dans son architecture sensible.

C'est dans les *Cahiers* que la théorie poétique et linguistique de Valéry trouve, au prix de la mort de la littérature, son expression la plus réfléchie et la plus précise. Le poète est au linguiste ce que le physicien est à l'ingénieur, mais, en 1922, le linguiste a triomphé du poète. On admire alors qu'un homme seul, autodidacte de génie comme le fut aussi Malraux, ait découvert ou redécouvert les principaux résultats de la linguistique saussurienne et structurale et que, tel Monsieur Teste, il ne les ait pas publiés. L'homme pour qui l'imagination et la connaissance s'identifiaient à la construction ne nous a pas révélé lui-même ses combinaisons. En outre, alors qu'il considérait le travail littéraire comme le sous-produit de ses recherches théoriques, le développement de la linguistique prouve que, Valéry n'ayant pas publié, ses idées ont été développées par d'autres. Le mystère du progrès scientifique est que tout savant soit remplaçable. Comme ce gentleman discret disparu dans la fumée matinale des cigarettes bleues, il y a beaucoup de linguistes, et aucun poète.

2. *Stylistique*

La stylistique est une branche de la linguistique, appliquée à la littérature. Certes, la première *Stylistique*, celle de Charles Bailly (1905), ne traite pas directement de la littérature, parce qu'elle se définit comme la description des moyens d'expression fournis par la langue, non comme l'étude de l'emploi qu'en fait l'auteur : selon Bailly, la langue contient des valeurs stylistiques que l'écrivain trouve prêtes. Dès l'origine de la stylistique moderne, on rencontre donc la distinction entre la langue et la parole (concepts hérités du *Cours de linguistique générale* de Saussure), le système et le texte, le code et le message. Nous avons vu, au chapitre II, comment quelques années plus tard Léo Spitzer applique la stylistique à l'œuvre littéraire, et, le plus souvent, à une œuvre précise, voire à quelques vers, ce qui est aussi le cas des formalistes russes. Avec l'enthousiasme des novateurs, ils ont esquissé une stylistique des époques, des genres, des auteurs, des œuvres, d'un poème, d'une page, d'un mot, mais en renonçant à l'idée de Bailly, d'une stylistique de la langue, ou de la parole figée, et non littéraire. De cette évolution, il n'est pas question de faire le récit : nous renvoyons à *Langue française*, « La Stylistique » (septembre 1969), aux *Essais de stylistique* de Pierre Guiraud (Klincksieck, 1970) et au *Dictionnaire encyclopédique des sciences du langage* d'Oswald Ducrot et Tzvetan Todorov (Seuil, 1972).

La stylistique classique est fondée, depuis longtemps, sur des décomptes statistiques qui mettent en valeur les écarts de l'écrivain par rapport à une norme, langue quotidienne ou langue scientifique. Serait « style » toute différence. Cette méthode a ses défauts, et doit être complétée par une autre, comme l'a bien souligné l'un des maîtres de cette discipline, Gérald Antoine : « Là où règne la pratique des écarts, signes a-grammaticaux, l'analyse des composants de l'expressivité appartiendra largement à l'ordre quantitatif. De même que dans le domaine du commun parler on dresse des catalogues de fautes, ainsi peut-on, dans celui des idiolectes littéraires, ouvrir des répertoires d'étrangetés : tâche excitante, mais, somme toute, facile. A rebours, là où triomphent la pureté du lexique, la netteté de la syntaxe, l'économie des figures, bref quand l'emportent les signes de la grammaticalité, c'est à une patiente et minutieuse exploration de l'ordre qualitatif que se voit conduit le chercheur » (*Vis-à-vis ou le double regard critique*, PUF, 1982). Si, dans les années soixante-dix, il était de bon ton de proclamer la mort de la stylistique, c'était oublier le rôle indispensable joué par des monographies d'auteur, comme *Rythmes et Sonorités dans les* Mémoires d'Outre-Tombe de J. Mourot, ou *La Phrase de Proust* de J. Milly. Au même moment, un des meilleurs critiques contemporains, Michael Riffaterre publiait ses *Essais de stylistique structurale* (Flammarion, 1971).

Dans ce premier ouvrage, Riffaterre traite l'étude du style littéraire à la lumière de la linguistique structurale, et pose la stylistique comme science. L'analyse linguistique du style littéraire n'y suffit pas : les faits stylistiques doivent être distingués des faits linguistiques, le langage, de la littérature. Le style est une « forme permanente » qui impose à l'attention renouvelée du lecteur certains éléments de la séquence verbale. A partir de la théorie de la communication, Riffaterre montre que le style « ajoute » à l'information simple une « mise en valeur », sur laquelle le lecteur (et non l'auteur, dont les intentions ne sont pas toujours connues, ou pas suivies d'effet) renseigne, en percevant les procédés comme des signaux.

Pour rendre son enquête objective, et échapper au reproche d'impressionnisme adressé à Léo Spitzer (qui, prétend Riffaterre, fonde son analyse sur « le premier indice venu »), on fera appel à la somme des lectures qui fournira l'ensemble de ces signaux, ou plus exactement un ensemble de *stimuli*, d'excitations et de réponses : cette somme est appelée « archilecteur ». Pour les textes du passé, l'opération peut être répétée à chaque génération (Riffaterre fournit ici à la théorie de la réception la stylistique qui lui manque). Tel est le premier stade de l'enquête, qui consiste à rassembler la masse des faits pertinents. Ces faits ne seront pas sentis comme déviations par rapport à une norme impossible à définir rigoureusement, mais par rapport au *contexte* : « Chaque procédé stylistique, identifié préalablement par l'archilecteur, possède comme contexte un arrière-plan concret, permanent. » Une inversion, un archaïsme, une image peuvent être significatifs lorsqu'ils produisent un « effet de rupture qui modifie le contexte » ; ces effets sont d'autant plus importants qu'ils sont répétés, donc « modifiés rétrospectivement » par le lecteur, et que plusieurs niveaux convergent (phonique et grammatical, par exemple).

Les problèmes posés par une théorie beaucoup plus complexe que ses critiques ne le disent sont nombreux. Peut-on définir le style littéraire comme une simple addition à l'information, ou même comme sa « mise en valeur » ? Les « fonctions » de Jakobson sont plus satisfaisantes à cet égard, parce qu'elles récusent le dualisme. En second lieu, ni l'écriture ni la lecture ne peuvent être senties comme une série d'électrochocs (les *stimuli*) : que deviennent alors la « patine », le « vernis des maîtres » chers à Proust, c'est-à-dire l'unité première de l'œuvre, dont un savant habitué au décompte de procédés ne tient pas compte ? Certes, Riffaterre reconnaît que « les éléments non marqués sont tout aussi importants dans le système du style que les éléments marqués » ; mais alors comment distinguer entre eux ? En fait, tout élément pris dans un système littéraire peut être alternativement marqué et non marqué ; c'est notre attention qui isole et même crée le procédé (sauf lorsqu'il s'agit de stéréotypes), non l'inverse ; c'est elle qui « stimule » le texte, c'est lui qui « répond » (ou ne répond pas).

D'où l'inutilité de l'archilecteur, masque pluraliste de la subjectivité, à moins que l'on ne procède à des sondages d'opinion, suivant les méthodes statistiques. Aussi bien, lorsque Riffaterre rend compte — brillamment — des *Antimémoires*, il n'y a qu'un lecteur, Riffaterre, infidèle à sa doctrine. En fait, puisque l'éminent linguiste récuse la stylistique des intentions et ne croit pas que les idées d'un auteur sur le style puissent nous instruire, comment faire confiance à ses intentions à lui ? On peut être tenté de soutenir que seules ses études appliquées à Hugo, Baudelaire, Malraux sont indiscutables, et qu'elles sont infidèles aux postulats qui ouvrent le volume.

Qu'il s'agisse en effet de la « poétisation du mot chez Hugo », de sa « vision hallucinatoire », de Malraux, de Baudelaire (ce chapitre critique à bon droit l'article fameux de Jakobson et Lévi-Strauss, sans d'ailleurs étudier la prosodie et la métrique des *Chats* avec la rigueur de ses prédécesseurs), c'est un grand critique que Riffaterre (d'ailleurs curieusement soucieux non seulement des procédés de style, mais encore des archétypes jungiens), mais, quoi qu'il en pense, ni plus ni moins que Spitzer, auquel il se contente d'apporter tout le confort moderne. Conscient, sans doute, de ces contradictions, Riffaterre n'a cessé d'évoluer, et ses ouvrages suivants, *La Production du texte* (Seuil, 1979) et *Sémiotique de la poésie* (Seuil, 1983), passent de la stylistique à la poétique et à la sémiotique — c'est dans les chapitres qui traitent de ces disciplines que nous les étudierons.

Pour retracer le panorama de la stylistique, il faut donc comprendre qu'elle est diverse, qu'il y a plusieurs stylistiques. Comme l'a montré Heinrich Plett (*Théorie de la littérature,* ouvrage présenté par A. Kibédi Varga), elles se divisent selon la manière dont elles considèrent le style. Si c'est comme expression de la personnalité de l'auteur, on appellera expressive cette stylistique. La stylistique attentive à la réception, qui met en valeur des éléments par rapport à leur contexte, sera nommée contextuelle (Riffaterre). Si le style est envisagé comme une « combinatoire spécifique de la langue », il s'agit de la stylistique de l'écart, de la stylistique statistique et de la stylistique contextuelle. La stylistique de l'écart suppose que le texte littéraire diffère d'une norme grammaticale et lexicale : on parlera de « licences poétiques », de « vocabulaire poétique », de figures : l'abondance des images sera considérée comme un écart. La stylistique statistique, illustrée par les travaux de Pierre Guiraud, de Conrad Bureau, d'Étienne Brunet, sur le lexique des écrivains et la longueur de leurs phrases ou la récurrence de leurs thèmes, est appelée à un grand avenir par le développement de l'informatique. La fréquence ou l'absence d'un terme, le rythme des phrases, l'écart par rapport à la moyenne d'emploi dans la langue ou dans un corpus d'ouvrages littéraires diachronique ou synchronique, tout cela ne définit peut-être pas un style, mais permet de le caractériser avec plus de rigueur. Ces données ne sont sans doute pas suffisantes, mais que gagne-t-on à les ignorer ?

La stylistique contextuelle, illustrée notamment par les premiers travaux de Riffaterre, n'oppose pas, nous l'avons vu, le texte à une norme extérieure au texte, mais un point du texte à son contexte. Si l'on ne peut parler de « mot poétique » chez Hugo, c'est qu'il n'y a pas de mot poétique par essence. Est poétique le mot rendu tel par son contexte, et caractéristique de la poésie de son auteur : le mot est valorisé par la structure à laquelle il appartient, et le mot change de valeur s'il change de structure. Suivant les poèmes, la « nuit » baudelairienne est « affreuse » ou « douce », « l'azur » mallarméen maléfique. Peut-être faut-il combiner les méthodes de ces diverses stylistiques, contextuelle, quantitative, de l'écart, expressive, les données de l'ordinateur et le déclic de l'impression de lecture, pour décrire complètement un style, en fonction des problèmes qu'il pose. Si une description correcte, ici comme ailleurs, suppose toujours une théorie, que le combat pour un programme, que la polémique cèdent la place aux enquêtes de terrain. C'est ensuite dans la confrontation entre l'étude stylistique et l'œuvre que l'on jugera, d'après les résultats, de la pertinence de la méthode. On doit cependant ajouter, en concluant cet exposé sur les difficultés de la stylistique, discipline en péril, que son déclin relatif coïncide avec la renaissance, à la même époque, de la rhétorique.

3. *Renaissance de la rhétorique*

Si la rhétorique est l'ancêtre de la linguistique[1], elle n'est pas d'abord une réflexion sur la littérature, mais plutôt un art de convaincre par la parole, technique d'avocat et d'homme politique, d'Aristote *(Rhétorique)* à Tacite *(Dialogue des orateurs)*. On sait qu'elle concerne « l'invention », la « disposition » (plan des diverses parties du discours : exorde, narration, discussion, péroraison), l'« élocution » (arrangement de la phrase, choix des mots), la « prononciation » et la « mémoire », qui touchent l'éloquence parlée. Les anciens, comme le signale le *Dictionnaire encyclopédique des sciences du langage*, ne distinguaient que trois sortes de discours : le délibératif (politique), le judiciaire, l'épidictique (éloge ou blâme, panégyrique ou pamphlet). Peu à peu, et singulièrement au XVIIe et au XVIIIe siècle, la rhétorique devient un art du beau style, de « l'élocution ». Cette rhétorique s'incarne, par exemple, dans le *Traité des figures* de Fontanier (1821-1827, réédition 1968, Flammarion). A la fin du XIXe siècle, l'enseignement de la rhétorique est évincé de la nouvelle Sorbonne (voir A. Compagnon, *La Troisième République des Lettres*, Seuil, 1984) au profit de l'histoire littéraire. C'est à partir des années soixante qu'on la voit reparaître, et même se substituer parfois à la stylistique, qui sort, on l'a vu, de « l'élocution » (l'Antiquité, comme Auerbach l'a rappelé dans *Mimésis*, distinguait trois niveaux de style). Elle définit les figures du texte, par opposition ; une autre rhétorique, qui ne nous concerne pas ici, s'attache à l'argumentation. Certains, comme Olivier Reboul (*La Rhétorique*, Que sais-je ?, PUF, 1984), proposent de concilier les deux : « Relève pour nous de la rhétorique tout discours où les trois fonctions de plaire, d'instruire et d'émouvoir sont présentes ensemble et chacune par les autres ; tout discours qui persuade par le plaisir et l'émotion en les soutenant par l'argumentation ».

---

1. Pour l'indispensable connaissance historique, on se reportera à deux grandes synthèses, dans la tradition de Curtius : *L'Âge de l'éloquence* de Marc Fumaroli (Droz, 1980), *et La Parole et la Beauté* d'Alain Michel (Les Belles Lettres, 1981).

Il serait injuste d'oublier, sous l'influence des modes, un écrivain que l'on s'étonne de ne plus voir citer dans les ouvrages contemporains qui traitent de rhétorique : Jean Paulhan. Dès *Les Fleurs de Tarbes* (1941), il plaide pour la rhétorique, et contre « la terreur dans les lettres », et ne cesse de montrer que tout écrivain utilise la rhétorique sans le savoir, que la rhétorique parle en nous à notre insu : « Il n'est pas de science plus banale que la rhétorique, c'est là que je voulais en venir. Aussi banale que de parler, car elle est parler ; aussi banale que d'écrire, car elle est écrire ; car elle est à peine un peu *plus* d'attention donnée à l'écrire, au parler. Et je n'apprendrai rien à personne, si je dis qu'il n'en est pas aujourd'hui de plus mystérieuse, et apparemment inutile ou absurde. Cependant les historiens admettent volontiers, depuis les travaux de Christophe Dawson, que l'Europe a pris naissance le jour où l'on a pu expliquer, dans les écoles, l'*Orateur* de Cicéron ». (L'ensemble des textes de Paulhan sur la rhétorique se trouve recueilli dans le tome III de ses *Œuvres complètes*, Cercle du livre précieux, 1967). Il est peu de dire que Barthes et Genette sont les disciples, conscients ou inconscients, de Paulhan ; auraient-ils éclipsé le maître ? Il est vrai que son point de vue, à lui, était celui de l'écrivain, et que le nôtre est celui du critique.

C'est en effet autour de la théorie des figures, de la lecture des figures de style que la rhétorique contemporaine se rassemble. On sait que Genette a donné à ses trois premiers livres ce titre ; dès *Figures I* (Seuil, 1966), il définit la rhétorique comme un « système de figures », où l'absence de figure, le « degré zéro », la sublime simplicité, constitue la base de ce système. Il définit encore la figure comme l'écart, l'espace entre « la lettre et le sens, entre ce que le poète a *écrit* et ce qu'il a *pensé* », et « il y aura autant de figures qu'on pourra trouver de formes à l'espace à chaque fois ménagé entre la ligne du signifiant *(la tristesse s'envole)* et celle du signifié *(le chagrin ne dure pas)* ». Toute figure, telle qu'elle apparaît dans les traités de rhétorique (Dumarsais, Fontanier), est donc traduite. Sa fonction est de désigner, de dénoter, mais aussi de suggérer par un détour, de connoter : « En disant *voile* pour navire, je dénote le navire, mais en même temps je connote la motivation par le détail, le détour sensible imprimé à la signification, et donc une certaine modalité de vision ou d'intention ». Et si la figure est usée, elle signifie encore « *ici, navire* et *ici, poésie* ». Certes, comme l'écrit alors Genette, il serait stérile de ressusciter tout le code de l'ancienne rhétorique pour l'appliquer à la littérature moderne.

Mais, de ce code, des critiques de plus en plus nombreux vont extraire des éléments, des figures privilégiées, pour les appliquer à la description des œuvres littéraires.

Ainsi, en 1970, la revue *Communications* consacre-t-elle un numéro spécial à la rhétorique. Roland Barthes, dans « L'ancienne rhétorique » (séminaire de 1964-1965), s'efforce, comme l'avait fait Genette dans *Figures I*, d'opposer « l'ancienne pratique littéraire », ou « Rhétorique », à la « nouvelle sémiotique de l'écriture ». Ce tableau, inspiré des ouvrages de Curtius, Charles S. Baldwin, Bray, Brunot et Morier, présente une brillante histoire de la Rhétorique, de l'Antiquité au XIXe siècle, et une description de son « réseau ». Son auteur affirme, en conclusion, que la connaissance du code rhétorique occidental changerait notre connaissance de la littérature, de l'enseignement et du langage ; qu'Aristote domine encore notre langage, et qu'enfin, si la littérature est liée à la Rhétorique, « pratique politico-judiciaire », on ne peut faire acte révolutionnaire, instaurer « une nouvelle pratique du langage », sous le nom de « texte », « d'écriture », qu'en rejetant la Rhétorique comme objet historique, dépassé. Et pourtant, dans le même numéro, Pierre Kuentz s'interroge sur le retour de la rhétorique, quitte à en contester le bien-fondé. Gérard Genette, dans « La rhétorique restreinte » (repris dans *Figures III*), signale ce phénomène que l'on est passé de la rhétorique à la figure, et de la figure à la métaphore et à la métonymie. Ces deux figures ont été consacrées par les formalistes russes (Eikhenbaum et Jakobson), et nous y reviendrons. Elles privilégient les relations de contiguïté et de ressemblance, mais toutes les figures de liaison sont ainsi ramenées à la métonymie spatiale, toutes les figures de ressemblance à « la seule métaphore » (alors que la comparaison persiste bien, jusque dans la langue populaire, et que Proust appelle métaphore aussi bien des comparaisons que des métonymies, comme « faire catleya » pour « faire l'amour »). Le mot « image », notamment à propos du surréalisme, fait l'objet de la même généralisation abusive. Ainsi, la rhétorique revient, mais transformée, réduite, et sans doute influencée par la poésie, de Baudelaire au surréalisme et aux futuristes russes, et par la théorie proustienne de la métaphore.

On ne s'étonnera donc pas, consécration de ce mouvement, de voir publier en 1973 la *Sémantique de la métaphore et de la métonymie*, de Michel Le Guern (Larousse). Cette étude fournit un « outil » pour l'analyse du style, et esquisse une théorie sémantique. La métonymie porte sur la « relation entre le langage et la réalité exprimée » (« Voix » au lieu de « personne qui parle ») ; la métaphore « opère sur la substance même du langage », parce qu'elle ne peut être comprise que par rejet du sens premier, ou propre (un « mur aveugle »). Le pouvoir de suggestion de la métaphore augmente quand son pouvoir d'information logique diminue ; ils sont inversement proportionnels (on opposera aussi bien connotation et dénotation). La suggestion, la connotation peuvent être libres, ou « obligées » : pour interpréter un seul vers, le critique dispose d'une marge beaucoup plus grande que si on le replace dans le contexte du poème. Le processus de la métonymie est très différent, parce qu'il désigne « une relation entre les objets eux-mêmes », sans abstraction (par exemple, un verre et son contenu), et qu'il relève de la fonction référentielle du langage. La métaphore choisit, par les élements de signification habituels du mot, ceux qui « sont compatibles avec le nouveau signifié imposé par le contexte à l'emploi métaphorique de ce mot ». On peut alors poser le problème de la relation, de la différence entre le symbole et la métaphore : « Dans la construction symbolique, la perception de l'image est nécessaire à la saisie de l'information logique contenue dans le message » (par exemple, lorsque Péguy écrit : « La Foi est un grand arbre, c'est un chêne enraciné au cœur de France »). Dans la métaphore, « cet intermédiaire n'est pas nécessaire à la transmission de l'information ». L'image symbolique est « nécessairement intellectualisée », alors que l'image métaphorique peut ne « s'adresser qu'à l'imagination ou à la sensibilité ». Cependant, on peut associer métaphore et symbole (y compris dans l'exemple de l'arbre selon Péguy). L'essentiel est de retenir ce processus intellectuel de traduction du symbole, qui se réfère, d'autre part, à la réalité extralinguistique. Quant à la synesthésie, dont les exemples les plus fameux se trouvent chez Rimbaud (« Voyelles ») et Baudelaire (« Correspondances »), elle saisit « une correspondance au niveau de la perception elle-même » ; il faut le langage pour l'exprimer, mais elle est antérieure à l'activité linguistique, et n'est donc pas une figure de rhétorique.

Poursuivant son rapprochement terme à terme des concepts le plus souvent utilisés par la rhétorique contemporaine, Le Guern rapproche métaphore et comparaison. Il souligne que les différences formelles *(comme, plus que)* ont une importance limitée : de même que l'on ne peut distinguer par la forme le symbole de la métaphore, de même l'identité de structure entre « Jacques est plus bête que Pierre » et « Jacques est plus bête qu'un âne » ne « rend pas compte de l'énorme différence de signification ». Tout ce que l'on peut dire, c'est que la comparaison emploie un « outil logique », non la métaphore : « La métaphore n'est pas logique. » Quelle est donc la motivation de celle-ci ? La limitation des moyens du langage, ce que Mallarmé appelle « le défaut des langues » ? L'expression de l'affectivité ? En fait, la métaphore s'efforce de « donner une information supérieure à l'information logique » : si l'on discute une comparaison, « devant la métaphore on est démuni ». C'est dire que, selon Le Guern, la métaphore se relie à la fonction émotive et à la fonction conative (orientée vers le destinataire) du langage. Au contraire, la fonction référentielle est atténuée ; mais peut-être Le Guern a-t-il tort de ne pas relier, également, la métaphore à la fonction poétique : comme on l'a vu, selon Genette, la figure signifie la poésie. La difficulté de l'analyse des figures de rhétorique, c'est qu'elle est rapidement tentée de s'évader dans le monde réel, dans le référentiel. Bien des définitions analysent « la référence, et non l'ensemble de relations entre les éléments de signification ». Le Guern propose donc une analyse qui reste au niveau des sèmes (ou unités minimales de signification) : faire la liste des sèmes que contient un lexème (ou unité lexicale : le mot *tête* se décompose en : extrémité, rotondité, antériorité, supériorité, etc.). Ce qui est proprement rejoindre une autre branche de la linguistique, la sémiotique, dont nous allons maintenant parler, non sans avoir souligné au préalable l'utilité de la rhétorique, même « restreinte », pour la description précise des textes littéraires. Les figures ne sont nullement, à notre avis, des écarts par rapport à une norme impossible à préciser, mais des moyens qui assurent le fonctionnement du discours. L'importance que le symbolisme depuis Baudelaire, que Proust, que le surréalisme y ont attachée confirme que la vocation de la rhétorique moderne est, non exclusivement, mais par excellence, littéraire. Nous avons, nous-même, montré comment le récit poétique[1] au XXe siècle multipliait les images métaphoriques, et comment leur présence est inversement proportionnelle à celle des rythmes ; elles sont alors non pas reproductrices, mais productrices de sens. Paul Ricœur, dans *La Métaphore vive* (Seuil, 1975), panorama encyclopédique de toutes les doctrines de la métaphore, souligne bien cette propriété de la métaphore, de ne pas décrire une réalité préexis-

1. J.-Y. Tadié, *Le Récit poétique*, PUF, 1978.

tante, de ne dire que ce qu'elle seule peut dire, de manière plurivoque, de n'être pas traduisible. C'est que la littérature, écrit ce philosophe, « nous met en présence d'un discours où plusieurs choses sont signifiées en même temps, sans que le lecteur soit requis de choisir entre elles ».

Notre époque a donc vu naître à nouveau, mais sous une forme restreinte à quelques figures, la rhétorique. Sa force est d'être incontournable : comment parler d'un texte sans invoquer la métaphore, la métonymie, voire la synecdoque, l'hypallage, le zeugma, la litote ? Sa faiblesse est d'être descriptive et classificatoire, mais rien d'autre. Contrairement aux méthodes que nous avons analysées jusqu'à présent, la rhétorique se tient à la surface, ne vise pas la profondeur de l'œuvre, veuve de son sens — de son essence.

tante, de ne dire que ce qu'elle seule peut dire, de manière plurivoque, de n'être pas traduisible. C'est que la littérature, écrit ce philosophe, « nous met en présence d'un discours où plusieurs choses sont signifiées en même temps, sans que le lecteur soit requis de choisir entre elles ».

Notre époque a donc vu naître à nouveau, mais sous une forme restreinte à quelques figures, la rhétorique. Sa force est d'être incontournable : comment parler d'un texte sans invoquer la métaphore, la métonymie, voire la synecdoque, l'hypallage, le zeugma, la litote ? Sa faiblesse est d'être descriptive et classificatoire, mais rien d'autre. Contrairement aux méthodes que nous avons analysées jusqu'à présent, la rhétorique se tient à la surface, ne vise pas la profondeur de l'œuvre, voire de son sens — de son essence.

CHAPITRE VIII

SÉMIOTIQUE DE LA LITTÉRATURE

La sémiotique (ou sémiologie) est la science des signes. Saussure, élaborant sa théorie linguistique, avait suggéré qu'elle pourrait trouver sa place dans une théorie plus générale, ou sémiologie (voir « Interprétation et sémiotique », in Kibédi Varga, *Théorie de la littérature*). D'autre part, le philosophe américain Peirce (1839-1914) constitue une autre source, inconnue en France jusqu'à une époque récente, de la sémiotique. Dans leur *Dictionnaire encyclopédique des sciences du langage*, Ducrot et Todorov signalent encore une autre source philosophique, *La Philosophie des formes symboliques*, de Cassirer, et une source logique, de Frege à Russell, Carnap et Charles Morris (qui distingue entre *designatum* et *denotatum* ; le premier est une classe d'objets ; le second un élément d'une classe ; et entre la sémantique, la syntaxe et la pragmatique du signe : la première désigne la relation entre le signe et le *designatum* ou le *denotatum* ; la deuxième « la relation des signes entre eux » ; la troisième « la relation entre les signes et leurs utilisateurs »). L'un des grands sémioticiens soviétiques, Iouri Lotman, souligne également que « le fait qu'un langage soit caractérisé par des signes le définit comme système sémiotique ». Les signes dont dispose un langage pour accomplir sa fonction de communication font l'objet d'une sémantique qui définit le rapport entre le signe et « l'objet qu'il remplace », son contenu, et d'une syntaxe, c'est-à-dire « l'ensemble des règles qui président à la combinaisons des signes isolés en suites ». Lotman distingue encore entre « signes conventionnels » (le mot ; mais aussi bien le feu rouge) et « signes figuratifs » ou « iconiques », qui supposent que « la signification a une expression unique » : le dessin. « Dans toute l'histoire humaine, aussi loin que nous puissions remonter, nous trouvons deux signes culturels indépendants et égaux : le mot et le dessin. » Des premiers sortent les arts verbaux ; des seconds les arts figuratifs. Mais les deux sortes de signes s'interpénètrent : la poésie et la prose littéraire créent une « image verbale dont la nature iconique est manifeste », le texte du poète est un « signe figuratif ». En revanche, le dessin s'efforce de raconter (Iouri Lotman, *Esthétique et Sémiotique du cinéma*, 1973, traduction française, Éditions sociales, 1977). Enfin, comparé aux autres systèmes de signes, le langage littéraire et artistique n'entretient pas le même rapport entre les signes et leur contenu : « Le langage est ici *contenu* lui aussi, devenant parfois objet du message. » Ces définitions posées, rappelons qu'il existe une École de Paris de sémiotique, pour qui « la sémiotique a pour projet d'établir une théorie générale des systèmes de signification », qui se réclame de Greimas, Arrivé, Coquet, Courtès (*Sémiotique. L'École de Paris*, Hachette, 1982 ; *Sémiotique. Dictionnaire raisonné de la théorie du langage* d'A.-J. Greimas et J. Courtès, Hachette, 1979) ; Umberto Eco, en Italie, a développé des théories légèrement différentes (*La Structure absente*, 1968, traduction française, Mercure de France, 1972 ; *A Theory of Semiotics*, Indiana University Press, 1976).

La sémiotique littéraire, ou science des signes du langage littéraire, recoupe donc, en apparence, le champ d'autres méthodes, d'autres disciplines qui traitent également des signes, de la linguistique qu'elle englobe et dont elle découle, à la sociologie. C'est dans la pratique, dans l'application, dans l'histoire que nous suivrons le développement de la sémiotique littéraire : Barthes, Eco, Greimas, le groupe *Tel Quel*, Julia Kristeva fournissent autant de repères importants. En même temps, beaucoup de ces œuvres se présentent sous le signe de la double appartenance : sémiotique et poétique. Sémiotique et analyse du récit se chevauchent. Ce phénomène de circularité se lit déjà en ce que la sémiotique englobe la linguistique, mais que l'on peut aussi, comme Roland Barthes dans ses *Éléments de sémiologie*, considérer la première comme une branche de la seconde ; de même le *Dictionnaire de sémiotique* de Greimas et Courtès comprend-il l'analyse du récit. Lorsque Umberto Eco analyse le roman de Ian Fleming (*Communications*, n° 8, 1966), il pratique les deux méthodes.

UMBERTO ECO

L'un des essais les plus importants de ce savant et écrivain italien, et qui l'a fait connaître, est *L'Œuvre ouverte* (1962 ; traduction française, Seuil, 1965). Ce livre analyse l'œuvre d'art, qu'elle soit littéraire, plastique ou musicale, comme un système de signes indéfiniment traduisibles : « Toute œuvre d'art, alors même qu'elle est forme achevée et "close" dans sa perfection d'organisme exactement calibré, est "ouverte" au moins en ce qu'elle peut être interprétée de différentes façons sans que son irréductible singularité en soit altérée. » Le Moyen Age avait adopté une théorie de l'allégorie, selon laquelle l'Écriture (puis la poésie et les arts figuratifs) peut s'interpréter — Auerbach l'avait rappelé dans *Mimésis* — suivant quatre sens différents : littéral, allégorique, moral, analogique ; mais ces règles d'interprétation étaient préétablies, univoques, et correspondaient à un monde ordonné, hiérarchisé à partir du *logos* créateur. L'œuvre d'art contemporaine, au contraire, est soumise à de nombreuses perspectives, et surtout ces expériences recouvrent des visions du monde très différentes, contrastées, peut-être dès l'art baroque. Mallarmé n'appelle plus d'interprétation unique, et la littérature du XXe siècle utilise largement le symbole : Kafka a rédigé une « œuvre ouverte ». Chez ce dernier, les sens sous-jacents sont polyvalents, ne reposent sur aucun ordre du monde : « Les interprétations existentialiste, théologique, clinique, psychanalytique des symboles kafkaiens n'épuisent chacun qu'une partie des possibilités de l'œuvre. Celle-ci demeure inépuisable et ouverte parce qu'ambiguë. » L'œuvre moderne, à un monde régi par des lois universelles, substitue « un monde privé de centres d'orientation, soumis à une perpétuelle remise en question des valeurs et des certitudes » : Joyce. Chez Brecht, l'œuvre ouvre un débat, dont la solution « doit naître d'une prise de conscience du public ».

Il y a une autre catégorie d'œuvre, où le lecteur-exécutant « contribue à *faire* l'œuvre » : musique post-sérielle, mobiles de Calder, art cinétique, dessin industriel, mobilier par éléments, architecture à cloisons mobiles. Le *Livre* de Mallarmé, qui « ne commence ni ne finit », devait être composé de feuilles mobiles, permettant tous les groupements, comme, plus tard, *Mille Milliards de poèmes* de Queneau. Il résulte de ces analyses que les formes littéraires ne sont pas des instruments de connaissance, qui permettraient « une meilleure saisie du réel que les procédés logiques. La connaissance du monde a dans la science son canal autorisé ». L'art n'a pas pour fonction de faire connaître le monde, mais de « produire des *compléments* du monde : il crée des formes autonomes s'ajoutant à celles qui existent ». L'œuvre d'art n'est qu'une « métaphore épistémologique », une image, un signe du savoir : la structure, à chaque époque, de chaque forme d'art, révèle la manière dont la science ou la culture contemporaine « voit la réalité » (thème que le philosophe Michel Serres reprendra dans son *Feux et signaux de brume : Zola*). L'indéterminé, la discontinuité rejoignent les thèmes de la logique et de la physique contemporaines. Bref, « l'auteur offre à l'interprète une œuvre à *achever* » ; mais il reste auteur de l'œuvre, parce qu'il propose « des possibilités déjà rationnelles, orientées et dotées de certaines exigences organiques ». L'ouverture institue donc un « nouveau type de rapports entre l'artiste et son public », un « nouveau fonctionnement de la perception esthétique ».

Comme Barthes le fera dans ses *Éléments*, Eco analyse, dans le langage poétique, les notions de référence, de suggestion (ou connotation), et souligne que la poésie, c'est l'« utilisation émotionnelle des références », et « l'utilisation référentielle des émotions ». On retrouve ici la théorie du signe : « La signification revient continuellement sur le signe et s'enrichit ainsi d'échos nouveaux » — et, comme chez Jakobson, l'ambiguïté de la référence dans le texte poétique. La nouvelle ouverture de l'œuvre contemporaine, explicite et maximale, contrairement à celle, limitée, de l'œuvre classique, se définit donc par un « accroissement d'information ». La sémiotique est, en effet, proche de la théorie de l'information. L'information artistique est liée « à un certain type de négation de l'ordre habituel et prévisible ». Il faut concilier l'ouverture avec les limites de l'interprétation : « Pour nous, le problème reste celui d'une dialectique entre forme et "ouverture", entre libre *multipolarité* et permanence de l'œuvre jusque dans la variété des lectures possibles » ; cette possibilité est tout de même « comprise dans un champ ». Le récepteur, le consommateur, connaît lui aussi une « jouissance ouverte » de l'œuvre d'art, qui refuse l'inertie psychologique. Seule une psychologie plus attentive à la *genèse* des formes qu'à leur structure objective permet de comprendre l'ouverture des œuvres modernes, l'attente de l'imprévu. L'art contemporain a une fonction pédagogique, parce qu'il brise les vieilles formes, les structures acquises, et qu'il ouvre la voie à la liberté. Ainsi *L'Œuvre ouverte* offre-t-elle un « modèle hypothétique » à l'analyse des signes littéraires et artistiques contemporains — l'œuvre classique elle-même a une ouverture, mais plus limitée. Elle pose, d'autre part, les principes qu'Eco développera dans ses ouvrages ultérieurs, comme *La Structure absente* (1968 ; traduction française 1972), et dans son article « James

Bond : une combinatoire narrative » (*Communications*, n° 8, 1966).

ROLAND BARTHES (1915-1980)

Pendant vingt-cinq ans, cet écrivain brillant et insaisissable aura été, dans la pensée critique et linguistique française, de tout ce qui a semblé moderne : s'il n'est pas toujours arrivé le premier, c'est toujours lui, comme on l'a dit de Jean Cocteau, qui a planté le drapeau. Sa devise aurait pu être, jusqu'à sa *Leçon* inaugurale au Collège de France (1977), « Pas d'ennemis à gauche », une gauche littéraire, bien sûr. En 1964, il publie, dans *Communications*, ses *Éléments de sémiologie*[1] (rappelons que nous prenons le mot comme équivalent saussurien de « sémiotique »). Ils sont d'abord un classement clair de concepts que Barthes emprunte à Saussure, à Jakobson, à Hjemslev surtout, à Martinet ; s'il ne les applique pas encore à la littérature, il le fera ensuite, notamment dans *S/Z*.

Barthes distingue quatre grandes rubriques : I. Langue et Parole ; II. Signifié et Signifiant ; III. Système et Syntagme ; IV. Dénotation et Connotation. La première division reparaît sous la forme Code/Message (Jakobson) ; cette catégorie est extensible à tous les systèmes de signification ; elle est « l'essentiel de l'analyse linguistique ». Le deuxième couple, Signifié et Signifiant, est, selon Saussure, le composant du signe ; Barthes y introduit le principe, souligné par Martinet, de la « double articulation », qui sépare les « unités significatives » (mots ou « monèmes », chacun doué d'un sens) et les « unités distinctives » (sons ou phonèmes). On rattachera les signifiants au plan de l'expression, les signifiés au plan du contenu, chacun de ces plans ayant, selon Hjemslev, forme et substance. La forme de l'expression, c'est, par exemple, la syntaxe ; sa substance, les phonèmes ; la forme du contenu organise les signifiés entre eux, sa substance concerne les aspects émotifs, idéologiques, le sens du signifié. Le signifié n'est pas une chose, mais une « représentation psychique de la chose ». La signification est « l'acte qui unit le signifiant et le signifié », constituant le signe.

Le troisième couple, « Syntagme et Système », correspond aux deux axes du langage. Le premier est celui des syntagmes,

1. Repris dans R. Barthes, *L'Aventure sémiologique* (Seuil, 1985), ainsi que les principales analyses de récits rédigées par l'auteur.

« combinaison de signes » qui, dans le langage, est « linéaire et irréversible ». Le second est celui des associations, que l'on appelle aujourd'hui « paradigmatique », et que Barthes appelle « systématique ». On reconnaît la contiguïté et la similarité de Jakobson, auxquelles correspondent la métonymie et la métaphore. L'arrangement des termes du champ associatif ou paradigmatique s'appelle une « opposition ». Enfin, « Dénotation et Connotation » suppose, selon Hjemslev, que l'ensemble du système Expression/Contenu déjà décrit fonctionne comme « expression ou signifiant d'un second système » : le premier est alors « le plan de dénotation » ; le second, « le plan de connotation ». La littérature est un exemple de connotation, l'un de ces *corpus* auxquels s'attaquera le sémiologue, de l'intérieur, après l'avoir choisi « large », « homogène », « synchronique ». Ce que fera Barthes lui-même, lorsqu'il étudiera le discours sur la mode dans son *Système de la mode* (1967), la photographie (*La Chambre claire*, 1980), la civilisation japonaise (*L'Empire des signes*, 1970).

Et, naturellement, la littérature. L'orientation du *Degré zéro de l'écriture* (1953) était plutôt sociologique, celle de *Michelet par lui-même* (1954) thématique et bachelardienne. *S/Z* (Seuil, 1970) propose une sémiotique du récit, où l'on retrouve, parfois modifiés, nos *Éléments de sémiologie*, complétés par « l'Introduction à l'analyse structurale des récits » (*Communications*, nº 8, 1966), dont nous parlerons dans le chapitre consacré à l'analyse du récit et à la poétique de la prose. Dans *S/Z*, donc, Barthes reste fidèle à la distinction entre dénotation et connotation, au repérage des « signifiés », à l'unité du corpus (ici *Sarrasine*, nouvelle de Balzac), à la métonymie. Les codes inventés par Barthes correspondent eux-mêmes aux niveaux de Hjemslev — mais sans idée de hiérarchie, par exemple le code des actions, le code herméneutique ou de la Vérité, les codes culturels, le champ symbolique.

D'autre part, en 1966, dans un essai, *Critique et Vérité* (Seuil), dont l'origine était une polémique avec Raymond Picard, qui avait attaqué son *Racine*, on voit mieux, à distance, ce que la réflexion sémiologique avait apporté à cette théorie de la critique. Récusant « l'objectivité », Barthes oppose aux certitudes du langage un « second langage », « profond, vaste, symbolique », aux « sens multiples ». On ne peut retrouver la structure d'une œuvre ou d'un genre « sans le secours d'un modèle méthodologique » (tel celui que lui avait fourni la linguistique). De même, il revient à la conclusion des *Éléments*, lorsqu'il affirme que

« toute l'objectivité du critique tient non au choix du code mais à la rigueur avec laquelle il appliquera à l'œuvre le modèle qu'il aura choisi ». Notre époque a redécouvert, sous l'action de la psychanalyse, du structuralisme, de la linguistique, la nature symbolique du langage. La diversité des sens n'est pas du relativisme ; « l'œuvre détient en même temps plusieurs sens, par structure, non par infirmité de ceux qui la lisent » : le symbole, c'est la pluralité des sens. La philologie fixe le sens littéral d'un énoncé ; le linguiste (ou le sémioticien) donne « aux flottements du sens un statut scientifique ». L'œuvre peut donner lieu à deux discours différents : celui de la « science de la littérature », qui cherche en elle tous les sens qu'elle couvre, et celui de la critique littéraire, qui vise un seul de ces sens. La « science de la littérature » traite des variations de sens engendrables par les œuvres, et pourrait recourir au modèle linguistique génératif. Il n'y a pas de science de Racine, mais du discours : c'est l'étude des unités de discours inférieures et supérieures à la phrase. La science de la littérature décrit « selon quelle logique les sens sont engendrés d'une manière qui puisse être *acceptée* par la logique symbolique des hommes ». La « critique » n'est pas, pour autant, indifférente au modèle sémiotique, puisque l'œuvre constitue un « système de sens », qui reste « inaccompli si toutes les paroles ne peuvent s'y ranger à une place intelligible ». La généralisation qualitative, opposée au simple dénombrement quantitatif, qu'opère la critique insère « tout terme, même rare, dans un ensemble général de relations » qui procèdent par oppositions. Même si la distinction entre « critique » et « science de la littérature » est fragile, il importe de voir que ces deux activités relèvent d'une seule méthode, qui est sémiologique, ou sémiotique, à partir du moment où elle prend une œuvre, ou un corpus donné, comme un ensemble de signifiants qui subissent des transformations réglées selon les contraintes de la logique symbolique.

A. J. GREIMAS
GREIMAS et PROPP

On ne peut comprendre l'intérêt et l'importance de la sémiotique de Greimas, si l'on ne dit d'abord quelques mots de la *Morphologie du conte*, du Soviétique Vladimir Propp (1928 ; traduction française, 1970). Si Propp semble présenter une étude des formes du conte (et, à ce titre, il pourrait aussi bien figurer dans notre chapitre sur l'analyse du récit), en réalité, le principal intérêt de son analyse, souvent citée, développée, modifiée, et maintenant classique, est de classer des significations. En cela, elle annonce la sémiotique. Vladimir Propp, voulant découvrir la spécificité du conte merveilleux en tant que genre littéraire, recherche les formes et les lois qui régissent sa structure ; il substitue donc à la perspective génétique un point de vue structurel.

Propp étudie ainsi quatre grandes lois :

— les noms, les attributs des personnages changent, non leurs *fonctions*, peu nombreuses. Un substantif exprime l'action (interdiction, interrogation, fuite). L'action est définie par sa situation dans le cours du récit. La *fonction* est l'action d'un personnage définie du point de vue de sa signification dans le déroulement de l'intrigue ;

— le *nombre* des fonctions que comprend le conte est limité ;

— la *succession* des fonctions est toujours identique ;

— par leur *structure*, tous les contes merveilleux appartiennent au même type.

Les fonctions sont au nombre de trente et une :

1. Le conte commence par la situation initiale (description de la famille).
2. L'ouverture est suivie d'une des fonctions : éloignement, interdiction.
3. L'interdiction est transgressée.
4. L'agresseur essaie d'obtenir un renseignement.
5. Il reçoit l'information.
6. L'agresseur essaie de tromper sa victime : *tromperie*.
7. La victime se laisse tromper : *complicité*.
8. Le *méfait* de l'agresseur.
9. Le méfait est divulgué, on s'adresse au héros : *médiation, transition*.
10. Le héros accepte d'agir.
11. Début de l'action. Le héros part.
12. Première fonction d'un donateur.
13. Réaction du héros.
14. Un objet magique est donné au héros.
15. *Déplacement* : le héros se rend près de l'objet de la quête.
16. Le héros et l'agresseur s'affrontent dans un combat.
17. Le héros reçoit une marque.
18. L'agresseur est vaincu.
19. Le méfait initial est réparé, le manque, comblé.
20. Retour du héros.

21. Héros poursuivi.
22. Héros secouru.
23. Le héros arrive *incognito* chez lui, ou ailleurs.
24. Un faux héros se présente.
25. On propose au héros une tâche difficile.
26. Tâche accomplie ; le vrai héros est reconnu ;
27. Héros reconnu.
28. Faux héros démasqué.
29. Le héros reçoit une nouvelle apparence.
30. Faux héros puni.
31. Le héros se marie et monte sur le trône.

Ces fonctions sont réparties entre les personnages, selon des *sphères* :

La sphère de l'*agresseur* comprend le méfait (fonction 8), le combat contre le héros (16), la poursuite (21). La sphère du *donateur* comprend la transmission de l'objet magique (12), la mise à disposition de l'objet magique (14). La sphère de l'*auxiliaire* comprend le déplacement du héros dans l'espace (15), la réparation du méfait (19), le secours pendant la poursuite (22), l'accomplissement de tâches difficiles (26), la transfiguration du héros (29). La sphère de la *princesse*, objet de la recherche, et de son père comprend la demande d'accomplissement de tâches difficiles (25), l'imposition d'une marque (17), la découverte du faux héros (28), la reconnaissance du héros véritable (27), la punition du faux héros (30), le mariage (31). La sphère du *mandateur* contient l'envoi du héros (9). La sphère du *héros* comporte le départ en quête (11), la réaction aux exigences du donateur (13), le mariage (31). La sphère du *faux héros* : le départ pour la quête (11), la réaction aux exigences du donateur (13), les prétentions mensongères (24).

A partir de ces actions, de ces fonctions, de ces sphères d'action, le conte merveilleux s'organise en séquences, que l'on peut aisément formaliser, avec manques ou répétitions. Le « sujet » est contenu dans la structure ; « la même composition peut être à la base de sujets différents. Qu'un dragon enlève une princesse ou qu'un diable enlève la fille d'un paysan ou d'un pope, c'est égal du point de vue de la structure. Mais ces cas peuvent être tenus pour des sujets différents ».

La Sémantique structurale *de GREIMAS* (1966)[1].

Il n'entre pas dans le champ de cette étude de définir la sémantique, son histoire, sa fonction, en tant que branche de la linguistique, mais de montrer ce qu'elle apporte à l'étude de la littérature. Greimas se propose de donner une description scientifique de la signification, c'est-à-dire d'en donner une « syntaxe élémentaire », et un vocabulaire, en construisant non un simple inventaire, mais un « modèle ». La description sémantique précède l'analyse stylistique. Greimas introduit la notion d'*actant*, à partir de Propp, des analyses de Souriau sur le théâtre (*Les Deux Cent Mille Situations dramatiques*), et de la syntaxe de Tesnière. L'*actant* assume une fonction syntaxique, plus qu'un rôle : c'est un *sujet*. Les actants s'opposent deux à deux :

sujet vs objet
destinateur vs destinataire
adjuvant vs opposant.

D'où la structure, ou le modèle « actantiel », qui permet d'analyser les récits mythiques : « Sa simplicité réside dans le fait qu'il est tout entier axé sur l'objet du désir visé par le sujet, et situé, comme objet de communication, entre le destinateur et le destinataire, le désir du sujet étant, de son côté, modulé en projections d'adjuvant et d'opposant. » Nous reproduisons ci-dessous ce modèle :

Destinateur → [Objet] → Destinataire
↑
Adjuvant → [Sujet] → Opposant

Après avoir repris les rôles de Propp pour les transformer en actants, Greimas simplifie l'inventaire des fonctions, qu'il réduit à vingt (*Sémantique structurale*, p. 194). Il distingue, en revanche, deux groupes de récits ; les premiers « acceptent » l'ordre présent, les seconds le « refusent ». Dans le premier cas, l'épreuve, la quête instaurent un ordre, « humanisent » le monde, y intègrent l'homme ; dans le second, l'homme doit transformer le monde : « Le schéma du récit se projette alors comme un archétype de médiation, comme une promesse de salut. »

A la suite de cette théorie, beaucoup plus complexe et techni-

1. Larousse. Réédition PUF, 1986.

que que cette description ne le fait paraître, Greimas l'applique à l'univers de Bernanos, tel qu'il apparaît dans un essai critique sur *L'Imaginaire de Bernanos*, pratiquant ainsi une critique au second degré, formalisant un discours qui n'est pas de lui. Son point de départ est la fréquence du couple verbal « vie » « vs » « mort », considérés comme actants, qui s'opposeront à « non vie » et « non mort » ; un second modèle oppose « vérité » à « mensonge ». L'un est « qualificatif », l'autre « fonctionnel ». Chacun englobe des constellations de significations subordonnées (sémèmes). On recherche alors une dialectique, qui est plutôt, chez Bernanos, une lutte à l'issue incertaine. L'essentiel est l'organisation du contenu, des significations ; le récit transforme les structures de signification, puisqu'il se déroule selon le temps : ainsi, si

V = définitions positives de la vie
M = définitions positives de la mort
non V = définitions négatives de la mort
non M = définitions négatives de la vie

— sous le signe du « Mensonge » on procédera à trois opérations :

« Nier V et poser non V
Poser M en suspendant non M
Affirmer l'existence de la relation entre non V + M. »

— sous le signe de la « Vérité »,

on niera M pour poser non M
on posera V pour nier non V
on affirmera l'existence de la relation entre non M + V.

La « structure achronique originelle » étant « l'Existence », les deux nouvelles structures obtenues sont « Mort » et « Vie ». L'analyse formelle peut se résumer ainsi : la « signification idéologique de la transformation diachronique » « consiste à se saisir du contenu de l'*Existence*, telle qu'elle se manifeste dans l'enchevêtrement des éléments vitaux et mortels contradictoires, pour le transformer, par l'éclatement de la structure du contenu donnée, soit en une *Vie idéale*, soit en une *Mort totale*, en détruisant, par cette disjonction, la confusion antérieure ».

La sémiotique de Greimas s'applique d'abord aux récits (« Éléments pour une théorie de l'interprétation du récit mythique », *Communications*, n° 8 ; *Maupassant, la sémiotique du texte*, Seuil, 1976), mais aussi à la poésie (*Essais de sémiotique poétique*, en collaboration, Larousse, 1972), et à l'ensemble du langage (*Sémiotique. Dictionnaire raisonné de la théorie du langage*, Hachette, 1979). Dans l'introduction à un nouveau recueil d'essais sémiotiques (*Du Sens II*, Seuil, 1983), il revient, dix-sept ans après, sur son itinéraire et ses modifications, sur le « fil conducteur et le sujet d'une pratique sémiotique qui dépasse les efforts particuliers ». On a d'abord transformé une succession d'événements en « schéma narratif », c'est-à-dire en une suite « d'énoncés narratifs », qui, par ses récurrences, permet la « construction d'une grammaire », « modèle d'organisation et de justification de ces régularités ». Celles-ci sont des paradigmes projetés sur l'axe syntagmatique du discours. On a ensuite distingué l'*événement*, description du « faire » par un actant extérieur à l'action, de l'*action*, qui dépend du sujet qui « fait ». Le sujet est « sujet ou adjuvant, destinateur mandateur ou judicateur », ce qui simplifie encore le schéma de Propp. En même temps, au lieu de parler de « héros et de traître », on considérera que le récit met « face à face deux sujets ». Les relations entre sujet et objet seront envisagées selon les modalités de « vouloir, devoir, pouvoir, savoir ». On constituera une « sémiotique de l'action » (connaissance ou actes), une « sémiotique de la manipulation », une « sémiotique de la sanction ». Il y a aussi, face à la sémiotique du sujet, une sémiotique de l'objet, qui concerne perception et transformation du monde. Enfin, les « sémiotiques modales » traitent des devoirs et interdictions, des passions, du pouvoir, du savoir. Le modèle syntaxique initial sert donc, selon Greimas, à toute description de sens, quitte à évoluer, à se perfectionner à travers le temps. Cependant — et, sur ce point, les dictionnaires, les bibliographies ne trompent pas —, l'œuvre de ce penseur ne fait pas l'unanimité ; il a conçu *une* sémiotique, non *la* sémiotique.

Le groupe TEL QUEL et JULIA KRISTEVA

La revue *Tel Quel*, fondée en 1960 et animée pendant plusieurs années par Philippe Sollers, proche, suivant les périodes, de Barthes, de Foucault, de Derrida, s'est intéressée, en théorie et en pratique, à la linguistique, à la psychanalyse, à Althusser. L'apogée de la revue a, sans doute, coïncidé avec la publication de sa *Théorie d'ensemble* (Seuil, 1968) qui expose ses concepts fondamentaux.

D'abord, celui de *texte*. Philippe Sollers souligne, à cette époque, le caractère suspect de la notion d'auteur et d'œuvre, et préfère parler de « scripteur » et de « texte », ce dernier mot soulignant un déterminisme historique et un mode de production :

« Le texte appartient à tous, à personne, il ne saurait être un produit fini. » La littérature appartient à une époque révolue, et laisse place « à une science naissante, celle de l'écriture ». L'écriture textuelle est le lieu du travail entre une pratique scripturale et sa théorie. Ce vocabulaire qui se veut marxiste, et marquera une génération, qui parlera elle aussi de « texte » et d'« écriture », réagit contre les catégories jugées « théologiques » de sens, de sujet et de vérité, qui répriment la « multidimensionnalité des textes-limites ». Comme Barthes et Genette, Sollers s'insurge contre la « structure pleine, close, achevée, figée », celle de l'œuvre classique. Il emprunte à Bakhtine le concept d'*intertextualité*, que nous reverrons chez Julia Kristeva : « Tout texte se situe à la jonction de plusieurs textes dont il est à la fois la relecture, l'accentuation, la condensation, le déplacement et la profondeur. » D'autre part, la sexualité et l'écriture sont liées, métaphore l'une de l'autre. Enfin, « l'écriture et la révolution font cause commune, l'une donnant à l'autre sa recharge signifiante et élaborant, comme arme, un mythe nouveau ».

Julia Kristeva présentait, ensuite, dans *Théorie d'ensemble*, la sémiologie, « science critique et/ou critique de la science ». Partant de la définition saussurienne de la sémiologie, Julia Kristeva rejoint Marx et Althusser. Elle substitue, comme Marx et comme Macherey, au concept de *création* celui de *production*, qui implique travail et rapports sociaux. A partir, également, de Freud, et, à un moindre degré, de Husserl et Heidegger, elle parlera de « production pré-représentative », et souhaite une « typologie des pratiques signifiantes d'après des modèles particuliers de production de sens qui les fondent ». Si bien que, pour la sémiologie, « la littérature n'existe pas ». Le texte est vu comme production d'une « écriture », « production irréductible à la représentation ». S'attaquant ensuite au « problème de la structuration du texte », Julia Kristeva applique au roman un modèle transformationnel emprunté à Chomsky et à Šaumjan. Elle postule l'équivalence de signifiés malgré la différence des signifiants, l'équivalence de sens au-delà de la transformation : par exemple ; « Jehan de Saintré » est d'abord page, puis guerrier fameux ; cette mutation, de l'ordre du signifiant narratif, n'atteint pas le signifié : morale du livre et message du discours. Ce qui permet au critique d'affirmer que « l'équivalence de sens qui boucle le roman (le programme et le termine) révèle, en dépit des transformations internes, le côté fallacieux du « dynamisme » romanesque, et par conséquent, de tout dynamisme représentatif, expressif, « littéraire » qui passe à côté du problème de la production de sens (de la production du discours) ».

Ce dualisme du roman, entre signifiant et signifié, J. Kristeva le retrouve dans l'opposition entre positif et négatif (vie et mort, amour et haine), reprise dans une synthèse ambivalente (le oui-non, le double, le masque, la trahison, etc.) : « Tout en prétendant à un développement (signifiant) et en visant un but (signifié), la structure romanesque (la structure du signe) ne *produit* pas de « nouveau », mais se reproduit en se transformant dans l'écart de ce qu'on a appelé « l'arbitraire » du signe (l'espacement entre le signifiant et le signifié) » ; et « il y a *temps* dans la mesure où il y a ambiguïté ». L'analyse transformationnelle serait « le miroir scientifique de ce discours ». Dans cette analyse sémiotique, qui, à la fois, décrit les œuvres passées et souhaite la production de textes modernes, quel est donc le type de texte qui trouve grâce aux yeux de Kristeva ? Celui qui, « renonçant à la représentation, devient l'inscription de sa propre production » : Mallarmé (sur qui J. Kristeva publiera en 1974 *La Révolution du langage poétique*), Lautréamont, Roussel. Il n'est plus exprimable par l'analyse transformationnelle. On propose alors un modèle sémiotique nouveau, qui oppose le *génotexte*, niveau où le texte est produit, « généré », et le *phénotexte*, niveau du texte accompli. Au niveau du génotexte, on trouve les actants (qui correspondent aux mots dans la phrase), l'intertextualité, les complexes narratifs (un complexe narratif est une « séquence de la syntagmatique du roman qui correspond aux diverses situations narratives » et évoque les propositions dans la phrase). Au niveau du phénotexte, on trouve les acteurs, les citations et les plagiats, les situations narratives. Le récit est traité comme une « immense phrase », d'où le développement de ces concepts.

La transformation des « complexes narratifs » s'opère d'abord grâce à « l'adjoncteur », syntagme narratif qui s'ajoute à l'actant en provoquant deux sortes de changements : ou bien l'actant est « qualifié » sans que l'action ait commencé (comme l'adjectif qualificatif dans la phrase), et le « verbe » du récit introduit l'action (adjoncteur prédicatif), ou bien l'adjonction fait progresser l'action narrative, et, parfois, renverse la narration et lui donne une signification opposée à celle du début. D'autre part, on appellera « complexe narratif identificateur » ce qui concerne le lieu, le temps, la modalité de la narration, et « complexe narratif correcteur » celui par lequel l'énoncé du destinateur se manifeste comme sujet de l'énonciation et organise à son gré le récit, en continuant ou en interrompant la génération infinie des syntagmes nominaux ou verbaux.

L'intertextualité, concept clé (emprunté à Bakhtine), est introduite parce que J. Kristeva juge insuffisante l'analyse transformationnelle, « complice de la pensée du signe », dichotomique, ne valant que pour une structure close, ne saisissant pas « l'imbrication de cette structure dans un texte social ou historique ». Elle propose une « méthode transformationnelle » différente. Les diverses séquences d'une structure textuelle sont autant de transformations de « séquences prises à d'autres textes ». Ainsi, le roman du XVe siècle transforme plusieurs codes, la scolastique, la poésie courtoise, la littérature orale, le carnaval. La structure littéraire est située « dans l'ensemble social considéré comme un ensemble textuel ». L'*intertextualité* est « l'interaction textuelle qui se produit à l'intérieur d'un seul texte », indice de la manière dont un texte « lit l'histoire et s'insère en elle », et donne la caractéristique majeure d'une structure textuelle. Dans l'exemple du *Petit Jehan de Saintré*, Julia Kristeva signale ce qui provient de la scolastique (l'organisation en chapitres, le didactisme), de la poésie courtoise (la Dame), de la ville (cris des marchands, texte économique de l'époque), du carnaval (calembours, quiproquos, jeux de rôles, masques). Pris dans la nouvelle structure, ces divers énoncés changent de signification pour constituer un ensemble ambivalent, que l'on peut rattacher à d'autres textes de l'époque, pour constituer « l'unité discursive de la Renaissance ». On appellera *idéologème* la fonction qui rattache une structure concrète, le roman par exemple, aux autres structures (par exemple le discours de la science) dans un espace intertextuel. Et ainsi la sémiologie peut penser le texte dans la société et l'histoire (eux-mêmes pris comme textes). Le *symbole* est un « idéologème » ; pratique sémiotique cosmogonique, il renvoie à une transcendance universelle irreprésentable ; le symbole ne ressemble pas à l'objet qu'il symbolise ; les deux espaces, symbolisé et symbolisant, sont séparés. La pensée mythique (épopée, contes populaires, chansons de geste) opère par unités symboliques restreintes, par rapport aux universaux symbolisés. Le *signe* est également un idéologème. Dualiste et hiérarchisant comme le symbole, il renvoie verticalement à des entités moins vastes, plus concrètes que le symbole, à des universaux devenus objets (phénomènes, personnages). Les termes oppositionnels sont pris dans un engrenage d'écarts multiples (le récit), qui se transforment à l'infini.

L'ensemble de ces théories sera repris par Julia Kristeva dans Σημειωτική. *Recherches pour une sémanalyse* (Seuil, 1969) ; une vertigineuse culture, des concepts empruntés à plusieurs disciplines s'y mêlent et permettent de retrouver les grands traits de la sémiotique française contemporaine. Ce qui se dégage de la *Théorie d'ensemble* de *Tel Quel*, c'est encore, sous la plume de Jean Ricardou, théoricien et praticien du nouveau roman, le problème fondamental des rapports du texte et du monde. La littérature, selon Ricardou, n'offre pas un « substitut, une image, une représentation » du monde, mais lui « oppose un tout autre système d'éléments et de rapports ». Elle a une action « productrice » et une fonction critique. On distinguera trois tendances : l'illusionnisme représentatif (Balzac), l'autoreprésentation (la « mise en abyme » du Nouveau Roman), l'antireprésentation (Sollers, *Tel Quel*). Dans cette dernière, « le signifié n'est nullement refusé... mais soumis mot à mot, par le jeu de l'écriture, à une permanente critique qui l'empêche de cacher le travail qui le forme ». Jean-Louis Baudry, dans le même volume, tire les dernières conséquences d'une telle conception du texte (« Écriture, fiction, idéologie »). L'écriture n'est pas la « création » d'un individu isolé, mais la manifestation particulière de « l'écriture générale ». Il n'y a plus d'auteur — et l'on retrouve ce refus de la personne, de l'homme, du sujet, qui a caractérisé un moment de la pensée contemporaine, de Lacan à Barthes et à Foucault —, plus de vérité, plus de représentation. L'écriture ne représente rien qu'elle-même, en tant que « subversion d'une idéologie théologique », car « il s'agit d'abord de tirer les conséquences qui s'imposent de la mort de Dieu (de la mort du sujet) » ; on brise alors la clôture du texte, la composition, le sens. Le texte moderne est, « illisible » : les théories de Barthes sont poussées ici à l'extrême. Dans ce volume et cette école[1], dominés rétrospectivement par la réflexion de Julia Kristeva, on voit s'esquisser ce que celle-ci proposera sous le nom de *sémanalyse*, et qui est une nouvelle sémiotique, « réflexion sur le *signifiant se produisant en texte* », c'est-à-dire que la production souterraine de la signification se rapproche de la psychanalyse — et s'éloigne de la sémiotique

1. Une critique serrée en a été faite par M. Riffaterre, « Le formalisme français », *Essais de stylistique structurale* (article de 1969).

traditionnelle, et que le texte structuré est « déconstruit » au profit de son engendrement perpétuel.

Un bilan provisoire des recherches sémiotiques françaises a été dressé (*Sémiotique. L'École de Paris*, Hachette, 1982) par J.-C. Coquet et d'autres spécialistes, proches de Greimas. Michel Arrivé[1] y traite de la sémiotique littéraire d'une manière qui pourra nous servir de conclusion — dans la mesure du moins où cette discipline reste ouverte, divisée entre plusieurs théories, et parfois plus riche de programmes que d'applications. Ces débats, note Arrivé, tournent d'abord « autour du concept de *littérarité* » (posé par Jakobson en 1921). Qu'est-ce qu'un texte ? Est-il ouvert ou clos ? Et, si l'on reprend la distinction entre « discours » et « récit », l'un peut être « ouvert », l'autre « clos ». Le deuxième problème est celui du *référent*: objet réel ? Concept ? Si une table existe bien dans la réalité, qu'en est-il, comme le note Louis Marin, d'Ulysse à Ithaque ? La troisième question est celle, longtemps soulevée par Barthes entre autres, de la *Connotation*, ce sens second suggéré par l'ensemble du texte y compris son sens premier, ou dénotation. Le quatrième problème est celui de « l'écart » du texte littéraire par rapport à une norme, problème que la stylistique n'a cessé de se poser. Si l'on y renonce, on peut proposer, comme Greimas, de voir dans la « littérarité » une « connotation socio-culturelle, variable selon le temps et l'espace humain ». Il y a sémiotique lorsque l'on traite ces problèmes en considérant le texte comme « la manifestation discursive d'un système de signes ou d'un système de significations — c'est-à-dire d'un système dont les unités ne se confondent pas avec celles de la langue naturelle, mais sont de même nature qu'elle, et peuvent donc être décrites par des procédures comparables à celles de la linguistique ». Ou encore, on dira, avec J.-C. Coquet, que le sémioticien précise la nature du cadrage linguistique du texte et analyse « le statut du « sens linguistique » primaire, avant de faire miroiter l'infinité des significations, toujours secondes ». Mais, comme le plan du contenu (par exemple une histoire racontée) n'est pas identique au plan de l'expression (l'histoire peut être racontée d'une manière différente, et en plusieurs langues), on postulera « l'isomorphisme » entre les deux plans, c'est-à-dire que les deux plans sont « organisés de façon analogue ». En sera-t-il de

1. Qui a lui-même donné une excellente application sémiotique à l'œuvre d'Alfred Jarry.

même, au plan du contenu, entre la dénotation et la connotation ?

La sémiotique française est donc un art compliqué, et tout d'application, le plus souvent sous forme d'articles. On notera particulièrement les *Essais de sémiotique poétique* publiés sous la direction de Greimas (Larousse, 1972), les travaux de Louis Marin (*Sémiotique de la Passion*, Aubier, 1971, la *Sémiotique de la poésie* de Riffaterre (traduction française, Seuil, 1983), la sémiologie de la citation littéraire que présente Antoine Compagnon (*La Seconde Main*, Seuil), l'étude d'*Un Conte des Mille et Une Nuits*, par André Miquel (Flammarion, 1977), où il étudie « le merveilleux à partir des noms mêmes des deux principaux personnages », ainsi que l'espace, le temps, l'événement et le discours, faisant ainsi éclater les catégories de Propp, d'où il était parti.

La sémiotique soviétique : IOURI LOTMAN

En 1970 paraît à Moscou, dans la collection « Études sémiotiques pour une théorie de l'art », le livre de Iouri Lotman, *La Structure du texte artistique* (traduction française, Gallimard, 1973). Par l'ensemble des domaines qu'il couvre, et la clarté de l'exposé, c'est non seulement l'un des ouvrages les plus importants que nous ait donnés la sémiotique, mais aussi l'un des grands livres de notre temps.

Partant de la théorie de la communication, Lotman affirme que l'art est un moyen de communication, « un langage organisé de façon particulière ». Les œuvres d'art, « communications dans ce langage », peuvent être traitées comme des textes, qui transmettent une « information *artistique* particulière ». Cette information ne peut être séparée de la structure du texte artistique en particulier, et de la structure du langage artistique, en général. Il s'agit d'expliquer comment la structure d'un texte « se rapporte à la structure d'une idée ». Etudiant d'abord l'art comme langage, Lotman rejoint la tradition des formalistes russes, en décrivant l'art comme un « langage secondaire, et l'œuvre d'art comme un texte dans ce langage ». On reliera complexité de la structure et complexité de l'information : « Le discours poétique représente une structure d'une grande complexité. » D'autre part, « l'étude du langage artistique des œuvres d'art ne nous donne pas seulement une certaine norme individuelle de relation esthétique, mais reproduit un modèle du monde dans ses contours les plus généraux », dans ses « principes structurels ». Avec le temps, la perception de l'œuvre évolue : elle est d'abord perçue comme message, puis comme forme.

L'œuvre est un système de signes-gigognes, « qui s'emboîtent les uns dans les autres » ; le langage de l'art est une « hiérarchie complexe de langages mutuellement corrélés », de sorte qu'à chaque groupe de lecteurs le texte fournit une information différente, et qu'à chaque relecture nous assimilions une autre quantité de renseignements. La théorie de la communication amène à s'interroger sur la pluralité des codes artistiques : ou bien l'émetteur et le récepteur utilisent un code commun, ou bien un code différent. En tout cas, le poète ne décrit pas un sujet parmi d'autres également possibles dans l'univers ; l'épisode qu'il a choisi « devient le modèle de tout un univers » ; les autres sujets qu'il n'a pas choisis seraient d'autres modèles de l'univers. Le modèle apparaît dans un texte ; le texte se définit par l'expression, la délimitation, la structure ; il comporte une hiérarchie interne des niveaux ou sous-textes (phonologique, grammatical, etc.). Il procure une jouissance intellectuelle (la compréhension) et une jouissance sensorielle, plus longue. Il suppose donc un système ludique, et un système logique : c'est une fiction, et pourtant, je pleure ; mais, par rapport à l'art, le jeu apparaît « sans contenu », la science « inactive ». Le texte se meut sur plusieurs plans, superpose des systèmes, doit être compris horizontalement et verticalement. Cette théorie des principes constitutifs du texte est donc très proche de celle de Jakobson, qui, lui aussi, lisait le texte selon l'axe syntagmatique et l'axe paradigmatique.

Lotman étudie alors les rapports entre la poésie et la prose, le problème des répétitions et de la segmentation du vers, puis, après ces niveaux paradigmatiques, « l'axe syntagmatique de la structure » ; il en vient enfin à « la composition de l'œuvre artistique verbale », sans doute le chapitre le plus nouveau de son livre. On pose d'abord un « cadre », qui sépare le texte artistique du « non-texte ». Le texte est « fini », et modélise en même temps « un objet illimité », le monde réel. *Anna Karénine* reproduit un destin restreint, et aussi celui de « toute femme, de tout homme », d'une époque définie, puis de toute époque. L'aspect « mythologique » du texte renvoie à tout l'univers, son aspect « fabuleux » à « un aspect quelconque de la réalité ». Le problème de la *fin* du texte le montre : si elle est tragique, « en parlant du destin tragique de l'héroïne », l'auteur parle de « la tragédie du monde dans son ensemble». Et si l'épisode final est «le point de départ d'une nouvelle narration», il est compris «comme une nouvelle histoire» (c'est le cas de Proust, que Lotman ne cite pas). Le *début* du texte est chargé, lui, de le «coder», de donner au lecteur le plus grand nombre de renseignements sur le genre, le style, les codes artistiques. Le texte est donc un espace, «modèle de la structure de l'espace de l'univers»: le haut et le bas, la notion de frontière à traverser, à transgresser, la clôture et l'ouverture organisent le texte. A ce concept d'espace artistique «est étroitement lié le concept de *sujet*». En effet, l'événement, qui est l'unité la plus petite dans la construction d'un sujet, est «le déplacement du personnage à travers la frontière du champ sémantique». L'événement viole un interdit; c'est «un fait qui a eu lieu, bien qu'il n'eût pas dû avoir lieu». Le héros, ou actant, se déplace dans le champ sémantique qui l'entoure, et dépasse la frontière, pour entrer dans un «anti-champ sémantique».

Ces remarques pouvant s'appliquer à un texte non artistique, Lotman s'interroge alors sur «la spécificité du monde artistique». Elle consiste en «la présence simultanée de plusieurs significations pour chaque élément du sujet», et permet la coexistence de contradictions, impossible dans un texte scientifique. «La vérité artistique existe simultanément dans plusieurs champs sémantiques.» C'est pourquoi le texte peut, comme nous l'avons vu, être similaire à une partie de l'universel, et à tout cet universel, à la fois. On distinguera entre «l'esthétique de l'identité» et «l'esthétique de l'opposition», du cliché ou de la surprise. Mais l'auteur et le lecteur s'opposent: ce dernier espère recevoir une information avec «un minimum d'efforts», alors que l'auteur tend à «complexifier les caractères», ou, si le texte est simple, à exiger «une richesse de liaisons culturelles extra-textuelles».

La sémiotique de Lotman considère donc le texte comme un organisme proche du vivant, et son étude comme ayant «une signification scientifique générale». L'auteur a choisi le langage de son texte; son décodage révèle une information d'autant plus grande qu'il est plus difficile. Le texte «appartient à deux (ou plusieurs) langages simultanément», et il peut aussi violer les normes structurelles attendues. Les textes ont une fonction, mais l'auteur peut la transgresser, comme Dostoïevski utilisant la structure du roman policier, tel poète la prose, ou l'inverse. Examiner un texte artistique, c'est saisir les nombreuses structures à l'intersection desquelles il se trouve: la description complète de ces niveaux a une valeur heuristique, mais risque d'être insupportable pour le lecteur. On en viendra donc à une synthèse, « interprétation ultime de l'œuvre d'art ». Tels sont les grands traits de la sémiotique littéraire selon Lotman, les problèmes qu'elle résout : les exemples qu'il donne sont toujours analysés avec finesse, et les concessions au réalisme quasi nulles. Plus exactement, héritier des formalistes, Lotman rejoint le réel en montrant comment l'œuvre désigne, symbolise, « modélise », à la fois elle-même et le monde, un fragment et l'univers. Le signe devient signe du tout, et la sémiotique échappe au pur jeu des formes.

combien de ces moyens a une valeur heuristique, mais risque d'être fastidieux pour le lecteur. On en viendra donc à une synthèse, à interpréter son « thème de l'œuvre d'art ». Tels sont les grands traits de la sémiotique littéraire selon Lotman, les problèmes qu'elle résout ; les exemples qu'il donne sont toujours analysés avec finesse, et les concessions au réalisme, quasi nulles. Plus exactement, le jeu des formalismes, Lotman rejoint le réel du monde, en tant que l'œuvre désigne, « modélise » à la fois elle-même et le monde, un fragment et l'univers. Le signe devient signe de tout, et la sémantique explique au moyen des formes.

CHAPITRE IX

LA POÉTIQUE

« Rien n'est plus aisé que de parler d'un ton de maître des choses qu'on ne peut exécuter ; il y a cent poétiques contre un poème. » Cette remarque de Voltaire n'a guère effrayé ses successeurs. On a assisté, en effet, d'abord chez les formalistes russes, puis chez nos contemporains, à partir de 1960 environ, à une renaissance de la poétique, non certes pour apprendre à composer des poèmes — ou des romans, ou des pièces de théâtre — mais pour montrer ce qu'ils avaient en commun, comment ils étaient faits, quelle était l'essence de leur genre. L'un la définit comme la « théorie littéraire » (Kibédi Varga) ; un autre affirme qu'elle se propose d'élaborer des catégories qui permettent de saisir à la fois l'unité et la variété de toutes les œuvres littéraires. L'œuvre individuelle sera l'illustration de ces catégories, elle aura un statut d'exemple, non de terme ultime (Todorov). Un autre encore, après avoir vu dans son objet « l'architexte », y lit la « transtextualité », c'est-à-dire « tout ce qui le met en relation avec d'autres textes » (Genette, 1982). Enfin, des revues, des collections d'essais critiques, des dictionnaires, portent le nom de « poétique », « poetics », etc. Le grand nombre d'essais qui relèvent de la poétique au XXe siècle oblige à distinguer entre poétique de la prose et poétique de la poésie : les problèmes, les méthodes, les spécialistes apparaissent en général comme différents. A l'intérieur de la poétique de la prose, le roman occupe la place la plus importante ; le plus lu des genres littéraires, celui qui a détrôné dans la hiérarchie de ceux-ci l'épopée, la tragédie, est naturellement, aussi, le plus analysé. Enfin, pour ne pas transformer ce chapitre en une bibliographie critique, ou un palmarès, ou une liste de blanchisserie, nous choisirons les ouvrages qui nous paraissent marquer des étapes importantes, et qui gardent leur actualité. D'autres leur ressemblent, dont nous ne pourrons parler.

I. LA POÉTIQUE DE LA PROSE

1. Poétique du roman

L'École anglaise et américaine
LUBBOCK

Parallèlement aux formalistes russes, dont les travaux rentrent évidemment dans la poétique, mais dont nous avons déjà parlé au chapitre I, s'est développé en Grande-Bretagne, puis aux États-Unis un courant d'analyse du roman, non plus historique, mais interne. Le premier essai important est celui de Percy Lubbock (1879-1965, bibliothécaire et critique, auteur d'un *Pepys* et d'un *Edith Wharton*), *The Craft of Fiction* (Jonathan Cape, Londres, 1921 ; nombreuses rééditions de cet ouvrage malheureusement non traduit en français). Le premier principe de Lubbock est que, le roman étant un objet d'art, nous ne devons pas nous y perdre, mais au contraire le tenir à distance, le regarder avec détachement, dans sa totalité. On doit y chercher la forme, le dessin d'ensemble, la composition comme dans toute autre œuvre d'art ; la seule question que Lubbock se posera, c'est : comment les romans sont-ils faits ? C'est dire que le lecteur doit se faire à son tour romancier, et ne jamais considérer que la création du livre relève de l'auteur seul. Il ne peut donc aborder un livre dans l'ignorance des diverses formes de narration. Lubbock note, à ce propos, l'absence à son époque d'un vocabulaire critique rigoureux. Paradoxalement, il commence l'étude concrète du roman par l'un des plus amples, des plus diffus, *Guerre et Paix* : la « vie » qui s'y agite nous masque sa forme. Ce livre contient deux histoires, celle d'une génération, d'une jeunesse d'une part, celle d'une guerre, de l'autre, comme s'il y avait deux romans. La forme de *Guerre et Paix* n'est pas la meilleure, parce qu'elle n'a pas tiré le meilleur parti de son sujet. Cependant, elle a rendu le passage du temps par le vieillissement des personnages, et résolu le problème du traitement de masses énormes de personnages. On voit donc le critique suggérer le classement des différentes manières d'écrire un roman. *Madame Bovary* est le contraire de *Guerre et Paix*. A propos de Flaubert, il introduit une distinction fondamentale entre la présentation scénique et la présentation panoramique d'une histoire ; d'autre part, entre la voix de l'auteur parlant seul, ou s'exprimant à travers un personnage. De plus, on peut traiter le sujet de manière « picturale » ou de manière « dramatique », ce qui pose le problème de méthode suivant : quel est le centre de vision, le point de vue ? Celui, directement, de l'auteur ? Dans *Madame Bovary*, c'est Emma elle-même, bien que parfois Flaubert juge nécessaire de la regarder de l'extérieur, et que, les capacités de l'héroïne étant trop faibles pour embrasser le monde dans son ensemble, et aucun autre personnage n'étant capable de la remplacer, il doive se substituer, çà et là, avec un art exquis de la transition, à elle. Cette opération est rendue possible parce que l'ironie de Flaubert tient Emma Bovary elle-même à distance.

On opposera donc le « panorama » à la « scène » : la vision de Thackeray est panoramique, ou picturale. Le *tableau* et le *drame*, voilà l'antithèse centrale d'un roman, et qui provient des préfaces de Henry James à ses romans (écrites pour l'édition de New York de ses œuvres complètes, 1907-1909, et recueillies en 1934 sous le titre *The Art of the Novel).* Dans le premier cas, le lecteur écoute le narrateur ; dans le second, il contemple directement l'histoire, comme au théâtre. Thackeray est sans cesse présent dans ses romans, ne se laisse jamais oublier ; chez Maupassant, au contraire, l'histoire semble se raconter elle-même. L'intervention du narrateur se paie parfois par une baisse d'intensité ; le problème est de la limiter.

Lubbock introduit ici la notion capitale du *je* dans la narration à la première personne, qui se substitue au *je* de l'auteur : un caractère solide remplace alors un fantôme, et qui contemple un certain « champ de vision ». L'histoire racontée en tire une unité nouvelle, et une force dramatique. Elle peut prendre la forme autobiographique, de l'autobiographie simulée (puisque pour Lubbock l'autobiographie est un genre sans forme). Mais la vision peut être à la troisième personne ; sa conscience nous est montrée, sans interposition d'un narrateur, dans sa vie intérieure : cette troisième personne regarde la scène, et y agit. L'autobiographie fictive a en effet ses limites (comme le montrent *Les Ambassadeurs* de James), peut maintenir la première personne à l'écart, alors que le problème principal, en fonction du sujet traité, est de « dramatiser le point de vue », de transformer le spectacle en drame. *Les Ambassadeurs* sont la peinture d'un « état d'âme », mais celle-ci est rendue dramatique, subjective, et pourtant une « scène ». James représente une limite du roman, par ce qu'il dit et ne dit pas, montre et commente, et que ce commentaire est dans la vision du héros, comme si nous ne savions jamais la vérité totale du drame. Un sujet sera traité de manière « picturale », lorsqu'il embrasse de grands espaces, de larges durées, une foule de personnages et d'événements : l'angle de vision est assigné au narrateur. D'autres romans ne sont faits que de scènes, de dialogues (*L'Âge difficile* de James) ; cependant, le « dramatique » pur prive de l'environnement, de la profondeur, de l'atmosphère, du décor. Balzac passe du spectacle au drame, montre comment une impression picturale accélérera le travail dramatique ; réciproquement, le romanesque balzacien est tempéré par l'art du peintre. Un autre exemple de mélange entre les deux techniques est fourni par *Anna Karénine* ; le roman est construit comme une série de tableaux, et pourtant il est tout entier dramatique, dans sa structure d'ensemble.

La thèse centrale de Lubbock est donc que ce qui domine toute la technique de la fiction est la question du *point de vue*, la relation du narrateur avec l'histoire. S'il dit ce qu'il voit, et si le narrateur est introduit dans l'histoire, l'auteur est « dramatisé ». A la troisième personne, le lecteur est placé dans l'angle de vision. Dans un sujet dramatique, il n'y a plus de point de vue sur l'intériorité des héros, parce que leurs pensées, leurs motivations sont devenues action. Le point de vue donne la liberté dans l'espace et dans le temps, qu'il peut contracter ou dilater ; si ce point de vue est volontairement restreint, l'auteur fait du personnage qui « voit » un acteur dramatique. *The Craft of Fiction* pose donc quelques principes essentiels qui ont permis d'échapper aux habituels lieux communs sur les romans « vivants », « bien observés », « réalistes ». Mais cet ouvrage bref aura besoin d'être développé, prolongé.

E.M. FORSTER (1879-1970)

C'est ce que fait E.M. Forster, lui-même grand romancier, dans ses *Aspects of the Novel* (Edward Arnold, Londres, 1927 ; non traduit en français). Sa perspective est synchronique, comme si, dit-il, tous les romanciers avaient écrit leurs romans en même temps, dans une même pièce, dans une Histoire immobile, et, comme le disait T.S. Eliot *(The Sacred Wood)*, « au-delà du temps ». Les catégories qu'il définit concernent non le seul récit (nous verrons que la distinction est importante), mais le roman dans son ensemble ; elles sont au nombre de sept : l'histoire ; les personnages ; l'intrigue ; l'imagination et la prophétie ; la structure et le rythme. Le roman commence à l'*histoire* racontée, aux *Mille et Une Nuits* ; l'histoire est définie comme le récit d'événements arrangés dans leur séquence temporelle, de sorte que le public souhaite connaître la suite (ou ne le souhaite pas, si l'histoire est mauvaise). C'est le plus simple, le plus « bas » des organismes littéraires. Cependant, derrière l'histoire racontée, on entend la voix du conteur, comme aux époques primitives, comme aux origines de la littérature, lorsque la seule question qui importe est : « Et ensuite ? Et après ? » Les *personnages*, acteurs de l'histoire, reçoivent nom, sexe, gestes, discours entre guillemets. Alors que le genre historique ne nous donne que l'apparence des individus, le roman révèle leur vie cachée (distinction empruntée au *Système des Beaux-Arts* d'Alain). Dans la vie, nous ne nous comprenons pas ; dans un roman, les personnages peuvent être complètement compris, si le romancier le souhaite. Même si le personnage n'a pas été expliqué, il est explicable. On divisera les personnages selon qu'ils sont « plats », à une seule dimension, ou « en relief ». Les premiers sont des types, ou des caricatures, et se résument parfois en un seul propos, qu'ils répètent constamment (la princesse de Parme, chez Proust) ; on les reconnaît immédiatement, et ils ne s'oublient pas : Dickens. Mais les personnages à relief, à plusieurs dimensions, leur sont supérieurs, ceux de Jane Austen, de Dostoïevski, de Proust ; on les reconnaît d'abord à la surprise qu'ils causent, mais de manière convaincante. Pour le lier au personnage, Forster revient au *point de vue* d'où l'histoire est racontée, résumant Lubbock et *The Craft of Fiction* ; il montre, cependant, à partir des exemples contraires de *Bleak House*, de Dickens et des *Faux-Monnayeurs*, que la technique du point de vue peut rendre un roman intéressant, mais non « vital ». La limite serait dans l'abus des confidences, des commentaires faits directement par l'auteur sur le personnage — ce qui ne s'applique pas aux généralisations sur la vie, le monde, à la manière de Hardy et de Conrad.

L'*intrigue* nous introduit à un niveau supérieur ; elle est définie comme le récit d'événements selon la causalité. La séquence temporelle de l'histoire est conservée, et dépassée par le sens de la causalité. Elle répond à la question : « Pourquoi ? » et demande non seulement curiosité, mais intelligence et mémoire. Dans une intrigue, chaque parole, chaque action compte ; elles sont en relation organique. Lorsqu'on a dit des romans qu'ils contiennent une histoire, des personnages, une intrigue, on n'a pas tout dit. Que l'on songe à *Tristram Shandy* ou à *Moby Dick*. L'*imagination* — parfois visionnaire ou fantastique — dépeint ce qui ne pourrait pas nous arriver, et s'oppose aux romans qui peignent ce qui pourrait nous arriver : c'est le cas de *Tristram Shandy.* Le surnaturel peut être supposé, mais non exprimé, suivant les œuvres. Au concept d'imagination visionnaire, Forster ajoute celui de « prophétie ». Il ne s'agit pas de prédire l'avenir, mais de prendre pour thème l'univers, pour ton le lyrisme : D.H. Lawrence, Melville ont ce style prophétique, et Dostoïevski. Chez ce dernier, les personnages, les situations contiennent autre chose qu'eux-mêmes ; ils sont en relation avec l'infini. Ce qui compte, pour le critique, n'est pas le contenu du message, mais son accent, sa mélodie : on note que le roman prophétique se caractérise, entre autres, par l'humilité et le manque d'humour.

On revient à des notions plus formelles avec les deux dernières catégories. La *structure,* d'abord (qui rappelle la peinture), qu'illustre Henry James. Le *rythme* (notion empruntée à la musique), et que Forster commente à partir de Proust, est la répétition dans la variation et l'expansion. A la théorie du point de vue, Forster a donc ajouté d'autres critères qui permettent d'analyser et de classer les romans. Ces recherches seront poursuivies dans les essais d'Edwin Muir, *The Structure of the Novel* (1928), et de Robert Liddell, *A Treatise on the Novel* (1947) et *Some Principles of Fiction* (1953).

On peut dire, cependant, sans crainte de se tromper, que c'est l'ouvrage de Wayne C. Booth, professeur à l'université de Chicago, *The Rhetoric of Fiction* (The University of Chicago Press, 1961), qui résume tout le courant de la poétique du roman anglo-saxonne. Le mot « rhétorique » est ici équivalent de « poétique ». L'ouvrage se compose de trois parties, « La pureté artistique et la rhétorique de la fiction » ; « La voix de l'auteur dans la fiction » ; « La narration impersonnelle ». Dans les premiers récits connus, note Booth dans sa première partie, la narration est autoritaire : la Bible, l'*Iliade* nous indiquent ce que nous devons penser ; faut-il dire ? ou faut-il montrer ? Telle est la première distinction, déjà suggérée par Lubbock. Booth commence donc par passer en revue les arguments en faveur de l'objectivité, ou de l'impersonnalité, de l'auteur, sans perdre de vue que celui-ci peut se cacher, mais non disparaître. La première règle, que l'on trouve exprimée par de nombreux théoriciens, de James à Sartre, est qu'un roman doit paraître réel — ou réaliste, qu'il s'agisse du sujet, du monde extérieur, ou des sensations, ou de la technique narrative ; ils confondent souvent la fin et les moyens. Un deuxième critère, commun à beaucoup de romanciers modernes, est celui de l'objectivité, qui recouvre trois attitudes : la neutralité, l'impartialité, l'impassibilité ; ne pas se montrer, ne pas choisir entre ses héros, n'éprouver à leur égard aucun sentiment. Mais la narration impersonnelle, note Booth, n'élimine pas la subjectivité, elle la trahit parfois ; peut-être les émotions, les jugements souterrains de l'auteur font-ils les grands romans.

Une troisième règle souvent énoncée est que l'art véritable ignore le public, que « les vrais artistes n'écrivent pas pour eux-mêmes ». Elle concerne donc les lecteurs, que Nabokov, ou Faulkner, dans leurs déclarations, affectaient de mépriser comme ils méprisaient l'art commercial et les *best-sellers.* On retrouve ici les théories de l'art pour l'art, de la poésie pure (qui ne s'accordent, bien entendu, pas avec celles qui visent au réalisme). Mais, affirme Booth, le simple fait d'écrire une histoire « implique l'invention de techniques d'expression qui rendront l'œuvre la plus accessible possible » : Joyce lui-même souhaitait désespérément être lu. Peut-on donc rêver d'un « roman pur » ? Tout auteur est condamné à une certaine forme de rhétorique, c'est-à-dire à un certain art de faire appel au lecteur, par des raisons, des valeurs, des significations, voire des paradoxes : la conscience tourmentée de Macbeth transmet un message plus impressionnant que ses crimes.

Un quatrième point doit être évoqué : l'œuvre excite, chez le lecteur, tristesse ou joie, émotions, croyances, qui peuvent nuire, selon certains, à la valeur artistique. Le lecteur ne devrait pas, disent-ils, s'intéresser à l'intrigue, à l'action, aux sentiments, à l'ensemble des qualités mélodramatiques que représentent, par exemple, la bonté et la souffrance des innocents. Ces attaques sont fondées sur la notion de « distance esthétique », qui a remplacé, dans la réflexion sur l'art, le romantisme et le naturalisme : cette distance, que le réalisme avait considéré comme un mal, est devenue, au tournant du siècle, une vertu. Si un homme jaloux de sa femme assiste à *Othello,* il sera ému, mais de manière inesthétique. Cette « distance », remarque Booth, peut, cependant, accroître l'émotion ; de plus, l'œuvre constitue un système compliqué, qui commande l'intérêt et le détachement du lecteur selon des intérêts très divers — aussi divers que les intérêts humains. On peut dresser un catalogue de ces *intérêts,* ou de ces « distances », qui en sont le contraire : intellectuels ou cognitifs ; qualitatifs ; pratiques. Les premiers nous poussent à découvrir l'explication, la vérité, la signification d'une intrigue ; les intérêts qualitatifs diffèrent des intellectuels : ils concernent les relations de cause à effet, l'attente des conventions (d'un dénouement, d'un dernier vers), des formes abstraites (équilibre, répétitions, contrastes), le ton même que promet le livre dès son début, ironique, profond, sublime : nous ne souhaitons pas que Montaigne change de ton. Enfin, les intérêts pratiques : les lecteurs éprouvent sympathie ou antipathie à l'égard des personnages, de leur destinée ; la différence entre les romans sentimentaux, à bon marché, et les grandes œuvres, est que, dans le second cas, leurs raisons sont meilleures. D'autre part, aucune œuvre ne peut exclure complètement le jugement moral, même si la seule valeur qui subsiste est celle de la vocation artistique (Joyce, *Portrait de l'artiste jeune).* En fait, l'œuvre est toujours construite avec des matériaux « pratiques », « non esthétiques ». Mais aucune grande œuvre n'est fondée sur une seule sorte d'intérêt. Ceux-ci se combinent, entrent en conflit : établir une hiérarchie entre eux serait détruire le texte, mais on ne peut rechercher à la fois, par exemple, l'ambiguïté et la clarté, la simplicité et la complexité. Il faut donc souligner le « rôle de la croyance », de la foi, chez l'auteur comme chez le lecteur : le fondateur du *New Criticism,* I.A. Richards, avait affirmé, en 1926, que « nous n'avons pas besoin de croyances, et en vérité n'en devons avoir aucune, quand nous lisons *Le Roi Lear* ». Mais l'auteur qui compte n'est pas l'homme, c'est celui qui écrit, le second *moi* dans l'œuvre ; le lecteur qui compte n'est pas l'individu dans sa vie quotidienne, c'est celui qui lit, et qui n'est pas le même. La meilleure lecture est celle où ces deux *moi* créés par le livre trouvent un accord total. Cependant, il serait vain de nier que des différences de foi (Milton lu par un catholique ou un athée ; un fasciste lu par un démocrate) influent sur notre lecture. Certaines œuvres semblent compatibles avec de nombreuses croyances — mais même celle de Shakespeare implique certaines valeurs morales que nous devons accepter, et la littérature contemporaine a pu paraître étrange, à cause du bouleversement de l'ancien système de valeurs. Dans *La Promenade au phare* de Virginia Woolf, la valeur centrale est la sensibilité ; les lecteurs qui ne partagent pas cet avis prendront à la lecture du roman un plaisir moins vif. Nous devons reconnaître que nous ne pouvons pas être des lecteurs « objectifs, sans passion, totalement tolérants ».

Booth examine alors ce qui relie techniquement l'auteur et le lecteur, c'est-à-dire les *« types de narration ».* Le premier est la personne (première ou troisième) ; le deuxième est le narrateur « dramatisé » (c'est-à-dire mêlé à l'action), ou non, ou l'auteur « implicite », caché derrière la narration ; le troisième est

« l'observateur » ou le narrateur agent, à quelque titre, de l'intrigue ; le quatrième touche à la distinction entre la scène ou le « sommaire » (ce que Lubbock appelle le spectacle, par opposition au drame), entre le dramatique et le narratif. Le cinquième type concerne le commentaire, le sixième le narrateur écrivain : est-il conscient de l'être (Tom Jones, Tristram Shandy, le Narrateur de *A la Recherche du temps perdu*) ou non *(L'Étranger)* ? On prendra également en compte les « variations de distance » entre le narrateur, ou observateur, et l'auteur, les personnages, le lecteur. Les narrateurs peuvent être, qu'ils soient fiables ou non, corrigés ou confirmés par d'autres narrateurs. On appellera « privilège » la capacité de connaître ce qui est caché à une vue réaliste des choses : l'omniscience est le privilège suprême ; tantôt, le narrateur sait ce qui passe alors à l'intérieur d'un autre personnage, tantôt au cœur d'un drame. La connaissance de l'intériorité sera le dernier type de narration envisagé.

Dans les deux dernières parties de *La Rhétorique de la fiction*, Wayne Booth développe son analyse des modes de narration à partir d'exemples concrets, empruntés principalement à la littérature anglaise *(Tom Jones, Tristram Shandy, Emma)* et à Henry James, qui domine toute la réflexion anglo-saxonne sur le roman. C'est bien là l'importance du livre de Booth : comme un adieu à une critique lisible, d'une ère pré-linguistique, antérieure au Nouveau Roman (bien qu'il cite *La Jalousie* de Robbe-Grillet), et qui traite, en même temps, de *tout* le roman, et non de cette épure à laquelle la sémiotique le réduit parfois, un adieu qui, cependant, fécondera d'autres ouvrages, même français. La même éloquence se retrouve chez Ian Watt (*The Rise of the Novel*, Berkeley, 1957), et dans les analyses que Northrop Frye a consacrées au roman (*The Secular Scripture, A Study of the Structure of Romance*, Harvard, 1976) ; il y poursuit « l'organisation de notre tradition culturelle », comme dans son analyse de la Bible (*The Great Code*, 1981).

La poétique française

Aussitôt après la Seconde Guerre mondiale, quelques ouvrages marquants, mais isolés, sont apparus en France, influencés par la pensée de Jean-Paul Sartre (lui-même brillant critique littéraire dans *Situations I, Baudelaire, Saint Genet* et, plus tard, *L'Idiot de la famille*) et par la vogue du roman américain de Dos Passos, Hemingway, Faulkner. On songe surtout à *Temps et Roman* de Jean Pouillon (Gallimard, 1946), et aux livres de Claude-Edmonde Magny, *L'Âge du roman américain* (Seuil, 1948), *Les Sandales d'Empédocle* (La Baconnière), *Histoire du roman français depuis 1918* (Seuil, 1950), de Gaëtan Picon *(L'Écrivain et son ombre, L'Usage de la parole, Malraux par lui-même).* De cette critique, proche encore de la philosophie, ou d'une analyse des contenus de pensée (comme chez Pierre-Henri Simon, auteur de *Témoins de l'homme, L'Homme en procès, Procès du héros, Esprit et Histoire),* il faut isoler le nom d'un grand critique, depuis professeur au Collège de France, Georges Blin.

GEORGES BLIN

Il n'est pas exagéré de dire qu'après la guerre de 1939-1945, c'est Georges Blin qui a fondé la poétique française du roman, dans son *Stendhal et les problèmes du roman* (Corti, 1954). Non seulement, il analyse l'esthétique romanesque de Stendhal, mais il attire également l'attention sur les grands problèmes du roman moderne. D'abord, le « réalisme subjectif », c'est-à-dire le refus du narrateur omniscient et omniprésent, sous la double influence du cinéma et de la phénoménologie. Chez Stendhal, précurseur, tout « dépend de la situation et du point de vue », tout est mis en perspective : c'est pourquoi il privilégie, pour lui-même, les genres à la première personne, journal, lettre, impressions de voyage, souvenirs. Ses romans sont bien à la troisième personne, mais vus par un personnage central, qui découvre le monde peu à peu, et ne nous donne que l'apparence des autres : si, dans *La Chartreuse de Parme,* l'action est parfois vue par Clelia, Mosca, La Sanseverina, c'est bien Fabrice « le principal foyer de perspectives ». Cette technique du point de vue est équilibrée par les « intrusions d'auteur » (qui ne posent aucun problème dans les genres à la première personne, faux mémoires, roman par lettres), à la manière de Scarron, Fielding, Diderot et Scott. Les intrusions d'auteur peuvent « contourner » la fiction, la présenter comme réelle ; elles assurent la mise en scène de la fiction, notamment pour se justifier des coupes, des ellipses, de l'impuissance à décrire ; elles établissent une communication directe avec le lecteur, supposé favorable, ou au contraire adversaire. C'est le lieu de l'apologie, de l'ironie, du jugement moral. Le théâtre, auquel Stendhal a renoncé, n'admet pas ce commentaire d'auteur.

Dans cette voix du narrateur, nous voyons déjà poindre la distinction qui s'opérera, à la lumière de la linguistique, entre l'énoncé et l'énonciation. Blin dit bien que la « voix rétablit devant nous le présent de la narration », et, avant Ricardou et *Tel Quel*, que le roman ne relève « pas moins de la fiction comme fiction d'un récit que comme récit d'une fiction » : « D'une part, c'est des personnages que le roman nous rend contemporain, et, d'autre part — on l'oublie trop — de l'auteur contant, si du moins celui-ci s'énonce sur un *ton* assez personnel. » Mais, alors que la poétique future, celle des années 1970-1980, néglige ou n'est pas capable d'établir la relation entre l'auteur écrivant et son œuvre, Blin (qui a également publié un monumental *Stendhal et les problèmes de la personnalité*) dessine un cercle entre l'auteur et ses romans : « Bref, comme homme, il a été romancier de lui-même, et comme romancier un auteur si peu apte à se renoncer comme homme, que même là où c'est à la mise en profil des existences de Julien, Lucien ou Fabrice qu'il semble pourvoir, non seulement il ne se tient pas de s'accompagner en eux [...] mais encore [...] il s'arroge assez d'éclairage, d'aise et de saillant personnels pour que dans son roman les temps faibles du protagoniste ne désignent rien d'autre que les temps forts d'un sporadique journal d'égotisme du romancier. » Auteur, narrateur, vision du monde, réel et imaginaire, par-delà les techniques, sont bien ici posés comme les fondements de toute poétique du roman. Georges Blin, dont les travaux sur Baudelaire font également autorité, a exposé sa conception de la critique dans *La Cribleuse de blé. La Critique* (Corti, 1968).

MICHEL RAIMOND

La Crise du roman, des lendemains du Naturalisme aux années vingt (Corti, 1967) montre comment l'on peut concilier l'histoire littéraire et les problèmes artistiques, ou poétiques. Il suffit de déplacer l'enquête, de l'enchaînement des œuvres au débat esthétique, théorique, et de juxtaposer deux structures : le lendemain du Naturalisme, et 1926 ; histoire et structure se complètent. On obtient ainsi une histoire de la poétique du roman, et une poétique de son histoire. Les principaux thèmes abordés sont ceux du roman poétique, des « romans du roman », dont *Les Faux Monnayeurs* ont été le modèle, des nouvelles modalités du récit : le monologue intérieur, le point de vue et ses significations, ses techniques, les « métamorphoses de la composition », les nouveautés de la psychologie des héros, qu'il s'agisse de l'inconscient, de l'illogisme. Un nouveau roman dicte une nouvelle poétique, et signifie de nouveaux rapports avec le monde. « De *A Rebours* à *Là-Bas*, des *Lauriers sont coupés* au *Jardin de Bérénice*, le monde n'apparaissait plus comme le cadre ou l'enjeu d'une lutte, mais comme l'objet d'une rêverie, d'une découverte ou d'une interrogation. Le mouvement profond de l'époque que nous avons étudiée est marqué, après les mépris symbolistes envers le réel et le contingent, par une longue entreprise de récupération du monde et de la vie. » Michel Raimond poursuivra ses recherches dans *Le Roman depuis la Révolution* (Colin, 1967), *Les Romans de Montherlant* (Sedes, 1982), *Proust* (Sedes, 1984). On voit quelle peut être la contribution des historiens de la littérature à la poétique, dans des ouvrages comme *Le Roman par lettres*, de L. Versini (PUF).

TODOROV

Traducteur des formalistes russes (*Théorie de la littérature*, Seuil, 1965), Todorov a été longtemps leur plus fidèle disciple. Par rapport aux études de poétique que nous avons examinées jusqu'ici dans ce chapitre, le changement est capital : il consiste à prendre la linguistique structurale, voire la grammaire, comme modèle, pour constituer une poétique du récit (sur Laclos, dans *Littérature et Signification*, 1967 ; sur Boccace, dans sa *Grammaire du Décaméron*). La première tâche du théoricien sera d'élaborer un appareil descriptif : c'est ce qu'il fait, dans les textes écrits de 1964 à 1969, et réunis dans *Poétique de la prose* (1971). L'objet de la poétique est de décrire le fonctionnement du discours littéraire (le mot « discours » recouvre ici le mot texte, et ne s'oppose pas à « histoire ») grâce à des concepts qui classent des procédés ; c'est ce que Barthes appelait « science de la littérature ». Todorov appelle « lecture » ce que Barthes appelait « critique », soit l'étude d'un texte singulier.

Or l'analyse du récit présente des « analogies frappantes avec celles des parties du discours : nom propre, verbe, adjectif ». Les rapports entre éléments du récit pourraient être conçus selon le modèle syntaxique. A l'origine de cette réflexion se trouve le fait que la littérature a le langage comme point de départ, puisque (comme l'avait affirmé Benveniste) l'homme s'est constitué à partir de lui, et comme point d'arrivée, parce que la littérature a le langage comme matière perceptible. Mais Todorov ne dit pas ce qui sépare le langage littéraire de l'autre, et nous met au rouet : « Le langage ne pourra être compris que si l'on apprend à penser sa manifestation essentielle, la littérature », et « l'écrivain ne fait que lire le langage ». En effet, si l'on applique à la littérature des catégories élaborées pour décrire le langage non littéraire, on saisit justement dans la littérature ce qui ne lui est pas spécifique. Réagissant contre vingt-cinq siècles de réalisme, pendant lesquels on a cru que les mots reflétaient les choses, Todorov affirme de même que le langage littéraire n'est pas régi par son rapport avec la réalité, mais par ses propres lois : réaction salutaire, et dont il n'a pas le monopole, mais qui appelle une remarque, qui vaut pour toute théorie qui couperait totalement le langage du monde. On n'empêchera pas l'écrivain et son lecteur de se servir de la littérature pour interpréter la vie : si le mot « chien » ne mord pas, en est-il de même du *Pavillon des cancéreux* ? Pour Todorov, le récit signifie toujours « un autre récit ». On passe d'un récit à un autre, grâce à un code, commun à l'époque, qui relie un objet à un autre, une représentation à une autre. La traduction va du plus connu (le récit actuel) au moins connu (le symbolisé), grâce à un prédicat. « Le nombre des signifiés est réduit et leur nature est connue d'avance » : dans *La Quête du Graal*, nous trouvons trois niveaux, les chevaliers de la Table ronde, Joseph d'Arimathie et le Christ, l'Ancien Testament. On affirmera donc qu'« une aventure est *à la fois* une aventure réelle et le symbole d'une autre aventure ».

Mais, si les récits que choisit Todorov, les *Mille et Une Nuits*, *L'Odyssée*, les nouvelles de Henry James sont bien récits d'un récit, ce n'est pas vrai de tout récit. Même si le discours littéraire renvoie à lui-même, il tire également son effet ou son retentissement de sa fonction référentielle, et le récit ne se nourrit de mots que parce qu'il raconte le monde. Donc, lorsqu'il applique des catégories grammaticales au récit littéraire, en le considérant comme une phrase, on y trouvera tout ce qu'on y a apporté, une macrosyntaxe et une mégaphrase. Il s'agira d'une description rigoureuse, non d'une interprétation. C'est sans doute par conscience de cette difficulté que, dans un ouvrage plus récent, *Critique de la critique* (Seuil, 1984), Todorov semble rompre avec le formalisme, et découvrir que la littérature est à la fois « construction » et « quête de la vérité ».

GÉRARD GENETTE

A partir de ses premiers travaux, plus proches de la rhétorique, et recueillis dans *Figures I* et *Figures II*, Gérard Genette s'est imposé comme l'un des principaux représentants de la nouvelle poétique, d'abord dans un ouvrage qui a connu une large audience internationale, *Figures III* (Seuil, 1972). Nouvelle poétique, parce qu'« il s'agit moins d'une étude des formes et des genres au sens où l'entendaient la rhétorique et la poétique de l'âge classique [...] que d'une exploration des divers *possibles du discours* ». Les œuvres et les formes existantes sont des cas particuliers ; d'autres combinaisons sont ouvertes, ou déductibles : Genette oppose donc sa poétique « ouverte » à la poétique « fermée » des classiques. Il distingue alors entre les disciplines annexes de l'étude littéraire : l'histoire littéraire et ses subdivisions, biographie, critique de sources et d'influence, genèse et « fortune » des œuvres, et la critique, étude de l'œuvre particulière. La fonction essentielle de la critique est « d'entretenir le dialogue d'un texte et d'une *psyché*, consciente et/ou inconsciente, individuelle et/ou collective, créatrice et/ou réceptrice ». La poétique est complémentaire de la critique, entretient avec elle un « va-et-vient » nécessaire.

Ces principes posés, l'essentiel de *Figures III* est constitué par l'étude intitulée « Discours du Récit », où Genette propose non une étude de *A la Recherche du temps perdu*, mais une « méthode d'analyse », en allant « du particulier au général » : c'est une théorie du récit ou « narratologie ». Par rapport à la division en deux opérée par Benveniste et Weinrich, Genette apporte un troisième élément, puisqu'il distingue « histoire » (qui est le contenu narratif), « récit » (qui est le signifiant ou texte narratif lui-même), « narration », qui est « l'acte narratif producteur ». A la suite de Todorov, les problèmes du récit sont classés en trois catégories : le temps, le mode, la voix, comme si le récit était « l'expression d'un verbe ». On étudiera donc les déterminismes qui tiennent aux « relations temporelles entre récit et diégèse », aux « modalités de la représentation narrative », à « la situation ou instance narrative », et avec elle au narrateur et à son destinataire. Il s'agira donc, dans le premier cas, des rapports entre l'ordre temporel raconté et la disposition des événements dans le récit, entre la durée fictive des événements et celle de leur lecture, ainsi que des rapports de fréquence, de répétition. Le « mode » analyse la mise en perspective du récit, la « voix » les problèmes qui concernent le Narrateur : temps, récit au premier ou au second degré, emploi de la première ou de la troisième personne. La clarté de cette grille a fait son succès, sur lequel l'auteur est revenu dans son *Nouveau Discours du récit* (Seuil, 1983), relecture critique de son premier discours.

Dans son *Nouveau Discours,* Genette reprend, pour les discuter, les questions de temps, de mode, de voix, et y ajoute les questions posées par les situations narratives, le narrataire, l'implication de l'auteur ou du lecteur. Quelques concepts sont précisés, au passage : la *diégèse* est l'univers de l'histoire racontée ; la *diégésis* est le récit pur, sans dialogue, et s'oppose à la *mimésis*; *diégétique* dérive de diégèse. Au concept de *durée* du récit, Genette propose de substituer celui de *vitesse*: *Eugénie Grandet* couvre quatre-vingt-dix jours par page, en moyenne ; *A la Recherche du temps perdu,* cinq jours par page. Il revient également sur le « récit de paroles ». Le « monologue intérieur » pourra, à la suite de Dorrit Cohn (*La Transparence intérieure*), être appelé « monologue autonome ». Sur d'autres points, Genette polémique avec ses propres critiques, en général américains, dont la multiplication témoigne de l'essor, aux États-Unis, de la narratologie, à laquelle on est parfois tenté de reprocher de couper les cheveux en quatre, et de céder à un vertige classificatoire et terminologique. Le plus nouveau est, sans doute, l'exposé de la « situation narrative » selon Stanzel (*Theorie der Erzählens,* Göttingen, 1979) : auctoriale, personnelle, et en première personne, et d'autres « typologistes ». Genette revient également sur le « narrataire » (à la suite d'un article de Prince) qui est le destinataire du récit — dans le récit ou hors du récit. Quant à la notion d'« auteur impliqué », « c'est tout ce que le texte nous donne à connaître de l'auteur ». Le « lecteur impliqué » est, dans la tête de l'auteur réel, le « lecteur possible ». On le voit, le narratologue est sans cesse conduit à retoucher, affiner, polir ses outils. Mais qu'importe, si notre connaissance du récit en est améliorée ?

Dans son *Introduction à l'architexte* (Seuil, 1979), Genette était, de même, revenu sur les trois types fondamentaux de la théorie des genres depuis le XVIIIe siècle, le lyrique, l'épique et le dramatique. Sous l'épique, on a ensuite placé l'épopée, le roman, la nouvelle ; sous le dramatique, la tragédie, la comédie, le drame ; sous le lyrique, l'ode, l'hymne, etc. Le genre lyrique est le seul à traiter non d'une action, mais d'une situation. C'est, en fait, une véritable histoire de la théorie des genres que propose ce petit — mais dense — livre, dans un brillant jeu de massacre qui n'est pas sans évoquer, une fois de plus, Jean Paulhan l'oublié. La tripartition des genres ne remonte pas à Aristote, qui excluait la poésie lyrique de sa poétique, mais au romantisme allemand. La division aristotélicienne se fondait sur le « mode d'énonciation » des textes : le dithyrambe relevait de la narration pure, la tragédie et la comédie de l'imitation dramatique, l'épopée de la « narration mixte ». Avec le romantisme, il ne s'agit plus de « simples modes d'énonciation, mais de véritables genres ». Or « les genres sont des catégories proprement littéraires, les modes sont des catégories qui relèvent de la linguistique, ou plus exactement de la pragmatique ». Les trois grands genres se subdivisent en espèces, à l'infini : il s'agit « d'archigenres ». Mais l'épique, par exemple, n'englobe le roman que si on le comprend comme un « mode » narratif. Il y avait, à l'origine, trois modes, chez Aristote : « narration pure, narration mixte, imitation dramatique », que l'on a ensuite projeté sur trois « archigenres », « lyrisme, épopée, drame ». La relation des genres aux modes est, en réalité, beaucoup plus complexe : le mode peut « traverser » le genre. Ce que propose Genette, c'est de reconnaître des « constantes transhistoriques », qui touchent aux modes d'énonciation, et à « quelques grandes thématiques », l'héroïque, le sentimental, le comique : « Un certain nombre de déterminations thématiques, modales et formelles *relativement constantes et transhistoriques* [...] dessinent en quelque sorte le paysage où s'inscrit l'évolution du champ littéraire » et déterminent une « réserve de virtualités génériques ». « L'architexte » est constitué par l'ensemble des déterminations, thématiques, modales, formelles, qui se rattachent au genre ; c'est l'objet propre de la poétique, parce que c'est « l'ensemble des catégories générales, ou transcendantes dont relève chaque texte singulier ». Dans *Palimpsestes* (Seuil, 1982), Genette préfère parler de « transtextualité », mot qui se définit comme tout ce qui met un texte en relation avec d'autres textes.

Ces relations sont au nombre de cinq, selon *Palimpsestes* : l'*intertextualité*, « présence effective d'un texte dans un autre » (voir Kristeva), la *paratextualité*, qui est la relation d'un texte avec ce qui l'accompagne (titres, préfaces, notes, épigraphes, illustrations, prières d'insérer) et l'un des lieux privilégiés de l'action de l'œuvre sur le lecteur ; la *métatextualité*, qui concerne le commentaire d'un texte par un autre, c'est-à-dire la relation critique (comme dit Starobinski) ; l'*architextualité* ; l'*hypertextualité*, qui désigne « toute relation unissant un texte B (que j'appellerai *hypertexte*) à un texte antérieur A (que j'appellerai, bien sûr, *hypotexte*), à l'exclusion du commentaire : *L'Enéide, Ulysse* sont « deux hypertextes d'un même hypotexte : *L'Odyssée* ». *Palimpsestes* dresse donc le tableau des œuvres qui transforment, comme dans la parodie, ou imitent, comme dans le pastiche, une œuvre antérieure. C'est une poétique de la littérature au second degré, sans doute aussi le meilleur — jusqu'à présent — livre de Genette, parce qu'il ne se contente pas de définir, de classer, de changer une terminologie, mais qu'il défriche un considérable champ de recherches.

BAKHTINE et la poétique du roman

Les hasards des dates de publication nous font placer Bakhtine après Genette, alors qu'il le précède d'une génération, qu'il évolue parallèlement à la poétique anglo-saxonne de l'entre-deux-guerres, et à la poétique française des années soixante, et qu'enfin il est connu et adapté par Kristeva dès ses premiers travaux. D'autre part, nous avons présenté, dans le cadre de la sociologie de la littérature, ce qui, dans l'œuvre de Bakhtine, nous paraissait en relever directement. Nous nous limiterons ici à ses travaux de poétique du roman, contenus dans *Esthétique et Théorie du roman* (Moscou, 1975 ; Gallimard, 1978) et *Esthétique de la création verbale* (Moscou, 1979 ; Gallimard, 1984).

Todorov, dans son essai *M. Bakhtine. Le principe dialogique* (Seuil, 1981), a présenté une synthèse de la pensée de Bakhtine dans le domaine des sciences humaines. Quelques principes essentiels s'en dégagent : le penseur soviétique a pour objet une nouvelle science du langage ; le point le plus important de cette théorie est le « dialogisme », c'est-à-dire l'intertextualité, parce que la culture est un composé de discours ; le roman est le genre qui exprime le mieux cette « polyphonie », et l'homme qu'il fait apparaître est un être de dialogues, hétérogène, en devenir, inachevé. La poétique ou « translinguistique » selon Bakhtine étudie les discours, énoncés individuels contenus dans les textes, dans leur environnement historique, social, culturel, en se maintenant à égale distance d'un « idéologisme étroit » et d'un « formalisme étroit ». Là où Jakobson parle de « contact » entre le destinateur et le destinataire d'un message, Bakhtine parle d'« intertexte », et il existe des types de discours ou d'énoncés, en nombre élevé, mais limité ; est intertextuel (ou

« dialogique », comme dit exactement Bakhtine) « tout rapport entre deux énoncés ». Or l'intertextualité est « le trait le plus caractéristique du roman », parce que celui-ci se caractérise par l'image qu'il donne du langage. Dans son analyse du discours romanesque (*Esthétique et Théorie du roman*), Bakhtine envisage trois faces du phénomène : le lieu où l'on rencontre le discours d'autrui peut varier, il est socialement hétérogène, et change suivant l'époque, la classe, la famille même ; il est plurilingue, le langage littéraire est dialogue de langages. Les discours d'autrui sont introduits dans le roman de plusieurs manières différentes : le discours d'autrui n'est pas assumé par le narrateur (parodie, ironie ; stylisation) ; le narrateur se représente dans une situation orale ou écrite ; l'emploi du style direct et les zones verbales de chaque personnage ; les genres enchâssés. Enfin, il faut analyser le degré de présence du discours d'autrui : présence pleine, par dialogue explicite ; hybridation (entre le langage du personnage et l'ironie du narrateur ; genres intercalaires) ; absence d'indice matériel, le langage d'autrui étant alors montré à la lumière d'un autre langage. L'auteur n'est ni dans le langage des personnages, ni dans celui du narrateur, mais se tient en arrière, « libéré d'un langage unique » (*Esthétique*, p. 135). Du point de vue historique, tout ceci se retrouve : le dialogue s'établit alors entre le style d'une œuvre et les autres styles dominants de l'époque, ou bien entre plusieurs styles à l'intérieur d'une même œuvre, phénomène fréquent dans les temps modernes (Dostoïevski).

La poétique traite du genre, et s'accorde avec les deux principes que Bakhtine défend depuis sa jeunesse : union de la forme et du contenu, prédominance du social sur l'individuel. Le genre est collectif et social. Un genre est un « type relativement stable d'énoncés ». Il opère un choix dans un monde inachevé, grâce à un « système complexe de moyens » qui prennent « possession de la réalité, pour la parachever tout en la comprenant ». Le genre a des règles, et une dimension historique, « fragment de la mémoire collective ». Plus il est élevé, complexe, plus il se souvient de son passé.

Si Bakhtine revient toujours au roman, c'est qu'il est, selon lui, non pas un genre comme les autres, mais le mélange, et peut-être la synthèse, de tous les autres genres qui ont existé avant lui. Faute de pouvoir résumer tous les écrits de Bakhtine, nous prendrons deux exemples de sa méthode : le premier est son analyse du roman d'aventures, le second son étude des « formes du temps et du chronotope dans le roman » (*Esthéti-*

que et Théorie du roman). Le roman d'aventures européen s'organise autour de l'idée d'épreuve, depuis le roman de chevalerie, le récit épique, le roman grec. Jusque dans le roman feuilleton de Ponson du Terrail, on pourrait retrouver les formes du roman d'épreuves gréco-latin, avec sa périodicité de crises et de régénérations. L'idée d'épreuve n'entraîne pas celle d'amélioration, de progrès (comme dans le roman de formation allemand), et le héros ne change pas, « tout prêt », soumis à un idéal « tout prêt ». L'aventurier est étranger aux règles sociales.

La notion de « chronotope », c'est-à-dire de temps-espace, relève à la fois de la forme et du contenu, et fond les « indices spatiaux et temporels en un tout intelligible et concret ». Elle permet de reconsidérer toute l'histoire du roman occidental. C'est ainsi que dans le roman grec « d'aventures et d'épreuves » (IIe-VIe siècles), qui sert rarement d'exemple, d'habitude, aux critiques et aux poéticiens, le temps de l'aventure est superbement « façonné », et le développement ultérieur du genre n'y ajoutera rien. Bakhtine dessine le schéma-type de ce genre de roman : un jeune couple, séparé, se retrouve, se reperd, dans une succession de voyages, d'enlèvements, de fuites, de tempêtes, de naufrages, de captures par des pirates, d'accusations mensongères, de fausses trahisons, de procès, de luttes entre amis et ennemis imprévus, de prophéties, jusqu'au mariage final. L'horizon géographique est très vaste pour l'époque : trois à cinq pays, séparés par la mer, et décrits de manière très détaillée. Le récit est coupé de digressions abstraites, religieuses, philosophiques, politiques, scientifiques, sur le destin, Eros, etc. Les discours des personnages sont très importants, pris entre une rhétorique attardée et des tentatives encyclopédiques. « Le roman grec a utilisé et refondu dans sa structure quasiment tous les genres de la littérature antique », et défini un « chronotope » tout à fait nouveau, un « monde étranger dans le temps des aventures ». Ce temps n'obéit pas à une « croissance biologique élémentaire », la durée n'y est pas accumulée : « Ce sont simplement des jours, des nuits, des heures, des instants, techniquement comptés dans les seules limites de chaque aventure. Cette durée des aventures, extrêmement intense mais imprécise, ne tient pas du tout compte de l'âge des héros » ; en somme « rien ne change ». La structure interne du temps des aventures le confirme : « Une série de brefs segments, correspondant à chaque aventure » : s'enfuir, être rattrapé, se rencontrer, et des mots spécifiques, « tout à coup », « justement », qui expriment l'intrusion du pur hasard, la coïncidence ou la rupture fortuite.

D'autre part, le temps des aventures est tendu : « Un jour, une heure, voire une minute "plus tôt" ou "plus tard", voilà qui peut toujours être décisif et fatal. » Les aventures elles-mêmes s'enfilent les unes dans les autres dans une série extratemporelle et infinie. Tous les moments de ce temps infini « sont gouvernés par une force unique : le hasard », d'autant que la « série pratique des causes et des effets » cède la place aux forces inhumaines, « fatalité, dieux, malfaiteurs », auxquelles l'initiative appartient (et non aux héros). Les choses « arrivent » aux individus ; le véritable homme des aventures, c'est l'homme du hasard. Le rôle des oracles et des songes s'explique parce que les événements ne peuvent être prévus par la raison.

Bakhtine montre ensuite comment le thème essentiel des romans d'aventure est celui de la rencontre, qui organise la composition : nœud de l'intrigue, point culminant, dénouement. Il a des liens étroits avec la séparation, la fuite, les retrouvailles, la reconnaissance, la perte, le mariage, et l'espace de la route et du voyage. On retrouve donc cet espace abstrait du romanesque où se réalise le temps. Il faut beaucoup d'espace pour que l'aventure puisse se déployer, mais il est une « étendue dépouillée » ; l'espace, comme le temps, du roman grec est abstrait, le temps est réversible et l'espace permutable. L'image de l'homme en découle, sujet physique et passif de l'action, qui se borne à changer d'espace, et cependant animée par la foi dans son combat contre la nature et les forces inhumaines. On rejoint l'idée d'épreuve, de mise à l'épreuve, qui persiste jusqu'au XXe siècle. Enfin, l'amour est central ; tout s'y rapporte, même la guerre. Les événements sociopolitiques ne prennent « leur sens que grâce à leur relation aux événements de la vie privée ».

Suivant la même méthode, Bakhtine étudie un deuxième type de roman antique, le roman d'aventures et de mœurs (*L'Âne d'or* d'Apulée ; le *Satiricon* de Pétrone). On y trouve à la fois, comme dans *L'Âne d'or*, métamorphose et itinéraire. La métamorphose, liée aux cultes orientaux et à la littérature populaire, représente le destin personnel de l'homme en ses moments de crise essentielle, et pose la question : « Comment un homme peut-il devenir un autre ? » La chaîne des aventures est alors limitée, devient efficace, transforme le héros, lui construit une image nouvelle, purifiée et régénérée. La série des aventures dépend d'une autre série qui l'englobe et l'interprète, et qui va de la faute au châtiment et à la purification ; elle est donc « fondée sur la responsabilité de l'homme ». La série temporelle devient irréversible. Le chronotope est celui du « chemin de la vie ».

Le roman de chevalerie médiéval[1] obéit au même temps que le roman d'aventures grec. Ce temps est « subdivisé en segments d'aventures » selon une technique abstraite. « L'épreuve de l'identité des héros et surtout de la fidélité à l'amour et au code du chevalier joue le même rôle organisateur (que dans le romanesque). On trouve inévitablement les péripéties de l'identification : morts fictives, reconnaissance, méconnaissance, changement de nom, et un jeu plus compliqué, par exemple, dans *Tristan*, les deux Isolde », et de multiples prodiges inspirés des contes orientaux : « Le prodige devient habituel. » Mais, au lieu du hasard grec, nous rencontrons le mystère (fées, magiciens, châteaux ensorcelés). Les aventures ne sont pas seulement des calamités ; elles peuvent présenter un intérêt, un plaisir pour le héros lui-même. Les exploits glorifient le héros, et ils en rendent gloire à d'autres, leur suzerain, leur dame, se rapprochant ainsi de l'aventure épique. Le chronotope du roman de chevalerie est « le monde des merveilles dans le temps de l'aventure ». Le temps devient magique, mais aussi elliptique : des épisodes entiers sont omis, ce que les Grecs n'auraient pas osé faire. L'espace subit, de même, une « distorsion subjective, émotionnelle ». Bakhtine signalera, au fil de l'histoire du roman, d'autres chronotopes : outre la rencontre, la route (*Don Quichotte*, le roman picaresque, Walter Scott), le château, le salon (Balzac et Stendhal), la petite ville (*Madame Bovary*), le seuil. Le chronotope est donc le « centre organisateur des principaux événements contenus dans le sujet du roman ». La poétique historique de Bakhtine qui, à l'image des Allemands, domine plusieurs siècles et plusieurs littératures, présente donc toujours des formes qui sont aussi des contenus, des contenus qui sont aussi des formes. Peu soucieuse de grilles, de charge théorique, de produire des concepts, elle n'a pas la sécheresse des formalistes et garde la richesse et la vie des œuvres qu'elle analyse. Il en est de même de sa grande analyse de « l'auteur et du héros », et du « roman d'apprentissage dans l'histoire du réalisme », où il présente une typologie (roman de voyage, roman d'épreuves, roman biographique). Ces études ont été recueillies dans *Esthétique de la création verbale* (Moscou, 1979 ; Gallimard, 1984).

---

1. Voir Erich Köhler, *L'Aventure chevaleresque. Idéal et réalité dans le roman courtois*. Gallimard, 1974.

Au lieu de traiter de l'ensemble des romans, la particularité de la critique de Philippe Hamon est de porter sur des aspects, des composantes, du roman : le personnage, dans sa thèse sur Zola ; la description (*Introduction à l'analyse du descriptif*, Hachette, 1981) ; l'idéologie (*Texte et Idéologie*, PUF, 1984). Il s'agit d'introduire quelque rigueur dans des domaines d'habitude livrés aux analyses de contenu. Hamon identifie, dans ses préfaces, poétique et sémiotique. Le « descriptif », expression que l'auteur préfère à la description, désigne des lieux du texte qui brisent la linéarité du récit : or, justement, les autres poéticiens se consacrent de préférence à l'analyse du récit, non à ce qui l'interrompt. Le « descriptif » sera étudié en dehors de ce dont il est description, coupé de sa référence. C'est l'endroit où le lecteur, écarté de l'aventure des personnages, est ramené à la matérialité du texte, à son « histoire personnelle », c'est-à-dire à sa compétence en matière de vocabulaire, à son expérience des choses. Réserve de mots, nomenclature, qui ne s'arrête que lorsque l'auteur voit s'épuiser son stock verbal, la description a pour modèle la « liste », « pratique », « efficace », « décorative ». Un thème, ou « paradigme » s'y déploie selon des modèles rationnels : taxinomies ou topoï. Elle produit à la fois un plaisir spécifique et procure un savoir complémentaire sur les êtres, les choses, ou le livre lui-même. Ce savoir est souvent déjà « écrit ailleurs ». Zola recopie des manuels d'horticulture pour décrire le jardin de *La Faute de l'abbé Mouret.* D'autre part, la description classe (« A l'est... au nord... au sud »), elle se fait taxinomie. Elle se veut, tout au moins dans le corpus naturaliste qu'utilise Hamon, exhaustive et « décryptive », à partir de ses limites extrêmes, de son organisation interne, de sa typologie. Il y intègre le rôle du regard, du discours, du travailleur, et, après Jean Rousset (qu'il ne cite pas), étudie le topos de la fenêtre. Dans un langage parfois difficile, mais toujours précis, ce livre permet de résoudre partiellement l'irritant problème qui consiste à rendre compte d'une description sans la redoubler, ni la paraphraser, à en montrer le fonctionnement.

Quel est le rapport entre un texte littéraire et des « systèmes de valeurs plus ou moins diffus et institutionnalisés » ? Telle est la question que pose *Texte et Idéologie.* Ces systèmes de valeurs possèdent une dimension verticale, paradigmatique, parce que toute œuvre construit des hiérarchies, oppose positif et négatif, et une dimension horizontale, syntagmatique, parce que, dans l'ordre du récit, les personnages se proposent des fins et des moyens. Le livre contient une « évaluation » en fonction d'une « norme ». La « poétique du normatif » étudie les moments privilégiés de l'œuvre, où s'expriment le savoir, l'action, le plaisir des personnages. Le concept d'idéologie est donc emprunté, ou même arraché, à la sociologie de la littérature, pour être « manipulé » par une poétique du texte. Les « actants-sujets » (c'est-à-dire les personnages du roman) ont des systèmes de valeurs ou sont engagés dans une action. « L'évaluation » met en relation des buts et des résultats, le déroulement d'une action par rapport à une norme, un texte par rapport à un autre texte. Le texte romanesque suggère que le réel relève de *plusieurs* normes, de plusieurs systèmes de valeurs qui se chevauchent et que le romancier décompose en éléments fondamentaux : le corps, le rite, l'œuvre d'art ; celle-ci est à la fois « lieu d'investissement du *travail* du créateur, de la *parole* du critique, du *regard* ou de la jouissance du spectateur, et de la *convenance morale* des sujets traités ». Le romancier combine des unités, constituants minimaux des « univers évaluatifs » : outil, loi, sens, langage. Il emploie trois procédés principaux : le montage, la transposition-traduction, la « mise en sourdine » (notion empruntée à Spitzer) qui affecte « la mise en relief trop accentuée d'un héros », de manière à rendre « plus problématique l'*orientation* de l'espace évaluatif de l'œuvre », sa thèse principale. La « transposition-traduction » permet plusieurs « réécritures du réel ». Le montage décompose le monde en parcelles, qu'il réassemble ensuite. Dans le style, on reconnaît l'évaluation par l'usage de l'*hyperbole*, qui accumule de manière ostentatoire les signes positifs ou négatifs, et de l'*oxymoron* (la « belle horreur » de Zola). L'évaluation est donc « polarisée », « déléguée » à des personnages, « pluralisée ». Cette polyphonie est, cependant, rendue lisible, déchiffrable, chez Zola, par exemple, grâce au dénouement (réussite ou échec), au Mythe ou à l'Histoire (Sedan condamne le Second Empire), et à la « poétique de la passion » (« l'éternelle douleur humaine » est un facteur de stabilité idéologique) — et c'est, à la fin, le lecteur qui juge et tranche.

SUSAN SULEIMAN

Cette méthode utile, qui permet d'analyser l'idéologie dans le texte, est à comparer avec celle qu'a proposée, parallèlement,

Susan Rubin Suleiman, dans *Le Roman à thèse ou l'autorité fictive* (PUF, 1983). Car, s'il y a bien un genre, ou sous-genre, littéraire imprégné d'idéologie, c'est celui qu'elle décrit. Le roman à thèse est défini comme un roman réaliste « qui se signale au lecteur principalement comme porteur d'un enseignement, tendant à démontrer la vérité d'une doctrine politique, philosophique, scientifique ou religieuse ». A partir des modèles de la parabole, de la fable, de l'*exemplum*, S. Suleiman étudie des œuvres de Bourget *(L'Étape)*, de Barrès *(Le Roman de l'énergie nationale)*, de Nizan *(Le Cheval de Troie)* et de Malraux *(L'Espoir)*. Le roman à thèse formule lui-même de manière claire et répétée la thèse qu'il est censé illustrer. Il constitue « un sous-genre du roman réaliste » (de même, Philippe Hamon part d'un corpus naturaliste). Cet essai propose à la fois, et c'est son intérêt, un « modèle générique » et la lecture détaillée d'œuvres particulières. Si l'on se reporte à *L'Espoir*, on voit comment il peut être considéré comme un roman à thèse. La vérité est tout entière du côté des Républicains, et la thèse à démontrer est que la discipline, l'organisation, l'unité permettront la victoire. Certes, il peut y avoir, dans le camp « positif », des divergences, des dialogues ; certes, Manuel fait son apprentissage au sein d'un roman antagonique ; et il lui arrive de rêver à d'autres valeurs que celles de la guerre, mais tout le roman est construit pour obtenir l'adhésion des lecteurs à une théorie et à une politique. C'est pourquoi certains traits de tout roman à thèse sont présents dans *L'Espoir*: la redondance, par exemple, puisque la thèse de la discipline nécessaire est énoncée par sept personnages et, pour certains, à cinq reprises. S'y ajoute la preuve par les événements : la vie de Manuel vérifie la doctrine, et son souci de « déplacer des valeurs ».

2. Poétique des autres genres en prose

Formes simples

La poétique, si elle a consacré au roman une grande partie de ses travaux, est cependant susceptible de traiter tous les autres genres littéraires. Elle est une théorie, mais diffère de l'ancienne théorie des genres, qui remonte à l'Antiquité, en ceci d'abord qu'elle n'est pas normative. Elle décrit, mais ne dit pas comment il faut écrire. C'est le cas de l'ouvrage d'André Jolles, professeur de littérature générale et comparée à Leipzig

(1874-1946), *Formes simples* (1930 ; traduction française, Seuil, 1972). Ce Hollandais, naturalisé allemand, d'abord historien de l'art, se consacre à la littérature à partir de 1919. Sa thèse fondamentale est que l'œuvre prend racine dans le langage. Comment le langage peut-il devenir « construction », sans cesser « d'être *signe* » ? Or, il y a des formes qui ne sont pas de véritables genres littéraires, ni même parfois des œuvres : « la légende, la geste, le mythe, la devinette, la locution, le cas, les mémorables, le conte, le trait d'esprit ». La théorie des « formes simples » repose sur une anthropologie : l'univers est construit par la culture du paysan, la fabrication de l'artisan, l'interprétation du prêtre. Dans la confusion de l'univers, l'homme explique et classe par les formes, qui ont leur « validité » et leur « cohésion » propre, qui sont des « gestes verbaux ». La « forme simple », ainsi définie, est susceptible de s'actualiser : « La légende est une forme simple ; la légende particulière [...] ; la "Vie" de saint Georges est une forme simple actualisée. » Jolles fait l'histoire et décrit la structure de chacune de ces formes, mais en recherche aussi la signification. Ainsi écrit-il, à propos du mythe, avant Lévi-Strauss : « Il n'y a pas ici succession chronologique, il n'y a point passage du mythe à la connaissance parce qu'on ne serait pas satisfait du Mythe, il n'y a pas d'évolution qui éliminerait l'un des termes pour insuffisance et pour faire place à l'autre ; ils sont, toujours et partout, côte à côte, mais ils sont aussi, toujours et partout, séparés [...]. La connaissance sous le masque du mythe, le mythe dans la défroque de la connaissance, voilà bien, pourrait-on dire, deux acteurs à succès dans l'ample comédie de la pensée humaine. » Le « Mémorable » est, depuis l'Antiquité, cette forme savante qui s'efforce « de représenter un élément de fiction comme une réalité effective ». Le conte est moins un récit fixé qu'une forme qui invite à raconter, une matrice de récits. A partir du conte, Jolles étudie « les lois constitutives de la forme dans la nouvelle et le conte » ; la nouvelle est une « forme savante », le conte une « forme simple ». La nouvelle donne à toute chose, dans une portion close du monde, « une figure solide, particulière, unique » ; le conte, forme ouverte, conserve « mobilité », « généralité », « pluricité ». Ces derniers caractères sont vrais de toute forme simple. Le « trait d'esprit » est défini comme la forme qui « dénoue les choses, qui défait les nœuds » ; or, note avec profondeur Jolles, « toute manière d'appréhender un contenu matériel dans le langage et toute forme de langage qui en procède ont leur antipode comique dans le trait d'esprit ». Le comique est défini comme une « disposition mentale d'où résulte une forme simple », face à un « objet blâmable » à dénouer ; comme une détente après une tension, comme un moyen par lequel l'esprit « se libère momentanément de lui-même quand il le désire » : ici intervient la plaisanterie, positive, alors que la moquerie est négative ; à elles deux, elles forment une « unité duelle ». La caricature est la forme qui dénoue en s'attaquant à un seul trait. Ainsi, bien que Jolles n'ait pas fait l'inventaire de toutes les formes possibles, puisqu'il exclut les formes savantes (la maxime, le portrait, par exemple), il ouvre à la poétique des perspectives qui sont loin d'avoir été explorées complètement ; chacune de ces formes gagnerait à être reprise et développée pour elle-même.

La biographie

La biographie est un genre littéraire très ancien, et qui connaît, de nos jours, une fortune extraordinaire. On écrit la vie des saints, des hommes d'État, des généraux, des artisans, des veuves, des révolutionnaires, des courtisanes, des écrivains, des rémouleurs. Comme le rappellent Wellek et Warren (*La Théorie littéraire*), le sujet de la biographie n'entraîne aucune distinction méthodologique. Les problèmes du biographe sont, selon eux, ceux de l'historien, donc, d'abord, l'interprétation des documents écrits et oraux, puis celui de la présentation chronologique.

André Maurois a recueilli, dans *Aspects de la biographie* (1928), six conférences qui faisaient suite à celles que Forster avait réunies dans *Aspects of the Novel*, et prononcées à Cambridge. Éliminant les ouvrages historiques consacré à ce genre (Stanfield, Lee, Nicolson), c'est à son esthétique qu'il se consacre, en praticien à la fois et en théoricien (ce qui est rarement le cas des analystes du récit). Le premier trait de la « biographie moderne » est « la recherche hardie de la vérité ». Cette vérité apparaît désormais comme complexe, mystérieuse, « souvent ignorée de celui même qui en a été le sujet et le lieu », et l'homme dépeint change ; ce « souci de la complexité de la personne » est le deuxième trait moderne. Le troisième est l'inquiétude. La biographie, affirme Maurois, est une œuvre d'art. D'abord parce qu'elle « isole ce qu'il y a d'essentiel dans l'ensemble considéré ». Les règles à suivre sont de respecter l'ordre chronologique (contrairement à Plutarque, qui présente d'abord des faits, puis le caractère de son personnage), en montrant le développement sentimental et spirituel du héros ; d'éliminer les détails inutiles (mais les plus infimes peuvent être les plus intéressants) ; de donner à la biographie une valeur poétique par « l'introduction d'un rythme », constituée par la récurrence des thèmes qui marquent une vie humaine. D'autre part, la biographie est aussi une science. Les règles sont alors de rechercher en priorité les documents originaux, journaux, lettres, œuvres (Maurois signale, à ce propos, l'erreur qui consiste à utiliser des passages de l'œuvre pour raconter la vie), souvenirs des contemporains, à la recherche de « changeantes nuances » et d'une « note unique et vraie », mais sans être certain d'atteindre la vérité. La biographie n'est pas l'Histoire : la première retrace « l'évolution d'une âme humaine » ; la seconde donne le fond sur lequel le peintre « place son modèle ». La première s'attache à l'individuel, la seconde au général. En troisième lieu, la biographie est un « moyen d'expression » : « C'est celle dont le sujet a été choisi par l'auteur pour répondre à un besoin secret de sa nature » ; le biographe refait une pensée à l'image de la sienne, et le lecteur recherche, lui aussi, dans la biographie un moyen d'expression : « Le biographe se fait semblable à son héros pour essayer de le comprendre ; le lecteur se fait semblable au héros pour essayer d'agir comme lui. » Il est interdit à la biographie « de se proposer un but moral, mais il est beau qu'on y entende sonner de temps à autre la trompette de la Destinée ».

En 1984, Daniel Madelénat a consacré à *La Biographie* (PUF) un important essai, qui comporte une bibliographie générale. Ce genre si critiqué, note-t-il, survit depuis deux millénaires et à toutes les philosophies ou les doctrines littéraires qui l'attaquent. L'auteur en présente un panorama plus que des normes. Il montre la diversité du genre, qu'il définit en ces termes : « Récit écrit ou oral, en prose, qu'un narrateur fait de la vie d'un personnage historique (en mettant l'accent sur la singularité d'une existence individuelle et la continuité d'une personnalité). » Après avoir délimité le genre par rapport à ses voisins, on en lit une histoire concise. Une deuxième partie, consacrée à l'épistémologie, expose la nature de la relation biographique, les difficultés de la connaissance d'un autre homme, le modèle qu'offre l'Histoire, l'union de la compréhension « de l'intérieur » à l'explication : mais la biographie ne peut être une science. C'est qu'elle est une œuvre : « l'écriture biographique » a ses contraintes et ses normes, qui font songer à celles du récit romanesque, s'il s'agit du temps et de la perspective, ou à l'essai, quand interviennent les sciences humaines. Madelénat examine enfin les fonctions de la biographie : informative, morale, religieuse, idéologique et politique, critique, métaphysique. La biographie s'achève dans l'incertitude du mythe : Alexandre ou Napoléon. On n'est pas éloigné, alors, du jeu, de la biographie imaginaire (Schwob, Borges).

L'autobiographie

Les divers ouvrages de Philippe Lejeune, *L'Autobiographie en France* (Colin, 1971), *Je est un autre* (Seuil, 1980), *Le pacte autobiographique* (Seuil, 1975), l'ont imposé comme l'un des meilleurs spécialistes — mais non le seul — de la poétique de l'autobiographie. S'il n'égale pas (encore) en étendue l'œuvre colossale de Georg Misch, *Geschichte der Autobiographie* (1949-1969, Francfort, huit volumes), si on peut également consulter avec profit *L'Autobiographie,* de Georges May, il a proposé quelques définitions et des concepts suggestifs. Dans *Le Pacte autobiographique,* Lejeune montre que ce genre se définit moins par des formes que par un « pacte », un « contrat de lecture ». La définition qu'il en donne est celle d'un « récit rétrospectif en prose qu'une personne réelle fait de sa propre existence, lorsqu'elle met l'accent sur sa vie individuelle, en particulier sur l'histoire de sa personnalité ». Dans ce récit, le narrateur et le personnage principal s'identifient entre eux et avec l'auteur, et ils ont une « identité de nom » ; ce nom propre est le nom d'une personne réelle (le pseudonyme n'est qu'un « dédoublement du nom »). « Le pacte autobiographique, c'est l'affirmation dans le texte de cette identité, renvoyant en dernier ressort au *nom* de l'auteur sur la couverture. » Celui-ci a l'intention « d'honorer sa signature ». C'est une question de droit, qui n'exclut pas les inexactitudes de fait. Comme la biographie, l'autobiographie est un texte « référentiel », qui renvoie au réel. Mais la biographie recherche la ressemblance, l'autobiographie part de « l'identité ».

Dans son *Stendhal autobiographe* (PUF, 1983), Béatrice Didier propose de parler non de pacte, mais d'« acte » autobiographique, « un acte auquel le lecteur est sollicité d'apporter sa caution ». Elle souligne d'autre part que ce genre n'est pas, uniquement, « le récit au passé d'une vie ». « Rien ne s'oppose à ce que l'on raconte sa vie au jour le jour. » L'auteur avait distingué, dans son essai sur *Le Journal intime* (PUF, 1976), entre autobiographie et journal[1]. Elle remarque, maintenant, que, chez Stendhal, *La Vie d'Henri Brulard* est aussi un journal, et que le « *Journal* peut être rétrospectif ». De même, l'autobiographie [« Qu'ai-je fait ? »] et l'autoportrait (« Qui suis-je ? »)[2] peuvent se confondre, l'ordre logique et l'ordre chronologique être bouleversés. La distinction entre le journal et l'autobiographie est « surtout formelle » : « C'est la datation qui permet de parler de "journal", et si Montaigne avait inscrit chaque jour en haut de sa page la date, rien ne nous interdirait de considérer les *Essais* comme un journal. » Ce qui pourrait dénoncer une certaine fragilité des critères de Lejeune, c'est que la *lettre* établit aussi l'identité entre l'auteur, le narrateur et le personnage, et qu'elle obéit, également, à un pacte. C'est ainsi que la critique littéraire permet de rectifier la théorie, ou même de l'édifier : il n'y a pas de poétique valable — d'ailleurs Philippe Lejeune traite aussi de Leiris, de Sartre — sans connaissance intime de quelques auteurs, sans critique littéraire.

Je ne sais pas si l'écriture féminine est plus volontiers intimiste et autobiographique, mais c'est encore Béatrice Didier qui lui a consacré un essai (*L'Écriture-Femme*, PUF, 1981), où elle recherche ses constantes, dans les formes comme dans les thèmes. Un préambule théorique précède des monographies, où l'on reconnaît les thèmes de « l'infini du désir », du « désir muet » (la princesse de Clèves), de l'Eros romantique (George Sand), du cri (Colette, Virginia Woolf, M.-J. Durry, K. Raine, M. Duras). Y a-t-il une spécificité de l'écriture féminine ? Quels en sont les traits communs ? La condition féminine entraîne d'abord le sentiment d'une transgression « par rapport à l'homme et à la société phallocratique », donc un malaise. L'œuvre, souvent autobiographique, entraîne l'affirmation d'un sujet, d'un *je*, au féminin : poésie lyrique, lettres, journal, roman[3], roman par lettres. Certains thèmes, au contraire, seront peu traités : « la gloire, la guerre, la puissance », alors que les domaines imaginaires, du poétique, du merveilleux, du

1. On notera que *Le Temps immobile*, de Claude Mauriac (neuf volumes parus, en 1986) est à la fois un journal et une réflexion sur le journal, une chronique et sa destruction-recomposition (puisque l'auteur juxtapose des jours éloignés dans le temps) : voir *Mauriac et fils*, Grasset, 1986, p. 460-461.

2. Distingués par Michel Beaujour, « Autobiographie et Autoportrait », *Poétique*, novembre 1977. Voir aussi B. Didier, « Autoportrait et Journal intime », *Corps écrit*, n° 5, 1983.

3. Voir M. Mercier, *Le Roman féminin*, PUF.

gothique, attirent les femmes — et le roman policier. La littérature féminine reconstitue souvent le monde de l'enfance, de la mère, dont elle réalise les désirs, et aussi un imaginaire homosexuel : « L'héroïne a souvent une sœur, une confidente, une amie [...] », chez George Sand comme chez Colette. En revanche, on est frappé par « l'effacement de l'homme », ou la présence d'un « homme-objet », comme chez Colette encore : l'écriture féminine « remet en cause la notion de personnage ». Le style lui-même est plus libre, plus « oral », plus lent, plus sensible au temps pur. Le corps est présent dans le texte : « Si l'écriture féminine apparaît comme neuve et révolutionnaire, c'est dans la mesure où elle est écriture du corps féminin, par la femme elle-même » (surtout lorsqu'il s'agit de lesbiennes). L'écriture féminine est donc une « écriture du Dedans » : corps, maison, selon le cycle de l'éternel retour. Mais Béatrice Didier note aussi que la plupart de ces caractéristiques peuvent se rencontrer *aussi* chez les hommes : c'est le problème général que pose la poétique. Toute affirmation globale peut être contestée au nom du détail, toute synthèse au nom de l'analyse. Il reste que quelques grands concepts permettent de constituer, de comprendre, de manier un nouvel ensemble littéraire : « Le chant strident des Bacchantes retentit sur la lyre d'Orphée. »

II. LA POÉTIQUE DE LA POÉSIE

La poétique de la poésie, la théorie de la poésie pose des problèmes différents de celle de la prose. Il ne s'agit pas de faire ici l'histoire de la poésie au XXe siècle, ni des doctrines soutenues par les poètes, mais, fidèle à notre méthode et à l'objet de ce livre, de présenter les nouvelles méthodes d'analyse de la poésie, qui nous paraissent pouvoir être déduites d'une poétique structurale. Notre question n'est donc pas : Que pense-t-on de la poésie au XXe siècle ? ni : Qu'est-ce que le surréalisme ? Ou la poésie pure ? Mais bien plutôt : si l'analyse du récit s'est renouvelée depuis 1920, en est-il de même de l'analyse du poème ? Avons-nous, maintenant, à notre disposition, des concepts et des outils, peut-être inventés d'abord par les poètes eux-mêmes, mais repris ensuite par les critiques, qui nous permettent de progresser dans la compréhension non seulement des poètes anciens, mais aussi des modernes, s'il est vrai que la poésie, plus encore que le roman, est le lieu de toutes les révolutions ?

T.S. ELIOT (1888-1965)

Un des critiques, en même temps grand poète, qui, dans ce siècle, a le plus fait pour définir une nouvelle méthode critique, est certainement T.S. Eliot — que l'on rattache volontiers, contre son gré, semble-t-il, à l'école du *New Criticism,* illustrée également par I.A. Richards (*Principles of Literary Criticism,* 1924), W. Empson (*Seven Types of Ambiguity,* 1930), et les critiques du roman dont nous avons parlé plus haut[1]. En quelques ouvrages brillants, simples et profonds, *The Sacred Wood* (1920), *The Use of Poetry And The Use of Criticism* (1933), *Poetry and Drama, On Poetry And Poets* (1957), *Selected Essays* (1932 ; 3e édition augmentée, 1951, traduction française, Seuil, 1950), T.S. Eliot a contribué à renouveler, dans les pays de langue anglaise, la conception de la critique poétique, autant que Valéry en France. Chacun de ses ouvrages est composé d'articles théoriques, et d'études particulières sur des poètes. Dans l'un de ses premiers articles, « La Tradition et le talent individuel », il développe la thèse selon laquelle on ne peut apprécier un artiste que dans sa relation avec l'ensemble de ceux qui l'ont précédé, car l'ordre existant dans son ensemble est modifié par l'introduction d'une œuvre réellement nouvelle : c'est tout le système de relations, de proportions, de valeurs de chaque œuvre par rapport au tout qui doit alors être réévalué. Chaque poète modifie la tradition, et doit en être pleinement conscient ; le lecteur, lui, sera attentif, non au poète, mais à la poésie, parce que l'émotion se trouve dans le poème, non dans l'histoire du poète. « La Fonction de la critique », article de 1923 repris dans *Selected Essays,* réaffirme que la littérature d'un continent, d'un pays, forme un « tout organique », et que, même dans un genre second comme la critique, il faut rechercher les ouvrages à conserver et les méthodes à suivre. Une grande part de la création littéraire est déjà, à l'intérieur de l'artiste lui-même, critique ; ensuite, l'artiste peut exercer son activité critique sur ses confrères[2]. Quant au critique professionnel, ses

---

1. Sur, et contre, le *New Criticism,* voir T. Eagleton, *Literary Theory* (1983), p. 38-53. Il est probable que l'existence de Valéry, l'absence de traductions, l'apparition du structuralisme enfin, ont diminué ou même occulté, en France, l'influence de cette école. La méfiance de celle-ci à l'égard de toute interprétation scientifique a fait le reste (Kibédi Varga, *Théorie de la littérature,* p. 45-46, soutient ce dernier point de vue).
2. Il pratique ainsi ce qu'Eliot appellera une « critique d'atelier », qui élimine ce qui ne lui ressemble pas.

deux instruments principaux, dit Eliot à la suite de Remy de Gourmont, sont la « comparaison » et l'« analyse » ; le danger serait que les lecteurs lussent « sur » les œuvres, au lieu de lire les œuvres elles-mêmes. Dans *The Use of Poetry and The Use of Criticism,* Eliot revient à l'idée suivant laquelle, périodiquement, il est à souhaiter qu'un critique « réorganise » la littérature passée.

Une conférence de 1956 sur « Les frontières de la critique » *(On Poetry and Poets)* marque les limites à partir desquelles la critique cesse d'être littéraire, ou cesse d'être critique, dialoguant ainsi avec l'article de 1923. Chaque génération reconsidère la poésie selon une perspective différente, parce que ses connaissances se sont enrichies et que les influences que cette génération nouvelle a subies se sont multipliées. Ainsi en est-il des sciences sociales et linguistiques, qui agissent sur la critique. Eliot note que de nombreux critiques sont en même temps professeurs — qui s'adressent à un public plus limité que les critiques du XIXe siècle. Peut-être la critique ne sait-elle plus où elle va... En tout cas, la poésie a toujours été le meilleur objet d'étude, parce que la forme y est tout, semble-t-il : il serait plus vrai de dire que c'est la poésie qui fait approcher le plus près de « l'expérience purement esthétique ». Eliot précise alors les formes de critiques qu'il récuse : la recherche des sources (à laquelle des œuvres comme *Kubla Khan* de Coleridge, ou *Finnegans Wake* de Joyce, ont largement donné lieu), qui confond *explication* et *compréhension.* La première prépare la seconde, parce que toute information peut aider ; mais le poème doit être pris comme un événement nouveau, qui a sa fin en soi, et ne peut être expliqué complètement par « rien de ce qui s'est passé auparavant ». Eliot se montre également réticent à l'égard d'une certaine critique trop technique, qu'il appelle « presse-citron ». En fait, aucune explication ne peut épuiser la totalité du sens, la description de la genèse du texte pas plus qu'une autre. Ce qu'Eliot reproche à la critique scientifique, c'est de « démonter une machine et de nous laisser le soin de la remonter » ; il reconnaît cependant qu'à notre époque d'incertitude aucune technique ne peut être négligée. Le but qu'il assigne, à la fin de sa vie, à la critique est de donner compréhension et — avant Barthes — plaisir : comprendre un poème, c'est en jouir pour de justes raisons ; en jouir sans le comprendre équivaudrait à n'y lire qu'une projection de notre pensée. Pour accomplir cette tâche, le critique ne doit pas être seulement un technicien, mais un homme complet (et ici, l'on rejoint

Spitzer), et enfin, qui sache aussi laisser le lecteur, seul, face au poème. Il faut donc se tenir à mi-distance du scientisme et de l'impressionnisme. En 1920, l'impressionnisme dominait ; en 1956, conclut Eliot, c'est le scientisme qui menace. Il faudrait, pour compléter cette étude, montrer l'art avec lequel Eliot traite de Virgile ou de Milton, de Byron ou de Goethe, de Marlowe ou de Dante, des poètes métaphysiques anglais (1921) ou de Baudelaire (1930), ou même de « La Musique de la poésie » (1942) : celle-ci s'inspire de la conversation qui lui est contemporaine ; loin d'y voir uniquement mélodie, harmonie, Eliot signale qu'elle peut être dissonance, ou même cacophonie, et qu'un poème contient de grandes variations d'intensité musicale : dans tous les cas, il doit être pris pour un tout. Eliot est ainsi resté pris entre les contraintes du poète et celles du critique.

WILLIAM EMPSON

Le professeur et poète anglais William Empson s'est fait connaître par ses *Seven Types of Ambiguity* (« Sept types d'ambiguïté », 1930, édition revue en 1947 ; non traduit en français). Cet essai est à rapprocher de la théorie de Jakobson (voir notre chapitre I), du reste inconnue d'Empson, suivant laquelle la poésie se caractérise par le principe d'ambiguïté. Les *Sept Types d'ambiguïté* contribuent, en effet, à préciser avec la plus grande finesse ce qu'il signifie. Sera considéré comme « ambigu » tout fragment verbal qui provoque des réactions différentes les unes des autres. Les ambiguïtés du premier type se produisent lorsqu'un mot ou une structure grammaticale produit un effet de sens à plusieurs niveaux, comparaisons fondées sur plusieurs points de ressemblance, antithèses, sur plusieurs points de dissemblance, effets rythmiques, ironie dramatique. Le second type concerne des significations, une ou multiples, qui se superposent à celle que l'auteur a voulue : l'écrivain peut utiliser plusieurs métaphores en même temps. Le troisième type comprend le cas où deux idées sont exprimées par le même signifiant, dans l'allégorie, par exemple. Dans le quatrième, des significations différentes se combinent pour exprimer l'état d'âme de l'auteur. Le cinquième type témoigne d'une heureuse confusion : l'auteur a découvert en écrivant ce qu'il n'avait pas d'abord l'intention de dire. Le sixième type est appelé « contradictoire », et le lecteur doit inventer son interprétation. La poésie du XIXe siècle en fournit de nombreux exemples. Dans le septième type, une contradiction de sens exprime une division interne de l'auteur. La méthode d'Empson, très nouvelle en son temps, est donc fondée uniquement sur « l'analyse des mots », et fait intervenir la logique, la sémantique, la philosophie du langage (qui triomphe, à la même époque, en Angleterre). Elle contribue, d'autre part, à mieux faire comprendre la poésie moderne (quoique ses exemples soient empruntés, souvent, aux poètes classiques et à Shakespeare), parce qu'elle affirme la complexité et la discordance de sens comme une richesse. Le conflit entre les points de vue scientifique et esthétique peut ainsi être dépassé.

Empson est également l'auteur de *Some Versions of Pastoral* (1935) et *The Structure of Complex Words* (1951).

La structure du langage poétique selon JEAN COHEN

En 1966, Jean Cohen publie un essai appelé à quelque retentissement ; dès les premières lignes, *Structure du langage poétique* définit la poétique comme une « science dont la poésie est l'objet », et se propose « d'analyser les formes poétiques du langage ». Ce livre distingue alors, dans la poésie, un « niveau phonique » et un « niveau sémantique ». Lorsque la poésie utilise également ces deux niveaux, elle sera appelée « phono-sémantique » ou « intégrale ». Le poème en prose n'utilise que les caractères sémantiques ; l'auteur se limite cependant au poème en vers français, et propose une méthode qu'il veut scientifique, parce que « fondée sur l'observation des faits ». Quels sont les caractères présents dans toute poésie, et absents de la prose ? C'est ici que Cohen réintroduit l'idée centrale de la stylistique de la première moitié du XXe siècle : « Puisque la prose est le langage courant, on peut le prendre pour norme et considérer le poème comme un *écart* par rapport à elle. » Il reconnaît cependant que « certains écarts sont esthétiques et d'autres non », mais prendra appui sur la stylistique et la statistique, pour vérifier ses hypothèses : d'où la conclusion que « la poésie s'est faite de plus en plus poétique à mesure qu'elle avançait dans son histoire ».

On distinguera donc entre le niveau phonique (sonorités, rimes) et le niveau sémantique (figures). Il y a encore lieu, à la suite de Hjemslev, de diviser ces niveaux en deux : « La substance du contenu, c'est la signification ; la forme, c'est le style. »

Le niveau phonique se divise entre son aspect sonore et son aspect « lexico-grammatical ». Comme Genette, Cohen souligne l'importance des figures, « opérateurs sémantiques ». L'étude porte donc sur ces divers niveaux, en commençant par le niveau phonique et la versification. Le vers « revient toujours sur lui-même », ayant même mesure et mêmes sons ; mais surtout, il se caractérise par le « découpage » : la pause métrique est plus importante que la pause sémantique ; pour respecter le vers, il faut souvent briser la syntaxe, et le sens. Cette divergence entre le mètre et le sens s'accroît à mesure que l'on approche de la poésie moderne. La versification a une fonction négative : elle gêne la compréhension du sens. C'est pourquoi la diction doit se faire inexpressive : la voix doit transmettre « non une simple information [...] mais quelque chose de radicalement autre, qui est la poésie ». La poésie est, pour les mêmes raisons, moins « grammaticale » que la prose ; elle est aussi « l'expression anormale d'un univers ordinaire », par l'emploi des figures, dont la métaphore. Dans celle-ci, « un premier signifié fonctionne comme signifiant d'un signifié second » : « L'absurdité poétique n'est pas de parti pris. Elle est le chemin inéluctable par lequel doit passer le poète, s'il veut faire dire au langage ce que ce langage ne dit jamais naturellement. » Le signifié poétique se trouve ainsi transcender « l'univers conceptuel » de la prose. Le ressort profond de toute poésie est de retrouver l'unité au niveau émotionnel, même si elle est perdue au niveau notionnel. La différence entre les deux grands modes d'expression n'est donc pas liée aux choses, au sujet traité ; elle est d'ordre linguistique ; la poésie « se caractérise par sa négativité, chacun des procédés ou "figures" qui constituent le langage poétique dans sa spécificité étant une manière, différente selon les niveaux, de violer le code du langage usuel ». Le langage a trouvé un code « affectif », appelle une « réponse émotionnelle », en passant par la phase négative, où il refuse l'expression intellectuelle de la prose, en substituant à la dénotation la connotation.

Il est clair que, quelle que soit l'importance et la clarté d'expression du livre de Jean Cohen, c'est la notion d'écart, et d'« anti-prose », fondement de tout son système, qui devait susciter les plus vives critiques, dont celles de Gérard Genette, dans *Figures II.*

La poétique de GREIMAS

Certes, Greimas est avant tout sémioticien. Nous sommes cependant obligés de prendre en compte sa « théorie du discours poétique », qui figure en tête des *Essais de sémiotique poétique* (Larousse, 1972), ce qui illustre la difficulté qu'il y a à trancher entre les méthodes, certains allant même jusqu'à parler indifféremment de poétique, de rhétorique et de sémiotique. Pour Greimas, l'« objet poétique » se caractérise par la « corrélation du plan de l'expression et du plan du contenu ». C'est un discours double, qui se déploie sur deux plans (Cohen le disait aussi). La sémiotique poétique établit une « typologie de corrélations possibles » entre ces deux plans. Le signe poétique est « complexe » ; la lecture sémiotique le construit en objet. Le signifiant y représente le niveau prosodique du discours, le signifié son niveau syntaxique. Ces deux niveaux ne coïncident pas nécessairement ; une phrase peut dépasser une strophe, ou être plus courte qu'un vers. Et pourtant, Greimas revient à l'hypothèse de « l'isomorphisme » de l'expression et du contenu. Il ne s'agit plus d'homologuer terme à terme chaque segment, phonique et sémantique, du discours poétique, mais de rechercher si des « régularités » se produisent, dans les deux discours parallèles, « phonémique » et sémantique, « au niveau des structures profondes ». Au plan de l'expression, le discours poétique valorise les redondances sonores, « langage fait à la fois des bruits et des sons », harmonique ou inharmonique. Au plan du contenu, le discours poétique se caractérise par sa « densité », c'est-à-dire par « le nombre de relations qu'exige la construction de l'objet poétique ». Plusieurs niveaux de sens, et plusieurs récits superposés se lisent dans le même poème (Mallarmé), qu'il faut relier les uns aux autres, en accordant une place importante à « l'énoncé dit énonciation », à cette sous-classe de poésie qui se prend elle-même pour sujet. Enfin, l'objet poétique est « motivé » dans les « corrélations signifiantes entre les deux plans du langage ». Cette motivation est partielle ; elle ne serait totale que dans le « cri du cœur ».

Linguistique et poétique

Dans leur ouvrage qui porte ce titre (Larousse, 1973), Daniel Delas et Jacques Filliolet présentent un utile panorama, et comme un manuel, de toute méthode scientifique d'analyse poétique. Ils cherchent à définir le « fait poétique », qui se caractérise « sur le plan théorique, par son fonctionnement autotélique » (c'est-à-dire qu'il se prend lui-même pour fin), sans réduire le signifiant au signifié, ni le signifié au signifiant ; « sur le plan pratique, par une mise en situation sémiologique du message poétique dans le processus de communication » ; des « marques internes de poéticité » sont définies par des « marques externes » actuelles. Les auteurs, après avoir présenté l'acquis des recherches linguistiques, notamment de Jakobson, proposent deux méthodes, ou procédures, de description de la poésie. Ils conduisent à une analyse par plans (syntaxique, sémantique, sonore et prosodique), étant entendu qu'un « deuxième temps » précisera « les caractéristiques fondamentales » de l'association de ces plans, c'est-à-dire, finalement, le type de rapports que « la connotation entretient avec la dénotation ». C'est la partie la plus importante de cette étude.

On notera d'abord que les rapports entre le signifié et le signifiant, après s'être manifestés oralement et incarnés dans la musique vocale, se montrent à l'époque moderne sur le plan écrit, visuel et oral, et que la poésie est à la fois visuelle et musicale. On repère ensuite les marques du texte sur la page, blancs, discontinuité ; il y a une « spatialisation » de l'objet poétique, qui est comme un idéogramme (on songera ici à l'œuvre, que ne cite pas Delas, de Segalen, pour laquelle nous renvoyons à l'ouvrage de référence d'Henry Bouillier, *Victor Segalen*, rééd. Mercure de France, 1986). La perception orale et visuelle du poème est *une*. La perception poétique procède par sélection des éléments pertinents du message, et par intégration, c'est-à-dire par « assemblage d'unités étudiées séparément et ensuite associées ». Il y a enfin, chez le lecteur, une « matrice structurale » qui intègre l'ensemble des constituants du poème, un « modèle d'intégration et de sélection des unités pertinentes dans des ensembles de rang toujours supérieur ». Grâce à lui, il est possible de dominer une masse d'informations qui, autrement, submergerait le lecteur. Les endroits où se recoupent les différents niveaux sont évidemment privilégiés, pour superposer les structures. La richesse de ces analyses, certes très techniques, et qui ne cherchent aucunement à identifier le métalangage et le langage-objet, c'est-à-dire à parler poétiquement de la poésie, est à mettre en parallèle avec celles d'un autre disciple de Jakobson, Nicolas Ruwet (*Langage Musique Poésie*, Seuil, 1972), linguiste et poéticien.

La poétique de RIFFATERRE

Nous avons signalé que Riffaterre avait abandonné la stylistique, classique (sa thèse, non réimprimée, sur le style de Gobineau) ou structurale, pour préférer le terme de « sémiotique » dans *Sémiotique de la poésie* (1978 ; traduction française, 1983) et *La Production du texte* (1979). La poétique se relie, en effet, à la théorie générale des signes, faute de quoi elle resterait une description statique, alors qu'il s'agit de « rendre compte du dynamisme de la génération du sens en poésie ».

L'unité de sens propre à la poésie est le poème pris comme un tout. Les exemples choisis dans *Sémiotique de la poésie* sont empruntés à des auteurs français du XIXe et du XXe siècle. Partant du fait qu'un « poème nous dit une chose et en signifie une autre », l'auteur propose d'expliquer cette différence « par la façon dont un texte poétique génère son sens ». Il ne prendra en compte que des « faits accessibles au lecteur ». L'« obliquité sémantique » est produite par « déplacement », « distorsion », « création » ; la représentation littéraire de la réalité, ou *mimésis,* est alors mise en cause. La « signifiance » est « l'unité formelle et sémantique qui contient tous les indices d'obliquité » ; le « sens » est l'information « au niveau mimétique ». Comme l'avaient vu Delas et Filliolet, le poème résulte de la « transformation de la matrice », hypothétique, phrase « minimale et littérale », parfois un seul mot, en une « périphrase plus étendue, complexe et non littérale ». La matrice a une actualisation première, ou « modèle », et s'incarne ensuite dans des « variants » successifs. Le texte fait un « détour » pour passer par toutes les étapes de la « mimésis », de représentation en représentation, « afin d'épuiser toutes les variations possibles de la matrice ». Riffaterre étudie ensuite la production du signe : « Un mot ou groupe de mots est poétisé quand il renvoie à un énoncé verbal préexistant » ; puis la « production du texte », par expansion et conversion (par exemple, dans le vers de Baudelaire : « J'ai plus de souvenirs que si j'avais mille ans », la connotation péjorative du souvenir, le thème de « la mort dans la vie », change tout le poème). L'essai de Riffaterre emprunte ensuite à Peirce le concept d'« interprétant » : « Un signe tient lieu *de* quelque chose *par rapport* à l'idée qu'il produit ou modifie [...]. Ce dont il tient lieu est appelé l'*objet,* ce qu'il communique, le *sens,* et l'idée à laquelle il donne naissance, l'*interprétant* » (Peirce). En poésie, le terme sera appliqué aux signes qui guident le lecteur « dans sa lecture comparative ou structurale », signes doubles, jeux de mots intertextuels, titres comme signes doubles (« ils introduisent alors le poème qu'il couronnent et en même temps renvoient à un autre texte »). *El Desdichado*, titre d'un sonnet fameux des *Chimères*, renvoie à *Ivanhoé* où le bouclier d'un chevalier inconnu (en réalité le roi Richard) porte cette devise. Le titre joue « le rôle d'interprétant qui crée la signifiance du poème ». Enfin, l'interprétant peut être un « signe textuel », « fragment de texte cité dans le poème qu'il sert à interpréter ».

Le dernier chapitre, « Sémiotique textuelle », étudie les « différents modes de perception qui caractérisent la lecture de la poésie ». Il analyse un genre, le poème en prose ; l'humour, le non-sens, l'obscurité due au genre. A chaque fois intervient l'intertextualité ; le poème est toujours variation sur un motif, transformation « d'un mot ou d'une phrase en un texte », ou « de textes en un ensemble plus vaste » ; sa forme est perçue « comme un détour ou un circuit autour de ce qu'il signifie ». Cet écart est senti comme un « jeu » ; le « contenu » est perçu, lui, comme un « état originel du poème avant le détour, avant la transformation ». L'*écart*, que Riffaterre, à mesure qu'il changeait de théorie, n'a jamais éliminé, est entre le texte et une norme imaginaire, « déduite », ou même « fantasmée rétroactivement » à partir du texte. Le poème actualise non une norme, mais « des structures stylistiques ». Et le lecteur n'est pas libre de son interprétation, puisqu'il doit retrouver des « formes et des symboles consacrés », « à travers le brouillage de l'intertexte » ; mais, en même temps, l'obscurité des signes le condamne à une lecture circulaire, toujours recommencée, de ce que, adressant un clin d'œil à la mode, Riffaterre désigne comme « la pratique signifiante qu'on appelle poésie ». Ce n'est donc pas en suivant à travers des brouillons la genèse d'une œuvre que le critique étudie « la production du texte » — on aurait pu le concevoir, et ce sera l'objet de la critique génétique, étudiée dans le chapitre suivant —, mais en la déduisant d'une théorie, où se mêlent les conceptions propres de Riffaterre, transformées et réformées, la sémiotique, la philosophie du langage anglo-saxonne. L'index thématique donne une idée complète du système de concepts ainsi produit, de sa richesse et de sa nouveauté ; l'analyse de poèmes enlève à l'abstraction son obscurité. Que demander de plus ? Ou de moins ?

La poésie orale

Le développement extraordinaire de la poétique, ce grand travail de révision théorique qu'elle a entrepris à notre époque, entraîne une extension de son domaine. C'est ainsi que le médiéviste Paul Zumthor (*Essai de poétique médiévale,* 1972; *Langue, texte, énigme,* 1975) propose une *Introduction à la poésie orale* (Seuil, 1983). Notre époque, en effet, à la suite des anthropologues et des ethnologues — et la gloire, puis la mode, de Lévi-Strauss est à rappeler —, a redécouvert les trésors de la culture orale. Les historiens, tel Philippe Joutard (*Ces Voix qui nous viennent du passé,* Hachette, 1983), qui a donné une historiographie et une méthodologie du maniement du témoignage oral (voir particulièrement les chapitres de son livre consacrés aux archives et au traitement du document oral), dont les historiens de la littérature[1] feraient bien de s'inspirer, ont précédé des spécialistes de poétique. Zumthor s'efforce d'établir des notions claires; il n'a pas inventé la notion de « littérature orale », qui, dit-il, remonte à P. Sébillot (1881), mais se limite à la « poésie orale », parce que c'est là que « les marques sont les plus denses », et même à la « poésie chantée ». Il esquisse un inventaire historique et géographique, traite des formes et des genres, de la voix, du corps, de l'interprète, de l'auditeur, de la mémoire, du rite et de l'action. Synthétique et cependant inaugurale, à la frontière de l'anthropologie, parfois aussi amenée à quitter la rigueur méthodologique de la poétique par les nécessités de l'enquête, riche d'une énorme bibliographie, voici la théorie de la littérature ramenée aux origines par un grand courant d'air frais — d'origine anglo-saxonne, puisque ce sont les Anglais qui laissent toutes les fenêtres ouvertes.

III. LA POÉTIQUE DE LA LECTURE

La théorie de la réception, avions-nous dit dans notre chapitre sur la sociologie de la littérature, relève à la fois de la sociologie et de la poétique. C'est la seconde orientation que nous voudrions maintenant aborder: non plus la transformation du texte par ses lecteurs, mais ce qui, dans le texte même, fait déjà

1. Autres exemples du passage de l'histoire à la littérature, constant chez les hellénistes et les latinistes: après Jacqueline de Romilly, par exemple, *L'Élégie érotique romaine,* de Paul Veyne.

appel à un certain mode de réception, ce qui, en lui, commande la manière dont il est perçu.

L'Acte de lecture. Théorie de l'effet esthétique (1976 ; traduction française, Bruxelles, Mardaga, 1985) est l'œuvre d'Iser, professeur, comme Jauss, à l'Université de Constance. Comment l'art agit-il sur nous, telle est la question essentielle, qui se divise en trois : « Comment les textes sont-ils accueillis ? Comment apparaissent les structures qui gouvernent chez le lecteur l'élaboration des textes ? Quelle est, dans leur contexte, la fonction des textes littéraires ? » Chaque texte littéraire apporte une vision du monde, en y sélectionnant, ou éliminant, certains éléments dans une nouvelle combinatoire, différente de celle de la réalité. La sélection « annule la référence à la réalité », la « combinaison renverse les limitations sémantiques du lexique ». L'« esthétique de l'effet » comprend le texte comme un processus où des stades peuvent être distingués, comme une dialectique entre le texte et le lecteur, qui se produit au cours de la lecture : « L'œuvre est la constitution du texte dans la conscience du lecteur. » Il faut donc savoir « ce qu'éprouve le lecteur lorsqu'il met en œuvre un texte de fiction en le lisant », c'est-à-dire lorsqu'il participe à la « production de l'intention du texte ». Mais quel est le lecteur présupposé par le texte ? Un lecteur « implicite », inscrit dans l'œuvre. « Cela veut dire que chaque texte littéraire offre un certain rôle à ses lecteurs possibles. » Le lecteur construit les diverses perspectives offertes par le texte, les assemble, corrige sa représentation à mesure qu'il avance dans sa lecture, et, finalement, élabore une réalité nouvelle. Chez Joyce, ou dans le nouveau roman, l'élaboration des lois de la perspective, et la mise en rapport des phrases, soumet le lecteur à une pression constante, à une remise en question des relations qu'il avait établies auparavant. Dans ce contexte, les notions d'horizon et de point de vue sont capitales.

D'où une réflexion sur la lecture, nourrie de philosophie, de psychologie, de linguistique, et qui emprunte ses exemples au roman du XVIIIe siècle et du XXe siècle, bel exemple d'interdisciplinarité. D'où une phénoménologie de « l'acte de lecture », qui manie un grand nombre de concepts (certains empruntés à Roman Ingarden, *Das literarische Kunstwerk*, 1960), une réflexion sur la perception, la compréhension et la représentation du texte, dont le poids fait apparaître, parfois, la poétique française comme l'infanterie par rapport aux blindés.

A la différence d'Iser, Umberto Eco, dans *Lector in fabula* (1979 ; traduction française, Grasset, 1985), ne se propose pas d'étudier « l'effet esthétique », mais « le phénomène de la narrativité exprimé verbalement en tant qu'interprétée par un lecteur coopérant », non pas comment on apprécie une œuvre d'art, mais « comment on comprend un texte ». Le lecteur coopère au texte, parce qu'il en « tire » ce que « le texte ne dit pas mais qu'il promet, implique ou implicite ». C'est donc une sémiotique de la lecture : « Toute description de la structure du texte doit être, en même temps, la description des mouvements de lecture qu'il impose. » Un appel est lancé au lecteur, partout où il doit interpréter, combler des blancs, surmonter des contradictions. Eco donne, en conclusion, deux exemples de lectures, l'une du début d'un roman de consommation courante, l'autre d'une nouvelle d'Alphonse Allais, qui précisent ces « stratégies de lecture ».

Il faudrait enfin citer la *Rhétorique de la lecture* (Seuil, 1977) de Michel Charles qui, lui aussi, recherche ces lieux des textes, ces nœuds, ces endroits stratégiques où la lecture est libre, indéterminée, incertaine : « Il s'agit d'examiner comment un texte expose, voire "théorise", explicitement ou non, la lecture ou les lectures que nous en faisons ou que nous pouvons en faire ; comment il nous laisse libres (nous *fait* libres) ou comment il nous contraint. Non pas le lecteur, comme chez Eco, mais la lecture comme relation (comme chez Iser), à quoi s'ajoute le souci de relier poétique et rhétorique. Si la critique des écrivains n'échappait, malheureusement, au sujet de ce livre, on noterait que Proust, dans ses préfaces à Ruskin, Péguy, dans *Clio*, Larbaud dans *Ce Vice impuni, la lecture*, avaient déjà ouvert la voie à une poétique de la lecture, à la définition de la lecture comme construction du livre : vaste programme, dont la réalisation ne fait que commencer ; ainsi les narratologues nous parlent-ils de « narrataire », destinataire du récit impliqué dans la narration. — Préférons les paroles, si anciennes et si modernes, de Péguy : « La lecture est l'acte commun, l'opération commune du lisant et du lu, de l'œuvre et du lecteur, du livre et du lecteur, de l'auteur et du lecteur [...]. Elle est ainsi littéralement une coopération, une collaboration intime, intérieure, singulière, suprême, une responsabilité ainsi engagée aussi, une haute, une suprême et singulière, une déconcertante responsabilité. C'est une destinée merveilleuse, et presque effrayante, que tant de grandes œuvres, tant d'œuvres de grands hommes et de si grands hommes puissent recevoir encore un accomplissement, un achèvement, un couronnement de nous, mon pauvre ami, de notre lecture » (*Clio*, Gallimard, 1932, p. 20, 21).

Un débat, conclusion provisoire

Vingt ans après la querelle qui avait opposé, sur la « nouvelle critique », Roland Barthes et Raymond Picard (dont les travaux sur Racine, soit dit en passant, font toujours autorité ; la qualité littéraire et esthétique, la justesse des analyses du *Théâtre* et des *Œuvres diverses* de la Bibliothèque de la Pléiade nous paraissent faire vieillir *Sur Racine*), un autre débat, plus discret, plus aimable, mais non moins instructif, a mis face à face Gérard Genette et Marc Fumaroli (*Le Débat*, n° 29, mars 1984, Gallimard). Le premier y rappelle la vitalité de la poétique, et ses principes, que nous connaissons. Marc Fumaroli dénonce, lui, « le scientisme quelque peu fantasmatique de bien des « littéraires ». Il rappelle qu'il y a deux modes de connaissance du réel, la connaissance littéraire et le savoir scientifique, les « humanités » doivent rester distinctes des « laboratoires ». Il regrette les dégâts causés par le scientisme nouveau : des « fictions théoriques au second degré » ont appauvri la saveur de la littérature. Se réclamant de Vico, Fumaroli appelle de ses vœux une « phénoménologie historique de l'*homo loquens* et *significans* et, dans sa vocation plus modeste, un art de lire et de faire lire les textes mères avec fruit et avec goût ». La réflexion théorique, où se situe Genette, risque de « laisser dans l'implicite des liens indispensables entre enseignement, recherche érudite et critique littéraire », et remet à d'autres le soin de confectionner les outils indispensables : « Établissement de textes, éditions critiques, bibliographies. » Il faut pouvoir passer de l'actualité à la tradition, de « l'enracinement des œuvres littéraires dans une actualité historique » aux formes, aux genres, au style, « qui relèvent d'une tradition poético-rhétorique immémoriale ». Il ne serait, en effet, pas sain, ajouterions-nous, que le dur travail du chercheur soit — ce qui n'est certes pas le cas de Genette, comme le prouve *Palimpsestes*, mais peut-être de quelques autres — récupéré, mais occulté, par le brillant du théoricien, comme ces dandies, ces *lions* balzaciens qui vivaient du sacrifice de leur famille d'Angoulême.

D'un autre côté, un poète, qui est aussi un critique puisqu'il occupe la chaire d'études comparées de la fonction poétique au

Collège de France, Yves Bonnefoy[1], réhabilite non seulement le sens, le signifié, mais le référent auxquels renvoie l'expérience poétique. Lire, c'est alors rencontrer « certes des mots mais aussi des choses, et des êtres, et l'horizon, et le ciel : en somme, toute une terre, rendue d'un coup à sa soif. Ah ! ce lecteur-là ne lit pas, serait-ce même dans Mallarmé, comme demandent de faire le poéticien ou le sémiologue ! » Et, plus loin : « Les poètes portent en eux une autre idée de ce qui vaut, ou de ce qui est, que celle qui se dégage aujourd'hui de l'enquête du sémiologue. » Regret, en somme, que la poétique soit si peu poésie. Mais comment parler de poésie ? Si l'on suit Bonnefoy, on s'intéressera moins au « travail des mots » qu'à « la recherche du sens », à un « acte de connaissance ». Les nouvelles clefs, les nouveaux moyens de la critique ouvriront « de quelques portes de plus le rapport à soi de l'esprit ».

1. Parmi les textes de critique littéraire d'Yves Bonnefoy, on retiendra son *Rimbaud par lui-même* (Seuil), *L'Improbable, Le Nuage rouge* (Mercure de France).

CHAPITRE X

LA CRITIQUE GÉNÉTIQUE

La critique de genèse connaît, depuis quelques années, un essor, et comme une mode, nouveau. Les tenants des méthodes modernes en critique littéraire, de la psychocritique à la sociocritique et à la poétique, ont découvert ce champ considérable que les brouillons, les manuscrits, les éditions successives offrent à l'étude. Et pourtant, dès le romantisme allemand, dès « la philosophie de la composition » d'Edgar Poe (*La Genèse d'un poème*[1]) au XIXe siècle, des écrivains avaient attiré l'attention sur l'intérêt qu'il y aurait à connaître le travail de l'invention, à entrer dans l'atelier de l'artiste. D'autre part, les grandes éditions scientifiques, comme celles de la collection des « Grands écrivains de la France », chez Hachette, ou de Champion, et les travaux des fondateurs de l'histoire littéraire moderne, Gustave Lanson, Daniel Mornet, Gustave Rudler (que les « généticiens » contemporains ont quelque tendance à ne pas citer, à oublier), ont défini ou redéfini les principes sur lesquels s'appuie, de nos jours encore, consciemment ou non, quiconque veut éditer ou commenter les textes littéraires et leur préparation.

Retour à Lanson

On doit à Lanson deux grandes éditions critiques, des *Lettres philosophiques* de Voltaire (1909) et des *Méditations* de Lamartine (1915), qu'accompagne le *Manuel bibliographique de la littérature française moderne* (4 volumes, 1909-1911 ; un complément en 1914), comme une basse continue le récitatif du chanteur d'opéra. « La tâche de l'éditeur lansonien, écrivait Thibau-

1. Traduction française, Charlot, 1946.

det, est de réunir en bloc tous les renseignements historiques qui éclairent une œuvre. Et là comme ailleurs, la perfection n'est pas possible. Il faut pécher par lourdeur et par excès, ou bien par légèreté et par défaut. Il n'est pas mauvais que les premiers péchés soient signalés par les journalistes (c'est leur affaire) — les seconds par les savants (c'est leur métier) » (« La querelle des sources », 1923, in *Réflexions sur la critique*, 1939.) Plutôt que de commenter ces deux grandes éditions, nous nous référerons, pour décrire la critique de genèse selon Lanson, à un article sans doute moins connu : « Un manuscrit de *Paul et Virginie* » (*Revue du Mois*, 1908 ; repris dans *Études d'histoire littéraire*, Champion, 1930). L'essentiel n'est pas, en effet, la critique de sources, mais bien l'analyse des brouillons, ébauches et manuscrits. L'intérêt de ces documents est qu'« on y déchiffre tout l'effort de l'artiste, on y suit l'invention dans son exercice acharné, dans ses recherches, ses hésitations, son lent débrouillement ». Lanson commence par décrire l'aspect matériel du manuscrit, jusqu'à la qualité de l'encre, et y note un labeur comparable à celui de Flaubert : « Je voudrais surtout montrer en quoi consiste ce labeur, dans quel sens il s'exerça. On pourra tirer de cet examen quelques indications sur le talent et le goût de l'écrivain », sur le « tempérament et les scrupules de l'artiste ». Le premier jet de Bernardin de Saint-Pierre est « trouble », ne « coule pas de source », est « emphatique, diffus, entortillé ». La description est donc mêlée de jugements de valeur : « L'image plastique ne vient pas toujours du premier coup », « les comparaisons lui ont donné du mal », « cette ébauche est confuse ». Inversement, tel passage du brouillon est jugé supérieur au texte définitif : l'auteur a supprimé un « fin paysage de France » au profit de la « religiosité sentimentale » ; ou encore : « Nos brouillons étaient ici plus hauts en couleurs. » D'autre part, les théories philosophiques de Bernardin de Saint-Pierre n'apparaissent parfois qu'au cours des révisions de l'auteur. Dans la seconde partie de son étude, Lanson met sous les yeux du lecteur « deux assez longs morceaux où l'on suit sans peine toutes les étapes de l'invention ». Dans cette transcription exhaustive de deux fragments, le critique met toutes les variantes en note, en décrivant chaque fois le processus de l'écriture. Il lui arrive de donner trois rédactions successives du même passage ; puis le texte définitif de 1788 suit ces préliminaires. Un autre texte est jugé, dans sa première rédaction, « bien sec » ; le romancier y ajoute ensuite des accidents, du pittoresque, une note « sentimentale ». La dernière correction

« accuse le contraste des sexes et des caractères ». On peut voir se succéder quatre rédactions, annotées par Lanson, suivies d'une « mise au net » fort soignée, avec quelques additions « pittoresques ou sentimentales ». Dans sa conclusion, Lanson cherche une « direction », une faculté dominante (on sent l'influence de Taine), et si des caractères de l'œuvre définitive sont présents dès l'origine, ou ajoutés, sans d'ailleurs pouvoir répondre, puisqu'il enregistre « l'effort d'une spontanéité vivante à qui la réflexion porte secours ». Regroupant les caractères principaux des additions, on note qu'elles accentuent le physique, les attitudes, le costume, le paysage, le pittoresque, les éléments moraux. Même si l'on peut reprocher à cette analyse le mélange de description et de jugements de valeur, même si l'on sent que le critique souhaite dégager, à travers les brouillons, ce que sont, pour lui, les traits principaux de l'art de Bernardin de Saint-Pierre, la morale et le pittoresque, on doit reconnaître que ses analyses sont beaucoup moins naïvement finalistes (au sens où le dernier texte serait toujours le meilleur) et beaucoup plus naturelles et modernes qu'on ne le croirait. On ferait la même constatation en se reportant, dans le même volume, à l'article sur les deux « Tableau de la France » de Michelet (1833 et 1861), où Lanson fait l'éloge de la première version.

GUSTAVE RUDLER

C'est Rudler, longtemps professeur à Oxford et fidèle disciple de Lanson — connu également par les pages aussi drôles que féroces d'*Un nouveau Théologien* de Péguy —, qui a donné l'exposé le plus rigoureux de la méthode, non seulement de l'édition critique, mais de la critique de genèse, dans ses *Techniques de la critique et de l'histoire littéraires* (Oxford, 1923 ; Slatkine, 1979). L'objet, d'abord : « Avant d'être envoyée à l'impression, l'œuvre littéraire passe par bien des étapes, depuis l'idée première jusqu'à l'exécution finale. La critique de genèse se propose de mettre à nu le travail mental d'où sort l'œuvre, et d'en trouver les lois. » L'intérêt de cette étude, ensuite : définir l'évolution du « mécanisme mental des écrivains », observer « l'activité de l'esprit et ses procédés de création vivante ». Il s'agit donc de dépasser la simple description d'une structure figée, pour se placer « à un point de vue dynamique ».

Rudler distingue ensuite la critique externe de la critique interne. La première recueille les témoignages de l'écrivain et de ses amis, dépouille les correspondances : celle de Flaubert fournit de nombreuses dates de composition, de remaniements, des intentions ; elle s'intéresse aussi aux sources : on sait l'importance de la critique de sources à cette époque : « C'est en voyant ce qu'un écrivain a fait des matériaux empruntés qu'on distingue le mieux la nature et la pente de son talent. » La critique interne commence par la *connaissance des manuscrits*, qui « assurent l'intelligence du texte ». Le premier jet, les retouches, si l'on peut y discerner des « sens constants », aident à connaître les tendances conscientes et inconscientes de l'artiste. D'autre part, les brouillons — d'autant plus utiles qu'ils sont plus nombreux et plus corrigés — aident à *dater* les parties et l'ensemble de l'œuvre : les manuscrits de Victor Hugo portent des dates qui diffèrent de celles des poèmes imprimés. Nous signalerions, à l'appui de cet exemple, un jeu d'épreuves d'*Alcools* ayant appartenu à Jean Pellerin, puis à Francis Carco, et où Apollinaire a inscrit, à la table des matières, la date de composition de chacun des poèmes. En revanche, une interpolation, comme il peut s'en trouver dans les manuscrits de Proust, ne permet plus de dater l'ensemble de la page. Les sources, elles, éclairent l'évolution du texte, comme Villey l'a fait pour sa grande édition des *Essais* de Montaigne. La grande règle sera de « dater tous les faits, toutes les allusions, toutes les couches de pensée qui se trouvent dans l'œuvre, et tirer de là telles conclusions que de raison ». La datation de toutes les parties de l'œuvre est bien l'un des « moyens essentiels » de la critique de genèse. On signalera, par exemple, la manière dont Philip Kolb a présenté la chronologie de composition de chaque fragment du *Carnet de 1908* de Marcel Proust (Gallimard, 1976).

Après le manuscrit, on se reportera aux œuvres qui précèdent celle qu'on étudie : « Si l'on veut saisir le processus mental d'un écrivain à un moment donné, il est bon de le connaître dans son devenir antérieur. » En fait, toutes les branches de la critique aident à la critique de genèse, parce qu'elle utilise « toutes les ressources de l'analyse dans une synthèse délicate ». Rudler note cependant qu'il y a, vu la difficulté, « peu d'études de genèse vraiment dignes de ce nom et qui aillent loin » : nous verrons que les choses ont changé ces dernières années.

La méthode préconisée par le critique — peut-être la partie la plus contestable de son analyse — commence par un inventaire préalable des « matériaux dont est faite l'œuvre envisagée ». On distinguerait les « données sensorielles », les « sentiments », les « idées ». Les sensations seraient elles-mêmes ordonnées par nature, catégorie d'objets, origine, qualités, effets, importance, valeurs ; on rechercherait « à quel type l'écrivain appartient » (visuel, auditif...). Les sentiments devraient être classés d'après leur nature, leurs objets, leur force, leur qualité, leur valeur, de manière à dessiner « l'âme artistique de l'écrivain » (et non pas nécessairement son « âme personnelle »). Les idées, enfin, sont rangées « d'après la nature des problèmes sur lesquels elles portent », scientifique, philosophique, artistique, religieux, etc. On mesure leur relation avec le monde réel, d'après leurs caractères (pratique, théorique, mystique, etc.), leur mode d'expression (symbolique, mythique...), leur nombre et leur valeur. Rudler propose de déterminer ainsi « la formule totale de l'écrivain », en reliant, à l'intérieur de l'inventaire, « les différents traits de la physionomie sentimentale ou idéologique, comme on l'a fait pour la physionomie sensorielle », et en superposant, en comparant ces trois « physionomies ».

Tout ceci n'est encore qu'un travail préparatoire. L'étude de genèse commence ensuite, par la détermination des matériaux et éléments primitifs, « sans lesquels la pièce ou l'ouvrage n'existerait pas ». Il faut aussi trouver, sous les matériaux, un principe « générateur » qui donne vie, forme et ordre à l'ensemble : sans les uns, ou l'autre, « l'étude de genèse est impossible ». Enfin, et c'est le plus long, on recherche les « procédés d'élaboration » : contraintes extérieures (genre, forme, longueur choisis) et « logique interne ». Les principaux procédés de développement sont analysés en fonction de la contiguïté, des mots dans le dictionnaire, des objets dans l'espace, des faits dans le temps ; en fonction de l'analogie (ressemblance ou dissemblance), grâce à la comparaison, à la métaphore, au symbole, au mythe. On classe alors les procédés d'élaboration, par importance et fréquence, et on « définit leurs rapports ». Restent à étudier les « procédés de composition », qui ordonnent en une œuvre d'art l'ensemble des procédés de perception, de découverte et d'élaboration. « L'ordre d'invention chronologique ou logique des matériaux » et leur « disposition finale » mènent à définir l'art de l'écrivain : « S'il va dans un sens constant ou dans plusieurs sens toujours les mêmes, d'ailleurs variables de période en période chez le même écrivain, ce sont autant d'habitudes ou de nécessités de l'esprit, donc de lois, qu'on saisit. » Rudler cite, enfin, quelques études de genèse bien conduites, parmi lesquelles celle de Lanson sur Voltaire et *Les Lettres philosophiques*, et celle de Massis sur Zola *(Comment Emile Zola composait ses romans*, Charpentier, 1906).

La Biographie de l'œuvre littéraire

Tel est le titre que Pierre Audiat a donné à sa thèse (Champion, 1924). Il y propose de « dérouler l'œuvre préalablement repliée », en mimant « l'acte par lequel l'œuvre fut créée », « de reconstituer et de revivre la vie mentale d'un écrivain dans une période déterminée ». C'est alors que le critique deviendrait vraiment écrivain, et que ces deux catégories d'hommes de lettres cesseraient de s'opposer. Or, étudier la genèse d'une œuvre, c'est prendre en compte le « temps pendant lequel elle s'est constituée ». Introduisant dans la critique la notion de temps, on traite, en distinguant des étapes dans la formation d'une œuvre, celle-ci « comme Sainte-Beuve avait traité l'écrivain, comme un être vivant qui ne reste pas toujours semblable à lui-même, on suppose que retrouver l'ordre chronologique dans lequel sont apparues les idées et les inventions éclaire singulièrement l'œuvre littéraire ». On a mieux compris la pensée de Montaigne lorsqu'on en a restitué l'évolution. On fait évanouir des contradictions lorsqu'on date les passages qui soulèvent la polémique. Mais, au lieu de partir du détail (comme le préconisait Rudler), on ira « de l'intention à l'œuvre, de l'œuvre aux chapitres, des chapitres aux phrases et des phrases aux mots » ; on recherchera d'abord « l'idée génératrice ».

Au commencement du livre, selon Audiat, se trouve une découverte, concept, image, ou émotion, qui est «l'idée génératrice ». On la recherchera à travers les documents que sont les notes de travail, les lettres, les rédactions successives. Pour la commodité de l'analyse, on étudiera séparément l'invention du style, bien qu'elle aille de pair avec celle de l'idée. On se méfiera des préfaces et autres déclarations de l'écrivain, qui « fabule » ou « interprète » ; en revanche, quelques règles peuvent aider : si l'apparition de l'idée s'enveloppe d'émotion, le langage nous la signale. Elle peut également se manifester sous la forme d'une « phrase-type »[1] qui « exprime la tonalité de l'ouvrage ». Chaque

1. Expression employée également par Proust, dans *La Prisonnière, A la Recherche du temps perdu*, t. III, p. 376. La source commune pourrait en être l'enquête d'A. Binet et J. Passy, *Année psychologique*, t. I, 1894, p. 86 et 97, où se trouve une déclaration d'Alphonse Daudet, pour qui l'origine de son roman *Fromont jeune et Risler aîné* serait la phrase : « L'honneur de la maison de commerce. »

invention nouvelle restreint, en tout cas, la liberté de l'auteur, mais « l'invention secondaire peut altérer et même transformer les inventions antérieures ». Les notes de travail montrent les progrès de l'idée, tandis que les diverses rédactions en développent le contenu. Tout concourt à cette conclusion théorique : « L'idée génératrice apparaît brusquement sous la forme d'un couple dans lequel entrent une (ou plusieurs) représentation et une émotion, l'émotion précédant ou suivant la représentation. » Des schèmes, des symboles, des complexes peuvent préexister à l'idée, tel Flaubert « torturé par un certain rythme des phrases » : on notera qu'Audiat est l'un des premiers critiques littéraires, avec Jacques Rivière et Thibaudet [1], à s'être intéressé à la psychanalyse.

Audiat propose de suivre, dans un deuxième temps, « la reconstitution du plan » de l'œuvre, descriptive ou explicative ; et, si possible, cette explication doit être « dialectique ». Si l'œuvre littéraire a été « distribuée selon un plan, le critique doit rechercher quelles modifications ce plan a apportées à l'idée génératrice ». Il est possible de classer les plans conçus par les écrivains : le plan « fixe » (Delille) ; le plan « conscient » (Zola : les documents préparatoires de *L'Œuvre* comportent une ébauche de cinquante-sept feuillets, un plan de trois feuillets, une étude des personnages de quarante-trois feuillets, une première série de documents, une esquisse détaillée de douze chapitres, une seconde série de documents, une seconde esquisse de douze chapitres ; tout ceci précède la rédaction définitive). Une troisième sorte de plan est le « plan-esquisse » (Baudelaire), déjà l'œuvre, à petite échelle. Le « plan à facettes », c'est-à-dire celui où l'idée est « vue sous divers angles », et qui comprend plusieurs projets, se trouve chez Vigny ; c'est la quatrième catégorie. La cinquième, appelée « plan-aperçu », correspond au « regard que jette l'écrivain sur son œuvre en train de s'organiser » (Lamartine ; Proust notera aussi de nombreux « aperçus » dans ses cahiers de brouillon), à une étape de l'œuvre. La critique génétique, en tout cas, ne doit jamais inventer le plan en gestation : elle le décrit si l'auteur lui-même l'a fait.

La troisième étape du travail est l'analyse de « l'invention du style ». C'est ici qu'Audiat aborde un problème sur lequel la critique génétique contemporaine reviendra abondamment,

1. « Psychanalyse et critique », avril 1921, in *Réflexions sur la critique*.

l'étude des manuscrits. Les questions fondamentales portent sur le caractère autographe, la date, l'ordre de composition de ceux-ci. On étudiera le graphisme, les corrections, les variantes. L'écriture renseigne par la « topographie » du manuscrit : ordre ou désordre, disposition des lignes, mots « jetés comme des pierres d'attente », réflexions et critiques marginales ou en notes (Stendhal, Proust), rapidité d'écriture, renseignent sur le mode d'activité de l'écrivain. Les corrections, les variantes révèlent le mode de progression de sa pensée. Il ne faut pourtant pas croire qu'elles apparaissent toujours pour des raisons esthétiques : « L'interprétation qu'on en donne doit être contrôlée et au besoin corrigée par les documents complémentaires » : Chateaubriand supprime une belle phrase du *Génie du Christianisme* (1809) parce qu'il l'avait utilisée dans *Atala* (1801), après l'avoir fait figurer dans l'*Essai sur les Révolutions*.

Il ne faut pas non plus surestimer les corrections, les variantes en considérant qu'elles renferment tous les secrets du style : « Il n'y a aucune raison pour accorder plus d'importance aux inventions difficiles qu'aux inventions faciles. » Ici, le raisonnement d'Audiat tourne court : visiblement, l'étude des corrections l'intéresse moins qu'elle n'avait fait pour Lanson et Rudler.

A partir de cette date, les études de genèse se poursuivront. Il serait inutile à notre propos, somme toute théorique, d'en donner la liste, le palmarès. On n'oubliera pas, cependant, les travaux de Robert Ricatte[1] (*La Genèse de* La Fille Elisa, 1960), de Marie-Jeanne Durry (*Flaubert et ses projets inédits*, 1950), de Claudine Gothot-Mersch (*La Genèse de* Madame Bovary, 1966), de Journet et Robert (*Le Manuscrit des* Contemplations, 1956) et l'œuvre de Jean Pommier, qui a offert une *Nouvelle version de* Madame Bovary, 1949. L'une des publications les plus émouvantes est celle qu'a donnée Jacques Scherer du *« Livre » de Mallarmé* (1957), manuscrit de deux cent deux feuillets de dimensions diverses et non destiné à l'impression, qui fait bien apparaître la nécessité, pour comprendre les brouillons, d'un commentaire — qu'il donne. On connaît, d'autre part, les problèmes, presque impossibles à résoudre, que posent les romans inachevés de Stendhal, comme *Lucien Leuwen*[2]. On sait enfin

---

1. D'autre part éditeur du *Journal* des Goncourt et des *Œuvres complètes* de Giono.
2. Edition d'Anne-Marie Menninger, Imprimerie Nationale. Christiane Moatti a, de même, entrepris l'étude des brouillons de Malraux (Minard, éd.).

que l'apparition de *Jean Santeuil* (en 1952) et de *Contre Sainte-Beuve* (en 1954), n'a pas peu fait pour réveiller les études et les polémiques sur la genèse d'une œuvre.

Un cas particulier: la genèse de La Jeune Parque

On a quelque peu oublié l'importance de la publication, par Octave Nadal, du manuscrit autographe, des états successifs et des brouillons de ce poème (Club du meilleur livre, 1957). Il s'agit pourtant de la rencontre d'un artiste, qui n'a cessé de s'intéresser à la genèse des œuvres et au travail de l'esprit, et d'un critique qui, de son propre aveu, se sentait étranger à ce genre de curiosité. En possession des brouillons de *La Jeune Parque*, Nadal se sent invité à « découvrir les secrets et les mécanismes de la création littéraire », mais signale, au départ, cette réserve: « Je m'assurais que ni les brouillons ni les esquisses ne révèlent l'œuvre ; ses commencements ne sont pas dans les tribulations et les vicissitudes de sa genèse mais dans l'unique instant où elle existe en tant qu'œuvre [...]. A la vérité, on peut dire que presque tous les éléments de *La Jeune Parque* sont contenus dans ses innombrables brouillons et dans ses ébauches dont certaines semblent même très proches du poème terminé ; mais il leur manque pourtant ce qui précisément se trouve dans *La Jeune Parque* parvenue à son terme et ne se trouve que là : ce tout irréductible qui est unité, beauté, visage enfin reconnaissable. » De même que Raymond Picard avait étudié *La Carrière de Jean Racine* (1956 ; nouv. éd., 1961) pour montrer que la vie n'apprenait rien sur l'œuvre, de même Nadal étudie la genèse pour prouver qu'elle ne révèle que des avortements.

Et pourtant la méthode mérite d'être suivie. Le critique commence par décrire le manuscrit (huit cents pages) : pour en dater les diverses étapes, il est condamné à parcourir le chemin inverse de celui du poète. Une page d'un cahier de 1917 indique que la genèse s'est déroulée de 1912 à 1917, et témoigne que Valéry travaillait aux différentes parties en même temps, et qu'il se réfère à Virgile, Racine, Chénier, Baudelaire, Euripide, Pétrarque, Mallarmé, Rimbaud, Hugo, Wagner et Gluck. Un « art nouveau d'invention et de composition » apparaît, à partir du langage même, de véritables « palettes de mots » ; étalant ces mots divers sur la page, Valéry explore toutes les équivalences phonétiques (homonymes, allitérations, rimes) et sémantiques (synonymes, dérivés, conjugaisons) et le lecteur peut suivre « le progrès de l'ordre du langage », comme disait Valéry, sur ces palettes, « premier état de l'exercice poétique » : mots, groupes de mots, vastes schèmes, modèles de phrases, de vers, thèmes (le serpent, le sommeil), de sorte que, sur les brouillons, « on peut saisir comment l'esprit vient aux mots », mais aussi l'inverse. A partir de palettes, Valéry élabore des fragments, qui changent de place au cours des sept états du poème. Ces fragments sont autant de variations du « motif fondamental » ; en 1916, Valéry leur donne des titres : « Larme - Serpent - Soleil - Ombre - Vertige - Regard - Aube - X - Iles - Victimes - Sommeil - Lit - Songe. » Les thèmes sexuels et féminins n'apparaissent qu'à la fin.

Nadal dresse ensuite une liste des « états » du poème, en commençant par « le premier état suivi » (232 vers). Viennent ensuite deux premiers états dactylographiés (224 et 170 vers). Le quatrième état est manuscrit (comme le sixième), il a 337 vers ; la composition en diptyque y apparaît, mais le dénouement était différent de l'actuel : il se terminait par un suicide, que Valéry remplace bientôt par un « consentement à la vie », en plaçant la tentation de la mort à la fin de la première partie. Le cinquième état, dactylographié (420 vers), est incomplet, mais suivi, et fait apparaître une nette architecture d'ensemble en huit morceaux. Le sixième état, manuscrit (480 vers), est proche de la copie d'impression (mais il y a de nombreuses variantes, et quelques vers en moins). Le septième état est le manuscrit autographe, dont l'éditeur Gallimard fit faire une dactylographie, qui servit à l'impression (504 vers ; l'édition définitive en a 512).

Après avoir décrit les états, Nadal fait l'histoire des titres du poème : « Hélène », « Larme », « Pandore », « Alpha de la Lyre — Elégie intérieure », « Ebauche », « La Seule Parque », « Pièce de vers. L'aurore », « Ile », en expliquant leur origine et les difficultés qu'ils cherchent à résoudre. Le titre définitif était trouvé en 1916 : « L'épithète *jeune*, explique Nadal, transforme entièrement le destin et le nom même des Parques fileuses de la mort. Il fait de la mort la « dent secrète » qui ne ronge pas le mort, mais le vivant, l'absence ou le néant éternellement installés au cœur de l'être. » Le critique expose ensuite la genèse du « motif fondamental » de *La Jeune Parque*, qui apparaît dès 1912. Au motif se rattachent des thèmes ; il étudie ainsi la naissance et le développement du thème du « Printemps ». La croissance autonome est suivie des raccords au texte d'ensemble. Enfin, Nadal étudie les « graphies », le choix par Valéry des caractères d'impression et des blancs : « L'architecte a pris le pas sur le mélodiste », et établit les dates de composition : le lecteur peut en juger en connaissance de cause, mais l'habitude était, plutôt, de les donner en tête dès études de genèse, à moins de considérer qu'il s'agit d'une « note sur le texte ». Ainsi, cette remarquable analyse génétique, superbement écrite, tout en se critiquant elle-même, nous fait revivre de l'intérieur le travail de Valéry ; les cadres définis par le critique dérivent de ceux de l'artiste, mais ils peuvent resservir, chaque fois que les problèmes paraissent, chez un autre, voisins. Enfin, l'on ne peut douter que les choix derniers de l'artiste parmi tous les possibles qu'il a d'abord amassés éclairent le charme musical comme la profondeur sémantique du texte définitif : il suffit pour le comprendre de comparer l'édition Nadal au commentaire qu'a donné Alain de *La Jeune Parque*.

L'avant-texte

En 1972, Jean Bellemin-Noël publie *Le Texte et l'Avant-Texte* (Larousse), qui est une introduction théorique à des brouillons de Milosz ; le mot « avant-texte » allait faire fortune. Dans un important numéro de la revue *Littérature* (décembre 1977), « Genèse du texte », ce critique y revient dans un article, « Reproduire le manuscrit, présenter les brouillons, établir un avant-texte ». Objet de culte ou de musée, le manuscrit « ne peut être que reproduit ». Les brouillons, au contraire, sont inachevés, mais ils donnent une vue des « intentions de l'écrivain », mettent au jour une évolution vers le « meilleur » d'une œuvre : d'où le commentaire nécessaire du critique-éditeur, pour un public de spécialistes. L'*avant-texte* « n'existe nulle part en dehors du discours critique qui le produit en le prélevant sur les brouillons » : les brouillons, plus le critique — et moins l'auteur. Il s'ensuit deux définitions : « Les brouillons sont l'ensemble des documents qui ont servi à la rédaction d'un ouvrage, transcrits-présentés par un historien de la littérature en vue de reconstituer la préhistoire de cette réalisation tant du point de vue formel que du point de vue des contenus. » — « Un avant-texte est une certaine reconstruction de ce qui a précédé un texte, établie par un critique à l'aide d'une méthode spécifique, pour faire l'objet d'une lecture en continuité avec le donné définitif. »

On relèvera les indications, que contiennent les brouillons, permettant de « se représenter l'écrivain au travail » : application méthodique, fouillis, vitesse, calligraphie, remarques de l'auteur sur ses propres pages (les « capital, capitalissime » de Proust), y compris les « notes de régie », c'est-à-dire des prescriptions que l'écrivain s'adresse à lui-même. L'étude des procédés qui apparaissent sur les brouillons relève principalement de la poétique, parce que la question essentielle est alors : « Comment cela a-t-il été fabriqué ? »

Génétique et poétique

C'est le domaine double, et la méthode, de Raymonde Debray-Genette (voir *Littérature*, décembre 1977 ; *Essais de critique génétique*, Flammarion, 1979 ; *Flaubert à l'œuvre*, Flammarion, 1980, où figurent quelques-unes de ses contributions). La génétique n'est-elle qu'un auxiliaire de la poétique, voire de l'ensemble de la critique, ou bien y a-t-il une « poétique spécifique des manuscrits », une « poétique spécifique de l'écriture opposée à une poétique du texte » ?

A la lecture des brouillons, on évoquera les notions de « finitude » (« dernier état arrêté »), de « finition » (« le texte comme point de perfection »), de « finalité » (le texte comme accomplissement d'un projet). Il faudrait penser la génétique, non « en termes de progrès », mais de « différence » : « Ce qui veut dire se débarrasser d'abord du fétichisme du texte final. » La lecture génétique réintroduit l'arbitraire, le hasard, la connaissance de formes dont les textes surréalistes ont donné l'idée. Les enquêtes auprès des écrivains vivants nous apportent, d'autre part, une manne de renseignements sur la création littéraire (voir Jean-Louis de Rambures, *Comment travaillent les écrivains*, Flammarion, 1978 ; Raymond Bellour, *Le Livre des autres*, U.G.E., 1978, qui relaient les anciens *Une heure avec*, de Frédéric Lefèvre). A l'instar de Raymond Roussel, certains auteurs nous expliquent comment ils ont écrit leurs livres (Aragon dans *Je n'ai jamais appris à écrire ou les incipit*, Ponge dans *La fabrique du pré*, Skira). Mais comment lire ? puisque, « de la lecture d'un mot, jusqu'au classement des folios, notre attention est sélective [...]. Il ne suffit pas de lire, il faut savoir ce que l'on veut lire ». Certains manuscrits sont impossibles, les brouillons de Flaubert par exemple, à transcrire exactement et complètement : il faut donc choisir. On étudiera un sujet en le datant par ses traces écrites plus que par des éléments biographiques : les brouillons éclairent l'environnement psychologique, social, culturel, et non l'inverse. On verra que les documents sont récrits dans les brouillons ; Flaubert ou Proust recopient des pages d'ouvrages documentaires. Le généticien étudie « les phénomènes de transposition ».

Lorsqu'on arrive au développement interne du manuscrit, on remarque bien des structures différentes. Chez Flaubert (comme chez Proust), il y a deux types d'évolution concurrents : paradigmatique et syntagmatique, par thèmes et par récits. Vient alors la phase d'analyse critique, où l'on pratiquera des « lectures transcendantes » ou « immanentes ». Dans le premier cas, « ce que permet une étude génétique, par rapport à celle du texte final, c'est de mettre au jour une plus grande diversité de tendances, de possibles, une plus grande ouverture structurale, qui peut aller jusqu'à l'indécision, l'incertitude, l'indécidable ». Non seulement plusieurs « couches », mais aussi plusieurs « types » de textes : il faut avoir recours à l'analyse des genres. Quant au sens, la lecture des brouillons permet d'« infirmer, découvrir, confirmer » : l'exemple d'*Herodias* de Flaubert le montre. La lecture immanente est la plus délicate, comme l'indique le problème des *thèmes*. Les brouillons nous apprennent qu'un thème peut disparaître avant la version finale, loin que la thématique soit, du début à la fin de la rédaction et de la vie, « consubstantielle » à l'être de l'écrivain. Faut-il donc faire l'histoire des thèmes à travers les brouillons ? Les trouver dans le premier jet, ou dans les corrections, ou dans le texte final ? Y a-t-il une « thématique première, fantasmatique », et « une thématique secondaire, structurale » ? La génétique doit rendre compte des deux, du parcours et de la structure. Pour un roman, le sujet peut dicter l'évolution, mais « l'évolution des structures narratives est fondée moitié sur une réflexion sur la composition générale, moitié sur la rencontre, l'invention d'un détail d'ordre parfois presque stylistique ». Le microcosme influe sur le macrocosme. Il faut donc « renoncer à l'idée de progressivité » ; les romans bourgeois enflent, désenflent : « L'idée d'une évolution à sauts qualitatifs est certainement plus juste que celle qui souligne les progrès ou les sauts quantitatifs. » Chez Flaubert, des variantes entraînent « un changement de toute l'économie du texte ». On a donc peine à donner une « histoire continue du texte » ; seul un « regroupement structural permet de bien rendre compte des transformations ».

Pour conclure sur les rapports de la génétique et de la poétique, Raymonde Debray-Genette souligne que la première ne détruit pas la seconde, mais qu'elle « mine l'assurance que pourrait donner le texte final, plus souvent qu'elle ne le confirme. Elle rend sensible à la variation [...], aux systèmes de variations ». Une poétique des brouillons peut systématiser les variations, montrer le passage de l'arbitraire à la structure, en tenant compte des différences entre les écrivains, et, chez un même écrivain, entre les œuvres.

Typologie de la rature

Puisqu'il est nécessaire de confronter les expériences de plusieurs écrivains, donc de plusieurs lecteurs et éditeurs de manuscrits, il est bon de recueillir les remarques de quelques spécialistes. Jacques Petit, éditeur des œuvres de Barbey d'Aurevilly, de Julien Green et de François Mauriac dans la Bibliothèque de la Pléiade, a proposé (« Le grand cataclysme des corrections », note sur des manuscrits de Green et de Mauriac », *Littérature*, décembre 1977) une théorie de la rature qui s'appuie sur l'expérience des écrivains, et sur une importante remarque de Julien Green : « Le lecteur le moins attentif n'aura pas manqué de pressentir à la lecture de n'importe quel roman le roman qui aurait pu être et dont les éléments épars subsistent dans le texte qu'il a sous les yeux. » Ce roman virtuel et disloqué résulte des « suppressions, des ratures ». Il faudrait classer celles-ci : par leur longueur, leur date (immédiate ou postérieure) ; font-elles disparaître un « fragment achevé » ou inachevé, une séquence, une phrase ? Ensuite, il y a une cohérence des ratures ; les seules importantes font apparaître, en quelque sorte simultanément, un nouvel état du texte, de l'intrigue : par exemple dans *Destins* de Mauriac, les détails géographiques et historiques sont éliminés au profit des allusions mythiques à *Phèdre.* Si l'on cherche la raison des ratures, elle peut être venue de l'inconscient (Green), ou purement technique, ou imposée par le goût de l'époque. Si le premier jet donne une impression de liberté plus grande, c'est que l'écrivain « sait des ratures indispensables ». Mauriac dans *Le Nœud de vipères* a supprimé toutes les transitions, d'où un « rythme haletant » ; une phrase, qui explique le titre d'un roman, disparaît : « La rature demeure comme un arrière-plan dont le texte ne se dégage jamais totalement. » Certaines scènes sont écrites pour être raturées, « à la fois essentielles et impossibles ». Il y a même des « ratures antérieures au texte, des ratures mentales », et dont une phrase des brouillons garde trace (Julien Gracq, dont Petit ne parle pas, a ainsi confié que tout *Le Rivage des Syrtes* avait été écrit en fonction d'une bataille finale, qui a par la suite disparu du texte, et n'a probablement pas été rédigée). Ainsi « la rature qui est déchet lorsque l'on étudie les structures textuelles (dans *Épaves*) ou le travail d'écriture (dans *Le Nœud de vipères*) ordonne ici la lecture, d'autant plus révélatrice qu'elle est intervenue plus tôt dans la rédaction ». Comme chez Balzac, on peut également interroger les débuts abandonnés de Green, qu'il appelle des « ruines », que l'on trouve aussi chez Mauriac. Green reste paralysé devant une obsession, qu'il ne peut dépasser qu'en écrivant un autre début, ou un autre récit ; Mauriac revient à ses premiers manuscrits « pour y chercher le départ d'un autre roman ». La rature trouve ici toute sa richesse, dans la pluralité de ses significations, et son dynamisme. Il est donc important de la connaître, de la lire en transparence, ou plutôt, sous la transparence de certains textes, de retrouver l'obscurité d'une source, sous la complexité d'autres œuvres, d'en lire l'origine cruelle et limpide, ensuite masquée par le travail du style. Pierre-Georges Castex a montré que Villiers de l'Isle-Adam a un génie spontanément dramatique, qu'à partir d'un noyau il invente des péripéties, qu'il supprime ensuite partiellement, pour atteindre à une « simplicité linéaire ; descriptions, paysages, portraits, analyses, sont ajoutés » (1954 ; repris dans P.G. Castex, *Horizons romantiques*, 1983). Si nous lisons Villiers, nous reviendrons toujours à cette source dramatique.

Psychanalyse des brouillons

On découvre qu'au-delà du travail patient, ingrat, infini des éditeurs, toute méthode critique peut s'appliquer — avec une préférence pour l'analyse de technique — aux brouillons. Le premier jet, puis les ratures, semblent appeler des concepts psychanalytiques, le discours de l'inconscient, la censure. On a donc étudié « L'Inconscient dans l'avant-texte » (*Littérature*, décembre 1983). « Une psychopathologie de la plume quotidienne, écrit Bellemin-Noël, montrerait aisément que l'écriture est sujette à des ratés aussi fréquents que la parole. » Flaubert, dans un brouillon de *La légende de saint Julien l'Hospitalier*, écrit : « Tu assassineras ton père et ta père » (au lieu, évidemment, de « ta mère »), désir œdipien de Gustave à l'égard de son père. Les esquisses révèlent le « travail du désir » : Jacques Petit l'a montré à propos de Green : au-delà du lapsus, il y a le jeu entre l'improvisation et la rature. On pourrait alors soutenir que l'avant-texte montre « l'écrivain en train de s'effacer ; il ne raturerait que pour se raturer ». L'écrivain édulcore ses fantasmes pour ne pas « violer le lecteur », pour ne pas « le traiter en analyste » (Bellemin). Freud l'avait déjà noté : le fantasme du névrosé est repoussant, non celui de l'artiste. Il nous semble que l'étude de genèse signale ce passage de la violence non littéraire à la délivrance artistique : j'en donnerais comme exemple les différentes scènes de masturbation, à Combray, dans le « cabinet sentant l'iris » ; la dernière est la plus allusive, parce que l'écrivain ne doit pas rechercher dans le texte (songeons aux lettres à Lou, d'Apollinaire, à celles de Joyce à sa femme) de satisfactions extra-littéraires.

La critique génétique et l'édition

Comment rendre accessibles aux lecteurs — et non pas seulement aux chercheurs, qui se rendent dans les départements des manuscrits des bibliothèques, dans les collections privées, chez les marchands d'autographes — le brouillon, le manuscrit, les dactylographies, les épreuves d'imprimerie ? Le seul moyen sûr, et le plus émouvant, est la reproduction photographique : il a été employé pour les cahiers de Paul Valéry (29 volumes, aux éditions du CNRS), pour *La Jeune Parque.* Mais il ne s'agit aucunement d'une édition : le lecteur se trouve livré à une masse de documents qu'il ne sait comment ordonner, et qu'il n'arrive parfois même pas à lire. D'où les procédures de transcription élaborées dans divers pays ; par divers organismes (à Paris, par l'Institut des textes et manuscrits modernes, du CNRS[1]), pour diverses collections. Aucune procédure n'a encore fait l'unanimité, en éliminant les autres. Mais c'est une question de technique, comme l'utile mise sur ordinateur (voir *Programmation et Sciences de l'homme,* École normale supérieure, mai 1978). Ce qui importe pour nous, c'est la multiplication d'éditions critiques, qui prennent en compte les premières

1. Le *Standard descriptif pour manuscrit moderne* du CNRS permet, non d'éditer, mais de décrire.

versions, les esquisses, les variantes[1]. On n'en donnera pas un palmarès ; on signalera, cependant, à Paris, la collection de l'Imprimerie Nationale, « Lettres françaises », dirigée par Pierre-Georges Castex (26 volumes parus de 1977 à 1983), et la Bibliothèque de la Pléiade, dont le directeur littéraire est Pierre Buge. Cette collection, fondée en 1931, ne se contente plus de donner, sous un format réduit, des œuvres complètes ; elle y a adjoint un appareil critique et des documents qui occupent, parfois, un tiers du volume : telles les œuvres d'Anatole France, éditées par Marie-Claire Bancquart, celles de Colette par Claude Pichois, de Saint-Simon par Yves Coirault. Présentant en 1976 sa monumentale édition de *La Comédie humaine,* P.-G. Castex précisait l'intérêt de l'entreprise : un commentaire « considérable », la restitution des préfaces de Balzac d'habitude écartées, une histoire du texte de chaque roman et un choix de variantes. Une liste de documents montre ce dont la critique génétique a besoin : « Prospectus de lancement ; annonces ou articles publicitaires ; témoignages contemporains ; contrats d'édition ; préfaces anonymes ou avertissements d'éditeurs ; textes inspirés par Balzac, mais publiés sous une autre signature. » Ceci constitue l'ensemble des documents externes. Et les internes : « Faux départs de romans, parfois entièrement cancellés et déchiffrés sous les ratures ; esquisses interrompues ; développements éliminés ; premiers états abandonnés ; conclusions écartées ou suites avortées ; présentation originale de textes réutilisés. » On peut alors « se représenter les moments successifs du travail créateur », bien qu'une édition intégrale de toutes les variantes soit impossible. On choisit donc « les additions et suppressions importantes, les divisions en chapitres éliminées de l'édition définitive, les modifications d'identité de personnages, de lieux géographiques, de noms de rues, de chronologie, d'âge, de chiffres, les nuances appréciables de sens » ; on néglige « les variantes de pure forme » (que les éditeurs de Mallarmé ou de Baudelaire, moins gâtés par l'abondance des documents, sont au contraire heureux de donner).

On notera encore, parmi les grandes entreprises nécessaires

1. La collection des Grands Écrivains de la France, qu'Hachette édite de 1862 (Mme de Sévigné, Corneille, Malherbe) à 1960 (Mme de Staël), a publié avant de disparaître dix-sept auteurs, dont le monumental Saint-Simon en 41 volumes (1879-1930) ; elle donnait un appareil critique très complet : c'est ainsi que le Pascal comporte 14 volumes (1904-1914) et fait encore autorité, en attendant que Jean Mesnard ait achevé son édition.

aux études génétiques, les éditions de correspondances, qui ont nécessité la création de centres spécialisés, comme celui dont s'occupe M. Ambrière-Fargeaud, pour le XIXe siècle, à la Sorbonne. La liste de ces grandes Correspondances, qui sont parues, ou attendent encore qu'un prince charmant (ou non) vienne réveiller ces belles endormies, serait longue, et, bien souvent, faute de moyens, l'édition progresse avec lenteur et demande bien des sacrifices : celle de Balzac éditée par Roger Pierrot (5 volumes, 1809-1850), de George Sand par Georges Lubin (19 volumes parus, 1812-1866), de Proust par Philip Kolb. Nous aurons vu l'achèvement de celle de Mallarmé par Austin, de Rousseau par Leigh, de Voltaire par Besterman (reprise en français par Deloffre).

Le goût de notre époque, et en tout cas de la critique scientifique et de l'Université, pour les études de genèse mérite que l'on s'interroge sur son origine. On invoquera le goût de l'inachèvement, de l'« œuvre ouverte », de la modernité qui multiplie les significations, les formes éclatées, les structures mobiles. On pensera au rêve de tout connaître, qui dictait à Sartre son projet inachevé, *L'Idiot de la famille*, sur Flaubert. On songera que la critique, ayant l'impression d'avoir épuisé tous les auteurs et toutes les méthodes, se rejette sur la dernière *terra incognita*, la dernière zone blanche sur la mappemonde littéraire, « l'avant-texte », le brouillon, l'inédit ; les acquisitions des collections publiques facilitent cette tendance. On retrouve ici le va-et-vient entre l'histoire et la structure, le sujet et l'objet, qui caractérise la pensée moderne.

C'est pourquoi, en terminant ce chapitre consacré à la critique génétique — pour lequel nous nous sommes limité à la France —, nous aimerions reprendre les remarques que nous faisions en 1971 sur les cahiers de Marcel Proust (*Proustiana*, Padoue, 1973). Les esquisses des écrivains sont comme celles des peintres : outre qu'elles éclairent la forme et le sens futur de l'œuvre, elles recèlent leur propre beauté, plus simple, plus primitive, plus facile d'accès. D'autre part, c'est la connaissance de la genèse qui permet en dernière analyse de ne pas se tromper sur la structure, sur l'état final de l'œuvre. La critique littéraire, après avoir été longtemps historique, est tombée dans l'excès contraire. Tout se passe comme si se constituaient un prolétariat voué à l'érudition et une aristocratie de l'interprétation. En fait, le critique qui négligerait le patient travail de recherche sur des inédits, la correspondance, l'histoire de l'œuvre, risquerait de n'apparaître bientôt que comme ces virtuoses de l'orgue, dont les improvisations durent le temps d'un concert. En revanche, une description de genèse sans interprétation ne suffit pas. L'atelier de Proust fournit une occasion extraordinaire de comprendre ce qu'est le travail d'un grand écrivain, les progrès de son esprit, de son invention, de sa vision, et non pas même d'*un seul* écrivain : dans l'infinie mobilité de ses meilleures pages inédites, ce sont, de même que la *Recherche* récapitule toute la littérature française, les conditions de la création littéraire qui se révèlent. Une époque plus sensible à la création en train de se faire qu'aux résultats achevés, aux « œuvres ouvertes » qu'à la perfection fermée, à l'initiative laissée au lecteur qu'à la volonté de l'auteur, devrait, par-delà les soucis des philologues, se retrouver dans ce gigantesque puzzle, dans ce jeu où s'assemblent et se désassemblent indéfiniment — images, hommes et mots — des êtres de langage.

nuées de fumée, dont les imprudents datent le temps d'un [illegible] [illegible] [illegible] ne suffit pas à [illegible] de Proust, fournit une occasion extraordinaire de comprendre ce qu'est le travail d'un grand écrivain, les progrès de son esprit, de son attention, de sa vision, et non pas même d'un seul écrivain dans l'infinité [illegible] [illegible] la littérature française, [illegible] tions de la création littéraire [illegible] une époque plus [illegible] [illegible] la perfection [illegible] [illegible] la volonté de l'auteur, [illegible] [illegible] des philologues, [illegible] [illegible] images, [illegible] mots — des [illegible] de langue.

CONCLUSION

La mer et les coquillages

La critique littéraire au XXe siècle se caractérise d'abord par la quête d'un en deçà, d'un au-delà de l'œuvre. On a cherché successivement dans l'Histoire, la société, l'inconscient collectif ou individuel, les structures linguistiques, l'explication de ce phénomène mystérieux : qu'il puisse exister une littérature, et qu'on la lise, qu'au lieu de transformer le monde par les actes et dans les faits on continue à le montrer, à le rendre sensible par les mots. Les sciences humaines ont été, tour à tour, convoquées pour construire une science de la littérature.

Un autre trait de cette critique est la passion pour les formes, les signes, les techniques. L'œuvre est analysée comme un langage, comme une grande phrase, comme un système de signes. Les poèmes, les romans, les autobiographies sont démontés vers par vers, personnage par personnage, son par son, divisés en unités de signification. La poétique présente des concepts généraux qui permettent d'embrasser d'un seul coup d'œil les genres littéraires et leurs divisions. Dans ce développement considérable, les universités ont joué un grand rôle. L'accroissement de leurs effectifs, dans les années soixante, a multiplié les recherches, les thèses, les théories, les colloques ; la bibliothèque de chaque auteur, de chaque thème, de chaque genre s'est accrue démesurément, alors que les techniques d'enregistrement, de multiplication, de communication en facilitent l'accès : de la microfiche à la banque de données. Sur les écrans de nos ordinateurs apparaissent des pages de thèses écrites à l'autre bout du monde. Bientôt, il n'y aura plus assez d'écrivains pour alimenter la critique : d'où les recherches universitaires sur les auteurs vivants, d'abord âgés, puis jeunes ; d'où la valorisation parfois excessive de certaines littératures d'origine récente ; à peine ont-elles une histoire qu'on en invente l'histoire.

En même temps, l'évolution de l'art moderne et de l'avant-garde littéraire, guettée de la même manière par les critiques d'art, les musées et les critiques littéraires, pousse certains « au fond de l'Inconnu pour y trouver du nouveau » et engendre des écoles qui « déconstruisent » l'œuvre, en la montrant impossible à faire (suivant un conseil déjà ancien de Maurice Blanchot), en soulignant ses contradictions internes, ce combat dont elle est le reflet.

Le courant critique appelé « Déconstruction » représente un cas curieux d'exportation et d'adaptation des idées et des théories. Entièrement fondée sur la philosophie de Jacques Derrida (*La Dissémination*, Seuil, 1972 ; *Marges de la philosophie*, Minuit, 1972 ; *Glas*, Galilée, 1974 ; *La Vérité en peinture*, Flammarion, 1978 ; *La Carte postale de Socrate à Freud et au-delà*, Aubier-Flammarion, 1980), cette École s'est développée non en France, mais aux États-Unis, particulièrement à l'université de Yale et à celle de Johns Hopkins (Baltimore). Elle est représentée par les noms de Paul de Man (*Allegories of Reading : Figural Language in Rousseau, Nietzsche, Rilke, and Proust*, 1979) ; Geoffrey Hartman (*Deconstruction and Criticism*, Londres, Routledge et Kegan Paul, 1979) ; Barbara Johnson (*Défigurations du langage poétique*, Flammarion, 1979) ; J. Hillis Miller (*Fiction and Repetition : Seven English Novels*, Oxford, Blackwell, 1982). Harold Bloom, longtemps associé à cette École, la condamne maintenant fermement (*Agon*, 1982).

Prenant le texte lui-même, et non l'auteur ni l'histoire, la « déconstruction » semble d'abord procéder comme les formalistes, les poéticiens, les critiques qui appliquent la rhétorique à la littérature. Mais c'est pour montrer que l'ensemble des figures de rhétorique qui tissent le texte manifestent une contradiction éclatante : les figures disent autre chose que le texte. Selon Paul de Man, celui-ci témoigne d'un conflit entre la raison et la rhétorique ; mais la critique elle-même n'échappe pas à cette règle ; on n'atteindra jamais la clarté, ni la vérité, et c'est peut-être en étant aveugle qu'on verra le mieux. Paul de Man s'est efforcé de prouver, à propos de Proust et de l'allégorie de la lecture, que les métaphores, dans la scène de lecture à Combray, montrent une lutte entre la vie intérieure et la vie extérieure, entre l'imagination et la perception ; il prétend que la pratique proustienne contredit sa théorie, et que le résultat est paradoxal, nous renvoie à une aporie. De même, la métaphore unificatrice est défaite par la dispersion des métonymies (ce qui rappelle, sans doute pour les contredire, les réflexions de Jakobson et Genette). Il s'agit donc toujours de « déconstruire » l'unité formelle, la solidité structurale, et aussi la signification. Cette méfiance à l'égard de la structure — qui s'est exprimée en Europe d'une autre manière — relève non de la science, mais de l'hypothèse : le scepticisme est un acte de foi. Pour lire *Le Contrat social*, Paul de Man affirme que le texte renvoie non au monde politique extérieur, mais à sa propre constitution, tissu de codes et de procédés rhétoriques[1] : le langage y est « constatif » et « performatif », de même que l'État est une entité définie et un principe d'action, stable et dynamique. Si les *Confessions* excusent celui qui se confesse, elles rendent la confession redoutable dès l'origine. Le texte recherche la vérité, mais il se déconstruit lui-même, et se fait apparaître comme pur jeu rhétorique. Rousseau substitue des récits déviants à la sincérité de l'autobiographie, et son livre n'est plus qu'un roman, ou une grammaire. Il s'agit, en somme, comme le note Christopher Norris, d'une technique pour « créer des obstacles à la pensée », mais aussi d'une lecture très proche de la surface du texte, et très argumentée : la déconstruction ne peut se saisir que par l'exemple. Elle ne crée pas le sens, mais s'interroge sur ce qui se passe, lorsqu'on pratique un doute méthodique, en suspendant provisoirement la croyance en une signification du texte, qui se contredit lui-même. On a pu prétendre, par exemple, que *Le Temps retrouvé* dit autre chose, ou le contraire, que le reste de *A la Recherche du temps perdu*.

Il est vrai que l'affirmation qui dicte à J. Hillis Miller son essai sur sept romans anglais, *Fiction and Repetition*, et selon laquelle les récurrences d'éléments verbaux, agissant comme des métaphores, expriment un sens différent de la linéarité du récit et de la fiction, n'est pas sans fondement. Ces répétitions structurent le livre de l'intérieur, et déterminent ses relations avec l'extérieur : vie de l'auteur ; œuvres de l'auteur ; mythes. Comment en donner une interprétation convenable ? Le lecteur doit être préparé à rencontrer « l'hétérogénéité de la forme » au sein d'un même texte, et l'inorganique. La répétition peut être imitation, ou différence ; la relation entre ces deux formes de répétition défie le principe logique de non-contradiction : elles

1. Voir Ch. Norris, *Deconstruction*, p. 107.

s'excluent et l'auteur les affirme comme vraies en même temps (ainsi de la mémoire volontaire et involontaire chez Proust). La lecture consiste donc à montrer la coexistence de deux incompatibles. Il s'agit, selon la déconstruction, d'un discours qui ne dit plus « ou...ou », ni d'ailleurs « ni...ni ». Cependant, Hillis Miller souhaite rendre compte, en héritier du structuralisme, de la totalité d'une œuvre donnée. Sensible à l'étrangeté de la littérature, la critique ne doit pas manquer ce qui échappe à la loi dans le texte : les sciences humaines, à notre époque, mettent en valeur les anomalies. Si chaque détail compte, cela ne veut pas dire, comme le pensait le structuralisme, qu'il compte parce qu'il renvoie à une harmonieuse unité. Ni la conscience de l'auteur, ni l'œuvre ne peuvent peut-être s'unifier. Au niveau du langage, affirme Hillis Miller, on sera sensible à l'hétérogène. Comme celle de Paul de Man, cette critique est donc rhétorique, et faite de « lectures » concrètes : ce n'est pas parce que les lecteurs diffèrent qu'il y a des contradictions, c'est parce qu'elles sont dans le texte lui-même.

Puis, comme toute théorie et toute pratique sont immédiatement suivies, à notre époque, de leurs historiens et de leurs commentateurs, la déconstruction a les siens : Norris, Culler, Eagleton, et Bloom[1].

La crise, thème et forme de notre époque, appelle une crise de la critique, et la lecture de l'œuvre comme crise interne. Aux tenants de la déconstruction, et même aux partisans exclusifs du modèle linguistique, Harold Bloom (*The Anxiety of Influence*, 1973 ; *A Map of Misreading* ; *Agon*, etc.), professeur à Yale, reproche cette adoration du dieu Langage, qui ne vaut pas mieux que le dieu Imagination. Ce critique voit l'histoire de la critique, et de la poésie, comme celle d'une lutte perpétuelle, un « *agôn* », comme si chaque écrivain était dans une relation œdipienne avec ses prédécesseurs, tel Platon avec Homère : il les combat pour créer une œuvre nouvelle. Bloom pousse le paradoxe — faisant d'ailleurs remonter la critique littéraire aux comédies d'Aristophane, ce qui est tout à fait vrai des *Grenouilles* — jusqu'à voir le critique comme un poète en prose, le poète comme un critique en vers, et oppose au *New Criticism* une véritable réhabilitation de la subjectivité.

On découvre alors qu'à chasser l'art, l'histoire, le sujet de la

1. J. Culler, *On Deconstruction* ; T. Eagleton, *Literary Theory*, chap. 4 ; H. Bloom, « Revisionism and Critical Personality », in *Agon* ; C. Norris, *Deconstruction. Theory and Practice.*

critique littéraire, ils reviennent au galop. C'est un lieu commun de parler du « retour du refoulé » selon Freud. L'obsession de la méthode, le goût des théories nouvelles, les programmes qui annoncent des études mortes avant de naître, les combats idéologiques pèsent peu devant les grandes œuvres de notre temps. Si l'on ouvre l'admirable *Mnemosyne. The Parallel between Literature and the Visuals Arts* de Mario Praz (Princeton University Press, 1970 ; trad. fr. Salvy, 1986), on n'y trouvera aucun préambule théorique, mais une merveilleuse connaissance de son, de ses, sujets. Attentif à la vie des formes, il regroupe la littérature et les arts visuels sous quelques catégories : « Ut Pictura Poesis », « Le Temps dévoile la Vérité », « L'Identité de structure à travers la diversité des matériaux », « L'Harmonie et la Ligne sinueuse (*serpentinata*) », « La Courbe et la Coquille », La « Structure télescopique, microscopique et photoscopique », « L'Interpénétration spatio-temporelle ». Peut-être faut-il revenir au plaisir que donnent les arts qui ne sont pas du langage pour être et rendre sensible à la littérature, pour apporter au lecteur forme et signification gardées vivantes. Que les œuvres dont nous parlons se reflètent un peu sur notre style, que la critique, comme l'art, accepte d'accéder à la vérité par d'autres chemins que la science, et les modestes coquillages garderont le bruit de la mer immense.

critique, inquiets, ils reviennent au galop. C'est un lieu commun de parler du « retour du refoulé » selon Freud. L'obsession de la méthode, le goût des théories nouvelles, les programmes ont « enfoncé » des grandes œuvres avant de naître, les cénacles idéologiques cessent peu devant les grandes œuvres de notre temps. Si l'on ouvre l'admirable *Mnemosyne. The Parallel between Literature and the Visual Arts* de Mario Praz (Princeton University Press, 1970; trad. fr. Salvy, 1986), on n'y trouvera aucun postulat théorique, mais une merveilleuse connaissance de son, de ses sujets. Attentif à la vie des formes, il rapproche la littérature et les arts visuels sous quelques catégories : « Ut Pictura Poesis », « Le Temps dévoile la Vérité », « L'identité de structure à travers la diversité des matériaux », « L'harmonie et la ligne sinueuse (*Spiraltendenz*) », « La courbe et la totalité », « La structure télescopique, miroirs et jeux de photos optiques », « L'interpénétration spatio-temporelle ». Peut-être faut-il revenir au plaisir que donnent les arts qui ne sont pas du langage pour entrer et rendre sensible à la littérature, pour apprécier au-delà leur forme de signification, guides insolites. Que les œuvres dont nous parlons se reflètent un peu sur notre siècle, que la critique, comme l'art, accepte d'accéder à la vérité par d'autres chemins que la science et les modestes coquillages qui décorent le bord de la mer immense.

BIBLIOGRAPHIE

Cette bibliographie ne comporte que les ouvrages que nous avons effectivement consultés. Le lieu de publication n'est pas indiqué lorsqu'il s'agit de Paris.

I. Ouvrages généraux. Introduction

ARON J.-P., *Les Modernes*, Gallimard, 1984.
BLANCHOT M., *Lautréamont et Sade*, Minuit, 1963.
BOURDIEU P., *Homo Academicus*, Minuit, 1984.
BRENNER J., *Tableau de la vie littéraire en France d'avant-guerre à nos jours*, Luneau Ascot, 1982.
BRUNEL P., PICHOIS C., ROUSSEAU A., *La littérature comparée*, A. Colin, 1983.
COMPAGNON A., *La Troisième République des lettres*, Seuil, 1983.
DU BOS Ch., *Du Spirituel dans l'ordre littéraire*, Corti, 1967.
FAYOLLE R., *La Critique*, A. Colin, 1978.
KIBEDI VARGA A., *Théorie de la littérature*, Picard, 1981.
NOURISSIER F., *Les Chiens à fouetter*, Julliard, 1956.
PIVOT B., *Les Critiques littéraires*, Flammarion, 1968.
POIROT-DELPECH B., *Feuilletons (1972-1982)*, Gallimard.
RUDLER G., *Les Techniques de la critique et de l'histoire littéraire*, Slatkine reprints, 1979.
STEINER G., *After Babel*, Oxford University Press, 1975.
THIBAUDET A., *Physiologie de la critique*, La Nouvelle Revue Critique, 1930.
Réflexions sur la critique, Gallimard, 1939.
WELLEK R. et WARREN A., La Théorie littéraire, trad. fr., Le Seuil, 1971.

II. Chapitre I. Les Formalistes russes

Change, nº3 et nº4, 1969.
CHKLOVSKI V., *Sur la théorie de la prose*, Lausanne, L'Âge d'homme, 1973.
ERLICH V., *Russian Formalism*, Mouton, 1955.
Twentieth-Century Russian Literary Criticism, Yale University Press, 1975.
Le Formalisme et le Futurisme russes devant le Marxisme, Lausanne, L'Âge d'homme, 1975.
HOLENSTEIN E., *Jakobson*, Seghers, 1974.
JAKOBSON R., *Essais de linguistique générale*, Minuit, 1963.
Questions de poétique, Seuil, 1973.

JAKOBSON R., *Théorie de la littérature*, Seuil, 1965.
Travaux du Cercle linguistique de Prague, I, 1929.
TYNIANOV I., *Le Vers lui-même*, 10/18, UGE, 1977.
WELLEK R., *Discriminations*, Yale University Press, New Haven, USA, 1970.

III. Chapitre II. La Critique allemande : la philologie romane

AUERBACH E., *Introduction aux études de philologie romane*, Istanboul, 1944. Francfort, 1949.
Literary Language and Its Public in Late Latin Antiquity and the Middle Ages, trad. anglaise, New York, Pantheon Books, 1965. Avec une bibliographie d'Auerbach.
Mimésis, trad. fr., Gallimard, 1968.
CURTIUS E.R., *Balzac*, trad. fr., Grasset, 1932.
Essais sur la littérature européenne, trad. fr. incomplète, PUF, 1954.
La Littérature européenne et le Moyen Âge latin, trad. fr., PUF, 1956.
Marcel Proust, trad. fr., Éditions de la Revue nouvelle, 1928.
FRIEDRICH H., *Montaigne*, trad. fr., Gallimard, 1968.
Structure de la poésie moderne, trad. fr., Denoël, 1976.
GUNDOLF F., *Goethe*, trad. fr., Grasset, 1932, 2 volumes.
RICHARDS E.J., *Modernism, Mediaevalism and Humanism. A Research Bibliography on the Reception of the Works of E.R. Curtius*, Tübingen, Max Niemeyer Verlag, 1983.
SPITZER L., *Essays on English and American Literature*, Princeton University Press, 1962.
Études de style, Gallimard, 1970.
Linguistics and Literary History, Princeton University Press, 1948.

IV. Chapitre III. La Critique de la conscience

BÉGUIN Albert et RAYMOND Marcel, *Colloque de Cartigny*, Corti, 1979.
BÉGUIN A., *L'Âme romantique et le rêve*, éd. revue, Corti, 1939.
Bernanos par lui-même, Seuil, 1954.
Pascal par lui-même, Seuil, 1952.
GROTZER P., *Les Écrits d'Albert Béguin*, Neuchâtel, La Baconnière, 1967 et 1973.
POULET G., *La Conscience critique*, Corti, 1971.
La Distance intérieure, Plon, 1952.
L'Espace proustien, Gallimard, 1963.
Études sur le temps humain, Plon, 1949.
La Poésie éclatée, PUF, 1980.
RAYMOND M., *Baroque et Renaissance poétique*, Corti, 1955.
De Baudelaire au Surréalisme, Corréa, 1933 ; Corti, 1940.
Fénelon, Desclée de Brouwer, 1967.
Jean-Jacques Rousseau. La quête de soi et la rêverie, Corti, 1962.
Le Sel et la Cendre, L'Aire, Rencontre, 1970 ; Corti, 1976.
RAYMOND M.-POULET G., *Correspondance* (1950-1977), Corti, 1981.
ROUSSET J., *Forme et Signification*, Corti, 1962.
L'Intérieur et l'Extérieur, Corti, 1968.
Leurs yeux se rencontrèrent, Corti, 1981.
La Littérature à l'âge baroque en France, Corti, 1954.

Le Mythe de Don Juan, Colin, 1978.
Narcisse romancier, Corti, 1973.
STAROBINSKI J., *1789. Les emblèmes de la raison*, Flammarion, 1973.
L'Invention de la liberté, Genève, Skira, 1964.
Montaigne en mouvement, Gallimard, 1982.
Montesquieu par lui-même, Seuil, 1953.
Les Mots sous les mots, Gallimard, 1971.
L'Œil vivant, Gallimard, 1961.
Portrait de l'artiste en saltimbanque, Genève, Skira, 1970.
La Relation critique, Gallimard, 1970.
J.-J. Rousseau. La Transparence et l'Obstacle, rééd. Gallimard, 1971.
Trois Fureurs, Gallimard, 1974.

V. Chapitre IV. La Critique de l'imaginaire

ALBOUY P., *Mythes et mythologies dans la littérature française*, Colin, 1969.
BACHELARD G., *L'Air et les Songes*, Corti, 1943.
L'Eau et les Rêves, Corti, 1943.
La Flamme d'une chandelle, PUF, 1961.
Lautréamont, Corti, 1939.
La Poétique de l'espace, PUF, 1957.
La Poétique de la rêverie, PUF, 1960.
La Psychanalyse du feu, Gallimard, 1938.
BROMBERT V., *La Prison romantique*, Corti, 1975.
DURAND G., *Le Décor mythique de* La Chartreuse de Parme, Corti, 1961.
Les structures anthropologiques de l'imaginaire, Bordas, 1960.
FRYE N., *Anatomie de la critique*, trad. fr., Gallimard, 1969.
The Great Code, Londres, Routledge and Kegan Paul, 1982.
JUNG C.G., *L'Homme à la découverte de son âme*, Payot, 1963.
MANSUY M., *Gaston Bachelard et les éléments*, Corti, 1967.
MIGUET M., *La Mythologie de Marcel Proust*, Les Belles-Lettres, 1982.
MILNER M., *La Fantasmagorie*, PUF, 1982.
PRAZ M., *La Carne, la morte e il diavolo nella litteratura romantica*, 1930; trad. fr., Denoël.
Fiori freschi, Milan, Garzanti, 1982.
RICHARD J.-P., *Études sur le romantisme*, Seuil, 1971.
Littérature et Sensation, Seuil, 1954.
Microlectures, Seuil, 1979.
Onze études sur la poésie moderne, Seuil, 1964.
Paysage de Chateaubriand, Seuil, 1967.
Poésie et Profondeur, Seuil, 1955.
Proust et le monde sensible, Seuil, 1974.
L'Univers imaginaire de Mallarmé, Seuil, 1961.
TUZET H., *Le Cosmos et l'Imagination*, Corti, 1965.

VI. Chapitre V. La Critique psychanalytique

BAUDOUIN C., *Psychanalyse de l'art*, PUF, 1929.
Psychanalyse de Victor Hugo, Genève et Paris, éd. du Mont-Blanc, 1949.
Le Triomphe du héros, Plon, 1952.

BELLEMIN-NOEL J., *Les Contes et leurs Fantasmes,* PUF, 1983.
Psychanalyse et Littérature, Que sais-je ?, PUF, 1978.
Vers l'inconscient du texte, PUF, 1979.
CLANCIER A., *Psychanalyse et Critique littéraire,* Privat, 1973.
DELAY J., *La Jeunesse d'André Gide,* Gallimard, 1956, 2 volumes.
FERNANDEZ D., *L'Arbre jusqu'aux racines. Psychanalyse et création,* Grasset, 1972.
FREUD S., *Délire et Rêves dans la* Gradiva *de Jensen,* trad. fr., Gallimard, 1949.
Essais de psychanalyse appliquée, trad. fr., Gallimard, 1933.
Le Mot d'esprit dans ses rapports avec l'inconscient, trad. fr., Gallimard, 1930.
LAPLANCHE J., *Hölderlin et la question du père,* PUF, 1961.
MARINI M., *Lacan,* Belfond, 1986.
MAURON Ch., *Le Dernier Baudelaire,* Corti, 1964.
Des Métaphores obsédantes au mythe personnel, Corti, 1963.
L'Inconscient dans l'œuvre et la vie de Racine, 1957. Réédition Corti.
Mallarmé l'obscur, Corti, 1968.
Phèdre, Corti, 1968.
Psychocritique du genre comique, Corti, 1964.
Le Théâtre de Giraudoux, Corti, 1971.
MILNER M., *Freud et l'Interprétation de la littérature,* Sedes, 1980.
RIVIÈRE J., *Quelques progrès dans l'étude du cœur humain,* Gallimard, 1985.
ROBERT M., *Roman des origines et origines du roman,* Grasset, 1972 ; Gallimard, 1977.

VII. Chapitre VI. Sociologie de la littérature

BAKHTINE M., *Esthétique et Théorie du roman,* Gallimard, 1978.
L'Œuvre de François Rabelais et la culture populaire, trad. fr., Gallimard, 1970.
Poétique de Dostoïevski, trad. fr., Seuil, 1970.
BARBÉRIS P., *Aux sources du réalisme : aristocrates et bourgeois,* 10/18, UGE, 1978.
Balzac et le mal du siècle, Gallimard, 1970.
René *de Chateaubriand,* Larousse, 1974.
BÉNICHOU P., *L'Ecrivain et ses travaux,* Corti, 1967.
Le Sacre de l'écrivain, Corti, 1973.
BENJAMIN W., *Œuvres choisies,* trad. fr., Julliard, 1959.
CROUZET M., *Nature et Société chez Stendhal,* Presses universitaires de Lille, 1985.
DUCHET C., *Sociocritique,* Nathan, 1979.
EAGLETON T., *Literary Theory,* Oxford, Blackwell, 1983.
ESCARPIT R., *Le Littéraire et le Social, éléments pour une sociologie de la littérature,* Flammarion, 1970.
GOLDMANN L., *Le Dieu caché,* Gallimard, 1956.
Pour une Sociologie du roman, Gallimard, 1964.
Recherches dialectiques, Gallimard, 1959.
JAUSS H.R., *Pour une esthétique de la réception,* trad. fr., Gallimard, 1978.
KOHLER E., *L'Aventure chevaleresque. Idéal et réalité dans le roman courtois,* trad. fr., Gallimard, 1974.

KRISTEVA J., *La Révolution du langage poétique*, Seuil, 1974.
LEAVIS Q.D., *Fiction and the Reading Public*, rééd. Penguin Books, 1979.
LEENHARDT J. et JOZSA P., *Lire la lecture*, Le Sycomore, 1982.
LUKACS G., *Balzac et le réalisme français*, trad. fr., Maspéro, 1967.
Marx et Engels historiens de la littérature, trad. fr., L'Arche, 1975.
Problèmes du réalisme, trad. fr., L'Arche, 1975.
Le Roman historique, trad. fr., Payot, 1965.
Soljénitsyne, trad. fr., Gallimard, 1970.
La Théorie du roman, trad. fr., Denoël-Gonthier, 1963.
MITTERAND H., *Le Discours du roman*, PUF, 1980.
VIALA A., *Naissance de l'écrivain. Sociologie de la littérature à l'âge classique*, Minuit, 1985.
ZIMA P.V., *Manuel de sociocritique*, Picard, 1985.

VIII. Chapitre VII. Linguistique et littérature

ANTOINE G., *Vis-à-vis ou le double regard critique*, PUF, 1982.
BARTHES R., *Le Bruissement de la langue*, Seuil, 1984.
BENVENISTE E., *Problèmes de linguistique générale*, Gallimard, 1966.
DUCROT O. et TODOROV T., *Dictionnaire encyclopédique des sciences du langage*, Seuil, 1972.
FUMAROLI M., *L'Age de l'éloquence*, Droz, 1980.
GENETTE G., *Figures I*, Seuil, 1966.
GUIRAUD P., *Essais de stylistique*, Klincksieck, 1970.
Langue française, « La Stylistique », septembre 1969.
LE GUERN M., *Sémantique de la métaphore et de la métonymie*, Larousse, 1973.
MICHEL A., *La Parole et la Beauté : rhétorique et esthétique dans la tradition occidentale*, Les Belles-Lettres, 1982.
MILLY J., *La Phrase de Proust*, Larousse, 1975.
MOUROT J., *Rythme et Sonorités dans les* Mémoires d'Outre-Tombe, Colin, 1969.
PAULHAN J., *Les Fleurs de Tarbes*, Gallimard, 1941.
Œuvres complètes, Cercle du livre précieux, 1967, t. III.
REBOUL O., *La Rhétorique*, Que sais-je ?, PUF, 1984.
RICŒUR P., *La Métaphore vive*, Seuil, 1975.
RIFFATERRE M., *Essais de stylistique structurale*, Flammarion, 1971.
La Production du texte, Seuil, 1979.
Sémiotique de la poésie, Seuil, 1983.
SCHMIDT-RADEFELDT J., *Paul Valéry linguiste dans les* Cahiers, Klincksieck, 1970.
VALÉRY P., *Cahiers*, Bibliothèque de la Pléiade, Gallimard, 1973-1974, 2 volumes.
WEINRICH H., *Le Temps. Le récit et le commentaire*, trad. fr., Seuil, 1973.

IX. Chapitre VIII. Sémiotique de la littérature

BARTHES R., *L'Aventure sémiologique*, Seuil, 1985.
Critique et Vérité, Seuil, 1966.
Le Degré zéro de l'écriture, Seuil, 1953.
S/Z, Seuil, 1970.

Communications, nº 8, 1968.
COMPAGNON A., *La Seconde Main ou le travail de la citation*, Seuil, 1979.
ECO U., *La Guerre du faux*, Grasset, 1985.
L'Œuvre ouverte, trad. fr., Seuil, 1965.
La Structure absente, trad. fr., Mercure de France, 1979.
A Theory of Semiotics, Indiana University Press, 1976.
GREIMAS A.J. et COURTÈS, *Sémiotique. Dictionnaire raisonné de la théorie du langage*, Hachette, 1979.
Essais de sémiotique poétique, Larousse, 1972.
Maupassant, la sémiotique du texte, Seuil, 1976.
Sémantique structurale, Larousse, 1966, rééd. PUF, 1986.
Du Sens II, Seuil, 1983.
KRISTEVA J., Σημειωτική, *Recherches pour une sémanalyse*, Seuil, 1969.
LOTMAN I., *Esthétique et Sémiotique du cinéma*, trad. fr., Ed. sociales, 1977.
La structure du texte artistique, trad. fr., Gallimard, 1973.
MARIN L., *Sémiotique de la Passion*, Aubier, 1971.
MIQUEL A., *Un Conte des* Mille et Une Nuits, Flammarion, 1977.
PROPP V., *Morphologie du conte*, Seuil, 1970.
Sémiotique. L'école de Paris, Hachette, 1982.
TEL QUEL. *Théorie d'ensemble*, Seuil, 1968.

X. Chapitre IX. 1. Poétique de la prose

BAKHTINE M., *Esthétique et Théorie du roman*, Gallimard, 1978.
Esthétique de la création verbale, Gallimard, 1984.
BLIN G., *La Cribleuse de blé. La Critique*, Corti, 1968.
Stendhal et les problèmes du roman, Corti, 1954.
BOOTH W.C., *The Rhetoric of Fiction*, The University of Chicago Press, 1961.
DIDIER B., *L'Ecriture-Femme*, PUF, 1981.
Le Journal intime, PUF, 1976.
Stendhal autobiographe, PUF, 1983.
FORSTER E.M., *Aspects of the Novel*, Londres, E. Arnold, 1927.
FRYE N., *The Secular Scripture, A Study of the Structure of Romance*, Harvard, 1976.
GENETTE G., *Figures III*, Seuil, 1972.
Introduction à l'architexte, Seuil, 1979.
Nouveau Discours du récit, Seuil 1983.
Palimpsestes, Seuil, 1982.
HAMON Ph., *Introduction à l'analyse du descriptif*, Neuchâtel, La Baconnière, 1971.
Texte et Idéologie, PUF, 1984.
JOLLES A., *Formes simples*, trad. fr., Seuil, 1972.
LEFEBVRE M.-J., *Structure du discours, de la poésie et du récit*, Neuchâtel, La Baconnière, 1971.
LEJEUNE Ph., *L'Autobiographie en France*, Colin, 1971.
Le Pacte autobiographique, Seuil, 1975.
LIDDELL R., *A Treatise on the Novel*, Londres, J. Cape, 1947.
LUBBOCK P., *The Craft of Fiction*, Londres, Jonathan Cape, 1921.
MADELÉNAT D., *La Biographie*, PUF, 1984.

MAGNY C.-E., *L'Age du roman américain*, Seuil, 1948.
Histoire du roman français depuis 1918, Seuil, 1950.
MAUROIS A., *Aspects de la biographie*, Au Sans Pareil, 1928.
MUIR E., *The Structure of the Novel*, Londres, Hogarth Press, 1928.
POUILLON J., *Temps et Roman*, Gallimard, 1946.
RAIMOND M., *La Crise du roman. Des lendemains du Naturalisme aux années vingt*, Corti, 1967.
Le Roman depuis la Révolution, Colin, 1967.
RICHARDS I.A., *Principles of Literary Criticism*, Londres, Routledge and Kegan Paul, 1924.
SAREIL J., *L'Écriture comique*, PUF, 1984.
SULEIMAN S., *Le Roman à thèse ou l'autorité fictive*, PUF, 1983.
TADIÉ J.-Y., *Proust et le Roman*, Gallimard, 1971 ; Tel, 1986.
Le Récit poétique, PUF, 1978.
Le Roman d'aventures, PUF, 1982.
TODOROV T., *Critique de la critique*, Seuil, 1984.
Littérature et Signification, Larousse, 1967.
M. Bakhtine. Le principe dialogique, Seuil, 1981.
Poétique de la prose, Seuil, 1971.
VAN DEN HEUVEL P., *Parole Mot Silence. Pour une poétique de l'énonciation*, Corti, 1985.
WATT I., *The Rise of the Novel*, Berkeley, 1957.

X. Chapitre IX. 2. Poétique de la poésie
3. Poétique de la lecture

BONNEFOY Y., *L'Improbable*, Mercure de France, 1959.
Leçon inaugurale, Collège de France, 1982.
Le Nuage rouge, Mercure de France, 1977.
Rimbaud par lui-même, Seuil, s.d.
BOWRA C.M., *Heroic Poetry*, Londres, Macmillan, 1952.
CHARLES M., *Rhétorique de la lecture*, Seuil, 1977.
COHEN J., *Structure du langage poétique*, Flammarion, 1968.
Le Débat, n° 29, mars 1984, Gallimard.
DELAS D. et FILLIOLET J., *Linguistique et Poétique*, Larousse, 1973.
ECO U., *Lector in fabula*, trad. fr., Grasset, 1985.
ELIOT T.S., *Essais choisis*, trad. fr., Seuil, 1950.
On Poetry and Poets, Londres, Faber and Faber, 1957.
Selected Essays, Londres, Faber and Faber, 3e éd. augmentée, 1951.
The Use of Poetry and the Use of Criticism, Londres, Faber and Faber, 1933.
EMPSON W., *Seven Types of Ambiguity*, Londres, 1930.
GREIMAS A.J., *Essais de sémiotique poétique*, Larousse, 1972.
ISER W., *L'Acte de lecture. Théorie de l'effet esthétique*, trad. fr., Bruxelles, Mardaga, 1985.
JOUTARD Ph., *Ces Voix qui nous viennent du passé*, Hachette, 1983.
LARBAUD V., *Ce Vice impuni, la lecture, Domaine anglais*, Gallimard, 1925.
Ce Vice impuni, la lecture, Domaine français, Gallimard, 1941.
PÉGUY Ch., *Clio*, Gallimard, 1932.
RIFFATERRE M., *La Production du texte*, Seuil, 1979.
Sémiotique de la poésie, trad. fr., Seuil, 1983.

RUWET N., *Langage Musique Poésie*, Seuil, 1972.
SULEIMAN S. et CROSMAN, *The Reader in the Text*, Princeton University Press, 1980.
VEYNE P., *L'Elégie érotique romaine. L'amour, la poésie et l'Occident*, Seuil, 1985.
ZUMTHOR P., *Essai de poétique médiévale*, Seuil, 1972.
Introduction à la poésie orale, Seuil, 1983.
Langue, Texte, Enigme, Seuil, 1975.

XI. Chapitre X. La critique génétique

ARAGON L., *Je n'ai jamais appris à écrire ou les incipit*, Skira, 1969.
AUDIAT P., *La Biographie de l'œuvre littéraire, esquisse d'une méthode critique*, Champion, 1924.
BALZAC H. de : *La Comédie humaine*, Bibliothèque de la Pléiade, t. I, 1976, introduction générale de P.-G. Castex.
BELLEMIN-NOEL J., *Le Texte et l'Avant-Texte*, Larousse, 1972.
BELLOUR R., *Le Livre des autres*, 10/18, UEG, 1978.
CASTEX P.-G., *Horizons romantiques*, Corti, 1983.
DEBRAY-GENETTE R., et alii : *Essais de critique génétique*, Flammarion, 1979.
Flaubert à l'œuvre, Flammarion, 1980.
DURRY M.-J., *Flaubert et ses projets inédits*, Nizet, 1950.
GOLDIN J., *Les Comices agricoles de Gustave Flaubert*, Droz, 1984, 2 volumes.
GOTHOT-MERSCH C., *La Genèse de* Madame Bovary, Corti, 1966.
Langages, mars 1983, « Manuscrits — Écriture, Production linguistique. »
LANSON G., *Études d'histoire littéraire*, Champion, 1930.
Littérature, décembre 1977, « Genèse du texte ».
Littérature, décembre 1983, « L'Inconscient dans l'avant-texte ».
MASSIS H., *Comment Emile Zola composait ses romans*, Charpentier, 1906.
MOATTI Ch., « Cheminements d'un premier roman d'après l'avant-texte des *Conquérants* », *André Malraux 6*, Lettres modernes, Minard, 1985.
La Condition humaine de Malraux — poétique du roman d'après l'étude du manuscrit, Minard, 1983.
POMMIER J., Madame Bovary, *nouvelle version*, Corti, 1949.
PONGE F., *La Fabrique du pré*, Skira, 1971.
Programmation et Sciences de l'homme, ENS, mai 1978.
PROUST M., *Le Carnet de 1908*, établi et présenté par Ph. Kolb, Gallimard, 1976.
RAMBURES J.-L. de, *Comment travaillent les écrivains*, Flammarion, 1978.
RICATTE R., *La Genèse de* La Fille Elisa, PUF, 1960.
RUDLER G., *Techniques de la critique et de l'histoire littéraire*, Oxford, 1923 ; Slatkine, 1979.
SCHERER J., *Le « Livre » de Mallarmé*, Gallimard, 1957.
TADIÉ J.-Y., « Les Cahiers d'esquisses de Marcel Proust », *Proustiana*, Padoue, 1973.
Introduction générale à *A la Recherche du temps perdu*, Bibliothèque de la Pléiade, Gallimard, 1987.
Proust, Belfond, 1983.

THIBAUDET A., *Réflexions sur la critique*, Gallimard, 1939.
VALÉRY P., *La Jeune Parque*, édition Nadal, Club du meilleur livre, 1957.

Conclusion

BLOOM H., *Agon : Towards a Theory of Revisionism*, Oxford University Press, 1982.
The Anxiety of Influence, Oxford University Press, 1973.
CULLER J., *On Deconstruction*, Londres, Routledge and Kegan Paul, 1983.
DELFAU G. et ROCHE A., *Histoire Littérature*, Seuil, 1977.
HAY L. (sous la direction de), *Avant-Texte, Texte, Après-Texte*, Edition du CNRS, 1982.
HILLIS MILLER J., *Fiction and Repetition*, Oxford, 1982.
MAN P. de, *Allegories of Reading*, Yale University Press, New Haven, Connecticut, 1979.
NORRIS C., *Deconstruction : Theory and Practice*, Londres, Methuen, 1982.
PRAZ M., *Mnemosyne. The Parallel between Literature and the Visual Arts*, Princeton University Press, 1970, trad. fr. Salvy, 1986.

[illegible] 19[illegible]

Conclusion

BROWN H. [illegible] *Theory of Philosophy* [illegible] Univer-sity Press, 19[illegible].

[illegible] Oxford University Press, 19[illegible].

CULLER J., *On Deconstruction*, London, Routledge and Kegan Paul, 198[illegible].

[illegible] Seuil, 197[illegible].

HALL [illegible]

[illegible] Oxford, 198[illegible].

MAN P. de, *Allegories of Reading*, Yale University Press, New Haven, Connecticut, 1979.

NORRIS C., *Deconstruction: Theory and Practice*, London, Methuen, 1982.

RORTY R., *Philosophy and the Mirror of Nature*, Princeton, Princeton University Press, 1979, [illegible] 1980.

INDEX

Cet ouvrage reproduit par procédé photomécanique
a été achevé d'imprimer en février 1997
sur les presses de l'Imprimerie Bussière
à Saint-Amand (Cher)

POCKET - 12, avenue d'Italie - 75627 Paris Cedex 13
Tél. : 01-44-16-05-00

— N° d'imp. 336. —
Dépôt légal : février 1997.

Imprimé en France